上海市高校高峰高原计划高原（1）建设计划 / 哲学规划项目
上海市普通高等学校人文社会科学重点研究基地
上海师范大学中国传统思想研究所
上海市道德文明与宗教文化研究中心
上海师范大学哲学系

邓 辉　主编

东方哲学

【第十三辑】

广西师范大学出版社
·桂林·

图书在版编目(CIP)数据

东方哲学. 第十三辑 / 邓辉主编. —桂林: 广西师范大学出版社, 2020.7

ISBN 978-7-5598-2951-1

Ⅰ. ①东… Ⅱ. ①邓… Ⅲ. ①东方哲学-文集 Ⅳ. ①B3-53

中国版本图书馆 CIP 数据核字(2020)第 099161 号

出 品 人: 刘广汉
责任编辑: 刘孝霞
助理编辑: 吕解颐
装帧设计: 王鸣豪

广西师范大学出版社出版发行
(广西桂林市五里店路 9 号　邮政编码: 541004
网址: http://www.bbtpress.com)
出版人: 黄轩庄
全国新华书店经销
销售热线: 021-65200318　021-31260822-898
山东临沂新华印刷物流集团有限责任公司印刷
(临沂高新技术产业开发区新华路 1 号　邮政编码: 276017)
开本: 720mm×1 000mm　1/16
印张: 20.25　字数: 360 千字
2020 年 7 月第 1 版　2020 年 7 月第 1 次印刷
定价: 68.00 元

目　录

【名家讲坛】

“文武之政”与儒家的中道哲学 …………………………… 杨朝明　3

【道家专题研究】

《〈齐物论〉新编》及释 ………………………………………… 刘梁剑　17

齐国的理想与《黄帝四经》构建“天人合一”之努力 ……… 王　博　39

何谓“无为”
——秦汉儒、道“无为而治”思想析论 …………………… 何大海　50

论汉晋道家对《老子》“上德”“下德”的诠释 ……………… 袁　青　76

【先秦汉晋哲学研究】

诸子的“自白”
——臆说诸子(二) ………………………………………… 聂保平　91

作为提问者、记录者与整理者的孔门弟子
——孔门弟子对孔子学说的贡献 ………………………… 宋立林　109

如何理解《易》的史学维度
——以干宝的诠释为例 ……………………………………… 谷继明　141

庐山慧远“神”概念中的“本净”意蕴的三个来源 ………… 罗　骧 155

【宋明哲学研究】

柳开的道统意识与佛、道批判 ……………………………… 江求流 171

论朱子思想中人“心”之定位 ……………………………… 张锦枝 185

以礼化俗视野中的理学道统世界
——以管志道、刘宗周的家礼实践为例 …………………… 陈　畅 196

船山易学重德思想之阐发
——《周易内传发例》对于王弼、邵雍、朱熹的批判 ……… 蔡家和 211

从《大学》看王船山对王阳明的批判 ……………………… 刘登鼎 226

【中国近现代哲学研究】

中国现代启蒙运动中权利论述的悖论 ……………………… 曾海龙 241

论神主牌位的宗教性
——兼论儒家复兴语境下的现代价值 ……………………… 周　赟 252

当代大陆新儒家的中坚力量
——试论郭齐勇的儒学研究成果与儒学观 ………………… 陈寒鸣 268

理雅各之《孟子》译介及其影响
——兼论中西人性论之会通与歧出 ………………………… 韩振华 289

近十余年来的熊十力哲学研究综述 ………………………… 鲍文欣 300

编者的话 ……………………………………………………………… 315

名家讲坛

“文武之政”与儒家的中道哲学

杨朝明*

因为“清华简”中的《保训》篇系“周文王遗言”，而且其中涉及儒家所倡言的“中”道，格外引人瞩目。事实上，孔子“从周”（《论语・八佾》）、“宪章文武”（《孔子家语・本姓解》《礼记・中庸》），春秋末年以降，依然“布在方策”的“文武之政”（《孔子家语・哀公问政》《礼记・中庸》）对孔子思想与早期儒学产生了极其重要的影响。这样的看法虽可以说是人所共知，但人们往往习而不察，未加细究。实际上，中国文化有一个漫长的积淀积累与形成发展过程，中国儒学的形成有一个广阔的文明背景。《保训》篇的发现，可以“激活”包括《逸周书》在内的很多传世文献，帮助我们更加深刻地认识孔子思想学说的形成，认识孔子儒家的“中道”哲学，正确估价“文武之政”的地位与影响。

一、孔子“宪章文武”

孔子所创立的儒家学说是中国传统文化的核心，在理解早期儒学时，孔子所言“述而不作，信而好古”（《论语・述而》）颇值得认真玩味。孔了思想是在继承上古三代文化的基础上形成的，用荀子的话说，就是“法先王”（《荀子・儒效》），唯其如此，才成就了孔子学说的“博大精深”。

孔子推崇“二代明王之政”（《礼记・哀公问》），尊崇禹、汤、文、武、成王、周公等

---

* 作者简介：杨朝明，孔子研究院院长、研究员（山东曲阜）。

“三代之英”(《孔子家语·礼运》),但由于夏、殷“文献不足故”(《论语·八佾》),孔子更注重周礼。孔子“祖述尧舜,宪章文武”,按照朱熹的解释:“祖述者,远宗其道;宪章者,近守其法。”所以,对孔子影响更大、更为直接的还是周政,还是文王、武王、成王、周公。

当有人向孔子的弟子子贡询问孔子的学问来自哪里时,子贡说:“文武之道,未坠于地,在人。贤者识其大者,不贤者识其小者,莫不有文武之道焉。夫子焉不学?而亦何常师之有?”(《论语·子张》)他认为孔子所学即是“文武之道”。《淮南子·要略》谈到儒学的产生时说:“文王业之而不卒,武王继文王之业……武王立三年而崩,成王在褓襁之中……周公继文王之业……股肱周室,辅翼成王……成王既壮,能从政事,周公受封于鲁,以此移风易俗。孔子修成、康之道,述周公之训,以教七十子,使服其衣冠,修其篇籍,故儒者之学生焉。”孔子儒学直接来源于文武成康之道,与子贡所说一致。

在学修“文武之道”方面,孔子做了大量工作。据《孔子家语·观周》,他曾西至洛邑,“观先王之遗制,考礼乐之所极”,他不仅问礼于老聃,访乐于苌弘,还历郊社之所,考明堂之则,察庙朝之度。他非常感慨,说:“吾乃今知周公之圣,与周之所以王也。”从周朝都邑返回鲁国,他学问精进,其道弥尊。

在《保训》中,“中”字出现了四次,都是具有政治哲学意义的观念。文王、孔子都称说舜的“中”道,在《保训》中文王说他“求中”“得中”,在《论语》《中庸》中孔子说他“执中”“用中”。《保训》还说到殷先人微在河伯的帮助下以“中”“复有易”,使之诚服,并表达了这种执中而服人的做法对殷商的兴盛起了重要作用。周初,武王、周公自然也重视中正、中道。《逸周书》的《宝典》记周公所言“九德”之中就有“中正”;按照《周书序》,《武顺》篇应为武王伐商之前的文献,其中说“人道尚中”,认为“天道曰祥,地道曰义,人道曰礼”,以礼为“中”。孔子所说的言语之“中”(《论语·先进》)与行为之“行”(《论语·子路》)都与之一致。

二、“文武之政”与“方策”

孔子认为“为政在于得人”,当鲁哀公向孔子问政时,孔子说:“文武之政,布在方策。其人存,则其政举;其人亡,则其政息。”方,版也;策,简也。木曰方,竹曰策,策大而方小。《仪礼·聘礼》曰:“束帛加书将命,百名以上书于策,不及百名书于方。”《仪礼·既夕礼》曰:“书赗于方,若九、若七、若五。书遣于策。”孔子时代,人亡政息,但在方版和竹简上还保留着周文王和武王的为政之道。

在西周春秋时期，当有不少重要的文献保留在方版和竹简上。清朝光绪版的《嘉祥县志》著录了《周宣王册命鲁武公金版》，据该书记载，周宣王册命鲁武公金版；有人说：山名鲁宅，鲁先公塚墓在此可信。考册文年代，义意符合，文亦大似周诰。云螭，其内以银线界作竖格，好像清代殿试策，“字痕皆赤，所谓丹书也”。说到丹书，我们不禁想到《大戴礼记·武王践阼》中师尚父所说的“黄帝、颛顼之道”，这些极其宝贵的内容就保存在丹书之中。

其实，周初就有将重要文献铸于金版的习惯，如《逸周书·大聚》记周武王向周公请教调和殷政的办法，武王就令冶官把周公的话“冶而铭之金版，藏府而朔之”；《武儆》篇记武王立后嗣时曾“出金枝《郊宝》《开和》细书”，其中，“金枝”即为“金板(版)”之误，是说《郊宝》乃是铸在铜版上的文件。《六韬》原称《金版六韬》，相传为周初姜太公所作，《群书治要》卷三十一《六韬》之《武韬》中有太公云云，“文王曰：‘善，请著之金版。’”

除了金版，更多的材料应记录在竹木所制成的简册上。《孔子家语·礼运》记孔子说：“昔大道之行，与三代之英，吾未之逮也，而有记焉。”“三代之英”包括文、武、成王、周公，孔子虽然没赶上这一时代，但毕竟有“记”。“记”即记载，《礼记·礼运》作“志”，朱彬引刘台拱曰：“识也，识记之书。”

细察《周书序》，《保训》应不在《逸周书》七十篇中(李学勤先生说)。但在内容的性质上，《保训》与《逸周书》的许多篇章十分相似。我们认为，《逸周书》许多篇章如《文儆》《文传》《柔武》《大开武》《小开武》《宝典》《酆谋》《寤儆》以及《大聚》《武儆》《无权》等，可能都是周初流传下来的记载“文武之政”的“方策”。

三、“文武之道”与周政

所谓“文武之道”，既是“周道”，也是孔子所推尊的“王道”。“文武之道”的形成有周人自身纵向的发展过程，也有周人与夏商横向的相互学习与影响。

自周人始祖后稷开始，周人自身的文化传统便开始形成。后稷名弃，善于农业耕作，在当时特定的历史文化背景下颇受重视。《史记·周本纪》说：“弃为儿时，屹如巨人之志。其游戏，好种树麻、菽，麻、菽美。及为成人，遂好耕农，相地之宜，宜谷者稼穑焉，民皆法则之。帝尧闻之，举弃为农师，天下得其利，有功。”

后稷被尧任命为农师以后，他的后代子孙长期世袭，担任此职，都被称为“后稷”。所以《史记·周本纪》说“后稷之兴，在陶唐、虞、夏之际，皆有令德”。后稷这一职务一直到“夏后氏政衰”之时，周族祖先方“去稷不务，不窋以失其官而奔戎狄之间”。不窋的孙子公刘虽在戎狄之间，仍然复修后稷之业，务耕种，行地宜，取材用，使得“行者有资，居者有畜积，民赖其庆”。因此，百姓多徙而保归，影响越来越大。故太史公司马迁说：“周道之兴自此始。”

公刘之后，数传至古公亶父。“古公亶父复修后稷、公刘之业，积德行义，国人皆戴之。”此时，周人已经开始了“翦商”的事业。其子公季继位后，“修古公遗道，笃于行义，诸侯顺之”(《史记·周本纪》)。“周道”继续得以发扬。

真正兴盛周族、振兴“周道”的自然是周文王。文王年少时即得古公亶父喜爱，父亲公季去世后，文王姬昌即位。《史记·周本纪》说：姬昌“遵后稷、公刘之业，则古公、公季之法，笃仁，敬老，慈少。礼下贤者，日中不暇食以待士，士以此多归之”。他逐渐成为“西伯”，天下三分有其二，为西方诸侯之长，也使周族加快了消灭商朝的步伐。

“周道”在文王时的发展自然得益于文王对尧、舜以来夏、商文化传统的吸收和继承。文王被囚于羑里的时候，“盖益《易》之八卦为六十四卦”(《史记·周本纪》)，这无疑是文王在继承作为夏、商之《易》的《连山》《归藏》基础上的发展。“清华简”《保训》的发现，使我们更加清晰地看到了文王对前代文化的学习与继承。

文王之后，武王灭商，取得天下。后来，周人后裔所作的颂词中说，周族在后稷时“奄有下国，俾民稼穑”，又说“奄有下土，缵禹之绪”(《诗经·鲁颂·閟宫》)，显然是指夏朝时的受封。周人继承了夏政，而在《保训》篇中，文王不但说到了尧舜，还说到了商朝先公以及殷商的开国者商汤。

由《保训》之“训”，我们想到“周道”中的“训典”。后来，周穆王时的大臣祭公谋父曾说：不窋“自窜于戎狄之间。不敢怠业，时序其德，遵修其绪，修其训典，朝夕恪勤，守以敦笃，奉以忠信”(《史记·周本纪》。这里的记载也见于《国语·周语上》)。其中的“修其训典”，一般笼统地说是修其训教典法。这里或许是实指，后来的周代训典籍或者颇有来历。

周人常常提到先王之训，如：

宣王欲得国子之能导训诸侯者，樊穆仲曰：“鲁侯孝。”王曰：“何以知之？”对曰：“肃恭明神而敬事耇老；赋事行刑，必问于遗训而咨于故实，不干所问，不犯所

咨。"(《国语·周语上》)

若启先王之遗训,省其典图刑法,而观其废兴者,皆可知也。(《国语·周语下》)

今齐社而往观旅,非先王之训也。(《国语·鲁语上》)

《训语》有之,曰:"夏之衰也……"(《国语·郑语》)

教之训典,使知族类,行比义焉。(《国语·楚语上》)

从"清华简"《保训》中,我们不难看出"训典"的重要意义。从本质上讲,训教关涉上古帝王所认同的核心价值,正如有人所言,某种程度上它具有中国古代文化"元"的意味,其重要性无论如何评价都不过分。

周代先公先王的训典,史书或称之为"训语""遗训"等。《逸周书》首卷开头即有《度训解》《命训解》《常训解》三篇,应当属于周训一类。《周书序》称"三训"皆成于周文王时,说:

昔在文王,商纣并立,困于虐政,将弘道以弼无道,作《度训》;殷人作教,民不知极,将明道极以移其俗,作《命训》;纣作淫乱,民散无性习常,文王惠和化服之,作《常训解》。

"训"有训教之意,既名曰"训",其出于周先公、先王便合乎道理。《度训》等三篇以"训"为名,皆言为政牧民之道,而且各篇从天道、民性问题谈起,内容丰富,"理极精深"①。周训既为先王遗训,自然会支配到周人的政治思维,理应也影响到儒家的学说。

文王之后,武王姬发、周公姬旦继承发扬文王之志,极大地光大了"周道",所谓"文武之道"至此成为后世推尊的典范。如《礼记·杂记下》说:"一张一弛,文武之道也。""文王之道"更受到儒家的推崇,据《论语·子张》记载,卫公孙朝问于子贡曰:"仲尼焉学?"子贡曰:"文武之道,未坠于地,在人。贤者识其大者,不贤者识其小者,莫不有文武之道焉,夫子焉不学,而亦何常师之有?"孔子弟子明确说孔子所学就是"文武之道"。《中庸》说孔子"宪章文武"正是指此而言。

---

① 蒋善国:《尚书综述》,上海:上海古籍出版社,1988年,第440页。

四、周代的“以刑教中”

值得注意的是，在周文王遗言中，他重点讲了“中”，短短的一篇《保训》竟然四次说到了“中”，着实格外引人注目。

文王所讲的两个故事如下：

昔舜久作小人，亲耕于历丘，恐求中，自稽厥志，不违于庶万姓之多欲。厥有施于上下远迩，乃易位迩稽，测阴阳之物，咸顺不扰。舜既得中，言不易，实变名，身滋备惟允，翼翼不懈，用作三降（隆）之德。帝尧嘉之，用受厥绪。呜呼！发，钦之哉！

昔微矵（假）中于河，以复有易，有易服厥罪。微无害，乃归中于河。微志弗忘，传贻子孙，至于成唐（汤），祗备不懈，用受大命。

如果大致概括，这两个故事一是讲如何学会增长才干，理解人生，懂得社会；二是怎样懂得把握方式，处理矛盾，恰到好处。

文王之训诫显然起到了作用。据记载，武王临终时，对辅佐成王的周公谆谆嘱托，要他以“中”教训，使年幼的成王不仅地位稳定，而且要尽快成长。《逸周书·五权解》说：

维王不豫，于五日召周公旦，曰：“呜呼，敬之哉！昔天初降命于周，维在文考，克致天之命。汝维敬哉！先后小子，勤在维政之失。”

在这些话之后，周武王还希望周公：

克中无苗，以保小子于位。

维中是以，以长小子于位，实维永宁。

其中，克，允之。苗，借为谬。所谓“克中无苗”，就是做到适中无邪；以，用也。所谓“维中是以”，就是唯中是用。由此不难察见武王对于“中”的重视。

"清华简"《保训》公布后,学者们对其中的"中"进行了不少研究,也出现了五花八门的解说。其实,这里的"中"就是儒家倡言的"中道",竹简整理者李学勤先生很早就指出这一点。① 这里所谓"中"就是处事之"中"。

西周时期,"中道"思想一定很受重视。《逸周书・武顺解》记载周人的论述说:"天道尚左,日月西移;地道尚右,水道东流。人道尚中,耳目役心。"这种朴素的"人道"主张却与"天道""地道"合观,将人放在天地之间,没有孤立地看待人的问题。在这里,人道尚"中"被认为像"日月西移"和"水道东流"那样自然而然,理应如此。所谓"耳目役心"实际是"耳目役于心",也就是说,人们看到的、听到的信息,要用心去思考、分析、把握,要有透过现象看本质的能力,只有这样才能达到人道之"中"。

那么,这个"中"的标准是什么?这个"中"就是"礼"。符合礼的为"中",不符合礼的就不是"中"。所以《逸周书・武顺解》又说道:"天道曰祥,地道曰义,人道曰礼。"这里的"礼"就是符合天理、人情的礼,它包含两层意思:其一,道理。有"理应如此"之意。《孔子家语・论礼》记孔子说:"夫礼者,理也;乐者,节也。无礼不动,无节不作。"(《礼记・仲尼燕居》也有同样的记载)其二,标准、制度、规范。这是对第一义的延伸,因为"理当如此",所以有了标准、制度、规范的种种规定。如《论语》记孔子说"君子怀刑",这个"刑"与"型"通,即是此意。所以《孔子家语》记孔子说要对于为政者"属之以廉耻之节"。违背了制度的规定,就是失范,就违背了礼,就是"不中"。

在西周的制度中,"中道"理念一定得到了很好的贯彻。如西周职官中有"师氏",其具体职掌就是掌握邦国事情是否合乎法度,是否符合礼制。《周礼・地官司徒》:师氏"掌国中、失之事,以教国子弟。凡国之贵游子弟学焉"。郑玄注曰:"教之者,使识旧事也。中,中礼者也;失,失礼者也。"

按照周人的传统,国家治理的最高境界自然是以德治国,实行德政。然而,任何时期都可能有"化之弗变,导之弗从,伤义以败俗"(《孔子家语・刑政》),因此,在政治治理中,"刑"就成为不可或缺的了。

那么,怎样用刑才能起到最好的惩戒作用?怎样用刑才能达到最佳的社会效果?这种"最好的惩戒作用"和"最佳的社会效果",恐怕就是用刑的"中"。如果做到了这一点,社会就能稳定,社会也能发展。因此周代十分重视"以刑教中",通过刑罚使人们了解曲直,分清是非,以使正气得到弘扬,正义得到伸张。很显然,把握刑罚之"中"十

---

① 李学勤:《周文王遗言》,《光明日报》2009年4月13日第12版。

分紧要！因此，在西周时期，司徒作为教民、治民之官，其分大、小司徒与师保之属，其中，在“大司徒”职责的所谓“十二教”中，其中第七项就是“以刑教中”。《周礼·地官司徒》说：“以刑教中，则民不虣。”虣，通“暴”。哪里能够真正做到“以刑教中”，哪里的社会秩序就会好起来，哪里就会少一些“伤义以败俗”的人。

社会风俗的好坏是由多方面的因素决定的。但不容否认，做到刑罚之“中”十分紧要。如果违法不究，执法不严，处置不公，惩罚失当，势必造成严重的社会后果，并在社会风气中显现出来。所以孔子说：“礼乐不兴，则刑罚不中；刑罚不中，则民无所措手足。”（《论语·子路》）当然，要真正避免“刑罚不中”，绝不是轻而易举的事情，它需要执法者对人生与社会的深刻认知，需要执法者的公平与公正，需要“天地位”“万物育”的良知与良能。

五、“文武之政”新识

作为周文王遗言，“清华简”《保训》给我们带来了许多新的认识，它启示我们思考更多的问题，原来不少模糊、朦胧的认识变得清晰、生动起来。

（一）“文武之政”基础深厚、内涵丰富

与中国学术史的特殊背景密切相关，长期以来，人们怀疑《逸周书》《竹书纪年》《周礼》《孔子家语》乃至《史记》等的相关记载，对中国上古文明的发展程度估价偏低，所以很少有人相信典籍中关于“文武之政”的记述。新出土简帛书籍不像传世文献那样经过了后人的传抄，因此，它可以用来检验以往研究的得失，印证相关传世文献的记载，从而矫正我们的一些认识。

在“清华简”《保训》篇中，文王训导作为太子的武王发，他认真总结前人经验，说明他不仅重视周族自身的文化传统，也认真借鉴尧舜以来的思想文化成果。孔子说周礼乃是“损益”夏、商之礼而来，周文化对于夏、商文化的继承，在文王、武王身上已经开始有所体现。在古公亶父的基础上，文王继续继承后稷、公刘之业，使周族兴盛起来，并具备了“用受大命”的条件，为武王最终取代殷商而有“天命”打下了坚实基础。

前面提到，《逸周书》中的许多篇章具有重要价值，《保训》篇的发现使我们对这一问题有了更加深入的了解。如《逸周书》中的《文儆解》《文传解》，《逸周书·周书序》

曰:"文王有疾,告武王以民之多变,作《文儆》","文王告武王以序德之行,作《文传》"。文王在位时间很长,他的晚年最为牵挂或者念念于怀的自然是消灭殷商的大业,因此他也一定极其关心太子的成长。我们认为,"清华简"《保训》的发现不仅不会"排斥"《文儆解》《文传解》,反而应该更加映衬出这些篇章的价值与意义。《文儆解》开头说:"维文王告梦,惧后嗣之无保,庚辰,诏太子发曰:'汝敬之哉!民物多变,民何向非利?利维生痛,痛维生乐,乐维生礼,礼维生义,义维生仁。'"《文传解》则记载文王说:"我身老矣!吾语汝,我所保与我所守,传之子孙。吾厚德而广惠,忠信而志爱,人君之行。"其思想与《保训》完全一致。

实际上,文王训诫后人尤其太子发的文献一定还有不少。除了我们前面提到的《逸周书》"三训"(《度训》《命训》《常训》),已经亡佚的《八繁解》也应当属于此类。《周书序》说:"文王训乎武王以繁害之戒,作《八繁》。"

与文王一样,武王也十分重视历史经验的总结与借鉴。例如,《大戴礼记》中有《武王践阼》篇,据该篇记述,周武王即位之初,曾经向大夫们征求可以恒久指导后世子孙行为的简约名言,众人不知。当问及师尚父(姜太公)"黄帝、颛顼之道"时,师尚父遂引导武王,告知他保存着的丹书之言,大意是应当敬而不怠、行义灭欲。他还告诫武王,要"以仁得之,以仁守之"。武王听了,感到十分震撼,于是写成戒书,在自己能够常常看到的许多地方铭刻下来,以随时提醒自己。其实,这样的材料在《逸周书》的许多篇章中都有体现。① 综合认识和研究有关的这些文献,会发现周初的思想内涵十分丰富,从而会对"文武之政"的内涵有一个全新的认识。

(二)孔子思想与"文武之政"一脉相承

在孔子的思想学说中,"中庸"思想占有十分重要的地位。"中庸"的内涵是什么,人们有种种解说。其实,所谓"中庸"就是"中用",即"用中",也就是如何"使用中道"。《说文》中说:"庸,用也。"《尚书·尧典》有"畴咨若时登庸",《诗·王风·兔爰》有"我生之初,尚无庸",《诗·齐风·南山》有"齐子庸止",等等,其中的"庸"都是"用"的意思。

---

① 请参看杨朝明《〈逸周书〉有关周公诸篇刍议》,见杨朝明《儒家文献与早期儒学研究》,济南:齐鲁书社,2002年;《〈逸周书〉所见灭商之前的周公》,《河南科技大学学报(社会科学版)》2008年第1期。

从《易经》看，“庸”在先秦时期与“用”字相通。借助郭店楚简《五行》和文献学的帮助，考辨“中庸”的原义乃是“用中”。“用中”也就是用心，用心之道就是“诚”。郑《目录》解说“中庸”之书云：“名曰《中庸》者，以其记中和之为用也。庸，用也。孔子之孙子思伋作之，以昭明圣祖之德。”

从这样的意义上理解“中庸”，“中”就是处理事情时要把握分寸，要将事情处理得恰到好处。孔子说：“执其两端用其中。”但是，“中”却不是一眼看透的事，也不是数理意义上的“中间”。所以，孔子所谓“中”与《尚书》“十六字心传”即“人心惟危，道心惟微，惟精惟一，允执厥中”是前后贯通的。曾几何时，“中庸”却备受误解，人们认为它即是所谓的“折中”“调和”，还有的将中庸理解为“和稀泥”“折中主义”。其实，孔子认为“和稀泥”的人就是“乡愿”，这种“乡愿”是“德之贼”，是道德的敌人和败坏者。时至今日，依然还时常有似是而非的论调，认为中国近代落后的根源就在于中国人“太中庸”了，中庸思想竟然成了中国落后的罪魁，罪莫大焉！今天，有《保训》作为重要的旁证，这样的误解就容易消除了。

在对孔子的评价中，有一个事例比较典型，这就是孔子对待“女子”的态度。《论语·阳货》记孔子曰：“唯女子与小人为难养也，近之则不孙，远之则怨。”不少人以之为孔子“轻视妇女”的铁证。其实，孔子斯语，包含了“女子难养”和“小人难养”，而在《尚书》《逸周书》中都有“小人难保”一语，所谓“保”，《说文解字》明确说：“保，养也。”“小人难保”即“小人难养”。这里的“小人难保”对正确理解孔子的话很有价值。

《逸周书·和寤解》记周武王的话说：“呜呼，敬之哉！无竞惟人，人允忠。惟事惟敬，小人难保。”这里说因为“小人难保”，故应“惟事惟敬”。这正是周人传统的“敬德保民”思想的体现。不难理解，孔子强调“小人难养”，也一定是秉承周人的牧民思想，针对各层各级“养民”者（即所谓统治或管理者）而说的。孔子思想与文王、武王、周公等一脉相承，由周初文献可知，孔子说“小人难养”不仅不含有轻视“小人”的意思，反而反映出他对这一群体的重视。同样的道理，孔子说“女子难养”恐怕也不是轻视妇女。

通过这一典型的例子，我们认识到孔子思想与“文武之政”一脉贯通的意义，它不仅可以理解孔子思想与周人传统观念的联系，还有助于理解孔子学说，甚至纠正对孔子思想的一些错误的认识。

(三)"文武之政"是儒家的理想政治样板

作为儒家学派的创始人,孔子主张"王道",推崇"三代明王"。在孔子的心目中,"三代明王"之治体现了政治治理的最高境界,所以,他"述而不作",据《孔子家语·礼运》篇,孔子的政治理想就是实现社会"大同",而这样的"大同"之世,就是指的"三代之英"。①

所谓"三代之英"即三代时期的英杰人物,当然是指的禹、汤、文、武、成王、周公等人。孔子推崇三代圣王(即文献所说的"三王"),后世所谓的"孔子之道",实际就是孔子推崇的三代圣王之道,所以,孔子作《春秋》的意义就在于《史记·太史公自序》所说"夫《春秋》,上明三王之道"。孔子虽然也崇尚"五帝",但正如司马迁在《史记·五帝本纪》中所言:"学者多称五帝,尚矣。"关于黄帝等上古帝王的事迹,"荐绅先生难言之",孔子也曾经回答弟子宰我问五帝之德,但"儒者或不传"。相比之下,孔子更加推崇三代圣王。这样的材料很多,如:

> 《礼记·表记》:"子言之:'昔三代明王,皆事天地之神明。'"
>
> 《礼记·哀公问》:"孔子遂言曰:'昔三代明王之政,必敬其妻子也,有道。'"
>
> 上博竹书《从政》篇有孔子曰:"昔三代之明王之有天下者,莫之余(予)也,而□(终)取之,民皆以为义……其乱王,余(予)人邦家土地,而民或弗义。"

而且,孔子时代,三代圣王之治为社会普遍认可。因为推崇三王者不止儒家,如《墨子·鲁问》云:"昔者三代之圣王禹汤文武,百里之诸侯也,说忠行义,取天下。三代之暴王桀、纣、幽、厉,仇怨行暴,失天下。"

孔子思想与"文武之政"血脉相连,决定于孔子对"文武之政"的认识和理解。"文武之政"体现的"文武之道"为孔子格外推崇,《中庸》说孔子"祖述尧舜,宪章文武"。朱熹《四书章句集注》注解说:"祖述者,远宗其道。宪章者,近守其法。"法,即法则、做法。尧舜年代久远,而"文武之政"还在,足可以为法则。"文武之政"指周初文王、武王乃至周公的治国方略。文、武、周公明德慎罚、民惟邦本、修身重人,深受后人推崇。直

① 《礼运》篇既见于《孔子家语》,又见于《礼记》。对于该篇,人们多有误解。请参阅杨朝明《〈礼运〉成篇与学派属性等问题》,《中国文化研究》2005年第1期。

到春秋孔子时代,“文武”的政治方略仍是“未坠于地,在人”,孔子还以“文武之政”指导鲁哀公,可见孔子对“文武之政”是倍加尊崇的。

孔子尊崇“三王”,更提出尊崇“周政”。例如,据《孔子家语·执辔》篇记载,孔子弟子闵子骞为费宰,问政于孔子。孔子曰:“古者天子以内史为左右手,以德法为衔勒,以百官为辔,以刑罚为策,以万民为马,故御天下数百年而不失。”孔子又说:“古之御天下者,以六官总治焉:冢宰之官以成道,司徒之官以成德,宗伯之官以成仁,司马之官以成圣,司寇之官以成义,司空之官以成礼。六官在手以为辔,司会均仁以为纳,故曰:御四马者执六辔,御天下者正六官。”孔子这里所说的“六官”即是《周礼》中的冢宰、司徒、宗伯、司马、司寇、司空。将《周礼》六官以及太宰一职的职掌与孔子的论述相对应的部分一一对照,不难发现他们之间的内在联系。关于这一点,我们曾经进行专门探讨。① 种种材料显示,“文武之政”是孔子儒家的理想政治样板。

① 详请看杨朝明《〈孔子家语·执辔〉篇与孔子的治国思想》,《中国文献学丛刊》第一辑,香港:国际炎黄文化出版社,2003年;收入杨朝明《儒家文献与早期儒学研究》。

道家专题研究

《〈齐物论〉新编》及释

刘梁剑*

一、起　兴

读《齐物论》，不免时时抬头而读①，或因索解之难而搔首踟蹰，或因兴味盎然而彷徨徜徉；抑或，目光在脱离文本之际投向了自身性命。②

《齐物论》卮言日出，始卒若环，莫得其伦。往复耽玩，味无尽，义无穷。《齐物论》是不断邀请读者从不同地方开始阅读的文。③不仅如此，《齐物论》还是作者不受限制

---

* 作者简介：刘梁剑，华东师范大学哲学暨中国现代思想文化研究所教授。
基金项目：国家社科基金一般项目"'汉语言哲学'视域下中国哲学话语创建的理论与实践"(17BZX059)。

① 罗兰·巴特："读书之际，不时中辍，非因兴味索然，恰恰相反，乃由于思绪、兴奋、联想翩然而至，此景未曾降临您身吗？一句话，您不曾抬头而读吗？"(罗兰·巴特：《S/Z》，屠友祥译，上海：上海人民出版社，2016年，第1页)

② 巴塔耶："叙事，小说，剥揭了人生的重重真相，每一个人或多或少皆心悬其上。惟有此类叙事，人若时时出神阅读，便处于直面自身命运的境地。"(巴塔耶：《巴塔耶对〈萨拉辛〉的引证》，载罗兰·巴特《S/Z》，第343页)崔宜明先生论庄："庄子渴求自由的生命情怀两千多年来支撑起无数真诚的灵魂，庄子安命不争的人生态度两千年来又是吞噬灵魂的历史深渊。"(崔宜明：《生存与智慧——庄子哲学的现代阐释》，上海：上海人民出版社，1996年，第9页)

③ 陈少明先生指出，从文体上看，《齐物论》形式上没有严格的逻辑结构，很多段落的意思也相对独立。所以，阅读的时候从任何地方开始，似乎都无问题。参见陈少明《〈齐物论〉及其影响》(后引此书简称《影响》)，北京：北京大学出版社，2004年，第15页。

的文本①，无尽的“意义敞口”让它成为能引人写作者。② 在《齐物论》的蛊惑下，笔者一时兴起，姑从《齐物论》终结处着手，试作《〈齐物论〉新编》。熊十力作文，常于文中自注。笔者亦不顾邯郸学步之嫌，作《新编》释。

二、《齐物论》新编

昔者庄周梦为胡蝶，栩栩然胡蝶也。自喻适志与！不知周也。俄然觉，则蘧蘧然周也。周与胡蝶则必有分矣。此之谓物化。不知周之梦为胡蝶与？胡蝶之梦为周与？

南郭子綦隐机而坐，荅焉似丧其耦。颜成子游立侍乎前，曰：“何居乎？今之隐机者，非昔之隐机者也？”子綦曰：“偃，不亦善乎而问之也！今者吾丧我，汝知之乎？”子游曰：“敢问其方。”子綦曰：“大知闲闲，小知间间。大言炎炎，小言詹詹。其寐也魂交，其觉也形开。与接为构，日以心斗。缦者、窖者、密者。小恐惴惴，大恐缦缦。其发若机栝，其司是非之谓也；其留如诅盟，其守胜之谓也；其杀如秋冬，以言其日消也；其溺之所为之，不可使复之也；其厌也如缄，以言其老洫也；近死之心，莫使复阳也。喜怒哀乐，虑叹变蜇，姚佚启态；乐出虚，蒸成菌。日夜相代乎前而莫知其所萌。已乎，已乎！旦暮得此，其所由以生乎！一受其成形，不亡以待尽。与物相刃相靡，其行尽如驰而莫之能止，不亦悲乎！终身役役而不见其成功，苶然疲役而不知其所归，可不哀邪！人谓之不死，奚益！其形化，其心与之然，可不谓大哀乎？人之生也，固若是芒乎？其我独芒，而人亦有不芒者乎？”

瞿鹊子问乎长梧子曰：“吾闻诸孔丘：圣人不从事于务，不就利，不违害，不喜求，不

① 此观点受巴塔耶的影响，他在《巴塔耶对〈萨拉辛〉的引证》一文中有“我们如何能往复耽玩作者显然不受限制的书呢？”这一说法，参见巴塔耶《巴塔耶对〈萨拉辛〉的引证》，载罗兰·巴特《S/Z》，第 343 页。

② “意义敞口”“能引人写作者”分别是崔宜明和罗兰·巴特的术语。崔宜明先生认为，“意义敞口”是《庄子》所独有的文本现象之一。它是庄子文本某种特殊的多义性，朝向多种相异甚至相左的理解的可能性。“其效果就是，让多种理解可能性，甚至互相对立的理解可能性都保持自身的合理性，从而诱导乃至迫使读者以作者的姿态参与进来”（崔宜明：《从鹏扶摇到蝶蹁跹：〈逍遥游〉〈齐物论〉通释》[后引此书简称《通释》]，上海：上海人民出版社，2018 年，第 10 页）。屠友祥解释说，“能引人写作者”（*le scriptible*）在巴特那里“指文的编织方式或构成形式引动了人们想模仿的欲望，也跃跃然要依循它写出自身的文来”（罗兰·巴特：《S/Z》，第 5 页，译注 12）。

缘道，无谓有谓，有谓无谓，而游乎尘垢之外。我以为孟浪之言，丘以为妙道之行。吾子以为奚若？”长梧子曰：“瞽者无以与乎文章之观，聋者无以与乎钟鼓之声。岂唯形骸有聋盲哉？夫知亦有之。是其言也，犹时女也。且丘亦大早计，见卵而求时夜，见弹而求鸮炙。”之人也，大泽焚而不能热，河汉冱而不能寒，疾雷破山、飘风振海而不能惊。是其尘垢粃糠，将犹陶铸尧舜者也，孰弊弊焉以天下为事！死生无变于己，而况利害之端乎！

小知不及大知，小年不及大年。奚以知其然也？朝菌不知晦朔，蟪蛄不知春秋，此小年也。楚之南有冥灵者，以五百岁为春，五百岁为秋；上古有大椿者，以八千岁为春，八千岁为秋。而彭祖乃今以久特闻，众人匹之，不亦悲乎！此小大之辩也。

尧让天下于许由，曰：“日月出矣，而爝火不息，其于光也，不亦难乎！时雨降矣，而犹浸灌，其于泽也，不亦劳乎！夫子立而天下治，而我犹尸之，吾自视缺然。请致天下。”许由曰：“子治天下，天下既已治也，而我犹代子，吾将为名乎？名者，实之宾也，吾将为宾乎？鹪鹩巢于深林，不过一枝；偃鼠饮河，不过满腹。归休乎君，予无所用天下为！庖人虽不治庖，尸祝不越樽俎而代之矣。”

昔者庄周钓于濮水。楚威王闻庄周贤，使使厚币迎之，许以为相，曰：“愿以境内累矣！”庄周笑谓楚使者曰：“千金，重利；卿相，尊位也。子独不见郊祭之牺牛乎？养食之数岁，衣以文绣，以入大庙。当是之时，虽欲为孤豚，岂可得乎？子亟去，无污我。我宁曳尾游戏于污渎之中，无为有国者所羁。终身不仕，以快吾志焉！”

丽之姬，艾封人之子也。晋国之始得之也，涕泣沾襟。及其至于王所，与王同筐床，食刍豢，而后悔其泣也。梦饮酒者，旦而哭泣；梦哭泣者，旦而田猎。方其梦也，不知其梦也。梦之中又占其梦焉，觉而后知其梦也。且有大觉而后知此其大梦也，而愚者自以为觉，窃窃然知之。栩栩然与！自喻适志与！固哉！

北冥有鸟，其名为鹏。鹏之背，不知其几千里也。化而为鱼，其名为鲲。鲲之大，不知其几千里也。是鱼也，海运则将徙于南冥。南冥者，天池也。渊兮，似万物之宗。

鲦鱼笑之曰：“彼且奚适也？我出游从容，濠梁之下，不过数尺而返，消摇清波之间，此亦游之至也，而彼且奚适也？”此小大之辩也。

《齐谐》者，志怪者也。《谐》之言曰：“鲲之徙于南冥也，沉潜三千里，抟旋涡而下者九万里，去以六月洋流者也。”彼且有待乎？夫乘天地之正，而御六气之辩，以游无穷者，彼且恶乎待哉！

肩吾问于连叔曰：“吾闻言于接舆，大而无当，往而不返。吾惊怖其言犹河汉而无极也，大有径庭，不近人情焉。”连叔曰：“其言谓何哉？”“曰‘藐姑射之山，有神人居焉。肌肤若冰雪，淖约若处子；不食五谷，吸风饮露；乘云气，御飞龙，而游乎四海之外；其神凝，使物不疵疠而年谷熟。’吾以是狂而不信也。”连叔曰：“是黄帝之所听荧也，而女也何足以知之！之人也，旁礴万物以为一，大浸稽天而不溺，大旱金石流、土山焦而热。神矣，圣矣，至矣！至人无己，神人无功，圣人无名。”

南郭子綦仰天而嘘，隐机荅焉，乃入于寥天一。俄然觉，颜成子游问曰：“夫子丧我，吾知之矣。形固可使如槁木，而心固可使如死灰乎？”子綦曰：“偃，不亦善乎而问之也！女闻人籁而未闻地籁，女闻地籁而不闻天籁夫！”子游曰：“敢问其方。”子綦曰：“夫大块噫气，其名为风。是唯无作，作则万窍怒呺。而独不闻之翏翏乎？山林之畏佳，大木百围之窍穴，似鼻，似口，似耳，似笄，似圈，似臼，似洼者，似污者。激者、謞者、叱者、吸者、叫者、譹者、宎者、咬者。泠风则小和，飘风则大和，厉风济则众窍为虚。而独不见之调调之刁刁乎？”子游曰：“地籁则众窍是已。敢问天籁。”子綦曰：“夫吹万不同，而使其自己也。咸其自取，怒者其谁邪？”子游曰：“敢问人籁。”子綦曰：“人籁则人言是已。夫言非吹也，言者有言。其所言者特未定也。果有言邪？其未尝有言邪？其以为异于鷇音，亦有辩乎？其无辩乎？”大言炎炎，小言詹詹。师其成心，与物相刃。夫随其成心而师之，谁独且无师乎？未成乎心而有是非，是今日适越而昔至也。是以无有为有。无有为有，虽有神禹且不能知，吾独且奈何哉！道恶乎隐而有真伪？言恶乎隐而有是非？道恶乎往而不存？言恶乎存而不可？道隐于小成，言隐于荣华。故有儒墨之是非，以是其所非而非其所是。欲是其所非而非其所是，则莫若以明。物无非彼，物无非是。自彼则不见，自知则知之。故曰：彼出于是，是亦因彼。彼是方生之说也。虽然，方生方死，方死方生；方可方不可，方不可方可；因是因非，因非因是。是以圣人不由而照之于天，亦因是也。是亦彼也，彼亦是也。彼亦一是非，此亦一是非，果且有彼是乎哉？果且无彼是乎哉？彼是莫得其偶，谓之道枢。枢始得其环中，以应无穷。是亦一无穷，非亦一无穷也。故曰：莫若以明。

古之人，其知有所至矣。恶乎至？有以为未始有物者，至矣，尽矣，不可以加矣！其次以为有物矣，而未始有封也。其次以为有封焉，而未始有是非也。是非之彰也，道之所以亏也。道之所以亏，爱之所以成。果且有成与亏乎哉？果且无成与亏乎哉？有成与亏，故昭氏之鼓琴也；无成与亏，故昭氏之不鼓琴也。昭文之鼓琴也，师旷之枝策也，惠子之据梧也，三子之知几乎皆其盛者也，故载之末年。唯其好之也以异于彼，其好之也欲以明之。彼非所明而明之，故以坚白之昧终。而其子又以文之纶终，终身无成。若是而可谓成乎，虽我亦成也；若是而不可谓成乎，物与我无成也。是故滑疑之耀，圣人之所图也。道行之而成，物谓之而然。其分也，成也；其成也，毁也。凡物无成与毁，复通为一。唯达者知通为一。为是不用而寓诸庸，此之谓“以明”。

故为是举莛与楹，厉与西施，恢诡谲怪，道通为一。夫天下莫大于秋豪之末，而太山为小；莫寿乎殇子，而彭祖为夭。天地与我并生，而万物与我为一。

天地与我并生，而万物与我为一。既已为一矣，且得有言乎？既已谓之一矣，且得无言乎？一与言为二，二与一为三。自此以往，巧历不能得，而况其凡乎！故自无适有，以至于三，而况自有适有乎！无适焉，因是已！孰知不言之辩，不道之道？

道行之而成，物谓之而然。恶乎然？然于然。恶乎不然？不然于不然。恶乎可？可乎可？恶乎不可？不可乎不可。物固有所然，物固有所可。无物不然，无物不可。

啮缺问乎王倪曰：“子知物之所同是乎？”曰：“吾恶乎知之！”“子知子之所不知邪？”曰：“吾恶乎知之！”“然则物无知邪？”曰：“吾恶乎知之！虽然，尝试言之：庸讵知吾所谓知之非不知邪？庸讵知吾所谓不知之非知邪？有儒墨之是非，以是其所非而非其所是。今且有言于此，不知其与是类乎？其与是不类乎？类与不类，相与为类，则与彼无以异耶？吾与女皆梦也。予谓女梦亦梦也。是其言也，其名为吊诡。万世之后而一遇大圣知其解者，是旦暮遇之也。”

寂漠无形，变化无常。死与，生与，天地并与，神明往与！芒乎何之？忽乎何适？万物毕罗，莫足以归。古之道术有在于是者，庄周闻其风而悦之。独与天地精神往来，而不敖倪于万物。旁日月，挟宇宙，为其吻合，置其滑涽，参万岁而一成纯。万物尽然，而以是相蕴。不谴是非，以与世俗处。有自也而可，有自也而不可；有自也而然，有自也而不然。恶乎然？然于然；恶乎不然？不然于不然。恶乎可？可于可；恶乎不可？不可于不可。无物不然，无物不可。

以谬悠之说，荒唐之言，无端崖之辞，时恣纵而不傥，不以觭见之也。寓言十九，重言十七。卮言日出，和于天倪。

重言十七，所以已言也。不言则齐，齐与言不齐，言与齐不齐也。故曰无言，言无言。终身言，未尝不言；终身不言，未尝不言。有始也者，有未始有始也者，有未始有夫未始有始也者；有有也者，有无也者，有未始有无也者，有未始有夫未始有无也者。俄而有无矣，而未知有无之果孰有孰无也。今我则已有谓矣，而未知吾所谓之其果有谓乎？其果无谓乎？

寓言十九，借外论之，因以曼衍。汝梦为鸟而厉乎天，梦为鱼而没于渊。不识今之言者，其觉者乎，其梦者乎？造适不及笑，献笑不及排，安排而去化，乃人于寥天一。

卮言日出，和以天倪，所以穷年。万物皆种也，以不同形相禅，始卒若环，莫得其伦，是谓天均。天均者，天倪也。非卮言日出，和以天倪，孰得其久！

昔者庄周梦为胡蝶，栩栩然胡蝶也。自喻适志与！不知周也。俄然觉，则蘧蘧然周也。周与胡蝶则必有分矣。不知周之梦为胡蝶与？胡蝶之梦为周与？周与胡蝶则必有分矣。此之谓物化。

三、一梦一觉，寥天一：《〈齐物论〉新编》释

昔者庄周梦为胡蝶，栩栩然胡蝶也。自喻适志与！不知周也。俄然觉，则蘧蘧然周也。周与胡蝶则必有分矣。此之谓物化。不知周之梦为胡蝶与？胡蝶之梦为周与？

按：将《齐物论》的终端作为发端，是否读得通，说得通？挑战思、想、力。思，理解力；想，想象力；信，信力，相信《齐物论》的言说如其所言，始卒若环，莫得其伦。

引庄子，引用之，变易之，新理踵出。这里，只是变更了语序，但故事情节、义理关节似乎也随之而变。在庄梦蝶、蝶梦周的纯叙事之后，紧接着“周与胡蝶则必有分矣。此之谓物化”，说出了常识、常人之觉。此处之物化乃消极、当扬弃之化于物。“不知周之梦为胡蝶与？胡蝶之梦为周与？”闯入，扰乱了纯净的叙事、确凿的断言，扰乱了梦觉泾渭分明的区分间隔、互不相犯的和谐。怀疑常识。因此怀疑，返身打量自身，常人状态映入眼帘。常人之觉，常人之梦？梦与觉，日常不成问题的界线开始摇曳。颤动的边界。自诘，觉悟机制。自我反问，不仅问自己，问之所问指向自我，我是谁等根本问题。反冲出生存的吊诡状态，生存的限度。

一梦一觉，寥天一。何谓也？唤起一个问题，一个主导全文的问题。它是一个阐释符码。①

一梦一觉，不妨写作“梦S觉”——这里的S不是字母“S”，它借自太极图中阴阳的分界线，以形达义。它不是字母“S”，是个符号，但不是语言符号。如果要读出来，正是

---

① 罗兰·巴特：“以不同方法表述问题、回答问题，以及形成或能酝酿问题，或能延迟解答的种种机遇事件，诸如此类功能的一切单位，我们称之为阐释符码（code herméneutique……）；其功能乃至可构成一个谜并使之解开。”（罗兰·巴特：《S/Z》，第27页）

"一……一"。"梦S觉","一梦一觉"。一之一之,一阴一阳之谓道。①

一梦一觉,《新编》一以贯之的线索。它是思的原动力。每一次发动,它推动文的进展,直至力量耗尽。然,在问题似乎解决之处,总是再次撞上梦与觉的吊诡,一梦一觉,在新的层面再次成为原动力。

引庄子,却没有呈现绝对忠诚的品德。这是对庄子施暴吗?作为读者,或者未完成之文的共同的作者,这样做,过分吗?绝对忠诚,诠释活动所需的德性,抑或在诠释活动过程中铭刻于诠释活动者的身心?诠释,关乎德行;读书,关乎精神修炼。《庄子》中的神人,会怎么读《庄子》?以《庄子》读《庄子》,要成为怎么样的人?化理论为方法,化理论为德性。

南郭子綦隐机而坐,荅焉似丧其耦。(示以吾丧我之状。)颜成子游立侍乎前,曰:"何居乎?今之隐机者,非昔之隐机者也?"子綦曰:"偃,不亦善乎而问之也!今者吾丧我,汝知之乎?"子游曰:"敢问其方。"

按:改写庄子,突出"我",删去冗余信息。

子綦曰:"大知闲闲,小知间间。大言炎炎,小言詹詹。其寐也魂交,其觉也形开。与接为构,日以心斗。缦者、窖者、密者。小恐惴惴,大恐缦缦。其发若机栝,其司是非之谓也;其留如诅盟,其守胜之谓也;其杀如秋冬,以言其日消也;其溺之所为之,不可使复之也;其厌也如缄,以言其老洫也;近死之心,莫使复阳也。喜怒哀乐,虑叹变慹,姚佚启态;乐出虚,蒸成菌。日夜相代乎前而莫知其所萌。已乎,已乎!旦暮得此,其所由以生乎!"

按:常人之我,首先是名利场中的我。崔宜明评《庄子》此段文字真千古绝唱,评活了:"这一段文字是千古绝唱,写活了把人间世当作名利场的人生曲折情态,说尽了

---

① 毋庸讳言,"梦S觉"受了"S/Z"的直接启发,正如《梦S觉》得益于《S/Z》的触发。关于"S/Z"的多义性,可参见屠友祥《罗兰·巴特〈S/Z〉书题名诠释》(屠友祥:《修辞与意识形态》,北京:人民出版社,2012年,第54—66页)。相关内容亦收入屠友祥为《S/Z》中译本所作的导言。

爱不完的滚滚红尘反误了卿卿性命的彻骨悲凉。”①

一受其成形，不亡以待尽。与物相刃相靡，其行尽如驰而莫之能止，不亦悲乎！终身役役而不见其成功，苶然疲役而不知其所归，可不哀邪！（《天下》：“众人役役，圣人愚芚，参万岁而一成纯。”）人谓之不死，奚益！其形化，其心与之然，可不谓大哀乎？人之生也，固若是芒乎？其我独芒，而人亦有不芒者乎？

按：对常识常知的怀疑，日常状态的扰动，伴随着哀的情绪。颤动的界线，逍遥之发端。钟泰释“逍遥”：消其习心，动其真机。② 忙者心芒。行尽如驰，何其忙。与物相刃相靡，何其芒。贡华南引柳宗元《蝜蝂传》释忙。“行遇物，辄持取，其首负之。”“辄”字妙。③

瞿鹊子问乎长梧子曰：“吾闻诸孔丘：圣人不从事于务，不就利，不违害，不喜求，不缘道，无谓有谓，有谓无谓，而游乎尘垢之外。我以为孟浪之言，丘以为妙道之行。吾子以为奚若？”长梧子曰：“瞽者无以与乎文章之观，聋者无以与乎钟鼓之声。岂唯形骸有聋盲哉？夫知亦有之。是其言也，犹时女也。且丘亦大早计，见卵而求时夜，见弹而求鸮炙。”之人也，大泽焚而不能热，河汉沍而不能寒，疾雷破山、飘风振海而不能惊。是其尘垢粃糠，将犹陶铸尧舜者也，孰弊弊焉以天下为事！死生无变于己，而况利害之端乎！

按：此节示以世之“不芒者”。改写庄子，删繁就简，突显利害二字。

“丘亦大早计”者，孔丘所论二事暂不做主题化评论：其一，“无谓有谓，有谓无谓”，庄子要解决的说不可说的问题；其二，“游乎尘垢之外”，只是慕道者瞿鹊子从外部对圣人的看。他看到了圣人的“游乎……之外”，似是而非。得道者长梧子从内部对圣人的看则有所不同：“旁日月，挟宇宙，为其吻合……万物尽然，而以是相蕴。”他看到了

① 崔宜明：《通释》，第 81 页。

② 参见钟泰《庄子发微》，上海：上海古籍出版社，2002 年，第 3 页。

③ 参见贡华南《汉语思想中的忙与闲》，北京：生活·读书·新知三联书店，2015 年，第 13 页。

圣人的“吻合”万物，看到了圣人所看到的物之“是”与万物之“相蕴”。①《天下》讲庄子独与天地精神相往来而不敖倪于万物。旁日月，挟宇宙，是为与天地精神相往来。不敖倪于万物，是为吻合。万物尽然，物物成其独也？

“将犹陶铸尧舜者也，孰弊弊焉以天下为事”，此非阿Q之精神胜利法？亦按下不表。

小知不及大知，小年不及大年。奚以知其然也？朝菌不知晦朔，蟪蛄不知春秋，此小年也。楚之南有冥灵者，以五百岁为春，五百岁为秋；上古有大椿者，以八千岁为春，八千岁为秋。而彭祖乃今以久特闻，众人匹之，不亦悲乎！此小大之辩也。

按：上承知亦有瞽聋而衍其义。引入《逍遥游》小大之辩。

《逍遥游》讲小大之辩，说“小知不及大知，小年不及大年”。“大知闲闲，小知间间”“大言炎炎，小言詹詹”中的大小，都属于《逍遥游》小大之辩中的“小”，无论是间间之小知，还是闲闲之大知，都是小年之小知耳。郭象《逍遥游》题解：“夫小大虽殊，而放于自得之场，则物任其性，事称其能，各当其分，逍遥一也，岂容胜负于其间哉！”②其注《秋水》：大者至足，故“各知其极，物安其分，逍遥者用其本步而游乎自得之场矣”③。这是以《齐物论》所齐之小大解《逍遥游》所辩之小大，范畴混淆，义理上也错失了不同层次的曲折转进。《齐物论》之齐小大，成《逍遥游》所辩之大。再者，若以小鸟、鲲鹏喻人，小鸟之小，不尽性，则不适性。人之性，生存性，向上提升精神境界之性，而非安于现成化、物化之性。性，不是由社会地位决定的性分或命，而是由人之为人确定的成人尽性的可能性。郭象的错误，不明性命之辩。误将在外者、不由己制的命认作由己制、在我者的性。“命非己制，故无所用其心也。夫安于命者，无往而非逍遥矣。”④

---

① 崔宜明已洞见“妙道之行”的两重境界，但以瞿鹊子所见第一重境界为“从‘外面’看过来的，是被动的、内敛的和防御性的”，其表达方式是否定的，即“不……”，而长梧子所见第二重境界为“‘内在’的体验，是能动的、扩张的和进取性的”，其表达方式则是肯定的，即“是……”（参见崔宜明《通释》，第228　229页）。第二重境界的“内在”，不只是体验上的内在。

② 郭象：《逍遥游注》，见郭庆藩撰《庄子集释》，王孝鱼点校，北京：中华书局，2004年，第1页。

③ 郭象：《秋水注》，见郭庆藩撰《庄子集释》，第566页。

④ 同上书，第597页。

尧让天下于许由,曰:“日月出矣,而爝火不息,其于光也,不亦难乎!时雨降矣,而犹浸灌,其于泽也,不亦劳乎!夫子立而天下治,而我犹尸之,吾自视缺然。请致天下。”许由曰:“子治天下,天下既已治也,而我犹代子,吾将为名乎?名者,实之宾也,吾将为宾乎?鹪鹩巢于深林,不过一枝;偃鼠饮河,不过满腹。归休乎君,予无所用天下为!庖人虽不治庖,尸祝不越樽俎而代之矣。”

昔者庄周钓于濮水。楚威王闻庄周贤,使使厚币迎之,许以为相,曰:“愿以境内累矣!”庄周笑谓楚使者曰:“千金,重利;卿相,尊位也。子独不见郊祭之牺牛乎?养食之数岁,衣以文绣,以入大庙。当是之时,虽欲为孤豚,岂可得乎?子亟去,无污我。我宁曳尾游戏于污渎之中,无为有国者所羁。终身不仕,以快吾志焉!”

按:忠实引用《逍遥游》中尧让天下于许由故事。紧接着讲庄周故事,可以看到两则故事其要素结构间的类似关系,由此引导读者用许由读庄周。

庄周故事,则糅合《史记·老子韩非列传》与《庄子·外篇·秋水》。真耶?幻耶?我们如何理解寓言中的真实?①

丽之姬,艾封人之子也。晋国之始得之也,涕泣沾襟。及其至于王所,与王同筐床,食刍豢,而后悔其泣也。梦饮酒者,旦而哭泣;梦哭泣者,旦而田猎。方其梦也,不知其梦也。梦之中又占其梦焉。觉而后知其梦也。且有大觉而后知此其大梦也。而愚者自以为觉,窃窃然知之。栩栩然与!自喻适志与!固哉!

按:对第一次觉的反思与存疑。保持着“出离”。若不保持“出离”,满足于“觉”(真),则觉“固”化为梦,真人状态蜕变为常人状态。觉者,真者,出离也。悬于吊诡,活在边界处。孔子讲四毋,其一为毋固。

梦觉难分。正在做梦的时候,梦境即是被现实觉知着的实境,不知道是正在做梦。就此而言,梦总是真实的,梦总是沉浸其中。从语词上说,“梦”只能是回溯的用法、旁

① 金岳霖、D. Lewis专门讨论了小说中的真。参见金岳霖《真小说中的真概念》,《金岳霖全集》第六卷,北京:人民出版社,第539—568页;David K. Lewis, “Truth in Fiction”, *Philosophical Papers*, Oxford: Oxford University Press, 1983, Vol. I, pp. 261—275。相关讨论亦可参见张文琴《论小说中的真?——从可能世界的视角看》,《哲学分析》2015年第4期。

观的用法。与之相应，则是梦、觉的单向不对称性：总是觉而后知其梦，但没有梦而后知其觉。

“庄周梦为胡蝶，栩栩然胡蝶也，不知周也。俄然觉，则蘧蘧然周也。”庄周觉，而后知“向”之庄周梦为蝴蝶。庄周觉，既知道“向”之庄周梦为蝴蝶，又知道庄周知道“向”之庄周梦为蝴蝶。梦中蝶则只知蝴蝶不知周也。不妨把故事变换一下：“胡蝶梦为庄周，蘧蘧然周也，不知胡蝶也。俄然觉，则栩栩然胡蝶也。”倘若如此，我们只能说：蝴蝶觉，而后知“向”之蝴蝶梦为庄周。蝴蝶觉，既知道“向”之蝴蝶梦为庄周，又知道蝴蝶知道“向”之蝴蝶梦为庄周。梦中庄周则只知庄周不知蝴蝶也。

梦总是沉浸其中，梦醒之后的觉，一方面知道已醒之梦，另一方面则是沉浸此种知道之中。就此而言，梦醒之后的觉因为比所醒之梦多“一方面”内容（知道已醒之梦）而具有优越性①；然而，“沉浸其中”这一“另一方面”使得它仍可能是一种梦的状态——“梦$_2$之中又占其梦$_1$”。当然，这个梦$_2$并非醒之前的梦$_1$，哪怕它们的内容一模一样。有大觉而后知此其大梦，这样的过程可以不断延续。吾生有涯，而梦觉也无涯，故行年千载而千载化，不亦快哉！②

“栩栩然”，“自喻适志”，庄子原以状胡蝶。栩栩然胡蝶，蘧蘧然周，我们或许可以把蘧蘧然周理解为沉沦于常人状态的庄周，把栩栩然胡蝶理解为不屑名利作逍遥游的觉悟了的庄周。然则，这只是庄周“自以为觉，窃窃然知之”？不同的寓言之间，回旋映

① 儿童哲学家马修斯记下了一个故事。六岁的孩子问爸爸：怎么知道这一切不是在梦里呢？父亲不知道如何回答。孩子自答：如果是在梦里，我们是不会自己询问这个问题的。参见马修斯《哲学与幼童》，陈国容译，北京：生活·读书·新知三联书店，2015年。《世说新语》亦记载卫玠少时困于梦的问题。不过，让他感到困惑的，是梦的成因，或者更确切地说，梦与现实生活之间的“逻辑”关联，这已经以梦觉之别为逻辑前提。《世说新语·文学》：“卫玠总角时，问乐令梦，乐云：‘是想。’卫曰：‘形神所不接而梦，岂是想邪？’乐云：‘因也。未尝梦乘车入鼠穴、捣齑啖铁杵，皆无想无因故也。’卫思‘因’，经日不得，遂成病。乐闻，故命驾为剖析之。卫即小差。乐叹曰：‘此儿胸中当必无膏肓之疾。’”（徐震堮：《世说新语校笺》，北京：中华书局，1984年，第109—110页）想者，日有所思，夜有所梦。因，无所思而梦。刘孝标注引《周礼》解为“正梦”：“无所感动，平安而梦也。”

② 这里仅涉及单一主体的梦觉关系。《列子·周穆王》讲了一个故事：薪者实击鹿而以为梦，旁人因其所说之“梦”而实得所击之鹿，薪者复实生梦，因其梦而实觅得获鹿之旁人，二人遂争鹿生讼。这个故事引入主体间利害相争，以及梦境与现实互渗相涉的维度，梦觉的问题变得更加复杂。相关讨论可参见苏晓冰《是非之争与梦觉之辨——〈列子·周穆王〉篇“郑人有薪于野者”析义》，《现代哲学》2014年第4期。

带，可以造成含混、歧义、矛盾，把水搅浑，加入噪音，破坏纯净的田园诗通讯。①

北冥有鸟，其名为鹏。鹏之背，不知其几千里也。化而为鱼，其名为鲲。鲲之大，不知其几千里也。是鱼也，海运则将徙于南冥。南冥者，天池也。渊兮，似万物之宗。

鲦鱼笑之曰："彼且奚适也？我出游从容，濠梁之下，不过数尺而返，消摇清波之间，此亦游之至也，而彼且奚适也？"此小大之辩也。

按：《逍遥游》以鲲化鹏开篇，看那大鹏展翅，何等气象，笼罩中华精神数千年。鲲亦大矣，然终究只是一个过渡，一个陪衬。且为鲲抱不平，且让它成为主角，让鹏成为过渡。庄惠濠梁之辩，千古风流。且让那被指点的鲦鱼开口说话。不过，且让它一开口我们便发笑。

曳尾游戏于污渎之中，鷦鹩安于一枝，长生久视，不过鲦鱼之小确幸耳？孔丘、孟轲，非数数然于致福，非汲汲于富贵。彼弊弊焉以天下为事，果何心哉？② 虽然，犹有未树乎？

此节重申《逍遥游》小大之辩。然以钓于濮水之庄周为小。此庄周，则俄然觉、蘧蘧然之周乎？

---

① "纯净通讯""田园诗通讯"，罗兰·巴特借自控制论的术语。在他看来，"能引人阅读的写作上演某种'噪音'，它是噪音的写作，不纯之通讯的写作；然而这噪音并不是混乱，喧嚣，莫可名状的；它是一种清晰的噪音，以连贯而不是以叠合的方式形成：是种辨别得出的'乱拼误写'。"（罗兰·巴特：《S/Z》，第183页）

② 崔宜明："无须否认，'不夭斤斧，物无害者，无所可用，安所困苦哉'具有全身免祸的意思，在孟子推崇的'虽千万人，吾往矣'（《孟子·公孙丑上》）的大丈夫精神面前，这种具有浓厚庸人气息的人生态度显得猥琐不堪。"（《通释》，第57页）"也许正是因为庄子离开了人的社会解放和自由来讲人的精神解放和自由所以显得底气不足。'若夫乘天地之正而御六气之辩，以游无穷者，彼且恶乎待哉'是何等慷慨豪迈，接下来的'故曰：至人无己，神人无功，圣人无名'却何其孱弱平淡。"（第27页）"要建构一个大同世界需要去改变这个世界，需要团结和联合起人们共同行动起来，这就没办法'逍遥游'了。于是，庄子露怯了！"（第44页）"'其神凝，使物不疵疠而年谷熟'……只需要一个意念就建构起了大同世界。中国历史上以意念改变事物的'大师'层出不穷，始作俑者正是庄子。"（第44页）"庄子看到了儒家学说的宗旨是心系天下苍生，以天下老百姓都能过上好日子为终极目标而不惜繁难奉身以赴，却轻飘飘一句'孰肯以物为事'带过，本意是要自圆其说，恶果却是自欺欺人。"（第45页）此可谓对庄子的辣评。不妨补充一句："过上好日子。"圣王贤君历来都偏于民的外在德性而非内在德性，偏于民生而非民权，以民为本而非以民为主。

“此小大之辩也”,实现了对上文小大之辩的逆转。上引尧让天下于许由的故事,忠实于《庄子》,只字未改。《逍遥游》从鲲鹏讲到“至人无己,神人无功,圣人无名”,主旨已明,主体部分已完成。以《大学》体例观之,“至人无己,神人无功,圣人无名”之前相当于《逍遥游》经的部分,而之后讲的不同故事相当于《逍遥游》传的部分,从不同侧面阐发经义。尧让天下于许由的故事是传部分的第一个故事。依此脉络,尧为小而许由为大。依《新编》脉络,顺着“小知不及大知,小年不及大年”忠实引用这个故事,读者自然可依照从阅读《逍遥游》而来的理解,以尧为小而以许由为大,进而在庄周故事的阅读中自然以许由比况庄周。然而,此段再现“此小大之辩也”,前文的许由、庄周之大翻转为反讽。其中机制,类似于笑语中抖包袱之时起关键作用的妙语,punch line。①

“南冥者,天池也。”天池是大物。但也不妨解读为小物,而且这样的解读可以很有理趣。崔宜明先生释曰:“其‘天池’云云,意在‘南冥’与‘北冥’,在‘人’是世界尽头的幽暗不明的溟海,在‘天’不过是两个小小的池塘而已。”②天池,可大可小,意义敞口。那么,在其之后加上“渊兮”,似乎就消解了这个可大可小的意义敞口?南溟为渊,北溟亦为渊。下文“沉潜三千里,抟旋涡而下者九万里”,北溟非渊不可。然则,“渊兮,似万物之宗”(《老子》第四章),渊是实指吗?消解了一处意义敞口,似乎引入了另一处意义敞口。

《齐谐》者,志怪者也。《谐》之言曰:“鲲之徙于南冥也,沉潜三千里,抟旋涡而下者九万里,去以六月洋流者也。”彼且有待乎?夫乘天地之正,而御六气之辩,以游无穷者,彼且恶乎待哉!

肩吾问于连叔曰:“吾闻言于接舆,大而无当,往而不返。吾惊怖其言犹河汉而无极也,大有径庭,不近人情焉。”连叔曰:“其言谓何哉?”“曰‘藐姑射之山,有神人居焉。肌肤若冰雪,淖约若处子;不食五谷,吸风饮露;乘云气,御飞龙,而游乎四海之外;其神凝,使物不疵疠而年谷熟。’吾以是狂而不信也。”连叔曰:“是黄帝之所听荧也,而女也何足以知之!之人也,旁礴万物以为一,大浸稽天而不溺,大旱金石流、土山焦而热。

① 任博克很巧妙地引入“punch linc”解说天台宗“开权显实”的哲学。参见 Brook A. Ziporyn, *Emptiness and Omnipresence: An Essential Introduction to Tiantai Buddhism*, Bloomington & Indianapolis: Indiana University Press, 2016。

② 崔宜明:《通释》,第9页。

神矣,圣矣,至矣!至人无己,神人无功,圣人无名。"

按:鲲之以六月洋流,如鹏之以六月息,如圣人之乘天地之正、御六气之辩而游无穷,如姑射山神人之乘云气、御飞龙而游四海之外。几处的叙事具有明显的同构关系。

唐君毅先生解大鹏:"则谓大鹏,即是逍遥者,固非;大鹏之飞固有待,即无待,也只是鸟,其不能有人之逍遥,不待辩也。"①鹏以大风,有待乎?若鹏有待,则圣人"乘"天地之正,不亦有待乎?唐先生却是实看——亦是——死看大鹏,直以喻言为庄语,非解寓之道。寓言,意在言外,在言的字面义(literal meaning)之处。郭象以为,庄子"极小大之致以明性分之适。达观之士,宜要其会归而遗其所寄"②。庄子写书,寄言出意;达人解庄,自当忘言会意。《逍遥游》是否"极小大之致以明性分之适",可别论。然不拘泥于字面义、忘言会意的读庄法原则上应该是对路的。

磅礴万物以为一,"一"的主题出现。如何磅礴万物以为一?一个谜。

南郭子綦仰天而嘘,隐机苔焉,乃入于寥天一。俄然觉,颜成子游问曰:"夫子丧我,吾知之矣。形固可使如槁木,而心固可使如死灰乎?"子綦曰:"偃,不亦善乎而问之也!女闻人籁而未闻地籁,女闻地籁而不闻天籁夫!"子游曰:"敢问其方。"子綦曰:"夫大块噫气,其名为风。是唯无作,作则万窍怒为呺。而独不闻之翏翏乎?山林之畏佳,大木百围之窍穴,似鼻,似口,似耳,似笄,似圈,似臼,似洼者,似污者。激者、謞者、叱者、吸者、叫者、譹者、宎者、咬者。泠风则小和,飘风则大和,厉风济则众窍为虚。而独不见之调调之刁刁乎?"子游曰:"地籁则众窍是已。敢问天籁。"子綦曰:"夫吹万不同,而使其自己也。咸其自取,怒者其谁邪?"子游曰:"敢问人籁。"

按:前文已有子綦隐机故事。"南郭子綦隐机而坐,苔焉似丧其耦。"示以吾丧我之状。此处:"南郭子綦仰天而嘘,隐机苔焉,乃入于寥天一。"子游之问,重在吾丧我之方。

寥天一,回应题目"梦S觉,寥天一"。寥天一,"一"的主题再现。入乎寥天一,旁礴万物以为一。如何旁礴万物以为一?由此段,初步的解答是,吾丧我,闻天籁。天籁

① 唐君毅:《中国哲学原论·原道篇》,台北:台湾学生书局,1978年,第350页。

② 郭象:《逍遥游注》,见郭庆藩撰《庄子集释》,第3页。

无怒者，一如吾无我。闻天籁，既是吾丧我之方，又是吾丧我之境。

依《齐物论》原文，子游径以为人籁则比竹是已而不问人籁。比竹箫管，“籁”之本义，以之为人籁，亦无不可，然不及子綦以人言为人籁义深。人言，实则物论。“物论者，形开而接物以相构者也……皆假生人之气相吹而巧为变”①。地籁无怒者，故于地籁见天籁。如何于人籁上见天籁？

子綦曰：“人籁则人言是已。夫言非吹也，言者有言。其所言者特未定也。果有言邪？其未尝有言邪？其以为异于鷇音，亦有辩乎？其无辩乎？”（吹、鷇音，无心、无怒者。言者有言，则有心、有怒者。——作者注）大言炎炎，小言詹詹。师其成心，与物相刃（呼应前文“大言炎炎，小言詹詹”，且将言之是非与上文所论常人之追名逐利关联起来。——作者注）。夫随其成心而师之，谁独且无师乎？未成乎心而有是非，是今日适越而昔至也。是以无有为有。无有为有，虽有神禹且不能知，吾独且奈何哉！道恶乎隐而有真伪？言恶乎隐而有是非？道恶乎往而不存？言恶乎存而不可？道隐于小成，言隐于荣华。故有儒墨之是非，以是其所非而非其所是。欲是其所非而非其所是，则莫若以明。物无非彼，物无非是。自彼则不见，自知则知之。故曰：彼出于是，是亦因彼。彼是方生之说也。虽然，方生方死，方死方生；方可方不可，方不可方可；因是因非，因非因是。是以圣人不由而照之于天，亦因是也。是亦彼也，彼亦是也。彼亦一是非，此亦一是非，果且有彼是乎哉？果且无彼是乎哉？彼是莫得其偶，谓之道枢。枢始得其环中，以应无穷。是亦一无穷，非亦一无穷也。故曰：莫若以明。

古之人，其知有所至矣。恶乎至？有以为未始有物者，至矣，尽矣，不可以加矣！其次以为有物矣，而未始有封也。其次以为有封焉，而未始有是非也。是非之彰也，道之所以亏也。道之所以亏，爱之所以成。果且有成与亏乎哉？果且无成与亏乎哉？有成与亏，故昭氏之鼓琴也；无成与亏，故昭氏之不鼓琴也。昭文之鼓琴也，师旷之枝策也，惠子之据梧也，三子之知几乎皆其盛者也，故载之末年。唯其好之也以异于彼，其好之也欲以明之。彼非所明而明之，故以坚白之昧终。而其子又以文之纶终，终身无成。若是而可谓成乎，虽我亦成也；若是而不可谓成乎，物与我无成也。是故滑疑之耀，圣人之所图也。道行之而成，物谓之而然。其分也，成也；其成也，毁也。凡物无成与毁，复通为一。唯达者知通为一。为是不用而寓诸庸，此之谓“以明”。

---

① 王夫之：《庄子解》，《船山全书》第十三册，长沙：岳麓书社，1996年，第93页。

按：前文述吾丧我，从利害上说。此两段则从言、知上说。破言之是非，明知之四重境界。"道"出场，"以明"出场，"道通为一"出场，渐至庄子义理之高峰。

故为是举莛与楹，厉与西施，恢诡谲怪，道通为一。夫天下莫大于秋豪之末，而太山为小；莫寿乎殇子，而彭祖为夭。天地与我并生，而万物与我为一。

按："一"的主题再现。天地与我并生，而万物与我为一。庄子义理之顶峰，至矣，尽矣，不可以复加矣。

然则，天地如何与我并生，万物如何与我为一？

上文讲知之四重境界呈现为由古至今不断蜕变的过程。然则，今之求道者，必逆此四重境界而行之——由是非之彰返回未始有是非之封，进而返回未始有封之物，进而返回未始有物之无。如此，由众有导向纯有，而纯有即是纯无，道通为一。一，纯有纯无之一。①

天地与我并生，而万物与我为一。既已为一矣，且得有言乎？既已谓之一矣，且得无言乎？一与言为二，二与一为三。自此以往，巧历不能得，而况其凡乎！故自无适有，以至于三，而况自有适有乎！无适焉，因是已！孰知不言之辩，不道之道？

道行之而成，物谓之而然。恶乎然？然于然。恶乎不然？不然于不然。恶乎可？可乎可？恶乎不可？不可乎不可。物固有所然，物固有所可。无物不然，无物不可。

啮缺问乎王倪曰："子知物之所同是乎？"曰："吾恶乎知之！""子知子之所不知邪？"曰："吾恶乎知之！""然则物无知邪？"曰："吾恶乎知之！虽然，尝试言之：庸讵知吾所谓知之非不知邪？庸讵知吾所谓不知之非知邪？有儒墨之是非，以是其所非而非其所是。今且有言于此，不知其与是类乎？其与是不类乎？类与不类，相与为类，则与彼无以异耶？吾与女皆梦也。予谓女梦亦梦也。是其言也，其名为吊诡。万世之后而一遇大圣知其解者，是旦暮遇之也。"

按：天地与我并生，而万物与我为一。庄子义理之顶峰，至矣，尽矣，不可以复加矣。尘埃落定，智珠在握，经种种觉而生大觉。然则，话音未落，吊诡随即相伴而生。

① 参见陈少明《影响》，第21—24页。

且是种种吊诡。“既已为一矣，且得有言乎？既已谓之一矣，且得无言乎？”道与言的吊诡：言道之言落在道之外。如此，则须无言。言无言，却是言。庄子言道，道需无言，而庄子却言之不休。庄子“既以忘言为宗，而又繁有称说”①。说不可说的吊诡？再者，否定儒墨之是非的言论（无是无非之论），是否与儒墨（是非之论）构成对待而成为自身所否定的是非之论？以上种种，言的反噬：反噬所言之道，反噬言说行为，反噬所言之论。再者，价值上的是非基于事实上的区分（封）。存在论上，物必有分？再者，我说你在做梦，可是，说你在做梦的我是不是在做梦？梦与觉的吊诡。遇吊诡，冲波逆折。“天地与我并生，而万物与我为一”，经九死一生才找到的大智慧，还没来得及捂热，庄子就马上敝屣视之？“舜视弃天下，犹弃敝蹝也。”（《孟子·尽心上》）庄子妙手缔造的太虚幻境，亲手打碎之。放弃纯有纯无之一。

寂漠无形，变化无常。死与，生与，天地并与，神明往与！芒乎何之？忽乎何适？万物毕罗，莫足以归。古之道术有在于是者，庄周闻其风而悦之。独与天地精神往来，而不敖倪于万物。旁日月，挟宇宙，为其吻合，置其滑涽，参万岁而一成纯。万物尽然，而以是相蕴。不谴是非，以与世俗处。有自也而可，有自也而不可；有自也而然，有自也而不然。恶乎然？然于然；恶乎不然？不然于不然。恶乎可？可于可；恶乎不可？不可于不可。无物不然，无物不可。

按：独与天地精神往来，而不敖倪于万物。此即天地与我并生，而万物与我为一。终以庄周为体道者。在庄周这里，道成肉身。至矣，尽矣，不可以复加矣。

然则，既放弃纯有纯无之一，天地如何与我并生，万物如何与我为一？

郭象注《庄》，固然强调物之“各”，但同时也强调物之“一”。物之一，万物基于独化由“玄同”“玄合”而来的“一”。郭注《齐物论》“天地与我并生，而万物与我为一”：“苟足于天然而安其性命，故虽天地未足为寿而与我并生，万物未足为异而与我同得。则天地之生又何不并，万物之得又何不一哉！”②这是说，从时间上看，我与天地同寿；从空间上看，我与万物无异。万物与我为“一”，因为万物与我没有价值上的差别。《齐物论》紧接着说：“既已为一矣，且得有言乎？”郭象注：“万物万形，同于自得，其得一也。

---

① 王夫之：《庄子解》，《船山全书》第十三册，第417页。

② 郭象：《齐物论注》，见郭庆藩撰《庄子集释》，第81页。

已自一矣,理无所言。”①这里包含了郭象对“一”的进一步解释：一者,一于自得;易言之,就自得而言,万物是一样的。“万物与我为一”之“一”,可以翻译为“一样”,但不能译为“统一”或“一体”。《天下》述惠施历物十事,其一曰:“万物毕同毕异,此之谓大同异。”《德充符》讲“自其同者视之,万物皆一也”。这与其说是惠施万物因毕同而大同的思路,倒不如说是接过惠施万物毕异之说,却由此导出万物同的结论,与惠施之“大异”大相径庭。② 万物与我为一,由大异/毕异(承认各物之异)而大同/毕同(物物有个)。郭象“玄同”说的思路便是如此。“物皆自是,故无非是;物皆相彼,故无非彼。无非彼,则天下无是矣;无非是,则天下无彼矣。无彼无是,所以玄同也。”③“玄同”乃是说万物同于一得：万物皆自得,所以它们在价值上没有高低之分。《齐物论》讲物之异,但未有明言物之性。《骈拇》等篇则明言“性”:“彼正正者,不失其性命之情。……是故凫胫虽短,续之则忧;鹤胫虽长,断之则悲。故性长非所断,性短非所续;无所去忧也。意仁义其人情乎?彼仁人何其多忧也。”郭象论玄同,其高明之处在于,以得道、适性(道性合一,类乎《中庸》天命谓性的思路)作为“是”的超越根据。如此,万物玄同,不是简单的无根基的相对主义。④ 其不足之处在于,失落了庄子的自我怀疑精神与自身限度意识,对自性过于自信。自性之性同时意味着界限,意识着“非”：它不是他物,它更不是道本身。道在万物之中,但万物中的任何一物都不可完整地居有道。得道,得道之一部分。适性,性有不足。易言之,郭象错失了因生存吊诡而来的冲击力。当然,郭象也有“万物一体”的思想。郭注《齐物论》“旁日月,挟宇宙”:“以死生为昼夜,旁日月之喻也;以万物为一体,挟宇宙之譬也。”⑤“万物与我为一”的“一”是“玄同”之一,而“万物一体”之“一”则是“玄合”之一。前者就价值而言,后者就存在状态而言。然,玄合仍是理上合。不是儒家所讲的仁者与天地万物一体的体上合。如阳明《大学

---

① 郭象:《齐物论注》,见郭庆藩撰《庄子集释》,第 82 页。

② 惠施又讲“天地一体”。葛瑞汉认为,初看起来,庄子会同意惠施此说;然而,庄子从来没有说万物为一,他只是说,圣人在主观上待物为一(参见 A. C. Graham, *Chuang Tzu: The Inner Chapters*, London: Allen & Unwin, 1981, p. 56)。

③ 郭象:《齐物论注》,见郭庆藩撰《庄子集释》,第 66 页。

④ 陈鼓应注“天下莫大于秋豪之末,而大山为小;莫寿于殇子,而彭祖为夭”:“在庄子看来,大小长短是相对、比较而言的,不是绝对的。每一个东西都比它小的东西大,也都比它大的东西小,所以每一个东西都是大的,也都是小的。依此而得出这种诡论来。”(陈鼓应:《庄子今注今译》,北京：中华书局,1983 年,第 72 页)这里只有物与物的相对,没有道、性的维度。

⑤ 郭庆藩撰:《庄子集释》,第 127 页。

问》:“大人者,以天地万物为一体者也。视天下犹一家,中国犹一人焉。若夫间形骸而分尔我者,小人矣。大人之能以天地万物为一体也,非意之也,其心之仁本若是。”①

以谬悠之说,荒唐之言,无端崖之辞,时恣纵而不傥,不以觭见之也。寓言十九,重言十七。卮言日出,和于天倪。

按:三言,悬解吊诡。

重言十七,所以已言也。不言则齐,齐与言不齐,言与齐不齐也。故曰无言,言无言。终身言,未尝不言;终身不言,未尝不言。有始也者,有未始有始也者,有未始有夫未始有始也者;有有也者,有无也者,有未始有无也者,有未始有夫未始有无也者。俄而有无矣,而未知有无之果孰有孰无也。今我则已有谓矣,而未知吾所谓之其果有谓乎?其果无谓乎?

按:崔宜明先生释“重言”:“重复地说,就是肯定与否定同时并举的言说方式。”②

儒之是,是其所是而非其所非。主张一种“是”,一种依其本性要趋于稳固的意底牢结。稳固者,其体(是非分明的立场),其德(是非分明的言述),其用(己心固,且以固人心)。船山以为,儒墨百家之论,“其始也,要以言道,亦莫非道也”,其既也,则激于意气,“勿论其当于道与否”而沦为物论。③ 物论主张一种“是”,也可以说是认为世界的认识已然实现。崔宜明先生从两点分析了以为“已知”真理的心理与动机:“一是懒惰,既然是不可能完成的任务,为什么还不放弃呢?二是利益,既得利益者为了维护既得利益,就必然会认为对这个世界的认识已然完成,既得利益集团必然要阻碍和打击继续深化和发展认识这个世界的那些努力。”④

---

① 王阳明:《王阳明全集》,吴光、钱明、董平、姚廷福编校,上海:上海古籍出版社,1992 年,第 968 页。值得一提的是,陈少明认为,张载《西铭》万物一体、民胞物与、生顺殁宁的思想,袭取《齐物论》“天地与我一体,万物与我并生”的观点,以及《知北游》“人之生也,气之聚了,聚则为生,散则为死。若生死为徒,吾又何患?故万物一也”(陈少明:《影响》,第 123 页)。

② 崔宜明:《生存与智慧——庄子哲学的现代阐释》,第 29 页。

③ 参见王夫之《庄子解》,《船山全书》第十三册,第 93 页。

④ 崔宜明:《通释》,第 160 页。

如何破除儒墨之是非且不与儒墨对待？陈少明先生已注意到，“《齐物论》关于齐是非的观点，在否定一切是非与‘否定一切是非’的命题之间，存在着一种悖论”，而郭象则试图用双非双遣的手法摆脱这种悖论。① 郭象注“莫若以明”：“夫有是有非者，儒墨之所是也；无是无非者，儒墨之所非也。今欲是儒墨之所非而非儒墨之所是者，乃欲明无是无非也。欲明无是无非，则莫若还以儒墨反复相明。反复相明，则所是者非是而所非者非非矣。非非则无非，非是则无是。”②双非双遣，按船山的说法，则是“自说自扫”：“内篇虽极意形容，而自说自扫，无所粘滞。”③自说自扫，遣之又遣，崔宜明有“自否剩余”之说：“所谓自否剩余，指庄子讲道理常常是在讲明白某个道理以后，马上就讲与这个道理相反的道理。他刚立了一个命题，你接受了，觉得说得真对、真好，马上他自己把它否定了，指出这个命题的正确性存在问题，从而否定了刚刚讲过的道理。但有意思的是，正是通过这种自我否定产生出新的意义溢出，开启了理解这个世界的新角度和体验存在的新方式。”④

寓言十九，借外论之，因以曼衍。汝梦为鸟而厉乎天，梦为鱼而没于渊。不识今之言者，其觉者乎，其梦者乎？造适不及笑，献笑不及排，安排而去化，乃人于寥天一。

按：梦S觉，寥天一。点题。“梦S觉，寥天一”作为题目唤起的问题，在此算是交代了谜底。罗兰·巴特说：“叙事上，一个谜自问题引至解析，需经种种拖延。”⑤文之动态的关键，在谜底的最初裂隙处保持住谜，阐释活动必须用各种手段设置拖延：圈套、含混、部分解答、中止解答、刹住等。⑥ 当然，巴特所指，乃成功的叙事。文似看山不喜平。《新编》围绕一梦一觉的多层展开，围绕万物如何与我为一的种种解答，或许也在某种程度上造成了种种拖延？

《庄子》内不同的寓言之间、《庄子》与其他文本之间，回施映带，是为曼衍。曼衍

① 陈少明：《影响》，第123页。
② 郭象：《齐物论注》，见郭庆藩撰《庄子集释》，第65页。
③ 王夫之：《庄子解》，《船山全书》第十三册，第184页。
④ 崔宜明：《通释》，第13页。
⑤ 罗兰·巴特：《S/Z》，第48页。
⑥ 同上书，第105页。

者,“散漫流衍,不拘常规”①。以建构、解构或解-建构的方式造出新的 con-text。这里的 con-可能是限制性的,带来意义的闭合、清晰与稳定,但也可能是生产性的,带来语义的开放、繁衍与生成。② 换个角度看,则是意义的撒播。“一”“化”“莫若以明”等义素,若散落各处的珍珠,虽然没有有形的线把它们连缀贯串起来,但它们交相辉映,断而未断。曼衍带给寓言一种独特的语力。罗兰·巴特关于含蓄意指的论说完全可以移植过来阐述寓言由曼衍而来的语力③:“有力量将自身与往昔、日后或外来的叙述相连,与此文(或彼文)的另外轨迹相交。”④

寓言之语力,除了语义层面的相互指引,还表现为语用显现。庄子关于道言悖论的应对,便是语用显现:因为悖论的出现,迫使读者从庄子所说的内容转向庄子“怎样说”,从而领悟到言说过程本身所显现的言说的意向性,“即对不可说的‘道’的生存意向”⑤。语用显现,通过怎么说来说,而不是通过说什么来说。语用显现,语用能指。

寓言之语力,还表现在寓言溢出纸面的能力。陈少明先生认为,寓言以喻为根。引钱锺书论喻:“比喻有两柄而复多边。盖一事物一而已,然非止一性一能,遂不限于一功一效。取譬者用心或别,着眼因殊,指(denotatum)同而旨(significatium)则异。”⑥然则,“用心”“着眼”,取譬者知其所指,用意用权。喻之多边,还表现为边的开放性。用喻,言说者自觉或不自觉地引入了一种超乎自己控制的言说。喻、用喻之寓言留下了未定的经验敞口,邀约读者接入自己的经验。由此,寓言获得了不断重新肉身化的可能性,同时亦获得溢出纸面、指向读者经验的语力。

---

① 陈鼓应:《庄子今注今译》,第 89 页。

② 屠友祥论曰:“巴特所谓的文,处于不停地编辑之中,破坏了稳定性和封闭性,追求游移和偏离,播撒和运动,而这种运动性无法还原为固定的、完成了的句子”,“文自身拥有挣脱完成性之句子的力量,每当句子企图在文之中重新形成自己、重新呈露权力之际,文亦与之相应地挣脱着”(屠友祥:《修辞与意识形态》,第 34 页)。

③ 语力(illocutionary force),戴维森之论甚是精彩。不过,戴维森还只在句子层面讨论语力。关于语力,萧阳教授写过一篇很有意思的文章(萧阳:《与戴维森一起读〈论语〉——早期汉语的语气、语力与交流实践》,杨超逸译,载于杨国荣主编《思想与文化》第二十六辑,上海:华东师范大学出版社,2020 年[待刊])。

④ 罗兰·巴特:《S/Z》,第 11 页。

⑤ 崔宜明:《生存与智慧——庄子哲学的现代阐释》,第 34 页。

⑥ 钱锺书:《管锥编》第一册,北京:中华书局,1979 年,第 39 页。参见陈少明《影响》,第 178 页。

卮言日出,和以天倪,所以穷年。万物皆种也,以不同形相禅,始卒若环,莫得其伦,是谓天均。天均者,天倪也。非卮言日出,和以天倪,孰得其久!

昔者庄周梦为胡蝶,栩栩然胡蝶也。自喻适志与!不知周也。俄然觉,则蘧蘧然周也。周与胡蝶则必有分矣。不知周之梦为胡蝶与?胡蝶之梦为周与?周与胡蝶则必有分矣。此之谓物化。

"周与胡蝶则必有分矣。"必者,沉沦之必然,区分之必然?存在的天命?桀骜不驯、与人共生的原始力量。悬解,不是消泯分,而是与之达成和解。知分而无分。必有分,然不知具体如何分。有分是必,具体如何分,无必,勿固,悬置判断。与吊诡达成和解,亦是人之有限性存在与无限性追求之间达成和解。悲情。情者,既是情感,又是实情。悲者,取古希腊戏剧悲剧义、魏晋人士宇宙悲情义。和解,和(去声)之。"各""个""和""一"。不是取消、消弭差异,而是在尊重差异的同时看到差异的限度,理上玄同,事上玄合。

物化,随物迁化。非开端之化于物。觉而后与分达成和解,对于物的泰然任之。①且称之为泰氏。"泰氏其卧徐徐,其觉于于,一以己为牛,一以己为牛;其知情信,其德甚真,而未始入于非人。"(《应帝王》)

---

① 海德格尔:"我想用一个古老的词语来命名这种对于技术世界既说'是'也说'不'的态度:对于物的泰然任之(die Gelassenheit zu den Dingen)。"(海德格尔:《泰然任之》,戴晖译、孙周兴校、孙周兴选编:《海德格尔选集》,上海:上海三联书店,1996年,第1239页)

齐国的理想与《黄帝四经》构建“天人合一”之努力

王　博*

一、齐国的一统理想与稷下学宫的建立

孟子见齐宣王,曾言“以齐王,犹反手也”(《孟子·公孙丑上》),虽未打动宣王以行王道,至少反映出其时齐国国势的强盛。作为东方大国,齐国立国之初,就以其独特的自然条件优异于他国。[①]所谓“四塞之国”,突出的是齐国的地缘战略优势,而“鱼盐之国”,展现的是齐国丰饶的自然资源,更透露出环海而居的齐人所能具有的开阔襟怀。不过,齐国的所有优势在周式封建稳定的时期是难以体现的,因为有强大的核心政治权威,列国之间无须竞争以求生存。周以肥美开阔之鲁地封至亲伯禽,而以东夷荒蛮之齐地封异姓伯牙,本欲以鲁为东方盟主,衡制诸国特别是齐国。然而事实上,周王室有权威之时,东方无须盟主,一旦天子权威失坠,鲁、齐本来的优劣之势迅速逆转。齐国以其独有的战略优势,不仅成为事实上的东方盟主,而且首开霸主政治,为天下共

---

* 作者简介:王博,哲学博士,空军军医大学基础医学院副教授。
基金项目:本文系国家社科基金青年项目“‘天人三策’与汉代政治哲学研究”(19CZX020)的阶段性成果。

① 白奚:《稷下学研究:中国古代的思想自由与百家争鸣》,北京:生活·读书·新知三联书店,1998 年,第 121 页。

尊。“周式封建”必然导致的权力下移①,齐不能幸免。卿大夫擅权日久,三家分晋后,田氏终于代齐。然而春秋两大霸主齐、晋之命运最大的不同是,晋乃被“分”,齐乃被“代”。因此进入战国之后,齐仍为东方大国,三晋之地则苦战不休。在秦国崛起前后的大部分时间,齐国始终是最为富庶强盛的国家。② 自战国以下,封建制彻底崩坏无余,霸主政治已不复需要,因此对于在列国竞争格局中艰难求生存的时君们而言,富国强兵以立于不败之地乃是第一需要。在此基础上,“挞秦楚而抚四夷”③则成为大国之君的普遍愿望。田氏代齐之后,通过内政外交多方面的经营,立国渐稳,逐渐摆脱了弑君代立的负面影响。到桓公午(田齐之“桓公”)时,国势强盛,其借春秋霸主“齐桓公”的威名想要做的,已不是再度称霸这么简单,而是以事实上的一统结束苦战不休的战国乱局。回到当时的历史情境,齐国最有希望完成一统,使天下定于“一”。④

为完成一统大业,桓公午建立了著名的“稷下学宫”,广招天下贤士,“不治而议论”(《史记·田敬仲完世家》),从而形成了所谓的“稷下学派”。“稷下学宫”是在周室王

---

① 周式封建由于其自身特殊形态,已经内在包含着崩坏的种子,而这些种子在统治的初期正是作为积极因素而存在。首先是双层权力分配模式导致的王室的实际权力会随着分封的逐渐推行而愈发下移,其次其建立在“亲亲”基础之上的“尊尊”会随着血缘关系的愈加疏远而愈发丧失向心力。一方面,王室的政治权威愈发微弱而侯国愈加强大。与此相似,在侯国内部,公室亦愈发衰微而卿大夫愈尊。而分封下的统治阶层的不断扩大也导致井田制下的物质生产愈来愈无法满足“肉食者”的需要。因此,西周的稳定政治局面并没有维持多久,便以平王东迁宣告了其政治权威的彻底失落,从而进入礼制崩坏的春秋乱局。太史公言:“春秋之世,弑君三十六,灭国五十二,诸侯奔走,不得保其社稷者,不可得而数。”(《史记·太史公自序》)大概可看作春秋时代的真实情况,这是核心政治权威丧失后必然发生的状况。齐桓晋文们所努力做的“霸业”,无非是以暂时性的政治权威来替代原属周王室的权威,从而维持相对的政治稳定。然而,只要周式封建的基本制度构成没有得到彻底的变革,权力下移就依然无法避免。故霸政多只是一时之功,随着政治权力的不断下移,“三家”既然能够“分晋”,“田氏”自然可以“代齐”。

② 南方的楚国虽也自然条件优越、地广兵强,但其政治设施与农业生产还较为原始,正符合其立国之君“我本蛮夷”的自我定位。亦见太史公在《史记·货殖列传》中的描述:“楚越之地,地广人稀,饭稻羹鱼,或火耕而水耨,果隋蠃蛤,不待贾而足,地势饶食,无饥馑之患。”

③ 见《孟子·梁惠王上》,原文为“然则王之所大欲可知已。欲辟土地,朝秦楚,莅中国而抚四夷也”。孟子此言虽是对齐宣王而发,实际上说出了当时各国之君的普遍愿望。

④ 见《孟子·梁惠王上》,原文为“孟子见梁襄王。出,语人曰:‘望之不似人君,就之而不见所畏焉。卒然问曰:天下恶乎定?吾对曰:定于一。’”孟子虽然认为能够统一天下的乃是“不嗜杀人者”,但其对天下将“定于一”的历史大势可谓看得相当透彻。

官学失守之后,在政府层面上重建王官学的初步尝试。① 稷下学者来源广泛,思想倾向各异,但他们有一个共同的使命,就是以自己的才学为齐国实现一统提供理论辅助并制造舆论。② 这是齐国官方供养他们的根本理由,以此为前提,才可能有所谓的“学术争鸣”。稷下先生们努力的第一个重点,是为田氏代齐的合理性提供证明,其代表性成果为《黄帝四经》的创作;第二个重点则是为田齐获得天命一统天下提供论证,其代表性成果是在《黄帝四经》基础上规模更为宏大的《管子》的创作。这两大成果实际上只是一件事,不过是在不同阶段的不同侧重而已,因此《黄帝四经》已经大体上涵括了《管子》将要论述的主题。这两步合而为一,即可看作在王官学(齐国)初步建立的基础上,对于天人合一的重建。

二、《黄帝四经》对于黄帝的拔高

《汉书·艺文志》记载的以“黄帝”名篇的书籍仅《黄帝内经》传世,《黄帝四经》的久佚使在汉时影响甚巨的黄老学派在后世成为一大谜团,直到1973年马王堆汉墓出土帛书《黄帝四经》③,才揭去了一些黄老学的神秘面纱,使得我们能够对黄老学的起源多一些了解。《黄帝四经》最有可能是战国中期由齐国的稷下先生所作④,其创作意图如前所述,是要为田氏代齐及田齐一统制造理论根据,其达成目标的方式为对黄帝地位的拔高及阴阳学说的政治化。

黄帝作为传说中的人物,在古史系统的圣王构造过程中属于典型的后来者居上。余明光先生认为:“黄帝则是个由神而人的传奇式的人物。所以历史上关于黄帝的传说,历来就是众说纷纭的。中国古代的史籍,记载也各不相同。对于这些传说,如果仔细加以分析,则不难看出,多数的传说,大都出自秦汉间人们的口耳相濡,所以互相矛盾和抵牾的地方很多。”⑤叶林生先生亦言:“(黄帝)这位‘先祖’的真容一直隐匿在神

① 钱穆先生认为秦汉博士制度起源于稷下学官。如果秦汉博士制度可看作秦汉王官学的话,那么,作为其源的稷下学官也当看作齐国重建周式王官学的努力。参钱穆《两汉博士家法考》,《两汉经学今古文平议》,北京:九州出版社,第153—154页。

② 白奚:《稷下学研究:中国古代的思想自由与百家争鸣》,第160页。

③ 丁原明:《黄老学论纲》,济南:山东大学出版社,1997年,第8页。

④ 白奚:《稷下学研究:中国古代的思想自由与百家争鸣》,第97页。

⑤ 余明光:《黄帝四经与黄老思想》,哈尔滨:黑龙江人民出版社,1989年,第4页。

秘的云雾中,是有还是无?是神还是人?是人还是物?是土生还是外来?这些问题至今也不能了然。”①到了太史公时期,对于黄帝系谱的构造已基本完成,黄帝的地位已经远在其他古圣先王之上。② 然而,在战国中期以前的圣王系谱中,黄帝没有什么地位。战国中期之前的文献中,仅《左传》和《国语》对其有零星记载,几大派代表作《论语》《墨子》《老子》中均不见黄帝的身影。依庞朴先生的说法:“‘古史辨’派已证明:禹是西周中期起来的,尧舜是春秋后期起来的,黄帝之起更后。禹和洪水传说有关,所以得到商周的共同尊敬;尧舜之起显然是为的驾乎禹上,所以有禹父为尧臣并被杀之说(鲧究竟被尧杀还是被舜杀,《左传》已说不清楚)。黄帝之起,又为着驾乎尧舜而上之,实际上是要恢复禹的权威。”③孔子尊奉的远古圣王为尧舜(依然是传说中人物,且为后世儒家基本遵循),墨子尊奉的圣王则是大禹(与其“非儒”的态度有关),《老子》对于其宗奉的圣王未明确表态。后世托黄帝议论著述者极多(具体可参《汉书·艺文志》所列书目),然首开此风者当为《黄帝四经》。《黄帝四经》第一篇《经法》在详论圣人治道以后,于第二篇《十六经》依托黄帝之言与黄帝故事,对第一篇所倡言的治道进行了全面的验证与解说,由此实现了“理论”与“行事”的完美结合。若《黄帝四经》的创作仅仅是为倡言治道或阐发哲理,则其作者完全可以像孔、墨、老子那样,或不托言古圣先王,或以较能为大家所公认的圣王为依托,而不是拿一个亦神亦人④的黄帝来为自己代言。虽然越是古老的圣王越能增加自己学说的可信度,但前提是这个圣王得在当时普遍被承认的圣王谱系之内,其时的黄帝恰恰不具备这个前提。那么,稷下学者构造新圣王的理论动机究竟为何?要回答这个问题,得先简要回顾一下“黄帝”在之前的演变历程。

据多方面的研究,“黄帝”的原始本相乃是“生殖之神”⑤。经过极为漫长的演变之

---

① 叶林生:《黄帝考》,《江海学刊》1994 年第 2 期。

② 《史记》以黄帝作为帝系的开端,可见此意。同时需要指明的是,此时关于黄帝的构造依然存在诸多难解之处,用太史公的话说就是“百家言黄帝,其文不雅训”(《史记·五帝本纪》)。

③ 庞朴:《黄帝考源》,《传统文化与现代化》1993 年第 2 期。

④ 庞朴先生在对关于黄帝的种种传说与记载进行了详细的考辨后,感慨道:“在《吕氏春秋》这样的史话和《史记》这样的信史出现以前,我们的主人公黄帝,已然饱经沧桑,阅历了两个漫长的时代,神话时代和传说时代,留下了许多难以磨灭的或神或人、亦人亦神的足迹了。”见氏著《黄帝考源》。

⑤ 详见叶林生先生说及其所引王国维先生、郭沫若先生之说,见氏著《黄帝考》。庞朴先生则认为黄帝就是大禹,是条大虫,见氏著《黄帝考源》。

后，大约到西周至春秋早期时，则成了周人的“天神”，为协助天帝主管人间事物的大神。① 而到了春秋中期，黄帝成了某些古国与异姓诸侯的“祖先神”②，以陈、杞为代表。依叶林生先生的说法，“西周时黄帝由生殖神泛化为天神，但作为一种原始文化，生殖崇拜、生殖神不可能因统治者的独尊一神而完全消失，在某些被统治部族、异姓诸侯国中，黄帝的原始形象仍然保存着。春秋时，西周尊崇的至上神‘天帝’遭到冷落，各国保存的古文化和风俗习惯等又表露出来”，而“所谓‘祖先神’，实际上并不是指某族在血缘上的祖先，而是‘王者’通过确认其初祖是感某神而生，该神即为其‘祖先神’”；“不难看出，所谓祖先神乃是原始时代生殖神的变态。所不同的有两点：一曰生殖神是社会普遍崇拜之神，不为一氏所专有，而祖先神则是‘王者’一姓之神。二曰原始时代的生殖神是大腹便便的女性，而祖先神则成了男性，所以‘王者’的初祖（女性）才能感其精而生。从本质上看，祖先神仍是生殖神，他繁衍了一个大家族，负有生殖神的使命。所以，陈、杞等国‘禘黄帝’，只是把原始的生殖神向本部族拉近了而已”③。

春秋末期以前，黄帝乃陈、杞等国之祖先神是被普遍认可的④，对于这些异姓国而言，远绍黄帝为祖先神可证明自己血统的高贵，进而可提高自身的政治合法性，因此黄帝在这些国家中享有极高的地位。陈国于公元前 478 年亡于楚，杞国于公元前 445 年亡于楚。陈、杞不同的是，陈国公族的一支在另外一个国家不仅站稳了脚跟，而且通过多年持续的努力，终于弑君代立，成为这个国家新的主人，这就是我们所说的“田氏代齐”。田氏代齐之后，迫切地需要为自己的统治合法性寻求证明，这个时候，陈国的祖先神“黄帝”自然成了首选。因为姜齐的祖先神乃是炎帝，传说中黄帝胜炎帝而取天下，这样，田齐取代姜齐也就是合理合法顺理成章之事了。白奚先生在论述黄老之学为什么诞生于齐国时，对这个问题论之颇为详密：“黄老之学的兴起，田氏齐国的政治

---

① 叶林生：《黄帝考》，《江海学刊》1994 年第 2 期。

② 此说见于《国语》鲁展禽之说：“黄帝能成命百物……故有虞氏禘黄帝而祖颛顼……夏后氏禘黄帝而祖颛顼……商人禘舜而祖契……周人禘喾而郊稷。”见《国语·鲁语》。

③ 叶林生：《黄帝考》，《江海学刊》1994 年第 2 期。

④ 也有人以“黄帝”为姬周的祖先神，此说出于《国语》晋大夫司空季子之口，其文曰：“同姓为兄弟。黄帝之子二十五人，其同姓者二人而已，唯青阳与夷鼓皆为己姓……凡黄帝之子二十五宗，其得姓者十四人为十二姓：姬、酉、祁、己、滕、箴、任、荀、僖、姞、儇、依是也。唯青阳与苍林氏同于黄帝，故为姬姓。同德之难也如是。”见《国语·晋语》。前人学者如崔述、顾颉刚诸先生已经屡指此说荒诞不可信，叶林生先生认为此说当属后起，故黄帝为姬姓祖先神之说在当时应该不被普遍认可。见叶林生《黄帝考》。

需要是其重要的政治文化背景。公元前386年,田和始列为诸侯,正式取代了姜齐政权。此时的田齐政权,最迫切的任务就是为自己正名,证明自己取代姜齐的合理性,以取得列国诸侯的认可。田氏原为陈国公族,乃姬姓的黄帝之后,而姜齐则是炎帝之后,于是田氏大打黄帝牌,附会和利用了黄帝战胜炎帝而有天下的历史传说,大张旗鼓地宣称自己是黄帝之后,来为田氏代齐的合理性造舆论。在这一政治需要的推动下,齐国上下掀起了尊黄帝的热潮,大大促进了社会上黄帝之言的传播和流行。正是由于这一原因,齐国尊崇黄帝的文化氛围最为浓厚,黄老之学便首先在齐国出现并发展起来。"①到战国中期时,黄帝已有成为诸部族之祖先神的趋势,这一趋势被《黄帝四经》充分利用,进而将黄帝推尊为曾经一统天下的圣王,由圣王黄帝"最可信"的后人田齐来完成统一自是最理所当然之事。《黄帝四经》拔高黄帝的努力及其用意,在齐威王时期的青铜器《陈侯因齐敦铭》里得到了完全的体现:

> 唯正六月癸未,陈侯因齐曰:皇考孝武桓公,恭哉,大谟克成。其唯因齐扬皇考昭统,高祖黄帝,迩嗣桓文,朝问诸侯,合扬厥德。诸侯寅荐吉金,用作皇考孝武桓公祭器敦,以蒸以尝,保有齐邦,世万子孙,永为典常。②

意即齐威王(陈侯因)向其先祖齐桓公午祷告,宣称要远绍其高祖黄帝的威德,近承齐桓(小白)晋文的功业,发奋努力,保养齐国子孙。可见黄帝在这时已经成为田齐证明统治合法性并进而继承黄帝之伟业统一天下的最佳护符。此铭正可作为我们的论点最坚实的依据。黄帝的地位在后世越来越高,最后竟成了华夏始祖,不能不说以《黄帝四经》居首功。

三、阴阳学说的政治化

《黄帝四经》在抬高黄帝的同时,也在试图全面重建天人的合一。田齐既然以黄帝继承人自居,除了在理论上证明自己的统治正当性之外,更重要的是在事实上完成一统。因此,《黄帝四经》的作者就以自己的独特方式,创制出一套完整的圣人治理模式,

---

① 白奚:《先秦黄老之学源流述要》,《中州学刊》2003年第1期。

② 《陈侯因齐敦铭》,《考古学报》1975年第1期。

并将之全部归于黄帝的发明，视作圣王黄帝与天相通的治道，希望田齐君主仿效高祖黄帝而成圣王建一统。①《黄帝四经》借黄帝之口说“唯余一人□乃肥（配）天”②，即是说只有圣王方能与天相配从而实现天人合一。这种天人合一模式实际上与周人的差别不大，但《黄帝四经》中的“天”与周人的至上神之“天”已有本质上的区别，《黄帝四经》言：

> 黄帝曰群群□□□□□□为一囷，无晦无明，未有阴阳。阴阳未定，吾未有以名。今始判为两，分为阴阳，离为时四［时］□□□□□□□□□［德虐之行］，因以为常，其明者以为清而微道是性，行法循口口牝牡，牝牡相求，会刚与柔。柔刚相成，牝牡若刑（形），下会于地，上会于天。③

这一段虽然错讹颇多，但仍可看出是在讲论天地造化之理。“囷”当是指世界在天地未分之前的“混沌”状态④，“囷”只有分为阴阳、离为四时之后，通过阴阳、牝牡、柔刚等代表世界两大力量之间的互动，从而会通于天地，实现万物的造化。⑤ 因此，《黄帝四经》已经是在整个物质世界的意义上言“天”。⑥ 这里的“阴阳”概念，明显是承接《周易》古经与《老子》的“阴阳”观念而来。在表达构成世界的两种相对待的力量时，《黄帝四经》和《老子》甚至使用相同的术语。⑦ 但不同于《老子》的是，“阴阳”在《黄帝四经》中的地位已经远超于“牝牡”“雌雄”“柔刚”“晦明”等之上，而成为这两大力量的统称。我们看到，“阴阳相分”构成了天地造化的核心环节，甚至可以说，阴阳就是天地之道的

---

① 白奚：《先秦黄老之学源流述要》，《中州学刊》2003 年第 1 期。

② 《黄帝四经·十六经·立命》，见余明光《黄帝四经与黄老思想》，第 278 页。另外需要说明，陈鼓应先生对《黄帝四经》的注释和研究颇具代表性，本文的引文也重点参考了陈先生的《黄帝四经今注今译——马王堆汉墓出土帛书》（北京：商务印书馆，2007 年），为避免行文混乱，故只列出了余明光先生的《黄帝四经与黄老思想》。

③ 余明光：《黄帝四经与黄老思想》，第 282 页。

④ 同上书，第 283 页。

⑤ 其文曰：“阴阳备物，化变乃生。”见余明光《黄帝四经与黄老思想》，第 292 页。

⑥ 白奚：《稷下学研究：中国古代的思想自由与百家争鸣》，第 118 页。

⑦ 陈鼓应先生认为“这一段是老子‘万物生成论’的引申”，见氏著《易传与道家思想》，北京：商务印书馆，2007 年，第 181 页。胡家聪先生亦认为“这段恰恰是‘道生一，一生二，二生三’的展开描述”，胡家聪：《〈易传·系辞〉思想与道家黄老之学相通》，此文附录于陈鼓应先生的《易传与道家思想》，第 268 页。

核心。所以,圣王若要与天合一,首先就应该知晓阴阳之理。阴阳之理表现于天地万物,就是三时(春、夏、秋)生成而一时(冬)肃杀①,因此阳主生而阴主杀,表现于圣人之治道,就是阳主德(生为德)而阴主刑(杀为刑),因此圣人应该刑德兼用。通过阴阳与四时进而与刑德的搭配,《黄帝四经》实现了阴阳学说的政治化②,尽管这个构造仅是初步的,但它已经为阴阳学说在后来的《管子》和《吕氏春秋》中的进一步政治化直至《春秋繁露》中的全面政治化立定了基本的思路。

《黄帝四经》通过阴阳学说的政治化而实现天人合一的努力并没有止步于此。在“刑德兼用”说的基础上,《黄帝四经》明确表达了“崇德而抑刑”的主张,如说“刑晦而德明,刑阴而德阳,刑微而德章(彰)”③、“先德后刑,顺于天”④。虽然《黄帝四经》里所说的“德”无法直接等同于“仁德”或“赏罚”,但无疑为后世言“德教”(孟子、董仲舒为代表)或言“法术”(慎到、韩非为代表)的学者提供了理论资源。《黄帝四经》更进一步以政治化的阴阳学说为依据,使“阴阳”与万事万物相配属,以作为其理想社会秩序的理论根据,《黄帝四经》言:

> 凡论必以阴阳[明]大义。天阳地阴。春阳秋阴。夏阳冬阴。昼阳夜阴。大国阳,小国阴。重国阳,轻国阴。有事阳而无事阴。信[伸]阴[阳]者(而)屈者阴。主阳臣阴。上阳下阴,男阳(女阴)。(父)阳(子)阴。兄阳弟阴。长阳少(阴)。贵(阳)贱(阴)。达阳穷阴。取[娶]妇生子阳,有丧阴。制人者阳,制于人者阴。客阳主人阴。师阳役阴。言阳黑[默]阴。予阳受阴。诸阳者法天,天贵正,过正曰诡□□□□祭乃反。诸阴者法地,地(之)德安徐正静,柔节先定,善予不争。此地之度而雌之节也。⑤

---

① 《黄帝四经》中一般是以春夏二时为阳、秋冬二时为阴,这应当是阴阳与四时相结合时最初也最基本的配法,不过这种配法无法体现出阴阳之间的地位差别,与刑德相配时自然难以体现《黄帝四经》作者对于“生成”的重视,因此在《黄帝四经》中居主导地位的配法是以冬配阴、余三时配阳,以体现天道重生而不重杀,人道重德不重刑。这样的思路表达在《易传》之中就是“生生之谓《易》”,并被后来的董仲舒完全继承。

② 叶林生:《黄帝考》,《江海学刊》1994年第2期。

③ 余明光:《黄帝四经与黄老思想》,第300页。

④ 同上书,第284页。

⑤ 同上书,第332—333页。

这里表达出的,已经是明显的尚阳理念,可见《黄帝四经》虽然有继承《老子》之处,但在学说最根本处却与《老子》正相反对。这里的尚阳理念将在《易传》中通过对《周易》古经本有阴阳观念的创造性解说而得到更为精致的体现。《黄帝四经》与《易传》一起,构成了董仲舒尚阳理念的核心来源。

似乎与尚阳说有些矛盾的是,《黄帝四经》也有贵柔与尚雌的说法,如“以刚为柔者栝(活),以柔为刚者伐。重柔者吉,重刚者灭”①、“卑约主柔”②、“凡人好用雌节”③等。这些说法都是在论述为人主之术,明显受之于《老子》的启发,但这仅仅是在“术”的层面上对《老子》的继承,在其所论的圣王之道中不具有根本性的地位。这里的贵柔尚雌说终将通过慎到成为韩非子学说的重要来源,同时也是后世所言“黄老刑名法术”的基本理论雏形。

我们认为,《黄帝四经》中尚阳与尚阴的同时并存关涉“道”与“术”的分野。即在总的治国之道的层面,以尊德而抑刑的尚阳说为主导,而在具体的为君之术(也可扩展到远祸避害之术)的层面,依然没有忘记《老子》以水为喻的尚阴教诲。《黄帝四经》的尚阳与尚阴不仅在理论上并不构成显明的矛盾,在现实的政治实践中其实也可能并存,后世所谓“阳儒而阴法”的说法当是以此为鼻祖。但在一统尚未完成、富国强兵才能得生存的战国时代,“道”与“术”没有并存的现实可能。不仅“尊德抑刑”的政治理念从未有人实施也无法实施,尚柔贵雌的为君之术却得到了极大的发展,并将此术进一步扩展到治国之道中去,最终实现了以术统道,也就是后世所说的刑名法术之学。顺着这个理路,经过慎到与申不害等人的发展,走到极致便是韩非子。

《黄帝四经》所构建的圣王与天道合一的主要关节大概如上所述,那么,如果人主不效法天道、不明阴阳大义的话,会造成什么样的后果,《黄帝四经》给出了自己的回答,“其时赢而事绌,阴节复次,地尤复收。正名修刑,执(蛰)虫不出,雪霜复清孟榖乃萧(肃),此衬(灾)□生。如此者举事将不成”④,亦即人主若不效法天(违反阴阳刑德之理),天即生灾害,进而导致政事不成。这里已经隐约现出后来“灾异说”的影子。由此可见,在《黄帝四经》的构造中,人(人主)与天并不是单向的仿效与被仿效的关系,而

① 余明光:《黄帝四经与黄老思想》,第 275 页。
② 同上书,第 313 页。
③ 同上书,第 303 页。
④ 同上书,第 286—287 页。

是有着双向的互动，在互动中达致天人的合一。能够与人互动的“天”已经不是单纯自然意义上的天了，而是有了赏善罚恶（善政恶政）的功能，这个“天”最终将发展到董仲舒天人交感意义上的那个“天”。

四、余　论

我们说过，阴阳最初与刑德的结合是为了构建圣人依时而立政的天人合一，其核心原则乃是圣人的政刑活动要与表现了天道原则的四时之生、长、养、藏相符合。虽然从阴阳二气的轮转而言，春夏应该配阳，而秋冬配阴，但从万物在四时的生长情况来看，却又表现出三时生成而一时肃杀的特征。因此，《黄帝四经》中阴阳与四时的基本配法是春夏秋配阳、冬配阴，以体现天道重生不重杀、贵德而贱刑之意。在这个基本的价值取向下，《黄帝四经》将宇宙间重要的物事包括人伦关系都以阴、阳划分为两类，表现出明显的阳尊阴卑的尚阳观念。我们可以说这是对《老子》尚阴观念的纠偏和反对，但又因为《黄帝四经》仍然在“术”的层面上对尚阴观念有所继承，开启出后来的所谓黄老刑名法术之学。因此稷下学者只要仍然对“术”的层面的尚阴观念有所保留，或者仍然对尚阴观念的来源“水”之德①有所赞扬，就依然无法从根本上避免尚阴观念的扩张。我们看到，《管子》虽然对《黄帝四经》的尚阳观念加以进一步阐扬，但仍然在“术”的层面上保留了尚阴的观念，而且其《水地》篇对“水”的无限推崇更让我们很容易联想到《太一生水》。② 邹衍虽然以“五德终始”来命名自己的学说，内含了尚德的观念，但仍然将美好未来交予了“水德”的化身。秦完成一统后随即定德为“水”，加之秦自商鞅以来极力推崇并被韩非子最终理论化的法治主张，都象征了尚阴观念对于尚阳观念的全面胜利。所以，单纯地从政治化的阴阳学说来看，稷下学者面临着外部与自身两方

---

① 老子正是通过对自然形态的水的观察，得出了“上善若水”（《老子》第八章）的结论，正是因为“天下莫柔弱于水，而攻坚强者莫之能胜”（《老子》第七十八章），老子以其对于阴柔的推崇成了尚阴观念的鼻祖。

② 《管子》在对《黄帝四经》的阴阳刑德学说和尚阳观念加以继承和发展的同时，也继承了《黄帝四经》在为君之术层面的尚阴观念。《管子·水地》对于水的地位之极力推崇正是经由《老子》而来在《太一生水》中被进一步发展的尚阴观念之表现。此处的论述受启于王博先生，参见王博《〈太一生水〉研究》，《简帛思想文献论集》，台北：台湾古籍出版有限公司，2001 年。

面的挑战。稷下学者以及后来人若要从根本上对尚阴观念加以反对,就必须依靠其他的理论资源,而作为《老子》阴阳观念来源的《周易》古经自然成了首选。因此,《易传》对《周易》古经阴阳观念的明确揭示及其鲜明的尚阳观念,如果放在这个思想史背景中来审视的话,就能看得更真切一些。无论如何,所有这些深刻的理念冲突,都是因了齐国一统的需要,由稷下学者在《黄帝四经》的创作中最初表现出来的。

何谓“无为”

——秦汉儒、道“无为而治”思想析论

何大海*

司马谈于《论六家要旨》开篇即论：“易大传：‘天下一致而百虑，同归而殊涂。’夫阴阳、儒、墨、名、法、道德，此务为治者也，直所从言之异路，有省不省耳。”[①]与后世刘向、刘歆父子所言和班固《汉书·艺文志》所载之“王官学”论大体一致，即先秦诸子百家出于“王官之学”，其各自出发点亦为政治服务，即“此务为治者”，故有学者称中国古代学术大体为“政治哲学”[②]，此确然。盖因“道术将为天下裂”，“王官学”之统一道术分为“九流十家”，因此诸子学以各自发展脉络而有不同之呈现，因此有今日所谓“轴心时代”之中华传统文化、先秦学术繁荣之“百家争鸣”。然司马谈所论之“六家”——阴阳、儒、墨、名、法、道德，其最有效、最确然之“治天下”者，唯“道德家”一家而已，其余五家皆有善有不善，而道德家“其为术也，因阴阳之大顺，采儒、墨之善，撮名、法之要，与时迁移，应物变化，立俗施事，无所不宜，指约而易操，事少而功多”[③]，将其余五家之精华收入其内，以成一“绝对正确”的治国理念。治国之政，君臣二者必不可少，尤其是秦汉大一统帝国，君臣即构成了中国政治思潮之核心，君臣关系如何，亦关涉整个国家是

---

* 作者信息：何大海，陕西师范大学哲学与政府管理学院中国哲学博士后。
基金项目：国家社会科学基金青年项目“谶纬学与两汉哲学思想研究”（20CZX026），陕西省社会科学基金一般项目“秦汉谶纬学史研究”（2019C010），中国博士后科学基金一般项目“秦汉谶纬学史研究”（2019M653866XB）。

① 司马迁：《太史公自序》，《史记》（修订本），北京：中华书局，2014年，第3993页。

② 周桂钿：《董学探微》（第二版），《前言》，福州：福建教育出版社，2015年，第3页。

③ 司马迁：《太史公自序》，《史记》（修订本），第3994页。

否能有序发展、政治稳定性与合理性是否得到保障。

吴光先生认为:“道家中的黄老学派(简称黄老道家),则形成于战国末期至秦汉之际。但在司马谈《论六家要旨》中提出‘道家’或‘道德家’的名称以前,无论是‘道家’还是‘黄老’,都是有其实而无其名。‘道家’一词,盖发端于司马谈;而‘黄老’连称,则开始于司马迁。然而,司马谈所谓的‘道家’或‘道德家’,实际上并不是指老聃、庄周那样的早期道家,而是指西汉初期的黄老道家。”①这种区分很多学者都有过论述,如陈鼓应先生认为:“老学在经历百余年之后,不仅在庄学中获得了无限的发展,也在黄老之学中获得了巨大的生命力。”②“在道家系统中,老子的思想发展到战国时代,形成了两个主要学派,即黄老之学和庄学。两者都继承了老子的道论,但又加以不同的发展。就黄老之学来说,由‘道生法’可以看出,它使老子的道论向着更积极的方向发展,引出了一系列社会政治准则;而庄学则把道演化成了一种人生境界。”③王葆玹先生亦云:“在先秦学术当中,有黄老和老庄两派,当时还没有形成统一的道家……这两个学派的共同点,是都称述老子。”④

盖道家学派自产生以来,大部分学者多关注“老庄”一系,以其直接关切人内心生命体验,寻求一种人生境界,为一种隐士、出世思想,并与道教、魏晋玄学、宋明理学等颇有渊源,而“黄老”一系因只在战国末期、西汉初期产生较大影响,与政治关系密切,然后世几乎无传承著作,甚而先秦及秦汉著作亦有散佚,故学者关注较少。

所幸1973年年底,长沙马王堆三号汉墓出土了大量的帛书资料,其中关于道家的著作颇丰,帛书整理者将它们命名为《老子甲本及卷后古佚书》《老子乙本及卷后古佚书》。因《老子乙本及卷后古佚书》是迄今见到的唯一一种《老子》书与“黄帝书”的合卷本,反映黄老之学的特点,故将其简称为《黄老帛书》。⑤《黄老帛书》是目前已知的关于黄老道家学派思想较为系统的重要作品,其中关于君臣部分更是对当时政治关系产生深远影响。笔者以此为契机,探讨《黄老帛书》中的“君臣关系”问题,并就一般所

---

① 吴光:《黄老之学通论》,杭州:浙江人民出版社,1985年,第1页。

② 陈鼓应:《黄帝四经今注今译——马王堆汉墓出土帛书》,第27页。

③ 同上书,第47页。

④ 王葆玹:《黄老与老庄》,北京:中国人民大学出版社,2012年,第12—15页。

⑤ 吴光:《黄老之学通论》,第3页。但是亦有学者认为此《老子乙本及卷后古佚书》是《汉书·艺文志》所载之《黄帝四经》,如陈鼓应、王葆玹等。由于尚无定论,本文还是称其为《黄老帛书》。但为了尊重作者,在引用陈氏、王氏等人观点时,亦称其为《黄帝四经》。

理解之"无为而治"与"君臣关系"、黄老道家与秦汉儒家对于"无为"之相关论述做一深入剖析,以探析先秦至两汉儒道君臣关系之脉络。

一、《黄老帛书》的"无为而治"与君臣关系

当道家学派走向政治舞台,君臣二者在政治活动中各自处于什么样的地位,拥有什么样的权利与义务,是黄老道家进入现实政治必须要解决的问题。其出发点,则来自黄老道家所从属的道家学派最重要的观点"道"和黄老学派发展的"道生法"。

《黄老帛书》开篇即言:"道生法。法者,引得失以绳,而明曲直者殹(也)。故执道者,生法而弗敢犯殹(也),法立而弗敢废[也]。[故]能自引以绳,然后见知天下而不惑矣。"①

"道生法",可谓《黄老帛书》开篇立论之观点,亦为全书最主要的内容。"道生法"揭示出道与法两个维度在整个黄老思想体系中的重要性。"道"可以指宇宙实体、万物本原和普遍规律,为万物存在之根本,事物发展变化之依据,是一个永恒的存在。"道"在道家学派中为最重要的内容,以"黄老道家"之于原始"老子道家"的发展而论,"道生法"可谓黄老学派承接老子学派之最主要内容。"法"可以指法度、法则,是道在现实的政治社会中所表现出的具体规章制度,可以说是黄老道家学派融合法家学派所形成的内容。而这一社会性的规章制度(人道)有一个终极的宇宙源头(天道),就是开篇的"道",人道法于天道,这也来自《老子·第二十五章》:"人法地,地法天,天法道,道法自然。"

而之所以黄老学派会有"无为而治"——"君无为,臣有为"的观点,其源头亦来自"道生法":君臣二者分工不同,一方面,君主为道之继承者,道既然已经生法,"生法而弗敢犯也,法立而弗敢废也",法就有了类似于宪法的至高无上性,不可轻易动摇,因此君主要做的是"执道",即以最高的"道"的准则来规范大臣,维护"道生法"之根本,而非做具体之事物;另一方面,大臣于法令制定之后,以此为标准,"引得失以绳,而明曲直",负责具体政治事务的处理,即"执政者",但其不具有神圣性,即非"执道者"。而所有这一切政治行为的分工、施行与参与,都是以最高的"道"为鹄的,以"道生法"的

---

① 陈鼓应:《经法·道法第一》,《黄帝四经今注今译——马王堆汉墓出土帛书》,第2页。本文所引《黄老帛书》全部采用陈氏注本,故下文凡引用此书者只标记篇名及页码。

“法”为行为规范，从君主到大臣，都必须围绕这个主题，不可动摇。君主地位虽高于大臣，亦不可不受约束。因而国家才会稳定繁荣，社会才会秩序井然。①

同样，“道”不仅生“法”，同时“道”也产生刑（形）名，“见知之道，唯虚无有；虚无有，秋毫成之，必有刑（形）名；刑（形）名立，则黑白之分已”②。形，指客观事物的形体、状态等；名，指事物的名称、概念。形名之说，原是就事物的形体和名称的关系而言，认为事物标志的“形”和事物称谓的“名”必须相当。③ 形名是判断是非黑白的重要标准，而其源头也是道。与法类似，形名一旦产生，大臣要做的就是依靠形名的原则处理国家事务，“是故天下有事，无不自为刑（形）声号矣。刑（形）名已立，声号已建，则无所逃迹匿正矣。”类似于孔子所讲之“名不正，则言不顺；言不顺，则事不成；事不成，则礼乐不兴；礼乐不兴，则刑罚不中；刑罚不中，则民无所措手足”④。《黄老帛书》中与此类似的论述还有很多，例如后文所论：“事如直木，多如仓粟。斗石已具，尺寸已陈，则无所逃其神。故曰：度量已具，则治而制之矣。”⑤都是讲“法”“形名”从道产生之后，这种规则、度量、范畴就要作为行政、做事的标准约定下来而不可轻易改变，大臣做的就是运用这种标准去做事，君主做的就是用这种标准去规范和监督。这是国家有序运行的保障，而君主要做的可以称之为“无为”：“故执道者之观于天下殹（也），无执殹（也），无处也，无为殹（也），无私殹（也）。”⑥《道法篇》曰：“故唯执［道］者能上明于天之反，而中达君臣之半，富密察于万物之所终始，而弗为主。故能至素至精，悎（浩）弥无刑（形），然后可以为天下正。”⑦一个贤明的君主，作为“执道者”，其最重要的角色不仅是知晓“天道”，把握“道”的标准，而且在于很好地处理君臣关系，要“中达君臣之半”，其中“半”通“畔”，是界限、分界的意思。君主是国家的首脑，是国家的最高统治者，并不是所有事物的直接处理者，也不是天地间的最高主宰，而是整个国家的核心，

---

① 王葆玹亦云：“《黄帝四经》的作者不能彻底脱离时代的局限，不能否定君主的权威，但这位作者在君主之上设置了‘道’，道即自然。”见氏著《黄老与老庄》，第 4 页。

② 《经法·道法第一》，第 10 页。

③ 同上书，第 12 页。

④ 黄怀信主撰，孔德立、周海生参撰《论语汇校集释》（下册），《子路第十三》，上海：上海古籍出版社，2008 年，第 1154 页。本文所引《论语》全部采用黄氏注本，故下文凡引用此书者只标记篇名及页码。

⑤ 《经法·道法第一》，第 16 页。

⑥ 同上书，第 10 页。

⑦ 同上书，第 31 页。

在“富密察于万物之所终始”“弗为主”才可以“为天下正”。这是黄老学派的“无为而治”,也就是“君无为,臣有为”的政治分工与合作政治。

“无为”到底何意,也是众说纷纭。有学者指出:“‘无为’之‘为’是一个动词,它可以指自然的运动,也可以指人为。‘无’有二义:一是表示存在状态,即‘没有’;一是表示行为禁忌,义同‘毋’。联系起来,就有了‘没有做什么’和‘不要做什么’这么两个义项……表示没有做什么,是表示一种存在状态。但它并不是什么也没做的意思,而是指某种自然的,非人力、神力推动、制御的运动状态,或排除不合理行为之后所达到的理想境界,即‘无为而无不为’境界。表示不要做什么,是一种行为禁忌。但它绝非禁忌所有行为,而是只禁忌那些不符合理性的‘妄为’,同时,它还肯定那些符合理性的‘为’。总之,‘无为’并不否定所有的‘为’,它表达的是一种辩证的行为观。‘无为’不只是一个词、一个范畴,还是一种思想,是一种用否定性、禁止性语词来表达的思想。”①因此,“无为”并不表示什么都不做,不是放任自流,不管不顾,而是一种政治学说,一种政治智慧。

老子讲“无为”,多是“清静无为”“自然而然”之意,不过分、不妄为,以达到“道常无为而无不为”(《老子·三十七章》)的境界,但是较少涉及具体政治领域的君臣关系②,而《黄老帛书》对君臣关系、君臣具体行为规范则有较多描述。“中达君臣之半”的表现就是“六顺”:“主不失其立(位)则国[有本,臣]失其处则下无根,国忧而存。主惠臣忠者,其国安。主主臣臣,上下不趀者,其国强。主执度,臣循理者,其国朝(霸)昌。主得[位]臣楅(辐)属者,王。”③“六顺”指的是国家运行中有助于维护政治稳定的六件顺利的事情:“主不失其立(位)”与“臣(不)失其处”指出君主作为国家政治权力的中心,一定要在“有位”之中,大臣也必须要正视自己所处的位置。否则,大臣僭越君位,秩序混乱,对整个国家机构的有序运行产生巨大的灾难;“主惠臣忠”在于君主要尊敬爱护大臣,因为大臣不是君主的私人奴仆,而是整个国家有序运行的重要支撑,大臣则要担当责任,忠心辅佐君主治理天下,二者相得益彰。“主主臣臣,上下不趀”与孔子所说的“君君、臣臣、父父、子子”(《颜渊》)有异曲同工之妙④,都是讲的君主要有君

① 李生龙:《无为论》(修订本),长沙:湖南师范大学出版社,2009年,第1—2页。

② 《老子·五十七章》的“我无为而民自化,我好静而民自正,我无事而民自富,我无欲而民自朴”也是讲君民关系,但没有落实到具体的君臣关系。

③ 《经法·六分第四》,第84页。

④ 在某种程度上也可以说是吸收了儒家的“正名”思想。

主的样子,不能荒淫暴虐,也不能代替大臣行政,大臣要有大臣的样子,不能犯上僭越,也不能无所作为,同时强调上下一心,国家就会强盛,所以君主是“执道者”而非“执政者”,大臣是“执政者”而非“执道者”;“主执度,臣循理”讲的是具体行政过程中,君主秉持“道生法”的法度,指导大臣行政,大臣承接“道生法”的法度,具体处理国家事务,这样国家就可以达到称霸的地位;“主得位,臣辐属”类似于孔子所说的“为政以德,譬如北辰,居其所而众星共之”(《为政》),君主得其位,就像是车轮的中心,大臣聚集在君主周围,就像是车辐条聚集在轮芯一般,这样国家就可以达到王天下的理想局面。可以看出,《黄老帛书》所论的君臣关系是融合了儒道两家共同的理论体系而形成的政治学说,这“六顺”与儒家所提倡的合理的君臣关系也在很多方面吻合。

《黄老帛书》中的“执道者”需要根据由“道”所生的“形名”来制定规矩,在此基础上才有了政治运行的根基,其余的大臣各自的职位、身份、责任也由此而知:“故执道者之观于天下也,必审观事之所始起,审其刑(形)名。刑(形)名已定,逆顺有立(位),死生有分,存亡兴坏有处,然后参之于天地之恒道,乃定祸福死生存亡兴坏之所在。是故万举不失理,论天下无遗策。故能立天子,置三公,而天下化之。之胃(谓)有道。”①而这一切的基础还是道家基本价值取向:“执道”“观天下”“恒”“虚”“静”等。“故唯执道者能虚静公正,乃见[正道],乃得名理之诚。”②

与君主的“执道者”角色相类似,《经法·六分第四》提出:“主上执六分以生杀,以赏[罚],以必伐。天下大(太)平,正以明德,参之于天地,而兼复(覆)载而无私也,故王天[下]。”③“六分”就是判断六顺、六逆④的标准,也可以说是“道生法”的道在现实政治中的一个表现,君主掌握了这种有关君臣有序关系的规律、现象,就可称王、统一各国。所以,《黄老帛书》的总体思路还是归结到本原的道,以道来论政治,由天道而论人事。

因此,可以看出,黄老道家的君主并不是完全“无为”的被动角色,不是“消极无为”,可以说是“积极无为”。君主“执道”之后,要通过不同的“道”的表现来驾驭、控制大臣,例如《经法·六分第四》讲君主要“为人主,南面而立。臣肃敬,不敢敝(蔽)其

---

① 《经法·论约第八》,第173页。

② 《经法·名理第九》,第188页。

③ 《经法·六分第四》,第86页。

④ 六种悖逆君臣关系的现象,与六顺相对。此外,“六危”“三凶”“三壅”等也多处讲到君臣关系。见《经法·亡论第七》,第155—156页。

主。下比顺,不敢敝(蔽)其上"①。君主"南面之术"是帝王驾驭大臣的一个概括术语,在《老子》和《黄老帛书》中有很多体现。"南面之术"也被称为"王术",这是一名合格君主的必修课,否则就有被大臣架空的危险。《黄老帛书》有论:"不知王述(术),不王天下。知王[术]者,驱骋驰猎而不禽芒(荒),饮食喜乐而不面(湎)康,玩好睘(嬛)好而不惑心,俱与天下用兵,费少而有功,[战胜而令行,故福生于内,则]国富而民[昌。圣人其留,天下]其[与]。"②"术"是一种手段,一种有为的行为,所以君主虽然是"执道者",但并不是傀儡,也不是完全的贪图安逸之人,而是对这个国家有实际的控制权。虽然由于分工所限,具体行政事务由大臣负责,但是君主必须对大臣要有绝对的控制,国家处于君主可以支配的地步,以保持政治的稳定。这种"南面之术""王术"对后世君主产生了深刻影响。

同时君主对于大臣的尊敬与否、重视多少,也是黄老道家学派判定君主取得不同成就的先决因素之一。

> 帝者臣,名臣,其实师也;王者臣,名臣,其实友也;朝(霸)者臣,名臣也,其实[宾也。危者]臣,名臣也,其实庸也;亡者臣,名臣也,其实虏也。③

在先秦乃至于汉魏文献中经常能见到与这一段文字相类似者:

> 《荀子·王霸》:"义立而王,信立而霸,权谋立而亡。"
>
> 《荀子·尧问》引仲虺言:"诸侯自为得师者王,得友者霸,得疑者存,自为谋而莫己若者亡。"
>
> 《鹖冠子·博选》:"故帝者与师处,王者与友处,亡者与徒处。"
>
> 《战国策·燕策》:"郭隗先生对曰:'帝者与师处,王者与友处,霸者与臣处,亡国与役处。'"
>
> 《说苑·君道》:"郭隗曰:'帝者之臣,其名臣也,其实师也;王者之臣,其名臣也,其实友也;霸者之臣,其名臣也,其实宾也;危国之臣,其名臣也,其实虏也。'"

---

① 《经法·六分第四》,第 87 页。

② 同上书,第 90 页。

③ 《称》,第 352—353 页。

《孟子·公孙丑》赵岐注:“王者师臣,伯者友臣也。”

《论语谶》:“五帝立师,三王制之。”

《礼纬含文嘉》宋均注:“师者,所以教人为君者也。长者,所以教人为长者也。”

从上文可知,各家引用内容大同小异,都是强调君主对于大臣(即人才)的重视、尊重程度不同,会直接影响其成就。所引材料出处包括儒家、道家、纵横家、谶纬等学派,是这几家对君臣关系的共同记载,亦是这几家都承认的价值取向。正是因为最高的“帝者之臣,其名臣也,其实师也”,所以大臣绝对不是君主的私人附属品,更不是国家的摆设,而是对于政治有序发展的重要力量。君臣二者皆不可少,只是作用、分工不同。君主整体的成就谱系是:帝、王、霸、危、亡,成就一级比一级低,君主对待大臣的态度是:师、友、宾、庸、虏,尊重程度也一级比一级低,二者是成正比的。所以从《黄老帛书》及相关作品来看,帝王对于大臣的不同态度是决定君主的最终成就的重要因素之一。①

但整部《黄老帛书》中,并没有“无为而治”——“君无为,臣有为”的明确论述,查《黄老帛书》中明确提出“无为”者有三处:

第一,“故执道者之观于天下殹(也),无执殹(也),无处也,无为殹(也),无私殹(也)”②,此处“无为”是不妄为、无造作之意,与“无执”“无处”“无私”相类,是相对上文的“动有害”“事有害”而言的,但是并没有说此处是相对大臣之“有为”而论的。③

第二,“刑(形)恒自定,是我俞(愈)静。事恒自袘(施),是我无为”④,此处“无为”是与“愈静”相对应的,指的是在“形名”已定、万物顺其自性而自为发展时,“人”应该“清静无为”,也并不涉及君臣关系。

第三,“一者,其号也,虚其舍也,无为其素也,和其用也”⑤,此处“无为”是“一”(即道)的根本,是讲“无为”的作用,但是并未体现在政治之君臣关系上。

---

① 除此之外,还有“行曾(憎)而索爱,父弗得子;行母(侮)而索敬,君弗得臣”等表述,见《称》篇,第372页。

② 《经法·道法第一》,第10页。

③ 同上书,第5页。

④ 《十大经·名刑第十五》,第336页。

⑤ 《道原》,第402页。

故以《黄老帛书》直接论述“无为”之诸义①来说，帛书作者并非直接提出“君主无为，大臣有为”的论断，而关于君臣关系则有明确之表述，并不完全依靠“无为”来论述。② 反而是在其他与黄老道家思想相关的文献中有比较明确的表述，例如《慎子·民杂篇》论曰：“君臣之道，臣事事而君无事，君逸乐而臣任劳。臣尽智力以善其事，而君无与焉，仰成而已。”虽然不是“君无为，臣有为”的直接表述，但基本就是“君主无为，大臣有为”的表述，后世所谓“君无为，臣有为”之论断源头多从此处出。③ 虽然《慎子》一书的学派定性比较复杂，或把其归入黄老，或把其归入法家，但是无论如何，其与黄老道家有渊源是毋庸置疑的。④ 而法家的集大成者韩非也是吸收了慎到和黄老道家的思想，他明确提出“君操其名，臣效其形”（《韩非子·扬权》）的观点，与《黄老帛书》形名思想具有一致性，与“主执度，臣循理”也是一脉相承，而在其对老子思想的解读之中更是明确“人君无为，臣下无不为”（《韩非子·解老》）的君臣关系论。另外在《庄子·天道》中也有关于“君无为，臣有为”之说：“上必无为而用天下，下必有为为天下用，此不易之道也。”但因为《庄子》外篇、杂篇多认定为庄子后学所作，并非庄子本人作品，其时间点也应在战国晚期。故可认为是受了慎到学说之影响。

因此这一时期的君臣关系，无论是黄老学派，还是受黄老影响较大的部分法家学派，多认为“无为而治”就是“君无为，臣有为”，这也是这一时期道家思想与法家学说融会贯通之后所形成的新的时代思潮。

---

① 亦多延续《老子》之“无为”，即清静无为，“无妄为”之意。

② 《黄老帛书》有云：“无好无亚（恶），上用□□而民不麋（迷）惑。上虚下静而道得其正。”“虚”的意思，陈鼓应认为是“以无为御下”，“君主无欲无为”。见《道原》，第409、413页。但本文以为此处亦非明确说明“君无为，臣有为”之意。

③ 关于慎到的生卒年难以有确考，吴光认为：“慎到的生卒年代，当在公元前三六五年至前二八〇年之间，晚于申不害而早于韩非。”见氏著《黄老之学通论》，第84页。

④ 吴光认为：“慎到与田骈一样，是兼有道家、法家思想的早期道家，他们与老庄的学说有区别，吸取了‘法治’的思想主张，但与法家的商鞅、韩非的学说也有很大的区别，还算不上真正的法家，在基本学说倾向上还应属于道家学派。”见氏著《黄老之学通论》，第84—85页。又见《史记·孟荀列传》载：“慎到……学黄老道德之术，因发明序其指意。”

二、孔子的“无为而治”与君臣关系①

“无为”最早出处不在道家经典之中,反而是出现在儒家经典之内,见于《诗经·王风·兔爰》:“有兔爰爰,雉离于罗。我生之初,尚无为;我生之后,逢此百罹。尚寐无吪!”对于“无为”,毛传训释为:“尚无成人为也。”郑笺训为:“尚,庶几也。言我幼稚之时,庶几于无所为,谓军役之事也。”此处之“无为”并非“无妄为”之类的含义,而是指特定的“无成人为”“无军役之事”等意向。

而孔子明确讲到“无为”观念的,就是《论语·卫灵公》所载:“子曰:‘无为而治者,其舜矣与!夫何为哉,恭己正南面而已矣。’”

何晏《论语集解》曰:“言任官得其人,故无为而治。”认为舜之所以可以“无为而治”,在于有能力出众的大臣辅佐,因此君主可以“无为”。皇侃则认为:“舜上受尧禅于己,己又下禅于禹,受授得人,故孔子叹舜无为而能治也。”立足点是舜作为尧舜禹“三圣”的承上启下的重要角色,“承尧授禹,又何为焉?”并引蔡谟之语:“夫道同而治异者,时也。自古以来,承至治之世,接二圣之间,唯舜而已。”因此可以不需有所为而天下自治。而邢昺注疏又不同:“帝王之道,贵在无为清净而民化之。然后之王者以罕能及……皆得其人,故舜无为而治也。”突出了“无为”道家色彩中的“清净”特点。但是邢昺也指出了“得其人”的重要性,并认为舜有禹、弃、契、皋陶、垂、益、伯夷、夔、龙等二十二人辅佐,才有盛世局面的出现。另外也说出了孔子所叹,在于“无为而治”是存在于先圣帝王之中,后世君主很少能做到如此。朱熹突出了儒家的德治思路:“无为而治者,圣人德盛而民化,不待其有所作为也……恭己者,圣人敬德之容既无所为,则人之所见如此而已。”王夫之认为:“‘无为’之‘为’,谓创制立法。上古人用未备,人纪未明,自尧而上,皆有所创为,如《易·系辞》所云。至尧成功,文章已备,故舜但绍之二无所增益。若‘恭己’以修身,‘南面’以治民,此百王所同,非有为也。”王氏将“无为而

① 除了孔子具有“无为而治”的思想,先秦时期孟子、荀子也都相应提出了一些与“无为”相关的论述,例如孟子有“禹之行水也,行其所无事也。如智者亦行其所无事,则智亦大矣”(《孟子·离娄下》)的思想;荀子提出“仁者之行道也,无为也。圣人之行道也,无强也”(《荀子·解蔽》)这样明确表述“无为”的观点,其还在《大略》篇说明君臣关系:“主道知人,臣道知事。故舜之治天下,不以事诏而万物成。”但由于篇幅所限,本文不一一论述此二子与“无为”有关的思想。

治”与儒家强调的“圣王立法”结合起来，出发点在于说明上古圣王的立法已经完备，后人只需要继承发展即可。另外在于说明“无为而治”乃先秦各家共同尊奉的法则，并非道家而已，应属“道术将为天下裂”之前的“道术”系统之内。焦循则进一步将“无为而治”与儒家学说联系在一起，其曰：“无为者，无一定之好尚，无偏执之禁令，以一心运天下而不昔，故能通其变，使民不倦；神而化之，使民宜之也。……以通神变化为治，所谓‘民可使由之，不可使知之’……不使民知，所以无为。何以无为？由于恭己。恭己则无为而治，即所谓笃恭而天下平。”同时与《中庸》的“自明诚”“自诚明”发生联系，“是天下至诚。”最后得出结论：“不动而敬，不言而信，不赏而劝，不怒而威，所以无为而治，所以笃恭而天下平。上天之载，无声无臭，此天之无为而成，即圣人之无为而治。邢疏以无为为老氏之清净，全与经义相悖。”①可见，焦氏将“无为”诠释为儒家固有之学说，与《论语》《中庸》等儒家经典相合，是一种儒家的“德治”思想，是在继承先王立法基础上的顺应民心的治国理念。

除此之外，按照历代诸家注释之情况来论，关于《论语》中“无为”之讨论还有《论语·为政》所载：子曰：“为政以德，譬如北辰，居其所而众星共之。”

最早的何晏《论语集解》引包咸（皇侃认为是郑玄）曰：“德者无为，犹北辰之不移而众星共之。”首次将孔子这句话与“无为”联系起来，但是没有具体到君臣关系。后世皇侃的《论语义疏》进一步深化：“北辰镇居一地而不移动，故众星共宗之以为主也。譬人君若无为而御民以德，则民共尊奉之而不违背，犹如众星之共尊北辰也。”皇侃将“无为”与君主的行为联系起来，讲君主“无为”而“御民有德”，“无为”与“有德”二者不可分割，百姓遵从这套制度规范而不违背，是将儒家德治与道家思想进行了结合。后世诸儒有将其与“无为”结合起来论说者，大多从此说，例如邢昺解释此句为“纯德不散，无为化清，则政善矣……为政以德，无为清净”。朱熹曰：“为政以德，则无为而天下归之，其象如此。”并引程子曰：“为政以德，然后无为。”引范氏曰：“为政以德，则不动而化、不言而信、无为而成。”宋代理学受佛教、道教（包括道家）思想影响，所以朱熹所言，似有融合儒道之意。但后世的毛奇龄反对这种“无为说”：“包氏‘无为’之说，此汉儒参合黄老之言。何晏本习讲老氏，援儒入道者。其作《集解》，固宜独据包说，专主无为。夫为政以德，正是有为。夫子已明下一‘为’字，狂为证尤以无为为戒。”并举例《礼记·哀公问》中孔子所言：“君之所为，百姓之所从也。君所不为，百姓何从？”但是《礼

① 《卫灵公第十五》，第 1367—1369 页。

记》所载夫子之言，是说“不为”，而非“无为”，二者含义并不相同。程树德也从毛说，认为：“此章之旨，不过谓人君有德，一人高拱于上，庶政悉理于下，犹北辰之安居而众星顺序。即任力者劳，任德者逸之义也。与孔子称舜无为而治了不相涉。郭象以黄老之学解经，必欲混为一谈。朱子不察，亦言其缪，殊失孔氏立言之旨。”①但是若以程氏所言，“一人高拱于上，庶政悉理于下”，此正与黄老道家所言“无为而治”之“君无为，臣有为”相合，以此而论，此章确属讲“无为”。

还有《论语·泰伯》：“子曰：‘大哉，尧之为君也！巍巍乎！唯天为大，唯尧则之。荡荡乎！民无能名焉。巍巍乎其有成功也，焕乎其有文章！’”

皇侃引王弼之意为：“圣人有则天之德……故则天成化，道同自然；不私其子，而君其臣。”将此章与君臣关系联系起来。焦循也顺着这个思路，认为：“不可知，故无能名。无为而治，故不可知……尧之无能名，舜之无为而治，皆神也……《易》之四德为元亨利贞，天以寒暑日月运行为道，圣人以元亨利贞运行为德，用中而不执一，故无为。无为，故不可知。不可知，故民无能名。民运行于圣人之元亨利贞，犹众星运行于天之寒暑日月……曰‘为政以德’，曰‘恭己正南面’，曰‘修己以敬’，此尧舜所以神通其变，使民不倦，神而化之，使民宜之。”②焦循之意，儒家之“无为”在于“元亨利贞”“用中而不执一”，取“中庸之道”，百姓日用而不知，而非“执一”，在于使百姓适宜、合适，符合“中庸”。朱子引用尹焞之说论证此章：“天道之大，无为而成，唯尧则之以治天下，故民无得而名焉。所可名者，其功业文章巍然焕然而已。”另有东汉王充说“尧则天而行，不作功邀名，无为之化自成，故曰‘荡荡乎民无能名焉’”（《论衡·自然》），亦将此章作“无为”解。

可见，从历代诸家而论，大部分学者还是认为孔子之言是包含“无为而治”的思想，但是这种“无为而治”，不等同于原始道家的“清净”“虚无”之“无为”，也不同于黄老道家的“执道者”所提倡的“道生法”“形名”“王术”的内容。是在继承了圣王所“创制立法”之后而能够不断延续遵守下来，把君主变成至善的道德模范，但不另作主张，胡乱改编，“改制不改道”，是以“无为”，而且这种“无为而治”是在“德治”“礼治”“中庸之道”基础上实行的儒家教化思想。当然，二者都强调了大臣的重要性，无论儒家还是黄老道家都强调“任官得人”“主惠臣忠”，有大臣辅助才能实现“无为而治”，也就是“君

---

① 《为政第二》，第 95—99 页。
② 《泰伯第八》，第 720—721 页。

无为,臣有为”的观念。

而孔子讲君臣关系(也包括在行政中君臣各自职责、形象等),在《论语》中则包含以下内容①:

第一,儒家所谓君臣之间的关系,并非单向的“君完全压制臣”,也并非平等的“君臣身份完全对等”,而是在以一方(君主)为主导的情况下,在双方(君主与大臣)互相合作的基础上为政治服务,“君主臣辅”,即《论语·八佾》载孔子所言:“君使臣以礼,臣事君以忠。”君臣关系是双向的,是相互尊重的。但是,如果主导方的君主出现了问题,大臣需要进谏、补救,若难以为继,无可奈何,也可以离去。讲“进谏”,《论语·里仁》载:“子游曰:‘事君数,斯辱矣;朋友数,斯疏矣。’”如果君主有过错,大臣必须要进谏,但是如果进谏过于烦琐、逼迫,那么自己也会受到侮辱,这是讲从政的智慧与进谏的责任。《论语·宪问》也讲道:“子路问事君。子曰:‘勿欺也,而犯之。’”如果君主不听劝谏,大臣也不必自取其辱,《论语·先进》言:“子曰:‘所谓大臣者,以道事君,不可则止。’”儒者以道义辅助君主行政,如果君主不堪,就可以远离。另外,大臣也要为君主避讳,《论语·述而》有论:“陈司败问:‘昭公知礼乎?’孔子曰:‘知礼。’孔子退,揖巫马期而进之,曰:‘吾闻君子不党,君子亦党乎？君娶于吴,为同姓,谓之吴孟子。君而知礼,孰不知礼?’巫马期以告。子曰:‘丘也幸,苟有过,人必知之。’”笔者认为,孔子肯定知道鲁昭公此处娶妻之事是违背礼节的,但是大臣是要维护这个最根本的“礼”,所以一者君主行政的根本在于“礼”,鲁昭公需要“知礼”;二者大臣对于君主的过错要有避讳,“为尊者讳,为亲者讳,为贤者讳”(《公羊传·闵公元年》),但是大臣不是完全的掩饰君主的错误,而是私下要进谏,规劝君主。与此相应,道家讲君臣关系,强调君主方面的层面多了很多,从大臣层面讲得较少,缺少双向互动关系。

第二,君主与大臣分工不同,各司其职。二者不得互相僭越,也不得违背各自本来之责任、义务、形象,即《论语·颜渊》载:“齐景公问政于孔子。孔子对曰:‘君君、臣臣、父父、子子。’”君要有君的样子,臣要有臣的样子,正是说明君臣形象与责任的重要性,同时不得越俎代庖,做不属于自己的事情。所以孔子引人言曰:“为君难,为臣不易。”但又说:“如其善而莫之违也,不亦善乎?”(《论语·子路》)也就是《论语·宪问》中的

① 《论语》中有大量的君民关系论述,例如“君子笃于亲,则民兴于仁;故旧不遗,则民不偷”“民可使由之,不可使知之”(《泰伯》)等,但是君民关系不等同于君臣关系,故有关于此类论述,本文未收入。

子曰:“不在其位,不谋其政。”曾子亦言:“君子思不出其位。”当时君主与大臣到底应该如何“君君、臣臣”呢?孔子提出了很多方面的意见。

其一,对于君主来说,上文所说的“无为而治”是必不可少的,继承圣王之治,这是最基本的条件,但具体到当时的“礼坏乐崩”的情况下,主要是一者要有政策的延续性,“以孝治天下”。子曰“父在,观其志;父没,观其行;三年无改于父之道,可谓孝矣”(《论语・学而》),《论语・宪问》载子张曰:“书云:‘高宗谅阴,三年不言。’何谓也?”子曰:“何必高宗,古之人皆然。君薨,百官总己以听于冢宰,三年。”服丧期间要保持内心的哀痛,固不可以政事干扰其心,需要将政事全部交予大臣。二者以“德”“礼”治天下。《论语・为政》载:“为政以德,譬如北辰,居其所而众星共之。”子曰:“道之以政,齐之以刑,民免而无耻;道之以德,齐之以礼,有耻且格。”《论语・里仁》:“能以礼让为国乎?何有?不能以礼让为国,如礼何?”“礼让”为本,这个“礼”类似于“道生法”的“法”,但比法更加立足人情,更贴近社会,“因人之情而为之节文”(《礼记・坊记》)。三者“以贤臣治天下”。《论语・泰伯》:“舜有臣五人而天下治。”武王曰:“予有乱臣十人。”四者“以反躬自省治天下”。《论语・尧曰》:“……朕躬有罪,无以万方;万方有罪,罪在朕躬……百姓有过,在予一人。”后世的“罪己诏”传统可以说从这而来。

所以君主要做到“无为而治”,具体就是在“以孝治天下”“为政以德”“为国以礼”“以贤臣治天下”和“反躬自省”等方面,成为一个儒家理想的君主。

其二,对于大臣来说,孔子论述的尤其多,“有为”的方面体现了孔子对于其本身、对于弟子的严格要求,这些也都是儒生日常行为规范。例如,与君主类似,要有“孝悌”之情,没有对自己家庭的那种责任与担当,没有对家族成员的爱与关怀,就不可能有对君主、对国家的责任,《论语・学而》有子曰:“其为人也孝弟,而好犯上者,鲜矣;不好犯上,而好作乱者,未之有也。君子务本,本立而道生。孝弟也者,其为仁之本与!”此外,儒者是讲礼节之人,“不学礼,无以立”(《论语・季氏》),《论语・八佾》载:“子曰:‘事君尽礼,人以为谄也。’”即使如此,也不能抛弃礼节。这与儒家对君主的要求一致。此外,言行一致,行政过程中要有果断的品格,“慎言”“慎行”:“子张学干禄。子曰:‘多闻阙疑,慎言其余,则寡尤;多见阙殆,慎行其余,则寡悔。言寡尤,行寡悔,禄在其中矣。’”(《论语・八佾》)另,其他儒者的品质也都与从政有关。“信”,《论语・公冶长》:“子使漆雕开仕。对曰:‘吾斯之未能信。’子说。”“果”“达”“艺”,《论语・雍也》:“季康子问:‘仲由可使从政也与?’子曰:‘由也果,于从政乎何有?’曰:‘赐也可使从政也与?’曰:‘赐也达,于从政乎何有?’曰:‘求也可使从政也与?’曰:‘求也艺,于从政乎何有?’”“忠”,《论语·颜渊》:“子张问政。子曰:‘居之无倦,行之以忠。’”“敬”,《论语·卫灵公》:“子曰:‘事君,敬其事而后其食。’”“学”,《论语·子张》:“子夏曰:‘仕而优则学,学而优则仕。’”

所以,孔门教人之道,大体以从政为目的,其“孝悌”“礼义”“慎言”“慎行”“信”“果”“达”“艺”“忠”“敬”和“学”等品质,不仅是弟子日常行为规范,同时也是他们从政的基础,是一种积极的“有为”。

第三,儒家讲君臣关系,分为两大类,一者是“天下有道”,这是最理想的状况,那么这时候可以“无为而治”——“君无为,臣有为”,实现“无为而治者,其舜也与”的理想状态。但如果现实是“礼坏乐崩”“天下无道”的情况发生,那么这个时候儒者就要有不同方面的考虑,这也符合“中庸之道”。所以孔子对于“邦有道无道”问题的看法最好的表述是在《论语·泰伯》。子曰:“笃信好学,守死善道,危邦不入,乱邦不居。天下有道则见,无道则隐。邦有道,贫且贱焉,耻也;邦无道,富且贵焉,耻也。”君子要对自己负责,不做无意义的牺牲,故“危邦不入,乱邦不居”,天下有道,国家政治清明,要出来做官,造福苍生,实现自己价值;天下无道,要保存自己的生命,隐而不发,为以后可以实现价值而蛰伏。所以,与此相反,国家有道却贫贱不堪,这是深以为耻、不负责任的表现;国家无道,却大富大贵,这也是小人才有的行径,也要以之为耻。所以理想的人物如南荣、宁武子,《论语·公冶长》载夫子语:子谓南容,“邦有道,不废;邦无道,免于刑戮”。孔子都大加赞赏:“宁武子邦有道则知,邦无道则愚,其知可及也,其愚不可及也。”

而现实情况也是有不同的,如果天下无道,却为了道义而努力甚至献出生命,孔子对此也是赞扬的。《论语·微子》载:微子去之,箕子为之奴,比干谏而死。孔子曰:“殷有三仁焉。”商纣王荒淫无道,微子离开保留生命以待明主,箕子被迫为奴,装疯卖傻,比干却进谏而死,孔子认为这都是仁人。但是孔子最赞赏的应该还是微子。可从孔子对于史鱼与蘧伯玉的论述而知,《论语·卫灵公》:“子曰:‘直哉史鱼!邦有道,如矢;邦无道,如矢,君子哉蘧伯玉!邦有道,则仕;邦无道,则可卷而怀之。’”史鱼无论国家有道无道,他都直言而行,孔子对其评为“直”,但在现实政治生活中很有可能不得善终,无法实现自身抱负;蘧伯玉则是奉行孔子所谓“天下有道则见,无道则隐”的标准,孔子称其为“君子”。孟子言“达则兼济天下,穷则独善其身”与“天下有道则见,无道则隐”也是“一以贯之之道”。

所以整体而论,孔子是明确提出“无为而治”的观点的,君主可以“南面而治”,依靠贤臣治理好天下。但是这种情况基本上是在一个比较理想的状态下才有的政治状态,尤其是以三代之治的尧舜时代多有此说，亦为“天下有道”，故儒者与此时可做到“天下有道则见”“邦有道，不废”“邦有道则知”。但是春秋以降，各国“礼崩乐坏”，根本不可能出现“天下有道”的情况，所以此时需要君主做到“无为而治”与“有为”相结合，即在继承圣王之治的基础上“以孝治天下”“为政以德”“为国以礼”“以贤臣治天下”和“反躬自省”等方面，做一个儒家理想的君主。儒者如果能从政的话，首先是要以儒家的“孝悌”“礼义”“慎言”“慎行”“信”“果”“达”“艺”“忠”“敬”和“学”等品质从政。如果君主不堪其用，进谏而不可行，甚至有生命危险，则可以“不可而止”“无道则隐”“邦无道，免于刑戮”“邦无道则愚”“邦无道，则可卷而怀之”。

三、汉代儒生的“无为而治”与君臣关系

先秦儒家的“无为而治”主要在把握君主与大臣的德性上，而缺少具体的实施环节，是一种对于大道的追求。因为这一时期儒家只是作为“九流十家”中的一员，并没有在政治上真正实现自我价值，因此尚无治理国家的长期经验，仍然是一种精神文化、德性文化，而非管理文化、实践文化。汉代进入大一统帝国时代，儒家思想进入政治主体生活之中，成为治国理念，在这种情况下，如何重新对待君臣关系就显得尤为重要，这种“无为而治”应该如何实现也成为汉代儒者首要解决的问题。所以，汉代儒家的“无为而治”则更多在实践意义上进行了深入的发展，借鉴黄老道家、法家、阴阳家等思想就是一种体现，这也是政治有序化、稳定化的必然进程。在面对黄老之学、法家学说在政治上的优势地位，如何用儒家学说吸收当时的有效思想并解决当时的政治问题，就成了汉初儒者需要考虑的问题。

当时儒生在面对刘汉王朝如何治理天下时，在融合儒道及诸子百家方面发挥了很大功效，其中尤其以陆贾为代表人物，其《新语》语言通俗易懂，又有很好的说理性，获得了刘邦的认可。而其中专门有一篇《无为》论及治国理念问题。

陆贾《新语》所论“无为”，开篇即说：“夫道莫大于无为，行莫大于谨敬。”①有调和儒道、儒法的含义在其中。接下来陆贾一方面提倡“中和”“宽舒”，一方面又说“威”“畏罪”，是战国末期以来儒法整合、学术合流趋势的体现，但其基本理念仍然是以儒家

① 陆贾：《新语》，载《百子全书》（第一册），杭州：浙江人民出版社，2013年，第400页。本文所引《新语》全部采用此本，故下文凡引用此书者只标记篇名及页码。

思想为主,因而提倡“教化”之道,因为“上行下效”,所以君子是教化的榜样,必须以身作则。而这一切也是根据汉初社会凋敝需要休养生息的社会大环境所提出的,所以要从上开始做到“瑾敬”,“奢侈者则应之以俭,骄淫者则统之以理”①,因而“无为”是大道,具体而微的行动是在上“瑾敬”,在下“教化”。但陆贾的“无为”之道较少涉及君臣关系,更多是说明君是臣的榜样,例如其说:“故上之化下,犹风之靡草也。”②

由于汉初学者多有对秦亡汉兴的反思,因此陆贾所提“无为”正是与秦的过分“有为”形成鲜明对比:“秦始皇帝……事愈烦天下愈乱,法愈滋而奸愈炽,兵马益设而敌人愈多……举措暴众,而用刑太极故也。”③节俭、谨敬的风气正是由此而生。贾谊在《过秦论》中也说“仁义不施而攻守之势异也”,秦亡的主要原因在于秦“不施仁义”,完全依靠“严刑峻法”,使得百姓“以法为教,以吏为师”,可以说是“有为过甚”。杜牧在《阿房宫赋》中认为秦王“使天下之人,不敢言而敢怒,独夫之心,日益骄固”是秦帝国灭亡的根本原因,也就是说,如果君主任意妄为,不考虑天下人的心思,只能自取灭亡,也是强调君主的“无为”。但到了武帝时代,黄老学派所提倡的休养生息的政令已经过时④,新的时代主题:中央集权的加深、大一统国家的形成、政治上的改元建制,如何处理君权的新一轮膨胀,如何保持政治稳定与合理,这都是需要考虑的问题。而“无为而治”可以说是一种政治理想,就如同尧舜之治这一美好政治理念,儒家学者借此来改变乱象,匡扶社会,稳定政治。“无为而治”在西汉前期新的历史使命下,也具有这种政治理想的作用,是以董仲舒为代表的有担当意识的儒者为不断走向合理政治而不懈努力的结果。

承接着汉初诸儒思想的余脉,汉代政治思想的集大成者,被称之为“群儒首”“儒者宗”的董仲舒,其于《春秋繁露》和《天人三策》中的思想,可以说奠定了两汉,甚至是中国两千多年政治活动的根基。因此,本文以其思想为根底,探求汉代的“无为而治”与君臣关系。

董仲舒最主要的政治哲学观点可谓“屈民而伸君,屈君而伸天”(《春秋繁露·玉

---

① 《新语·无为》,第401页。

② 同上。

③ 同上书,第400页。

④ 金春峰认为:“黄老目光短浅,因循苟且,安于现状,得过且过,缺乏进取宏图与作为,不能适应新的形势……黄老不懂得文化教育与道德的内在弱点,也使其不能适应社会进一步发展的需要。”见氏著《董仲舒与汉代经学哲学》,载《董仲舒与儒学研究》(第四辑),成都:巴蜀书社,2015年,第82页。

杯》)，“屈民而伸君”强调君主的统治权，提倡“大一统”，此处，“民”指的是诸侯国，主要是当时的同姓封国，因此，相对于皇帝来说就是大臣。所以“屈民而伸君”还是讲的君臣关系。大臣(当时的诸侯国)要服从皇帝的命令，这是维护大一统帝国必要的内容。“屈君而伸天”讲的是君天关系，皇帝虽然是人世间的最高统治者，却不是至高无上的存在，儒家认为最高的只能是“天”(天道)。而君主的统治权、地位都是天赐予的，天子是具有“天命”的，可以说天子的爵位是“君权神授”或“君权天授”。因此，天子不是高高在上的，也不是无法超越的，而是受天的制约。故“屈君而伸天”限制了君权，提高了上天的地位，为儒者解释上天，参与政治活动，重建儒家理想奠定了基础。当然，可以说“屈君而伸天”在某种程度上受了黄老道家“道生法”观念的影响，道在法之上，君主要受天道的限制，与黄老关系极大。所以，汉初政治思想应该是有延续性，与黄老道家“道生法”“形名学说”及董仲舒的“天人感应”“屈民而伸君，屈君而伸天”等思想并非截然无关。但是必须要说明的是，董仲舒的思想还是建立在儒家思想学说基础之上的，依然是沿着孔子思想而来的，是一种“汉代新儒学”思想。

董仲舒提倡“无为而治”的思想，也是以儒家思想为主，吸收黄老道家、法家、阴阳家思想而形成的。在与董仲舒相关的文献中，提到“无为”的次数一共有十余次，两次出现在《天人三策》中，其余几次出现在《春秋繁露》中。在《天人三策》里出现在第二策中；在《春秋繁露》里主要分布在七篇之中，分别是《楚庄王第一》《离合根第十八》《立元神第十九》《保位权第二十》《对胶西王越大夫不得为仁第三十二》《顺命第七十》《天地之行第七十八》等。在这些篇章中，董仲舒虽然没有直接提出“无为而治”是“君无为，臣有为”的直接表述，但是其基本倾向即是如此，并体现了结合黄老倾向的“改制不改道”“以贤才治天下”的观点。

具体而言，首先，董子提出了“无为而治”的核心是“改制不改道”，“无为”不是无所作为，而是不妄为圣贤之道。因为董仲舒认为春秋之道是“奉天而法古”，那么汉代的政治模式也应该是对于儒家圣贤文明的继承，所以他说：“故王者有改制之名，无易道之实。孔子曰：‘无为而治者，其舜乎！’言其王尧之道而已，此非不易之效与！”所以新王承接天命，所改变的仅仅是“徒居处，更称号，改正朔，易服色”等形式内容，表明“易姓更王，非继前王而王也”，但是儒家的根本大道是不可以改变的，“其余尽循尧道，何更为哉？”①

① 以上见《春秋繁露·楚庄王》《三代改制质文》《天人三策》等篇章。

其次,在"无为而治"的确切实施中,君王要从"劳于求贤"达到"逸于得贤"的境地,以贤才帮助自己治理天下,也是君臣关系中"君无为,臣有为"中对于君主的要求。《新序·杂事四》中说:"故王者劳于求贤,逸于得贤。舜举众贤在位,垂衣裳躬己无为而天下治。"这是明确表述君主"劳于求贤,逸于得贤"的较早出处,而这种思想在董仲舒著作中早有体现:"臣闻尧受命,以天下为忧,而未以位为乐也,故诛逐乱臣,务求贤圣,是以得舜、禹、稷、卨、咎繇。众圣辅德,贤能佐职,教化大行,天下和洽,万民皆安仁乐谊,各得其宜,动作应礼,从容中道。"尧帝在受命而王之后,颇为"有为",即"劳于求贤",心系天下,诛杀乱臣,寻求圣贤,最终得到了舜、禹、稷、卨、咎繇等贤才。而到了舜帝之时,继承了尧帝的中道思想,得到了这些贤能的继续辅佐,充分做到了"逸于得贤",所以能"即天子之位,以禹为相,因尧之辅佐,继其统业,是以垂拱无为而天下治"①。

再次,在"无为而治"的落实中,要做到"君无为,臣有为",必须有一定的"道"与"术",这也是吸收大量黄老道家和法家思想所形成的。例如,董仲舒多次提出"故为人主者,以无为为道,以不私为宝,立无为之位,而乘备具之官"(《离合根第十八》),"故为人君者,谨本详始,敬小慎微,志如死灰,形如委衣,安精养神,寂寞无为"(《立元神第十九》),"为人君者,居无为之位,行不言之教,寂而无声,静而无形,执一无端"(《保位权第二十》)。这些君人南面之术与黄老道家所提出的"人主之术,处无为之事,而行不言之教。清静而不动,一度而不摇,因循而任下,责成而不劳。是故心知规而师傅谕导,口能言而行人称辞,足能行而相者先导,耳能听而执正进谏"②基本一致,所以有的学者认为董仲舒的"无为之术"来自《淮南鸿烈》。③ 从上可知,董仲舒关于"无为而治"的政治分工"君无为而臣有为",其实是儒家、道家、法家等学派共识,也符合当时大臣的政治参与性、社会担当意识与限制君权的要求。从这一点来看,董仲舒的君臣分工理论并无新意。而其创新之处在于实现了这种君臣分工的"源头性"探索,即通过阴阳

---

① 班固:《董仲舒传》,载《汉书》(点校本),颜师古注,北京:中华书局,1962年,第2508—2509页。

② 张双棣:《主术训》,载《淮南子校释》(上),北京:北京大学出版社,2013年,第904页。

③ 张国华认为:"《春秋繁露》中的'无为之术'实源于《淮南鸿烈》……董仲舒通过吸收与运用《淮南鸿烈》的思想材料,不仅建构起了一个以天人感应为核心、以阴阳五行为骨架的宇宙系统,而且还制定出了一套包括'无为而治'在内的切实可行的政治方略。"见氏著《〈淮南鸿烈〉与〈春秋繁露〉》,载《道家文化研究》(第六辑),上海:上海古籍出版社,1995年,第216页。

理论,将君臣与阳阴相比附,为“君无为,臣有为”的分工寻找形上依据,建立了汉代以阴阳论政治的诠释模式。董仲舒说“凡物必有合……阴者阳之合……臣者君之合……阳兼于阴,阴兼于阳……君兼于臣,臣兼于君,君臣……之义,皆取诸阴阳之道。君为阳,臣为阴……阴道无所独行”(《基义第五十三》),即君臣关系犹如阳阴关系,阴阳不是独立存在,彼此是相互对应的,君臣分工因此是相互配合而成。他还说“故人臣居阳而为阴,人君居阴而为阳。阴道尚形而露情,阳道无端而贵神”(《立元神第十九》),“君无为,臣有为”的阴阳之义在于:阳之道不露端倪,因而自有神妙,正与君主“无为”相合,阴之道表露形式与内容,正与大臣“有为”相应,反映了董仲舒阴阳理论的现实意义。

最后,“无为”思想的核心是“无为而治”。所以董仲舒说“舜……是以垂拱无为而天下治”①“致无为而习俗大化”(《对胶西王越大夫不得为仁第三十二》),“无为致太平”(《天地之行第七十八》),说明“无为”只是一种治国手段,最终目的是实现良性政治、善治。因此董仲舒的“无为而治”思想反映了汉代儒生的“治道文化”,即治理国家之道。老子说:“治大国若烹小鲜。”强调治理国家不能随意妄为,因为稍有不慎就会产生恶劣影响,政策得当则可能会造福百姓,所以反对君臣的过分有为,提倡善治,也是董仲舒“无为”思想的另外一个维度。

而在东汉成书的《白虎通》中更是继承了董仲舒的观点,并融合谶纬学说,重点描述了汉代的君臣关系,而这些君臣关系也与“无为而治”有一定的联系。例如,《白虎通》明引《春秋·元命苞》曰“土无位而道在,故大一不兴化,人主不任部职”(《总论五行》),土在此处,既指“汉德”,据“五行终始说”,土灭水,秦为水德,汉自居为土德,这是为其政权合法性寻找终极依据;又指汉天子,即君主,因为“土”处于五行位置之“中”,君主不任部职,就是君主在整个政治系统之中,虽然不担任具体官职,但其职责在于协调各个部门工作,并且其地位优于各个部门,这就是三纲之中的“君为臣纲”,也就是“土无位而道在”。可以说这种观点是受了儒家和道家两种“无为而治”思想的影响之后形成的汉代新的君臣关系。关于君主德性的要求也是一以贯之的,例如《白虎通·号》曰:“帝王者何?号也。号者,功之表也。所以表功明德,号令臣下者也。德合天地者称帝,仁义合者称王,别优劣也。”可见儒家讲的帝王、君主是道德仁义的象征,而之所以能够“号令臣下”也在于其有功德,才能名副其实,是为天子。君主能否有效

① 班固撰,颜师古注:《汉书》(点校本)第八册,第2508—2509页。

统治国家,在于其自身德性何如,如果没有德,则无法统率大臣。

具体而言,对于三纲中的君臣关系,《白虎通》从两个方面来进行了论证,以保证其合理性,“君,群也,群下之所归心也;臣者,缠坚也,厉志自坚固也”(《三纲六纪》),“君为臣纲”不是无义务的完全的君权一元论,而要求君与臣都有其内在德性与责任。君要有大臣归心的德性才可以为君,否则,君无德无才,荒淫暴乱,就会出现“汤武革命”的事件;大臣要有修缮政治、修补君行的高尚品质,同时要有坚忍不拔的毅力,否则,面对君主之乱德而不知进谏,只会顺从君王,则与乡愿无异,乃是国之蛀虫。因此,《白虎通》引用了《春秋传》中的“君处此,臣请归也”来说明君臣关系。

另外,“六纪者为三纲之纪者也”(《三纲六纪》)。“六纪”犹如“三纲”的注脚,将“三纲”思想进一步深化,同时对于“三纲”中君臣应有之道也做了补充说明,具有修补作用。“师长,君臣之纪也,以其皆成己也”(《三纲六纪》),师长是君臣之纪,是因为其对于君臣的德行的形成有重要作用。《礼纬注》云:“师者,所以教人为君者也。长者,所以教人为长者也。师长所以成己,故与君臣同也。”师父是指导帝王成就自身的人,如孔子被尊称为“天下文官祖,历代帝王师”,则是从师对于帝王的作用来称呼的。上文已述,“君使臣以礼,臣事君以忠”表明孔子认为君臣关系是相对应的,而汉代经学家也是继承了孔子的思想,“君为臣纲”是君主为大臣“以礼”制定伦理规范;反过来,“师者,所以教人为君者也”则指出臣“以忠”教导君王成就自身,而这种教导客观上对于君权的恶性膨胀、非理性发展有一种限制作用,因此二者是相互的。“师长,君臣之纪也”也为“君为臣纲”的合法性做了论证。

除此之外,《白虎通》明引谶纬类文献中也提及大臣的“谏诤”内容。

> 《援神契》曰:“三谏,待放复三年,尽惓惓也。所以言放者,臣为君讳,若言有罪,放之也。所谏事已行者,遂去不留。凡待放者,冀君用其言耳。事已行,灾咎将至,无为留之。”(《白虎通·谏诤·论三谏待放之义》)

大臣要有谏诤的责任与义务,即使被流放三年,也要表明忠诚之义;即使君主有过错,也要为君主避讳,不可大肆宣扬。因为“君,群也,群下之所归心也”(《论六纪之义》)。但是,《白虎通》此处也不是要求大臣要为君主的不良德性遮羞,而是要有谏诤,要敢于说出君主的错误,只是不可大肆宣扬。如果君主不听,那么最后“灾咎将至,无为留之”,大臣应尽的责任到了,也不必勉强,可以不再履行义务了。这与孔子的“以道事君，不可则止”以及“天下有道则见，无道则隐”也是一以贯之的。可见，在《白虎通》与谶纬所论的君臣关系中，大臣并不是对君主的绝对服从，而是敢于谏诤，敢于说真话、办真事，同时又能为了国家的整体发展给予君主必要的正面形象，这才是儒家提倡的合理的君臣关系，也是在大一统国家政治环境中新的君臣关系。

而汉儒为了规避皇帝与大臣，在进入大一统帝国之后，采取了新的模式来为儒生的话语权服务，即灾异与祥瑞的双重诠释模式。

汉代“灾异之说”发端于西汉大儒董仲舒，其“屈民而伸君，屈君而伸天”的思想就是以“灾异论”作为既限制君权又维护天子执政合法性的有力武器。谶纬之学承接今文经学之滥觞，其对董仲舒的思想多有发挥，尤其以“灾异论”为主，这在《白虎通》和谶纬文献中也有诸多表述，其中有对于君臣限制的内容如下。

> 天所以有灾变何？所以谴告人君，觉悟其行，欲令悔过修德，深思虑也。《援神契》曰：“行有点缺，气逆干天，情感变出，以戒人也。”（《白虎通·灾变·论灾变谴告之义》）

上天之所以有灾变之象，是因为皇帝做了违背天道之事，触犯了天威，因此上天特降灾异之象以警告之，令其幡然悔悟，重修德行，以应上天，这其实就是董仲舒的“屈君而伸天”的变相表述；而联系皇帝与上天之间的媒介就是“气”，“气”虽无色无味、无形无象，却是沟通天地人的中介，皇帝做了错事，就会通过“气”传至上天，上天再通过“气”来降灾异，以明惩戒之义，因此此处明引《孝经·援神契》的“气逆干天”来作为论证，也是“天人感应”学说的深化发展。汉代的“灾异谴告”说不只限于君主，同时也有限制大臣的内容，例如《易纬·通卦验》所说：“月食粜贵，臣下不忠。日食则害王命，道倾侧。故月食则正臣下之行，日食则正人主之道。”这是汉儒为了限制君权与臣权的恶性发展、实现良性政治而形成的独特观点。

另外，讲灾异必然也要讲到符瑞，同样以《白虎通》为例：

> 大下太平，符瑞所以来至者，以为王者承天统理，调和阴阳，阴阳和，万物序，休气充塞，故符瑞并臻，皆应德而至。德至天，则斗极明，日月光，甘露降。德至地，则嘉禾生，蓂荚起，秬鬯出，太平感。德至文表，则景星见，五纬顺轨。德至草

木,则朱草生,木连理。德至鸟兽,则凤凰翔,鸾鸟舞,麒麟臻,白虎到,狐九尾,白雉降,白鹿见,白乌下。德至山陵,则景云出,芝实茂,陵出黑丹,阜出蓮莆,山出器车,泽出神鼎。德至渊泉,则黄龙见,醴泉涌,河出龙图,洛出龟书,江出大贝,海出明珠。德至八方,则祥风至,佳气时喜,钟律调,音度施,四夷化,越裳贡。(《白虎通·封禅·论符瑞之应》)

这一段文字讲的是“符瑞之应”,是汉代“天人感应”思维模式的典型代表,与“灾异论”形成一正一反两种感应模式。“符瑞”与“灾异”虽然都是在自然界中出现的神奇的现象,但是二者的寓意却是完全相反的,反映了汉代学者对于不同自然现象进行特定的政治解读的特点。“灾异论”是儒生批评政治、干预政治的手段,可以在汉代中央集权的背景下限制君权的过度膨胀和非理性发展,以反面、消极的方式争夺政治上的话语权与解释权。“符瑞说”则是歌颂汉代统治者的德性,以正面、积极的方式促使君主更加符合儒家的道德标准。

因此,陆贾、董仲舒、《白虎通》以及谶纬中关于君臣关系和“无为而治”的论述,一方面是来自传统儒家学说,这在它们对于孔子思想的继承发展来看,有较为清晰的传承;另一方面,它们的这种学说也受了道家(尤其是黄老道家)、法家思想的影响。例如,有学者认为:“黄老失势以后,‘无为’思想由儒家人物重新作了阐释。在董仲舒、公孙弘等人那里,要求君主‘无为’的主张仍在坚持。”①金晟焕认为:“儒家经学与黄老道学可以说是反映汉代时代精神的两大学术思潮,皆以天人感应的理论模式为基础,提出了符合大一统的时代需要的哲学思想。”②陈丽桂认为:“一代儒宗董仲舒在推阐阳尊阴卑的‘三纲说’与大一统思想时,吸收了相当分量的黄老帛书一系阴阳大义、《管子·心术》《内业》乃至法家申韩一系静因无为的刑名技巧与权谋独断之术,或以为推论的理据,或加以诠释与疏解,终于完成了他天道与政道通贯、厚德简刑的思想纲领,与君尊臣卑、君暗臣明、君静臣动、絜名考质的君道思想,以为其天人合一、灾异感应说的基础,并为此后刘汉朝廷阳儒阴法、王霸杂治的统治方向与形态提供了重要的理论基础。”③董仲舒的思想是吸收了黄老道家、法家、阴阳家等诸多学派观点之后形成的

① 李生龙:《无为论》(修订本),第48页。

② 金晟焕:《黄老道探源》,北京:中国社会科学出版社,2008年,第1页。

③ 陈丽桂:《董仲舒的黄老思想》,载《道家文化研究》(第六辑),第231页。

“汉代新儒家”学说，这也是其为什么能在汉代，乃至中国古代社会产生这么大影响的重要原因之一。

四、余　论

综上所述，“无为而治”——“君无为，臣有为”这一观点，可以说是秦汉时代黄老道家与儒家共同尊奉的政治原则，但是具体施行情况不一。

黄老道家强调有序的政治活动（亦包括“无为而治”）产生自“道生法”这一核心理念，同时，道生形名，作为宇宙实体、万物本原和普遍规律的“道”具有至高无上的地位，指导着现实的法律、法规。因而，这个“法”有了宪法的意味。因而“形名得当”也是判断事物正确与否的标准，必须明确其相互关系。鉴于此，“执道者”（即君主）需要根据由“道”所生的“形名”来制定规矩，在此基础上才有了政治运行的根基，而君主、大臣各自职位、身份、责任也由此而知。因此，君主要做的是“执道”，即以最高的“道”的准则来规范大臣，维护“道生法”之根本，而非做具体之事务，所以君主是“执道者”而非“执政者”；另一方面，大臣于法令制定之后，以此为标准，“引得失以绳，而明曲直”，负责具体政治事务的处理，但身份不具备神圣性，即大臣是“执政者”而非“执道者”。《黄老帛书》对“无为而治”的“君无为，臣有为”主要论述君主应该怎样“无为”，其中对于君主驾驭大臣的“王术”论述较多，而对大臣怎样“有为”的论述相对较少，缺少双向互动关系。黄老道家并不相信君主的道德会有决定性的作用，因此君主可以“驱骋驰猎而不禽荒，饮食喜乐而不湎康，玩好嬛好而不惑心”。君主可以玩乐，不作为天下表率，但是只要掌握大臣的行为轨迹，对于“道”有绝对的把握，能够作为真实的“执道者”，有形名之术，就可以治理天下。所以，可以认为黄老道家吸取了儒家的正名观点，但是舍弃了其德治的成分，讲求形名权术，这也可以说是黄老道家继承了秦代的法家思想治国的思路。

儒家，尤其是以孔子为代表的先秦儒家，“无为而治”是要具体区分的。当“天下有道”时，可以“无为而治”，“君无为，臣有为”，继承上古圣王的“创制立法”而不加改变，能够不断延续遵守下来，把君主变成至善的道德模范，必须要“祖述尧舜，宪章文武”，是臣民的效法对象，则如《大学》所言“一家仁，一国兴仁；一家让，一国兴让；一人贪戾，一国作乱；其机如此。此谓一言偾事，一人定国。尧舜帅天下以仁，而民从之；桀纣帅天下以暴，而民从之……上老老而民兴孝，上长长而民兴弟，上恤孤而民不倍”。因而在"改制不改道"的基础上实现"无为而治",这一点是君主和大臣都要遵守的内容,而且这种"无为而治"是在"德治""礼治""中庸之道"基础上实行的儒家教化思想,也就是孔子所说的"无为而治者,其舜也与",但是历史上"天下有道"多存在与理想的三代之治,更多的是"天下无道",在这"礼崩乐坏"的时代,就需重新对君主大臣的行为做一规定性,二者分工不同,各司其职。君主要做到"无为而治"与有为政治相结合,具体是"以孝治天下""为政以德""为国以礼""以贤臣治天下"和"反躬自省"等方面,做一个接近儒家理想的君主。大臣以儒家提倡的"孝悌""礼义""慎言""慎行""信""果""达""艺""忠""敬"和"学"等品质以从政,实现政治有序发展。但是并不是说大臣是君主的私人附属品,君臣关系是双向的,是相互尊重的。因此,如果主导方的君主出现了问题,大臣需要进谏、补救,若难以为继,无可奈何,也可以离去。总之,儒家讲君臣关系是一种双向互动的关系,其中涉及"无为而治",但并非把"无为而治"作为唯一的政治活动手段。

而到了汉代大一统帝国时代,儒生借鉴了黄老道家、阴阳家、法家等诸家学说,将"无为而治"与君臣关系、"天人感应"、灾异与祥瑞等方面联系起来,以阴阳五行灾异来规避君臣,重新提倡对德治的重视,并强调"改制不改道",从"劳于求贤"达到"逸于得贤"的目的,以期维护政治的合理性,儒生的政治话语权,建立了汉代的新儒学。

葛荣晋先生说:"中国古代哲学中的'无为'概念,如同'道'与'德'一样,也是一个'虚位'而非'实位'。'无为'概念虽是道家创始人老子最早提出,且在道家中使用频率最高,但是它并非为道家所专有……从先秦至汉初,儒家、法家和黄老学派站在各自的学术立场上,对'无为'概念作出了不同的诠释,呈现出丰富多彩的社会内涵。"①本文认同葛先生的意见,具体而言,之所以"无为而治"是儒道两家,甚至是各家学派都可以接受的观点,首先是因为在当时各国君主对人才的重视,而各学派都是"务为治也",均是为了"治"这一终极目的,即实现"良性政治"。秦汉以来,大一统帝国幅员辽阔,人口众多,更是需要大臣分工合作,才能有效管理。而登上历史政治舞台的黄老道家与儒家思想,之所以均用"无为而治"——"君无为,臣有为"的学说,在于这是解决"道术将为天下裂"以来的混乱局面的一种合理性尝试。而且当知识分子的话语权不断加强,参政意识不断提升,势必要有"兼济天下"的政治抱负,而当大一统政治局面不断形成,皇帝为了维护统一帝国的合理有序发展,也势必要搜罗天下英才以解决帝国问题,

① 葛荣晋:《中国管理哲学导论》(第二版),北京:中国人民大学出版社,2014年,第421页。

如何进行分工，是一个首要问题。所以，黄老道家讲君主以“执道者”的身份凭借“道生法”的“形名”“王术”以驾驭大臣，儒家讲求的是君主的圣王德治形象以表率天下，但是具体行政的都是当时的精英分子，或者是深谙黄老之术的汉初大臣，如萧何、曹参等人，或者是儒家的士大夫阶层，如公孙弘、匡衡等儒生。

另外，在战国百家争鸣中，各学派学说都得到了充分的发展，一方面不能抹杀其在学术思想上取得的重要成果，但另一方面，各学派思想的片面性、局限性也在争论中逐渐暴露出来。从战国末期到西汉初期，诸子百家的集大成者就认识到了这个问题，所以荀子提出以儒家“王制”思想整合百家之言，《庄子・天下》篇从“道术将为天下裂”出发提出了“道术统一论”的整合模式，韩非提出“言谈者必归之于法”的主张，《吕氏春秋》在吸收百家思想的基础上提出“执一不二”的“方术统一说”，《淮南子》继承《庄子・天下》篇的思想提出“执一而应万，握要而治详”的新“道术统一论”，董仲舒吸收了诸子百家思想形成了“天人合一”“德主刑辅”的汉代新儒学，等等。因此，整合各家思想，彼此兼容，不仅是与秦汉大一统王朝的政治模式相协调，也是反映了这个时代学者认识水平的整体提升，“无为而治”就是当时重要的政治理念。

同时，“无为而治”与西方的“虚君共和”也有异曲同工之妙：君主是国家的象征，但是不担任具体的行政职务，是“执道者”而非“行政者”，大臣是国家的主要行政者，主要活动的执行者，但不是国家的形象代表，即是“行政者”而非“执道者”。之所以如此，因为对于一个国家来说，依靠领导者本人是不可能进行有效治理的，而如果只有行政者，没有领导者也不可能有条不紊地进行政治活动，二者相辅相成。回到秦汉，对于一个早熟的大一统帝国来说，“无为而治”——“君无为，臣有为”这种君臣合作的理念，是中国进入秦汉大一统帝国时期的一次有效尝试，是历史发展的必然选择，也是实现政治良性发展、确保国家有序治理的最佳解决模式之一，可以称之为中国的政治智慧。

论汉晋道家对《老子》“上德”“下德”的诠释

袁 青*

“上德”“下德”出自今本《老子》德经首章(第38章),在《老子》中占据举足轻重的地位,向来得到学者重视。此章在版本上存在较大的差异,涉及“上德”“下德”“上仁”“上义”“上礼”五者之间的关系,关于此章的阐释也有所不同,汉晋道家尤为明显。本文拟以严遵、河上公、王弼对“上德”“下德”的诠释为主要研究对象,重点凸显汉晋道家对“上德”“下德”关系认识的变迁,并在此基础上探寻汉晋道家的诠释特征。

在讨论汉晋道家对“上德”“下德”的阐释前,首先要面对的问题就是此章不同版本间所涉及的语句重复问题:严遵、河上公、王弼等多数传世本“下德”(“下德为之而有以为”)与“上义”(“上义为之而有以为”)语句重复,北大汉简《老子》等“下德”(“下德为之而无以为”)与“上仁”(“上仁为之而无以为”)语句重复,而帛书《老子》则无“下德”句,故而无重复。这个问题直接涉及“上德”“下德”与“上仁”“上义”“上礼”的关系,本文所涉及的严遵、河上公和王弼本均是“下德”句与“上义”句相重,那么汉晋道家是如何解释这个问题呢?

一、严遵对“上德”“下德”的诠释

严遵为西汉道家的主要代表人物,其所著《老子指归》(又称《道德指归》)在现存

---

* 作者简介:袁青,哲学博士,中山大学哲学系(珠海)副教授。
基金项目:本文系教育部人文社科研究青年基金项目“汉代老学研究”(17YJC720035)的阶段性成果。

阐释《老子》的著作中,时代仅次于《韩非子》之《解老》《喻老》两篇,是现存唯一的西汉《老子》注,其价值不言而喻。严遵将“上德”“下德”“上仁”“上义”“上礼”解释为“上德之君”“下德之君”“上仁之君”“上义之君”“上礼之君”,并将其看成一个逐渐递减的系列。

严遵首先探讨天地万物的由来,他说,“天地所由,物类所以:道为之元,德为之始,神明为宗,太和为祖”(《老子指归·上德不德篇》)。① 道德、神明、太和是天地万物产生的根源,其中最为根本的是道德,人也是禀受这四者而生,所以说,“我性之所禀为我者,道德也;其所假而生者,神明也;其所因而成者,太和也”(《名身孰亲篇》),“道有深微,德有厚薄,神有清浊,和有高下”(《上德不德篇》),因此“人物禀假,受有多少,性有精粗,命有长短,情有美恶,意有大小”(《上德不德篇》),因此产生了“道人”“德人”“仁人”“义人”“礼人”的区分,这五种人各自所禀受的“德”不一,因此其“性命不同,功业不齐”(《上德不德篇》)。

严遵解释“上德无为而无不为”时说,“上德之君,性受道之巇妙,命得一之精微,性命同于自然,情意体于神明,动作伦于太和,取舍合乎天心”(《上德不德篇》)。“一”,即“德”,严遵说,“一,其名也;德,其号也”(《得一篇》),这就是说,上德之君的性命所禀受的是道德中最精微的部分,因此其性命与自然、情意与神明、动作与太和、取舍与天心能够完全吻合。道德、神明、太和都具有无为的特性,“道德无为而神明然矣,神明无为而太和自起,(太和)无为而万物自理”(《大成若缺篇》)。因此禀受道德中最精微部分的上德之君也必然是无为的,严遵说,“恬淡无为而德盈于玄域,玄默寂寥而化流于无极”(《上德不德篇》),“是无为者,有为之君而成功之主也,政教之元而变化之母也……天下象之,无所不为;万物师之,无所不事”(《大成若缺篇》)。上德之君必然是无为而治的,唯其如此,才能无所不为,无为而治的目的是无不为,这就是所谓“上德无为而无不为”。

关于“下德为之而有以为”一句,严遵说:“下德之君,性受道之正气,命得一之下中,性命比于自然,情意几于神明,动作近于太和,取予体于至德。”下德之君,性禀受的是道之正气,命禀受的是德之下中,性命、情意、动作、取予不能与自然、神明、太和、至德完全吻合,而只是接近,相对于上德之君来说低了一个层次。在严遵看来,下德之君

① 王德有:《老子指归译注》,北京:商务印书馆,2004 年,第 5 页。以下所引《老子指归》均引自此书,只注篇名,不另注。

之时，道和德都还未曾分割，下德之君几乎没有名号，他所做的是“方地随天，与化为常”（《上德不德篇》），即随着天地之动而动，以顺应变化为常，在这种意义上严遵说，“其务损而不益，其事修而不作，所为者寡，所守者约”（《上德不德篇》）。虽然“所为者寡，所守者约”，但相对上德之君之“无为”来说也是一种“为之”。严遵又说，“主如天地，民如草木，被道合德，恬淡无欲；阴阳和洽，万物蕃殖，无有制令，宇内宾服……无义无仁，六合之内和合天亲；无节无礼，四海之内亲为兄弟”（《上德不德篇》）。下德之君与民众的关系类似于天地与草木的关系，草木自然生长在天地之间，因此君主虽没有行政命令，百姓也自然归附，也不需要仁义礼节，四海之内也自然亲如兄弟。初看起来，这与上德之君似乎差别不大，但既然严遵区别了上德之君与下德之君的性命情意，表明两者一定会存在差别。严遵又说，“上德之君，体道而存，神与化伦，德动玄冥；天下王之，莫有见闻，德归万物，皆曰自然。下德之君，体德而行，神与化游，德配皇天；天下王之，或见或闻，德流万物，复反其君”（《上德不德篇》）。上德之君作为君主也无人能见、无人能闻，恩德施于万物完全出乎自然，万物不会想到是上德之君之德；下德之君或有人见或有人闻，恩德施于万物，但声誉归于君主。因此，严遵认为，相对上德之君而言，下德之君恩德施行万物，但君主会受到称赞，认为这是君主之功，在这种意义上这是一种“有以为”，因此说“下德为之而有以为”。需要注意的是，下德之君的“有以为”显然只是相对上德之君而言的。

关于“上仁为之而无以为”一句，严遵解释说，“上仁之君，性醇粹而清明、皓白而博通。心意虚静，神气和顺，管领天地，无不包裹；睹微得要，以有知无，养生处德，爱民如子”（《上德不德篇》）。上仁之君，其性醇粹清明、洁白而通达，很显然这与上德之君、下德之君之性直接禀受道德而来是有所不同的，这预示着上仁之君的境地又低于上德之君和下德之君的。上仁之君心意是虚静的，神气和顺，这是一种“无以为”，而上仁之君洞察细微把握要旨、以有知无、养生处德、爱民如子，这是“为之”，因此说“上仁为之而无以为”。

关于“上义为之而有以为”，严遵说，“上义之君，性和平正，而达通情，察究利害，辩智聪明。心如规矩，志如尺衡，平静如水，正直如绳。好举大功，以建鸿号，乐为福始，恶为祸先。秉权操变，以度时世，崇仁励义，以临万民”（《上德不德篇》）。上义之君，其性和平公正，心志平静正直，与上仁之君之性醇粹清明、心意虚静相比，显然又低了一个层次。上义之君喜好创造伟大功绩以树立自己的威望，乐于为人造福而厌恶为人生祸，掌握权柄操持变化以运转时世，崇尚仁义以治理万民，这就是所谓“上义为之而有以为”。

关于“上礼为之而莫之应”一句，严遵说：“上礼之君，性和而情柔，心疏而志欲。”上礼之君，性情和柔，心志高远而婉顺，这个描述看不出与上义之君有明显的差别。上礼之君需要做的事情有很多，主要是“纪纲百变，网罗人心，尊宠君父，卑损臣子……归奉条贯，事有差品，拘制者褒录，不羁者削贬。优游强梁，包裹风俗，导以中行；顺心从欲，以和节之；迫情禁性，防隄未萌；牵世系俗，使不得淫”（《上德不德篇》）。在严遵看来，这些事情从总体上看是“绝人所不能以，强人所不能行，劳神伤性，事众费烦”，但是并不能达到相应的效果，这是因为“辞丰貌美而诚心不施”，也就是说上礼之君所为只注重外在而诚心不够，因此才会出现“上礼为之而莫之应”。

严遵说，“帝王根本，道为元始”（《上德不德篇》），因此，行事越接近于“道”的君主，其境界越高，由上德之君、下德之君、上仁之君、上义之君、上礼之君是一个逐渐下降的序列。严遵尤其对上礼之君进行了批评，因为上礼之君是“所为非其所欲也，所求非其所得也。不务自然而务小薄”（《上德不德篇》），他说：“夫礼之为事也，中外相违，华盛而实毁，末隆而本衰……故，制礼作乐，改正易服，进退威仪，动有常节，先识来事以明得失，此道之华而德之末，一时之法，一隅之术也，非所以当无穷之世，通异方之俗者也。”严遵认为，礼使人表里不一、表面华丽而内质败坏，这是废弃了根本而抓住了末梢。因此，礼所要求的改正朔、易服色、制礼作乐只是治理国家的权宜之计，而非国家长治久安、沟通各方习俗之计。严遵这一批评似乎是针对西汉儒家，西汉儒家将改正朔、易服色、作礼乐视为根本大计，如董仲舒就说，“王者必改正朔，易服色，制礼乐，一统于天下”（《春秋繁露·王者改制》）。

由此可见，严遵主要用禀性的不同来区分上德之君、下德之君、上仁之君、上义之君、上礼之君：上德之君所禀受的性命是道德中最精微的部分，因此与道德完全吻合；下德之君所禀受的道之正气和德之下中，因此只能接近于道德；与上德之君、下德之君不同的是，上仁之君、上义之君、上礼之君并非直接禀受道德而来，上仁之君之性醇粹清明、洁白而通达，上义之君之性和平公正、心志平静正直，上礼之君之性情和柔、心志高远而婉顺。依据禀性的不同，上德之君、下德之君、上仁之君、上义之君、上礼之君构成一个逐渐堕落的序列，但严遵对于《老子》原文中的一些关键语句并没有给出令人信服的解释，突出体现在对“下德为之而有以为”“上仁为之而无以为”两句，他对为何上仁之君能做到“无以为”以及为何上仁之君的“无以为”低于下德之君的“有以为”的解释较为模糊。按照严遵的诠释，“下德之君”的“有以为”是相对“上德之君”而言，与上仁之君的“有以为”、上义之君的“无以为”并非一回事,也就是说他将这五者实际上主要划分为两组: 上德之君与下德之君构成一组,其他构成一组。这种解释显然不够圆满,这与《老子指归》诠释特点有关系,有学者就认为:“《老子指归》……形式上是对《老子》的大意解说,但其内容又不拘泥于章句,而是喜欢借题发挥自己的观点。”①严遵在对上德之君、下德之君、上仁之君、上义之君、上礼之君的阐释过程中,确实没有拘泥于《老子》关于“无以为”“有以为”的经文,因此将其解释与《老子》经文对照才会产生一些疑惑。

二、《河上公章句》对“上德”“下德”的诠释

严遵之后,汉代又出现了另一部重要的《老子》注,即河上公的《老子河上公章句》(以下简称《河上公章句》)。②《河上公章句》为东汉黄老学著作,其主要内容是以汉代流行的黄老学派无为治国、清净养生的观点解释《老子》经文。③

《河上公章句》说,“上德谓太古无名号之君,德大无上,故言上德也。不德者,言不以德教民,因循自然,养人性命,其德不见,故言不德也”(《老子河上公章句·论德》,以下引用《老子河上公章句》只注篇名)④,“下德谓号谥之君,德不及上德,故言下德也。不失德者,其德可见,其功可称也”(《论德》)。《河上公章句》将上德解释为“太古无名号之君”,认为太古无名号之君不以德教民,所做的是因循自然,故其德不可见;下德指有名号之君,有名号之君以德教民,故其德可见。

《河上公章句》认为上德即太古无名号之君,“法道安静,无所施为也”(《论德》),这个解释涉及今本《老子》第二十五章“人法地、地法天、天法道、道法自然”,《河上公章句》解释说,“人当法地安静和柔……道清净不言,阴行精气,万物自成也。道性自然,无所法也”(《象元》)。道性自然,自然成为道的内在本质规定,而道为万物效法对象,成为人世间一切价值的来源。作为最高境界的君主,上德之君应当“因循自然,养

---

① 王萍:《严遵、扬雄的道家思想》,《山东大学学报(哲学社会科学版)》2001 年第 1 期。

② 关于《老子河上公章句》的成书时代,学界争议较大,我们认为取其成书于东汉中期至末年之说,参见王明《〈老子河上公章句〉考》,见氏著《道家和道教思想研究》,北京: 中国社会科学出版社,1984 年,第 293—323 页。

③ 王卡:《老子道德经河上公章句》,北京: 中华书局,1993 年,第 8 页。

④ 同上书,第 147 页。以下所引《老子道德经河上公章句》原文,均引自此书,不另注。

人性命”,而情欲文饰智虑是造成天下大乱的根源,因此君主要效法大道,“情欲文饰日益消损”(《忘知》)、“绝圣制作,反初守元……弃智惠,反无为”(《还淳》),也就是说要清静无为。由于上德之君根本没有名号可言,因此无以为,这就解释了“上德无为而无以为”。

《河上公章句》认为下德即有名号之君,以德教民,因此不能做到清静无为,而要“为教令,施政事”(《论德》),这就是“为之”。下德之君既是以德教民,为政之德当内在包含仁、义、礼,事实上《河上公章句》也说,“修道于国,则君信臣忠,仁义自生,礼乐自兴,政平无私,其德如是,乃为丰厚也”(《修观》)。因此,下德之君所为教令、政事是包含仁、义、礼的,《河上公章句》进一步认为,与上德之君相比,下德之君所为是“以为己取名号也”(《论德》),最终凸显出自己的名声,这就是“有以为”,因此说“下德为之而有以为”。

《河上公章句》认为上仁即“行仁之君,其仁无上,故言上仁也”(《论德》)。按照《河上公章句》的解释,“大道之时,家有孝子,户有忠信,仁义不见也。大道废不用,恶逆生,乃有仁义可传道也”(《俗薄》)。仁义为大道废之后乃显现出来的,因此上仁之君不能做到无为,而只能“为之”,即行仁恩。《老子》经文说:“上仁为之而无以为。”《河上公章句》在解释“无以为”时说,“功成事立,无所执为”(《论德》),与下德的“有以为”强调凸显君主名声不同,此处的“无以为”是说上仁之君不执着于行仁恩。

上义即上义之君,他要“为义以断割也”(《论德》),这是“为之”,同时上义之君所为是“动作以为己,杀人以成威,贼下以自奉也”(《论德》),所为均带有功利的目的性,此即“有以为”。上礼即上礼之君,他“为礼制度,序威仪也”(《论德》),但“礼华盛实衰,盛伪烦多,动则离道,不可得应也。言礼烦多不可应,上下忽争,故攘臂相仍引也”(《论德》),因此以礼治国是比较糟糕的状态。

总之,与严遵一样,《河上公章句》也用君主来解释“上德”“下德”“上仁”“上义”“上礼”,其中只有“上德”才能做到无所施为,“上仁”“上义”“上礼”均可归结为“下德”,都只能有为。因此,“上德”“下德”“上仁”“上义”“上礼”五者,实际上可以概括为上德之君与下德之君两种类型,前者行无为之教,后者行有为之教。《河上公章句》解释《老子》首章“道可道”说,“谓经术政教之道也”(《体道》),解释“非常道”说,“非自然长生之道也。常道当以无为养神,无事安民,含光藏晖,灭迹匿端,不可称道”(《体道》)。上德之君即行自然长生之道,而下德之君行经术政教之道。经术政教之道虽没有自然长生之道那样纯粹完美，但也是必要的，熊铁基等就认为《河上公章句》对于“经术政教”“政教礼乐”还是肯定的。① 不过需要指出的是，其中比较特殊的是“上仁为之而无以为”一句，《河上公章句》用不执着于仁恩来解释“无以为”，实际上对“上德为之而有以为”与“上仁为之而无以为”之间的差别并未做出比较合理的解释。

三、王弼对“上德”“下德”的诠释

王弼首先论述了“道”与“德”的关系，他说：“德者，得也。常得而无丧，利而无害，故以德为名焉。何以得德？由乎道也。何以尽德？以无为用。故物，无焉，则无物不经；有焉，则不足以免其生。”(《老子注》第 38 章)②又说：“道者，物之所由也。德者，物之所得也。”(《老子注》第 51 章)道是万物的来源者，而德是万物之蓄积者，余敦康就说：“如果说道是物之所由以生成的大化流行的整体，那么德则是物因其形与势的不同由此整体所得而蓄积的一个部分。”③这也就是说，道与德相当于整体与部分的关系。作为一个无限的整体，道就其本质而言就是“无”，所以王弼说：“道者，无之称也，无不通也，无不由也。况之曰道，寂然无体，不可为象。”(《论语释疑》)“无”是万物的本体，舍弃了“无”，则无法保全自己的生命。“无”之本体还有实践功能，余敦康说：“万物不仅以无为用，而且以无为体，体是根本，用是由此体而自然生发出的实践功能，因而有体必有用，体与用紧密联结，不可分割。”④王弼认为，作为蓄积无限整体“道”的部分，德若“唯道是用”，即为本体之“无”自然发用出来的则为上德，它接近于“无”之本体，若“求而得之，为而成之”，并非“无”之自然发用，则为下德，它更接近于“有”。

王弼说：“上德之人，唯道是用，不德其德，无执无用，故能有德而无不为。不求而得，不为而成，故虽有德而无德名也。”(《老子注》第 38 章)上德之人遵循本体之“道”(“无”)，不以其德为德，因为其德均是本体自然发用出来的，所以他不竞争、无所谓就能获得“德”，尽管有德却没有德的名称；遵循“无”之本体，上德之人是无所执、无所用的，而“无”之本体是没有规定的，具有无限性，因而上德之人也可以“无不为”，这就是

---

① 熊铁基等：《中国老学史》，福州：福建人民出版社，2005 年，第 189 页。

② 楼宇烈：《王弼集校释》，北京：中华书局，1980 年，第 93 页。以下所引王弼注，均引自此书，只注篇名，不另注。

③ 余敦康：《魏晋玄学史》(第二版)，北京：北京大学出版社，2016 年，第 186 页。

④ 同上书，第 189 页。

"上德无为而无不为"①。下德并非"无"之本体自然发用的,因此下德之人必须通过竞争、有为、立善等手段来获得"德",他必须是有为的,而通过竞争而获得就必然有所失去,通过有为而成就那就必然有所毁伤,善名出现就必然会有不善名,也就是说,下德之人所为是有局限性的,并不能与上德之人"无为"相比。虽说下德之人所为具有局限性,但其所为是"无以为"的,所为"无以为者,无所偏为也"(《老子注》第38章),即说没有私心而能做到大公无私,其所为并非出于主观故意,所以说"下德为之而无以为"②。

王弼又说:"凡不能无为而为之者,皆下德也,仁义礼节是也。"(《老子注》第38章)王弼认为仁、义、礼都是下德,都不能做到"无为"而只能"为之",但仁、义、礼三者仍有高下之分。在王弼看来,"上仁为之而无以为"与"下德为之而无以为"表述相同,是因为"至于无以为,极下德之量,上仁是也"(《老子注》第38章),上仁"极下德之量",即充分实现了下德的潜能,上仁之人普遍地爱人,同时又能做到爱无偏私,故说"上仁为之而无以为"。

上仁之人可以做到爱无偏私,进一步堕落,如果爱有偏私:"爱不能兼,则有抑抗正直而义理之者。忿枉祐直,助彼攻此,物事而有以心为矣。"(《老子注》第38章)"作为偏私的结果,为朝廷恩赏的竞争就会发生,因此需要'义'来设定标准"③,上义之人的做法是憎恨奸邪之辈而护卫正直之士,帮助后者攻击前者,这是有意识地干涉事物,此即"上义为之而有以为"。

如果进一步堕落,"直不能笃,则有游饰修文礼之者。尚好修敬,校责往来,则不对之间忿怒生焉。故上礼为之而莫之应,则攘臂而扔之。……夫仁义发于内,为之犹伪,况务外饰而可久乎!"(《老子注》第38章)正直不能笃厚,则需要礼节修饰来令人敬畏。王弼认为,仁义发自内心,如果有意施行它们仍然会流入虚伪,而礼着重于外在的修饰

---

① 王弼《老子注》经文作"上德无为而无以为",但从王弼注"故能有德而无不为"一句来看,王弼所依据的《老子》版本此句应作"上德无为而无不为",与严遵本一致。

② 王弼《老子注》经文作"下德为之而有以为",但从王弼注文来看,王弼所依据的《老子》版本应是"下德为之而无以为",许多学者都指出了这一点。参见楼宇烈《王弼集校释》,第98—99页。瓦格纳:《王弼〈老子注〉研究》,杨立华译,南京:江苏人民出版社,2008年,第545页。白奚:《西汉竹简本〈老子〉首章"下德为之而无以为"考释》,《哲学研究》2015年第2期。

③ 瓦格纳:《王弼〈老子注〉研究》,第883页。

来互相计较责备，如果得不到相应的回应，则会心生愤怒，攘臂而扔之，此即“上礼为之而莫之应，则攘臂而扔之”。

王弼进一步认为：“万物虽贵，以无为用，不能舍无以为体也。舍无以为体，则失其为大矣，所谓失道而后德也。以无为用，则得其母，故能己不劳焉而物无不理。下此以往，则失用之母。不能无为，而贵博施；不能博施，而贵正直；不能正直，而贵饰敬。所谓失德而后仁，失仁而后义，失义而后礼也。”（《老子注》第38章）王弼认为作为万物本体的“无”（“道”）是即体即用的，舍弃了无之本体而“以无为用“即失道而后德，这里的“德”显然是上德，上德还可以做到无为；而如果连“以无为用”都舍弃了，则不能无为而只能有为了，按照仁、义、礼这个序列一步步堕落，仁、义、礼都是下德的范畴。借用魏晋玄学常用的“自然”与“名教”术语来说，上德相当于自然，下德则显然是名教。

王弼并不是否定仁、义、礼等下德的作用，而是认为要区分本末，他说：“夫载之以大道，镇之以无名，则物无所尚，志无所营。各任其贞事，用其诚，则仁德厚焉，行义正焉，礼敬清焉。弃其所载，舍其所生，用其成形，役其聪明，仁则尚焉，义则竞焉，礼则争焉。”（《老子注》第38章）王弼比较了两种对待仁、义、礼不同态度而引发的效果，他认为如果能“崇本息末”（《老子注》第57章），也即自然为本、名教为末，则自然会生发仁、义、礼等名教，名教也自然会产生其效用；但如果舍弃自然，而以名教为本，本末倒置，则仁、义、礼会发生异化，起到相反效果。

由此可见，王弼也将“上德”“下德”“上仁”“上义”“上礼”归结为“上德”“下德”两种类型。王弼认为“无”是万物之本体，它是即体即用的，上德是本体之无自然发用的实践功能，因此上德之人能做到无为，其所为也是无目的性的，因此是“无为而无以为”；下德并非本体之无自然发用出来的，它已脱离“以无为用”而进入“有”的境域中，因此下德之人只能有为，但同时下德之人能做到没有私心，其所为并非出于主观意图，故而“下德为之而无以为”。具体来说，下德又主要包括仁、义、礼，三者是逐渐堕落的过程，上仁能够充分实现下德的潜能，做到爱无偏私，因而“上仁为之而无以为”；上义是不能做到爱无偏私的结果，既然爱有偏私就会产生争竞，因此需要用“义”去有意识地干涉事物，因此“上义为之而有以为”；礼是“义”不能笃厚的结果，需要用外在的修饰加以责备，如果得不到回应就会心生愤怒，攘臂而扔之，是造成天下混乱的原因，此即“上礼为之而莫之应，则攘臂而扔之”。上德相当于自然，下德相当于名教，王弼认为必须区分本末，自然为本，名教为末。

四、汉晋道家的诠释特征

严遵《老子指归》《河上公章句》以及王弼《老子注》这三部著作都是以经典诠释的方式来进行思想建构，刘笑敢指出：“既然中国的哲学诠释传统的典型形式是以经典诠释的方式进行哲学体系的建构，那么这一方式必然包含着客观地诠释经典的原义和建立诠释着自身的哲学体系的内在矛盾和紧张。”①这一矛盾即他所说的一个过程、两种定向，即在诠释过程中，同时具有面向文本与历史的客观性定向与面向当下和现实的主观性定向。② 汉晋道家在诠释《老子》的过程中也同时存在这两种定向，即一方面诠释者要尽量贴合《老子》原文，同时又要将诠释者自己的思想增添进去以不断赋予《老子》以新的意义，不断推动《老子》学的发展，这正是诠释的意义所在，成中英就说：“诠释是就已有的文化与语言的意义系统做出具有新义新境的说明与理解，它是意义的推陈出新，是以人为中心，结合新的时空环境和主观感知展现出来的理解、认知与评价。”③因此，诠释就是在努力追求贴合经典原文的同时，加入诠释者自己的理解、认知与评价，使经典在不同时代焕发新的色彩，这也就是说，诠释者一方面要努力追求经典原义，另一方面又要努力超越经典。

汉晋道家在诠释《老子》“上德”“下德”问题上也鲜明地体现出这两种定向。由于《老子》文本的复杂性，汉晋道家所依据的文本也有所差异，主要的差别在于严遵本和河上公本“下德”句与“上义”句重复，而王弼本“下德”与“上仁”句重复。汉晋道家在诠释《老子》“上德”“下德”问题上，首先面对的就是这一句式重复的问题，如何诠释才能更加贴近《老子》经文。严遵的解释方式是认为下德的“有以为”是相对上德而言的，这与上仁、上义中的“无以为”“有以为”是不一样的，这就是将这五者划分为两组概念：第一组是上德和下德，另一组是上仁、上义、上礼，第一组序列高于第二组，因此这五者是一个逐渐堕落的过程。《河上公章句》则认为下德包含上仁、上义、上礼，因此这五者实际上就是上德、下德两者，但这样又面临一个问题，即《老子》经文中上德、下德、上仁、上义、上礼并举，如果下德包含上仁、上义、上礼的话，那这五者还是一个逐渐堕落

① 刘笑敢：《诠释与定向》，北京：商务印书馆，2009 年，第 52 页。

② 同上书，第 227 页。

③ 成中英：《本体诠释学(一)》，北京：中国人民大学出版社，2017 年，第 60 页。

的过程吗？其中主要的问题在于下德是否还高于上仁。依照《老子》经文的论述，似乎这五者确实是一个逐渐堕落的过程。《河上公章句》对此问题论述得较为模糊或者说似乎有意回避了，《河上公章句》认为下德“有以为”是指下德之君所为凸显出自己的名声，而上仁“有以为”是指上仁之君不执着于行仁恩，从这一论述看，《河上公章句》并没有解释下德“有以为”为何高于上仁“无以为”的问题。王弼也认为下德包含上仁、上义、上礼三者，对于“下德”“上仁”句重复的问题，他用上仁“极下德之量”就解决了这个问题，即“下德”和“上仁”虽然是有为，但都是无所偏私的，而上义、上礼之所为则刚好相反。王弼在贴近原文的诠释方面，显然比严遵和《河上公章句》更令人信服。

汉晋道家诠释《老子》时也在进行自身思想的建构，也就是说汉晋道家诠释《老子》会加入自己的理解、认知与评价，这就是所谓的“面向当下和现实的主观性定向”。严遵《老子指归》以性禀来区分上德、下德、上仁、上义、上礼，认为人性根源于道德，这是受到汉代“为群儒首”(《汉书·董仲舒传》)的董仲舒的影响，董仲舒说：“人之诚，有贪有仁。仁贪之气，两在于身。身之名取诸天。”(《春秋繁露·深察名号》)董仲舒认为人性根于天道，与严遵人性根于道德的思想类似。董仲舒还提出人性分为三等，有“斗筲之性”“中民之性”“圣人之性”的区分，这显然也影响了严遵认为人性有五等的区分。此外，许多学者提出，严遵一方面宣扬自然无为，如上德之君就是如此，对上礼之君的批评就是汉代直接盛行的礼治，表现儒道互斥的一面；另一方面对上仁、上义之君的肯定反映了其儒道兼综思想，这与严遵所处的西汉成哀之际的社会环境是息息相关的。①《河上公章句》所处时代，黄老为长生之道术，主治身养性。②《河上公章句》将上德、下德、上仁、上义、上礼归纳为上德、下德两种。上德之君主要特点是“不以德教民，因循自然，养人性命”，这是“自然长生之道”；下德之君主要特点是以德教民，这是“经术政教之道”。《河上公章句》这一注释就点出了《河上公章句》的主旨在于养生，王明就指出：“汉初黄老之治，清净自正，无为自化，犹是政术之一种。……章句之意显与汉初黄老之学远，而与桓帝时老君之教合。《河上公章句》，以‘治身’为主谊，此所谓治身，非修善积德之谓，乃养生益寿之谓也。”③《河上公章句》通过上德、下德的阐发论

---

① 金春峰：《汉代思想史(增补第三版)》，北京：中国社会科学出版社，2006年，第366—369页。

② 王明：《〈老子河上公章句〉考》，见氏著《道家和道教思想研究》，北京：中国社会科学出版社，1984年，第293页。

③ 王明：《〈老子河上公章句〉考》，见氏著《道家和道教思想研究》，第306页。

证了追求自然长生之道的思想。王弼也将这五者归为上德、下德两类，上德为本体之“无”自然发用而来的，下德并非本体之无自然发用出来的，它是“有”，“无”是“有”之本，上德为自然，下德为名教，由此王弼逻辑地引出了“自然为本、名教为末”的结论，这正应和了自然与名教之辩的时代主题。

因此，从关于《老子》“上德”“下德”的诠释看，汉晋道家一方面在努力贴近原文，在这方面，严遵和《河上公章句》的解释均与《老子》原文有些隔阂，而王弼的解释与《老子》原文更为吻合；同时汉晋道家在诠释过程中也将自己的思想增添进去，赋予《老子》以新的意义。严遵的诠释表明了其受到董仲舒学说的影响，体现了儒道互斥与儒道兼综的思想特点，《河上公章句》的诠释体现了其注重养生的思想主旨，而王弼的诠释则回应了自然与名教之辩的时代主题。这都鲜明地体现了诠释过程中的两个定向问题。

先秦汉晋哲学研究

诸子的“自白”

——臆说诸子(二)

聂保平*

太史公曰:“要之,死日,然后是非乃定。”①

这是《报任安书》的结语,悲壮而坚定。

汉武帝太始四年(公元前93年),五十三岁的司马迁②写下这封“欲寄而无从寄的信笺”,它是“太史公的绝笔”,也是“遗书”。③况以古代中国士人生命史,则它又是太史公的“自白”之书。当深陷“财赂不足以自赎,交游莫救,左右亲近不为一言。身非木石,独与法吏为伍,深幽囹圄之中,谁可告诉者”境中,“自白”以“表于后”,恐怕是唯一的选择。④

正如《报任安书》所显示的,“自白”作为古代士人明志、解惑、释难的通道或样式,一般都是自白者深陷逆境与孤独之中,“疾没世而名不称”(《论语·卫灵公》),或告语弟子,如孔子;或设“难”自答,如东方朔;或作“铭”自警,如崔瑗;或遗书子孙,如郑玄;或布“令”天下,如曹操;或寄书知音,如嵇康;或作“传”寄意,如阮籍、陶渊明等。“自白”样式既多,所“白”趣旨亦异,但无论如何,“可为智者道,难为俗人言”,是能“白”之

---

* 聂保平,自号三耳呆人,哲学博士,上海科技大学人文科学研究院研究员。

① 班固:《司马迁传》,载《汉书》卷六十二。

② 太史公卒年无考,生年颇有争论,此处从王国维《太史公行年考》,即太史公生于景帝中元五年(公元前145年),文载《观堂集林》(第二册),北京:中华书局,1959年,第481—514页。

③ 逯耀东:《抑郁与超越:司马迁与汉武帝时代》,北京:生活·读书·新知三联书店,2008年,第31页。

④ 班固:《司马迁传》,载《汉书》卷六十二。

理,“垂名于后世”,是共通之意。纵使困境重重,孤独幽幽,这些自白者都坚信“自白”本身就是他们各自的生命之光,可以烛暗彰微。

中国最早的自白篇章,应属于《尚书·金縢》所载的周公祝词。① 由于周公巨大而深远的历史影响,其后的古代士人,或隐或显地都留下了“自白”之语之“书”。细检典籍,在“轴心时代”的文本中,诸子基本都有着清晰的“自白”。而今人囿于精细化的学科分支,漏过甚至误释着那些自白话语,以致诸子的“白”意昧而不明。若以笔者《说“君子”》之主题相度,君子之心因此也隐而未彰。当然,也有“自白”会隐善发恶。

本篇“臆说”依然遵循古老的“知人论世”的理解路向,尝试对那些耳熟能详的自白性诸子文本做出基本梳理,分析其可能的蕴含,以见它们与一统帝国士人精神的隐秘关联。即,一方面,君子言行,渊源有自;另一方面,小人伪善,不为无根。

一、“吾”与“我”

经典之所以成为经典,五经诸子之所以成为君子生命的营养源,绝非某一类阐释所可尽道。可是,有多少解《老子》者必参海德格尔,说孔子者拉上苏格拉底,解“逍遥”的多释以“自由”? 凡此之类,虽不能说有导人远离经典之嫌,但说其遗落了经典蕴含的诸多内容,大致是不枉的。以此,细检诸子文本,有两个明显的问题值得首先提出来:

1.《老子》首章的“道”只能往“本体”“规律”上理解?

2.《论语·阳货》孔子说的“天何言哉? 四时行焉,百物生焉”必须用“道”“境界”去说解?

据实说来,上列理解路向由来已久,西学东渐后,此类路向的质地并没有太大变化,今人的诸多说解很大程度可视为语词变化,即所谓“新瓶装旧酒”。可是,如今的经典阐释领域,“新瓶”无论是在数量还是色彩上,都已经斑斓得足够晕眩耳目了,但经典的芬芳是否因此而更深切地怡人心神呢?

---

① 清华简《尚书》有《周武王有疾周公所自以代王之志》篇,与今见《尚书·金縢》多同。纵使二者间有一些记载差异,但周公有祈祝之事,则是清华简、今文《尚书》《史记》等所共载,即周公有自白于三祖(太王、王季、文王)事。

依据反以思之的路向,也许存在另一种可能:我们重新回归经典语境本身,检视作为整体的诸子文本中诸子的所思所想。在这个检视过程中,注重古汉语的使用主体——作为君子(士人)的诸子,如何立足各自的切身之境,关注各自所重的基本问题,运用他们各自擅长的古汉语表达样式,述说各自的所思所想。此即本篇“臆说”的述说理路。

且以笔者的检视结果,略举数例分析。

先看通行本《老子》中有关“吾”和“我”的表述段落。① 据笔者对《老子》文本的检视,“吾”与“我”这两个第一人称,在不同的语境中,其所指倾向有明显差别。大略而言,使用“吾”时,其所指倾向于具有理性省思能力的主体,因为其后的谓语“知”“见”等基本都跟认知与理解有关,比如第4章说“吾不知谁之子,象帝之先”,第21章“吾何以知众甫之状哉?以此”,第25章“吾不知其名,强字之曰道”,第29章“将欲取天下而为之,吾见其不得已”。而使用“我”时,则多指已经文明化的社会人,此意在第20章最为明显(详后文)。简言之,“吾”的“认知主体”或“理性主体”意味较浓,“我”的社会人意味较重。这种暗含对立性意味的第一人称,在第70章中体现得最为明显,其文曰:

吾言甚易知,甚易行,天下莫能知,莫能行。言有宗,事有君。夫唯无知,是以不我知。知我者希,则我者贵。是以圣人被褐怀玉。

很显然,这里的“吾言”之“言”绝非日常言语,而是作为“理性主体”的“吾”发挥自己的才性之能(理性省思能力是其一)后,而具有思想性、理论性的话语。在老子看来,它们很容易被理解(“甚易知”),也很容易被实践(“甚易行”)。不幸的是,天下人忽略了它们。老子强调说,“我”所说的道理(言语)都蕴含根基原理,“我”做的事(功)也都有准则可循。可天下人根本不明白这些,“我”才如此孤独,不被人理解。进一步地,与其说那是老子的孤独,倒不如说是思想的孤独、哲学的孤独。

正是在“无知”者的镜像中,那个孤独的“我”作为“另类”的社会人形象才凸显出来。这种凸显,在第20章中被老子描述得淋漓尽致。其文曰:

① 必须说明的是,《老子》的帛书本、郭店本和通行本相关段落文本中的“吾”和“我”,并没有实质性差异。文繁,不对照俱引,识者自参。

唯之与阿，相去几何？美之与恶，相去若何？人之所畏，不可不畏。

荒兮其未央哉！

众人熙熙，如享太牢，如春登台。我独泊兮其未兆，如婴儿之未孩。累累兮若无所归。

众人皆有余，而我独若遗。我愚人之心也哉！

沌沌兮！俗人昭昭，我独昏昏；俗人察察，我独闷闷。

澹兮其若海，飂兮若无所止。众人皆有以，而我独顽且鄙。

我独异于人，而贵食母。

与《论语·先进》“吾与点也”那个其乐融融的师生“共同体”截然不同，这里的老子，纯粹、孤独、落寞、卑微。老子通过五组描述，完整地呈现出作为社会人的“我”与“众人”的不同乃至对立。就文本本身看，老子做出如此大段描述，其主旨却只有一个：“我”与众人是不同的（“我独异于人”）。① 而造成这个不同的根本原因，是因为“我”能知行根本的道理（“母”）。“食母”是个比喻性的说法，“食”有双重意蕴，一是名词性意味，即“以母为食”；二是动词性意味，即“食母”而长。

古注今疏多以“本”以“道”释“母”，自然不能说错。但是，如果我们注意“食”对成长或生长的意义，“母”对于“婴儿”的意义，那么这一大段描述本身所负载或指向的言外之意就很明显：根本道理（“母”）能营养人。那些根本道理是思想化的，也是哲学化的。换言之，思想（或哲学）本身具有根基化的营养性。

虽然《老子》中的许多“吾”和“我”并非老子自称，但上引诸条中，老子自称的意味远远浓于泛泛代称。而正是在那个“知我者希，则我者贵。是以圣人被褐怀玉”②的落寞与自信里，作为思想家（哲学家）的老子形象被“自白”出来。而《老子》中那么多被自觉地区别开来的“吾”与“我”的用法，显现出一个对宇宙、自然、人事皆有深切洞察的思想家的主体自觉。这个自觉了的思想家，在不断感知和确认自己与众不同的同时，也认知了“反者，道之动也”巨大而深刻的思想意义，或者说，明白了“负的方法”是“吾”（理性主体）可以自如运用的理解路向或表达方式。于是，那个“欲独异于人”的

① 帛书本作“我欲独异于人”，语意虽有别，但“异于人”这个质地无别。

② “知我者希，则我者贵”一句，帛书本作“知者希，则我贵矣”，与王本文字和意味皆有大不同。从整个《老子》文本意味看，帛书本文字的意味更合理顺畅。

“吾”开始说话。通行本《老子》首章的“道可道，非常道；名可名，非常名”之说，无论是后世编排者以之为首，还是老子本人以之为要，我们都可视之为老子的著作“自白”——“吾言”与众不同。① 即，根本之理、基本之名虽然有恒常性，但“吾”对它们的理解，跟现实中流行的说法不同。熟悉先秦文本的人都知道，整个《老子》文本，其所说之理、所指之意、所言之式，皆与众异。

二、“吾从周”与“知我者其天乎”

孔老关系一直是笔糊涂账，没有新的可靠文献出现，恐难理清。笔者无意对他们做出先后高下分判，而注重他们作为轴心时代的“士”，其“自白”性话语呈现或启示出怎样的生命内涵。与《老子》中那些“自白”需要以老子所揭示的方法去探索不同，孔子的“自白”，清晰而全面。

相较于《老子》文本中孤独的老子，彼时的孔子，声名赫赫，弟子众多。据《史记》以及笔者所见其他材料，老子似乎一个朋友（知音）也没有，而孔子则朋友遍天下。起码，孔子有个好朋友蘧伯玉，他在卫国栖栖惶惶时，就到蘧伯玉家去。②

《论语·子张》中，子贡开启了对孔子的神圣化维护，自此而后，对孔子“层累”地进行“推圣”和“造神”，愈后愈烈，直到如今，依然如故。但据《论语》和《孔子世家》中所载录的孔子“自白”性话语，孔子只是一个学以成人的“人”——一个满怀忧患意识的“君子”教育家。且看他的“自白”：

1. 子曰：“我非生而知之者，好古，敏以求之者也。”（《论语·述而》）

2. 子曰：“十室之邑，必有忠信如丘者焉，不如丘之好学也。”（《论语·公冶长》）

3. 子曰：“德之不修，学之不讲，闻义不能徙，不善不能改，是吾忧也。”（《论语·述而》）

4. 子曰：“默而识之，学而不厌，诲人不倦，何有于我哉？”（同上）

---

① 笔者以为，这个不同里也包含了“玄之又玄”的方法，很大程度上，它就是老子言说的方法论。俟以别篇，再作深论。

② 据《史记·孔子世家》载，孔子有两次住在蘧伯玉家。

这四段“自白”有非常清晰的逻辑进阶，可视为孔丘何以成为孔子的进程，即，知命→有“志”→好学→有关切→以学化人。学以成人是所有自然人成为正常的社会人的必由之路，在孔子那里，学以成人的功用是化人。因此，他所学的绝非仅仅是知识，更有“道”——那些能将历史、文化、制度、精神融汇于己身以发光照亮他者的“道”。这样的“学”，是人成长为“君子”的路，更是发光启示他者的路。孔子乐此不疲，“不知老之将至”。来看看他63岁时的“自白”：

明年（鲁哀公六年——引注），孔子自蔡如叶。叶公问政，孔子曰：“政在来远附迩。”

他日，叶公问孔子于子路，子路不对。孔子闻之，曰：“由，尔何不对曰‘其为人也，学道不倦，诲人不厌，发愤忘食，乐以忘忧，不知老之将至’云尔。”（《史记·孔子世家》）

想必熟悉《论语》文本的人都知道，《论语》里，子路一出场，基本是被骂的，颜渊一现身，都是被赞的，可他们两人死的时候，孔子是极度难过的。上引这段记载，太史公以史家的睿智对孔子晚年的自我描述作了情境还原。这个情境里，跟随孔子二十多年的子路，也不能真切知悉老师的底里，无法清晰向叶公描述老师。孔子只得先来一句“其为人也”统领“自白”，然后细列缘由：“学道”是求真求善，“诲人”是以自己所已“求”得者化人，这个“求”和“化”的过程之所以能不倦不厌，端赖“发愤忘食，乐以忘忧”的生命状态和刚健精神去支撑和推动，这样的生命和精神，砥砺孔子达到一种“不知”而乐之境——“不知老之将至”。

史华兹认为，孔子选择教师作为自己的使命后，他成功地避开政治性因素而把自己的“通见”直接传播给弟子们，孔子因此不仅是一个传述者，也成为一位创新者。①作为传述者孔子，他很明确自己所传的内容，即“郁郁乎文哉！吾从周”（《论语·八佾》）；“作为周朝政治秩序最伟大的捍卫者”，孔子“或许误解了历史，但他却创造了后来中国历史中最重要的东西”，他捍卫的政治秩序在以后的中国政治进程没有再现，但

① 参见本杰明·史华兹《古代中国的思想世界》，程钢译、刘东校，南京：江苏人民出版社，2004年，第60—61、67—68页。

他传述的价值和生成的精神却在中国人的生命与生活中不断呈现。① “吾从周”因此不仅是孔子的“好古”之趣，也是启示君子人生应有所“志”的标识性宣言，它因此具有了文化表征意义。

以笔者的理解，《论语》中所载孔子最有意味的“自白”与“天”相关。先看《为政》中这段话：

> 吾十有五而志于学，三十而立，四十而不惑，五十而知天命，六十而耳顺，七十而从心所欲、不踰矩。

从语意看，这段话应在孔子七十岁后所说，后人多以人生次第解之，阐发者颇众。但从孔子的人生看，这些恐怕是他对自己人生转折时段的概说，取其整数，大概是为了述说的方便。据《孔子世家》所载以及钱穆先生《先秦诸子系年》中的研究，孔子三十岁后始授徒，其作为教育家的人生大幕开启；五十岁时，公山弗扰召其参政，因子路反对而止；五十一岁时，始出仕，主政鲁国中都；六十岁时离开卫国，由曹国到宋国，遭遇宋国司马桓魋的迫害，差点丢掉性命；在外“流浪”十四年后，于六十八岁时去卫返鲁，不久，其子孔鲤卒。孔子这里所谓的“五十而知天命”，由其五十岁后亦教亦仕的人生状态看，大概是说他开始知悉作为“人”的边界了，其极致即是钱穆先生所说的“人生一切当然之道义与职责”②。

但是，孔子自己知悉明白的道理，他人不见得知悉。即如跟随孔子二十多年的子路都没法描述老师是怎样质地的人一样，人情练达善于辞令的子贡面对孔子的慨叹，也没法知悉老师。且看这两则记载：

> 子曰：“莫我知也夫！”子贡曰：“何为其莫知子也？”子曰：“不怨天，不尤人，下学而上达。知我者其天乎！”《论语·宪问》
>
> 子曰：“予欲无言。”子贡曰：“子如不言，则小子何述焉？”子曰：“天何言哉？

---

① 参见牟复礼《中国思想之渊源》，王立刚译，北京：北京大学出版社，2009年，第30页。

② 钱先生解此章甚精。但在解“畏天命”时，又认为天命非人所知。另外，他在解此章时，又进一步推出一“天命”境界。此或为文化认同至深使然，恐非孔子原意。参见钱穆《论语新解》，北京：生活·读书·新知三联书店，2002年，第26—30、435页。

四时行焉,百物生焉,天何言哉?”(《论语·阳货》)

这两则中“莫我知”和“欲无言”的慨叹,可视为每个超群人物都有的孤独感。① 需要注意的是,以《宪问》中孔子说的“君子上达,小人下达”之义,则这里的表述说明孔子是以“君子”自居的。孔子说不怨天不尤人,其根据是他“学而不厌”“一以贯之”的刚健前行之“道”,“下学而上达”之所“达”,即是上文所说的“天命”。这可视为孔子学而有大悟的生命感触,或者可以这么说,孔子通过“学”,体味到人生的意义。但是,自己人生的意义具有“我”的特质,别人是否能知晓这个“我”,正如自己不见得能知晓别人的“我”一样。在这种具有荒谬性或悲剧性的难以相“知”的意义上,孔子“知我者其天乎”的追问式慨叹,具有了一种终极追问的意义——“我”的意义谁知道。与《宪问》这种具有终极追寻的悲剧意味不同,《阳货》的那则显现的却是一种自得和自信——但不止于此。②

需要明晰的一点是,《阳货》中的表述一定有一个情境(《宪问》的那则也应如此),即在孔子说“予欲无言”之前,应该有其他的对话内容,不然我们很难想象孔子会突然冒出一句:“我不想说话了。”一个合乎情境的推测是,这是孔子教学情境中的某个场景,大概如子路那样的人好说好辨且不合孔子之意,孔子有点耐不住,便说出这句带有点“负气”味的话来,而以“言语”见长的子贡看出苗头不对,马上接过话茬安慰孔子。这与《先进》记载的情形同理:孔子遭厄于匡,颜渊后来赶到,孔子说“吾以女为死矣”,而颜渊答以“子在,回何敢死”以安慰孔子。在《阳货》中,听到子贡那么说,智慧的孔子便豪气、幽默乃至有悲悯味地说出那番话。这样的情境,紧张、失落、机智、戏剧化、温情各种意味都融合其中。“天”因此变得不那么冷漠、不那么遥远、不那么威严,相反,在孔子的话中,有一种秩序、生机、前行的绵延意味。然而,在这种潜在的大化洪流意味的隐隐参照下,映现出孔子的心中有一种淡淡的不得志的愁绪,这是“人”思虑自身意义而有的心境,是面对“故乡”之“天”(“天生烝民”的意义上)生出的情感,是人类自始就有的乡愁,它摸不到,说不出,理不清,但能被人体味得到。我想,这就是智者之言的韵味,也是古汉语的韵致。

---

① 不得志的孤独感在《论语》中有不少记载,《子路》中记载:“子曰:‘苟有用我者,期月而已可也。三年有成。’”《阳货》中记载:“公山弗扰以费畔,召,子欲往。子路不说,曰:‘末之也已,何必公山氏之之也?’子曰:‘夫召我者而岂徒哉?如有用我者,吾其为东周乎?’”凡此之类,都是孔子有“经世”之意却不得展其能的明证。

② 孔子说“天何言哉”,也可理解成是孔子以天自况,以启示子贡——老师有“身教”。

需要申述的是，在《诗经》中，“天”具有浓郁的监临意味，而在孔子的这类表述中，“天”进入智者的心灵，在期望“知”的意义上，它有一种与人近似于对等的意味；在“不言”的意义上，则又有一种“无为”而不“争”的意味。这意味着，在对“德”有着强烈自觉，对“仁”有着执着追求，对“义”有着决然坚守的“君子”那里，“天”悄无声息地开始变成“人”的“朋友”，人的孤独因此有了一种终极安放地，即，“天”成了“人”的“故乡”。

合而论之，老子的孤独，是哲学家的命运；孔子的反问，是君子的“乡愁”。勉强说来，老子似乎想以哲学的方式解释并期望据此去治理世界，结果，他的后世“信徒”选择性地用“术”去治理国家；孔子明确地想以文明的方式引领人创造更好的文明，结果，他的后世徒众们把他当作了文明的极致，在他所停留的地方，止步不前。

三、“舍我其谁”与“予不得已也”

太史公曰，“余读孔氏书，想见其为人”（《史记·孔子世家》），今人读《孟子》书，亦可如是。《孟子》之书，是孟子不得用于斯世，“退而与万章之徒序诗书，述仲尼之意，作《孟子》七篇”（《史记·孟荀列传》）。这意味着，与《老子》《论语》等由后人编纂不同，《孟子》之书，是孟子直接参与写定的。按照“风格即人格”的理解路向，《孟子》七篇的风格，大致就是孟子这个“人”的气质显现。

以文本本身看，《孟子》七篇，理路一往直奔，词锋不容置疑。先看这段：

> 孟子去齐，充虞路问曰：“夫子若有不豫色然。前日虞闻诸夫子曰：‘君子不怨天，不尤人。’”
>
> 曰：“彼一时，此一时也。五百年必有王者兴，其间必有名世者。由周而来，七百有余岁矣；以其数则过矣，以其时考之则可矣。夫天，未欲平治天下也，如欲平治天下，当今之世，舍我其谁也？吾何为不豫哉？”（《孟子·公孙丑下》）

对前述《论语·宪问》中孔子之说，孟子断然作论为“彼一时，此一时也”。然后以“必”这样不可置疑的句式来为自己生命意义做铺垫，复以“矣”式句肯定自己正在“凸显”于世的路上，再以反问句强调自己对天下的意义。要之，在孟子的语调里，自己与世界的关系，既迥异于老子式的与世隔阂感，也不同于孔子式的温和相待感，而是一种利剑插长空式的直接刺入。仿佛，他不是历史的过客，而是意义的丰碑。“舍我其谁”，不仅意味着强烈的排他性,更意味着远远超出自信的自傲。于是,读《孟子》,就能想象书里的那个孟子,英气逼人,傲然于世。但这样的孟子,他说的话,真的对吗?做的事,全然好吗?且看这段:

(公孙丑问曰:)"敢问夫子恶乎长?"

曰:"我知言,我善养吾浩然之气。"

"敢问何谓浩然之气?"

曰:"难言也。其为气也至大至刚,以直养而无害,则塞于天地之间。其为气也配义与道,无是馁也。是集义所生者,非义袭而取之也。行有不慊于心则馁矣……"

"何谓知言?"

曰:"诐辞知其所蔽,淫辞知其所陷,邪辞知其所离,遁辞知其所穷。生于其心,害于其政;发于其政,害于其事。圣人复起,必从吾言矣。"(《孟子·公孙丑上》)

这段对话,尤其是"浩然之气"的说法,被后人无限阐释与称颂。可细究其说,与上引之文一样,孟子的结论都是斩钉截铁般的宣称性的。如前所论,老子的"自白"主要是描述性的,语气里有幽幽的孤独感,孔子的"自白",或是鸿过留声式的悠远之音,或是轻描淡写式的反问。与孔、老的那些"自白"不同,孟子的"自白",没有其他参照系,没有一句不是肯定意。比句式更要命的是,孟子"自白"的逻辑更有问题。比如,"其为气也至大至刚,以直养而无害,则塞于天地之间",无论是在经验里还是逻辑上,都不会有所谓"至大至刚"的"气",因为"至"这个说法意味着极致,在逻辑上,极致的就会走向自己的反面,即便"直养而无害",也并不必然就"塞于天地之间"。换言之,孟子一方面以一种想象性的绝对美好,排除了任何例外,另一方面把尚未实现的可能当作一种必然①,如"生于其心,害于其政;发于其政,害于其事"即是如此。

自古至今,"浩然之气"被奉为"士人"人格的旗帜,但在满地飘扬这个旗帜的南宋和晚明,擎举它的士大夫们,遇阻多退,遇战多降,其故安在?

最具孟子色彩的"自白"是这段话:

① 况以时下的诸多主流论调逻辑,再玩味它们的句式,其实与孟子的此类样式没有质地上的差异。

公都子曰：“外人皆称夫子好辩，敢问何也？”

孟子曰：“予岂好辩哉？予不得已也。天下之生久矣，一治一乱。当尧之时，水逆行，泛滥于中国……使禹治之……尧舜既没，圣人之道衰。暴君代作，坏宫室以为污池，民无所安息；弃田以为园囿，使民不得衣食。邪说暴行又作……

“孔子惧，作《春秋》……圣王不作，诸侯放恣，处士横议。杨朱、墨翟之言盈天下。天下之言，不归杨则归墨。杨氏为我，是无君也。墨氏兼爱，是无父也。无父无君，是禽兽也……仁义充塞，则率兽食人，人将相食。吾为此惧，闲先圣之道，距杨墨、放淫辞，邪说者不得作。作于其心，害于其事；作于其事，害于其政。圣人复起，不易吾言矣。

“昔者禹抑洪水而天下平，周公兼夷狄、驱猛兽而百姓宁，孔子成《春秋》而乱臣贼子惧。《诗》云：‘戎狄是膺，荆舒是惩，则莫我敢承。’无父无君，是周公所膺也。我亦欲正人心、息邪说、距诐行、放淫辞，以承三圣者。岂好辩哉？予不得已也。能言距杨墨者，圣人之徒也。”（《孟子·滕文公下》）

更准确地说，这是孟子的辩白。看起来，孟子极具历史意识，从尧舜一直说到他所在现实中的杨、墨徒众。然而，这是一种典型的今不如古的退化社会历史观，其核心是道德退化。支撑他这种历史观的，一是想象性描述，而非理性分析，二是道德判断优先，而非切实的因果逻辑推理。因为想象性描述，孟子的言辞夸张；因为道德判断优先，孟子居高临下。

这段辩白中，最为显明的是孟子为了自己想要的结论，以单一因果律判别复杂的历史进程，历史的多面性和人的复杂性因此都被他过滤掉。尤为荒谬的是，孟子混淆了可能性与必然性的基本区别，把可能的因果关系理解成必然性因果关系。比如，实践杨朱的为我之说，有可能但不必然导致“无君”，实践兼爱理论有可能但不必然导致“无父”，但在孟子的述说里，各种可能性都被排斥掉，他所需要的必然性变成唯一的结论，而且，这个并不必然的“必然性”因各种可能性的消失而变得更为耀眼。聚焦更容易凸显，这是孟子的说辞比其他诸子更容易捕捉后人目光的重要原因。

孟子根据他想象化的道德退化史观，给出了自己的道德忧患——“吾为此惧”；依据他自以为的各种必然性，说出自己的理论自信——“圣人复起，不易吾言矣”；拉上禹、周公、孔子“三圣”的大旗，强化自己的道德正当性——“能言拒杨、墨者，圣人之徒也”！因此，孟子不断强调的“予不得已也”，不是事实上的不得已，而只是他因关切过度与自信爆棚而引发的想象性不得已。孟子的理论，因此而在很大程度上为道德专制主义提供了绝好的理论资源，甚或也为各种“恐惧的政治”提供了述说模版。但是，作为“士人”的孟子，依然值得高度尊敬，《孟子》之书，依然值得深度亲近。①

综览《孟子》，孟子娴熟地运用单一因果律，以各种道德忧患“装饰”他想要的必然性结论。于是，他主张的，获得了道德面孔；他反对的，背负不德声名。加上他善于通过夸张的负面描述，引发“共情”，激起道德忧患，这实际上为他耸立于道德高地奠定了“舆情”基调。② 自中唐以来，“舆情”开始发酵，孟子在之后的中国历史进程中也不断“升格”，以至越来越多的士人不断模仿孟子的修辞术以强化或美化自己的德性面孔，孟子所极力阐发的“善”，也因此在这个过程中被无可救药地“伪”化成各种伪善。这，恐怕也是孟子自己不曾料想的吧。

四、“吾安得夫忘言之人而与之言哉”

与孟子的“不得已”是一己想象不同，庄子说“不得已”时，基本都指向无法避开的“真实”。③ “真”，是《庄子》的精义所在。

就文本形态而言，《庄子》中几乎找不到孔孟那样明晰的“自白”。按照古今通论，《天下》篇与内七篇等量齐观，可视为庄子本人所作。若此，则《天下》篇这段话可视为庄子的“自白”，其文曰：

> 芴漠无形，变化无常，死与？生与？天地并与，神明往与！芒乎何之，忽乎何适，万物毕罗，莫足以归。古之道术有在于是者。庄周闻其风而说之，以谬悠之说，荒唐之言，无端崖之辞，时恣纵而不傥，不以觭见之也。以天下为沈浊，不可与庄语，以卮言为曼衍，以重言为真，以寓言为广。独与天地精神往来，而不敖倪于万物，不谴是非，以与世俗处。其书虽瑰玮，而连犿无伤也。其辞虽参差，而諔诡可

① 据实说来，《孟子》之书，其中有许多精彩绝伦的论辩，如《告子》，也有许多无与伦比的思想阐发，如《尽心》，凡此之类，正是它所以为经典的根底所在。

② 当然，我们不能指责孟子有意为之。孟子之为孟子，很大程度上是因为他的道德激情为后人所不备，以至后人以其为楷模而不断模仿他、称颂他。

③ 《庄子》中的“不得已”说法很多，择其要者以证，“且夫乘物以游心，托不得已以养中，至矣”（《人间世》），“君子不得已而临莅天下，莫若无为。无为也而后安其性命之情”（《在宥》），“欲静则平气，欲神则顺心。有为也，欲当则缘于不得已。不得已之类，圣人之道”（《庚桑楚》）。

观。彼其充实，不可以已，上与造物者游，而下与外死生、无终始者为友。其于本也，弘大而辟，深闳而肆；其于宗也，可谓稠适而上遂矣。虽然，其应于化而解于物也，其理不竭，其来不蜕。芒乎昧乎，未之尽者。

以笔者所见，尚未看到过如此“吹嘘”自己的“自白”性话语。但仔细玩味，却发觉其中大有意味，《庄子》文本的特质、意指、功用，在这个自白里其实都交代得清清楚楚。不仅一清二楚，而且内在逻辑谨严。本着庄子主张的“得意”趣旨，试作解析如下：第一，庄子明确说自己对“无限者”（“无形”“无常”“莫足以归”）有兴趣。第二，因为对无限者没法用有限的语词去界定，故只能用“谬悠之说，荒唐之言，无端崖之辞”的方式。第三，对人世间的庸众而言，虽然无限者是它们存在的根基，但“我”知道没法正儿八经地跟他们讲这个道理，故只能针对不同的对象采取不同的方式，故有卮言、重言、寓言的区别。第四，“我”不得已已为万物之一、人间一员，“我”若想在这个世间存在，在保持与万物相与的同时，还能与世俗相宜而处。第五，“我”把这些道理写成书，书的内容和表述都很缤纷瑰丽，其精神与“无限者”相连。第六，书里有“我”认知到的最具根基性的道理（“本”），它们有广度也有深度，能引领人开放（“辟”）通达（“肆”）起来；也有“我”理解出的最有指引性的基本原则（“宗”），人根据它们可以成就最好的自己（“上遂”）。第七，别看“我”说得这么“虚”（“虽然”），但用它们实实在在地“应于化”“解于物”，那作用真是生生不息、与时偕行的。第八，（这么说来说去，也不晓得“我”说清楚没有）对时刻变易着的茫昧世界，“我”的书还是没法尽道而有所不足的，而它也不足以负载我所要表达的“意”。①

---

① 庄子简直就是一个预言家，他清晰知道后人会对他的书兴致盎然的同时也误解重重，故弄出这个“自白”来做说明。后世注疏各家皆以“芒乎昧乎，未之尽者”是对《庄子》之书特质的表述，文多不繁引，识者自参。笔者以为，造成这种理解有两个原因，一是预设或认同了《庄子》是不可尽道的；二是句读有误，认为“芒乎昧乎，未之尽者”是接着“其理不竭，其来不蜕”说的。按笔者的理解，“芒乎昧乎，未之尽者”是对前文“芒乎何之，忽乎何适，万物毕罗，莫足以归”的照应，也是庄子自我认知的深刻处。因为，庄子深知己生有涯，世界无限，他拒绝标准化、确定性、偶像化。参以《天道篇》这一段论说：“世之所贵道者书也，书不过语，语有贵也。语之所贵者意也，意有所随。意之所随者，不可以言传也，而世因贵言传书。世虽贵之，我犹不足贵也，为其贵非其贵也。故视而可见者，形与色也；听而可闻者，名与声也。悲夫，世人以形色名声为足以得彼之情！夫形色名声果不足以得彼之情，则知者不言，言者不知，而世岂识之哉？”可知庄子绝对不会认为自己的书是不可尽的。以“贵意”与“得意”趣旨观之，则可以说，那是庄子在告诫他的读者：“我”的“意”比“我”说的写的要丰富呢，别被“我”的灿烂表述所迷惑，“贵意”“得意”要紧。

庄子洞幽察微,深知“天下多得一察焉以自好”“天下之人各为其所欲焉以自为方。”并且,这些都会“往而不反,必不合矣”(《天下》),故他主张“托不得已以养中”(《人间世》)、“虚己以游世”(《山木》)。以《庄子》整个文本来看,他与惠施的交往论辩,既是其“自适其适”的明证(《大宗师》),也是他以人生实践的方式对“鱼相忘乎江湖,人相忘乎道术”的阐释(《德充符》)。

熟悉《庄子》文本的人都知道,《逍遥游》结尾的两段,是庄子对活着的惠施的“劝诫”,而《天下》结尾的两段是对惠施的追述与评论。庄子以“惜乎”与“悲夫”两个感叹,说明不知“无用之用”的惠施,“不能自宁”,其人生是“形与影竞走”的荒谬。纵然如此,就整个《庄子》文本的记载来看,对庄子而言,惠施是他的知音,或许,也是唯一的知音。且看《徐无鬼》的记载:

> 庄子送葬,过惠子之墓,顾谓从者曰:“郢人垩慢其鼻端若蝇翼,使匠斫之。匠石运斤成风,听而斫之,尽垩而鼻不伤,郢人立不失容。宋元君闻之,召匠石曰:‘尝试为寡人为之。’匠石曰:‘臣则尝能斫之。虽然,臣之质死久矣。’自夫子之死也,吾无以为质矣,吾无与言之矣!”

虽然后世注疏者对《徐无鬼》篇基本持批评态度,但在笔者看来,《庄子》中对二者“相与”的记载基本可视为真实。这个记载,应是庄子后学的追记。“自夫子之死也,吾无以为质矣,吾无与言之矣!”这是何其沉痛的孤独感!而这种孤独感中,又有多少欢欣“相与”的记忆?!

熊十力先生对惠施赞誉有加,认为“惠施确有大科学家之热忱与风度,在晚周诸子百家中罕有其匹”,对庄周和惠施的“相与”亦不吝赞辞,认为“庄子与之友,彼此所学绝不同途,虽有相非,而实有相契之美”①。的确,对那个“其学无所不窥”“其言洸洋自恣以适己”的庄子而言(《史记·老子韩非列传》),有一惠施为友,其言有知,其游有乐,真人生大幸耳!可纵然如此,庄子还要说:

> 荃者所以在鱼,得鱼而忘荃;蹄者所以在兔,得兔而忘蹄;言者所以在意,得意而忘言。吾安得夫忘言之人而与之言哉!(《外物》)

① 熊十力:《原儒》,北京:中国人民大学出版社,2006年,第38页。

庄子太“贪婪”了！有惠施相伴而游，已然大幸，可他根本不满足——因为惠施是“天选子之形，子以坚白鸣”（《德充符》）。

庄子太纯粹了！“其天才卓绝，慧解极高”①，他想有知音，跟他自己一样，“无求，无失，无弃，不以物易己”（《徐无鬼》），“不以好恶内伤其身，常因自然而不益生”（《德充符》），彼此“相与于无相与，相为于无相为”“莫逆于心，遂相与友”（《大宗师》）。但那个“忘言之人”的知音在哪里呢？

大概庄子深切体察到“知音”于当世不可得，故转而著书，“体纯素”，做“真人”（《刻意》）！

五、“说　难”

刘勰说，“研夫孟荀所述，理懿而辞雅；管晏属篇，事该而言练”（《文心雕龙·诸子》）。荀子博学多知，深于名实之别，故其论理绵密，卓拔于诸子，又因通明于君子小人之别，故主张知行“不苟”。② 综览其书，不见明晰的“自白”性表述，大概是因为他明白，其清晰典雅的著作本身，即可为己“正名”。③

虽然“天下不治，孙卿不遇时也”（《荀子·尧问》），但他于时“最为老师”（《史记·孟子荀卿列传》），教出两个对一统中国有巨大影响的学生——韩非和李斯。司马迁对二者生命皆有所憾。对李斯，他评论说：“人皆以斯极忠而被五刑死，察其本，乃与俗议之异。不然，斯之功且与周、召列矣。”李斯之死，死于“不务明政以补主上之缺，持爵禄之重，阿顺苟合，严威酷刑，听高邪说，废嫡立庶”（《史记·李斯列传》）。而对韩非，司马迁不无同情之意。通览《史记》诸子之“传”，太史公不录他者著作整貌，唯对韩非，录以《说难》全篇，“余独悲韩子为《说难》而不能自脱耳”（《史记·老子韩非列传》），这大概有其自悲的意味吧。

---

① 熊十力：《原儒》，第26页。

② 荀子著《不苟篇》，详论知行皆不可“苟”，应以“诚”为要，衡取舍之“权”。

③ 荀子之作，几乎皆以名实之理为手术刀，对流俗偏见各施“手术”。其专有《正名》之篇，以论名实之要。其旨云：“名闻而实喻，名之用也；累而成文，名之丽也；用、丽俱得，谓之知名；名也者，所以期累实也。辞也者，兼异实之名以论一意也；辩说也者，不异实名以喻动静之道也；期命也者，辨说之用也；辨说也者，心之象道也；心也者，道之工宰也；道也者，治之经理也。心合于道，说合于心，辞合于说，正名而期，质请而喻。”文辞典雅，逻辑谨严。

刘勰说“韩非著博喻之富”是有原因的(《文心雕龙·诸子》),韩非才具超过李斯,其不得时用,是因为他“口吃”而“不能道说”(《史记·老子韩非列传》),于是,退而著书,是施展其才的必然选择。估计韩非在现实中没少遭受心有所明而口不能言的窘境,故其所论用语,多有峭切峻急之势。

综览《韩非子》,其篇名所在,多与“说”相关,如《说难》《说林》《内储说》《外储说》《说疑》《难》《难势》《八说》,虽然内容各不同,但如此篇名,应该说是韩非有意识地以文字表达来弥补自己口头表达的缺憾。

韩非入秦,有求见秦王的《初见秦》,其文末强调说:“臣昧死愿望见大王,言所以破天下之从,举赵,亡韩,臣荆、魏,亲齐、燕,以成霸王之名,朝四邻诸侯之道。大王诚听其说,一举而天下之从不破……大王斩臣以徇国,以为王谋不忠者戒。”这可不是“说”王以见,而是赌命以见了。这种赌命式的“自白”绝非偶然,而是来自隐伏在韩非心胸中的“孤愤”,故其在《孤愤》中一吐不快,力说荐用法术之士。篇首,韩非即断然自况:“智术之士,必远见而明察,不明察,不能烛私;能法之士,必强毅而劲直,不劲直,不能矫奸。”然后宣称:“智法之士与当涂之人,不可两存之仇也。”如此还不够,韩非进一步说自己这类“法术之士”不得晋身理政的缘由:“今人主不合参验而行诛,不待见功而爵禄,故法术之士安能蒙死亡而进其说?奸邪之臣安肯乘利而退其身?故主上愈卑,私门益尊。”为得晋身大用,韩非不惜指责当下“人主”,可谓愤不择辞了。

今见《韩非子》篇次,《孤愤》之后即是《说难》。韩非此篇所谓的“说”之难,不是指他老师荀子说的“说不贵苟察”之难,而是指如何说服君主用己之难。《说难》篇首,大概是韩非屡说屡挫后的经验总结,其文曰:

> 凡说之难:非吾知之有以说之之难也,又非吾辩之能明吾意之难也,又非吾敢横失而能尽之难也。凡说之难:在知所说之心,可以吾说当之。

凡是进说的困难,不是难在我的才智不能够用来向君主劝说,也不是难在我的口才不能阐明我的主张,也不是难在我不敢纵横如意地把自己的意见全部表达出来。凡是进说的困难,在于了解进说对象的心理,以便用我的话去适应它。① 基于这样的认知,韩

① 此处译文,全引自《韩非子校注》(修订本),周勋初修订,南京:凤凰出版社,2009年,第91页。

非毅然奔向巧媚取之途。他说：“凡说之务，在知饰所说之所矜而灭其所耻。”意思是说：进说的要务，在于懂得美化进说对象自认为得意的事情，掩盖他认为羞耻的事情。① 以此，韩非说：“谏说谈论之士，不可不察爱憎之主而后说焉。”

这样的“自白”，与其说是韩非的经验总结，毋宁说是他在日渐强大的君主威势之下所采取的迂回策略。但这个策略本身，远离了他老师荀子所着力阐发的“士君子之所能不能为：君子能为可贵，而不能使人必贵己；能为可信，而不能使人必信己；能为可用，而不能使人必用己。故君子耻不修，不耻见污；耻不信，不耻不见信；耻不能，不耻不见用。是以不诱于誉，不恐于诽，率道而行，端然正己，不为物倾侧，夫是之谓诚君子”（《荀子·非十二子》）。因此，“善学者尽其理，善行者究其难”的刚健精神在很大程度上已被韩非所抛弃（《荀子·大略》）。重要的是，韩非这种巧媚之方，为后世士人奠定了献媚取宠的理论资源，伪善因此而得到强大的实用羽翼。汉承秦制之后，“儒-法互补”成为一统帝国行政结构的基本模式，与此不无关联。

六、余　音

以史而观，由诸子生发出的“自白”传统，为后世士人所逶迤继承。无论其样式如何变化，对“君子”而言，“自白”本身起码暗含着可以传诸后世的思想与文化双重生命力。太史公“报书任安”，看似愤懑无奈的宣泄，其实更是切己的省思。而“自白”作为一种表达样式，它是身处无奈之地的士人心志自由的表征。

鲁哀公十一年（公元前484年），孔文子就攻伐大叔疾咨询尚在卫国的孔子，“仲尼辞不知，退而命载而行，曰：‘鸟能择木，木岂能择鸟乎！’”②彼时，孔子六十八岁，在拒绝孔文子的竭力挽留后，孔子应鲁国执政季康子礼聘，返回鲁国。五年后，孔子辞世。

东汉建安十五年（公元210年）十二月，五十六岁的曹操发布《让县自明本志令》③，辞让阳夏（今河南太康县）、柘（今河南柘城县北）、苦（今河南鹿邑县东）三县两万户食邑，曹操说：“今孤言此，若为自大，欲人言尽，故无讳耳。设使国家无有孤，不知

---

① 此处译文，全引自《韩非子校注》（修订本），第97页。

② 《左传》哀公十一年所载与《史记·孔子世家》所载略有不同。《左传》所载，孔文子要挑起争斗的原委颇为详细。文多不引。

③ 此令原载《三国志·魏书·武帝纪》注引《魏武故事》，原为“十二月己亥令”。后人因其主旨，或称《让县自明本志令》，或称《述志令》。

当几人称帝,几人称王!”并毅然宣称:“江湖未静,不可让位;至于邑土,可得而辞。”①十年后,曹操辞世。

宋神宗熙宁三年(公元1070年)八月,六十四岁的欧阳修不愿被变法乱局缠绕,退身离都,南下知蔡州,途中闲居其颐养故地——颍州颍水西边的西湖边,九月七日,他写下《六一居士传》,其目的不仅是释疑,更在“省思”与“志乐”。他说:“吾固知名之不可逃,然亦知夫不必逃也。吾为此名,聊以志吾之乐耳。”②两年后,欧阳修辞世。

综而观之,欧阳修自二十四岁进士及第后,在北宋官场烦劳了足足四十年;曹操自公元190年捐献全部家产佐军反抗董卓后,已驰骋沙场二十年;而孔子返鲁之时,已在外“流浪”十四年。相对于渴望清闲的欧阳修,曹操却怎么也不想让位,孔子明了无法制止祸起萧墙后,转而命驾回家。三个都步入各自暮年的伟大人物,通过自白性的话语,昭示出伟大心灵所蕴含的自由、力量、责任。相应地,他们暮年的“自由选择”,也表征着中国文化生命的基本结构:孔子年老“择地”,本“儒”;曹操在位“进取”,用“法”;欧阳修衰暮“退隐”,近“道”。

---

① 陈寿:《三国志·魏书·武帝纪》注引《魏武故事》。

② 欧阳修早年知滁州时自号“醉翁”,宋英宗治平三年(公元1066年)更号为“六一居士”,时人有惑,故其抽身政治纷争后,作“传”释疑。

作为提问者、记录者与整理者的孔门弟子

——孔门弟子对孔子学说的贡献

宋立林[*]

孔门弟子在早期儒学研究史上，一直被"孔-孟-荀"的三段论式的描述所遮蔽。人们在研究《论语》时，关注点基本上都在孔子思想，往往忽略了孔门弟子在《论语》中的价值，或者换句话说，有意无意地忽视了孔门弟子在孔子思想形成过程中的作用，这是很令人遗憾的。其实，孔子去世后，儒分为八，显示出孔门弟子及其后学的分化，也昭示着孔子思想在向不同的方向和维度被诠释和发展。孔门弟子当然有着自己的思想，甚至可能形成了自己独特的风格，但这不是本文所要论述的维度。本文主要是从孔门弟子对于儒学的确立所发挥的作用、做出的贡献这一维度进行探讨。

我们通常径直将孔子称为儒学的创立者。这似乎并无不对，但是并不准确。其实，作为孔门集团的重要组成部分，孔门弟子及其后学，也是儒学的创立者，或者说是儒学创立的重要参与者。孔子学说的酝酿、发展、定型，都是在与弟子门人的交流、对话乃至辩论过程中实现的。应该说，孔子所创立的儒学，是孔门集团"集体智慧"的结晶。孔门弟子及其后学对儒学的早期诠释，就体现在他们是孔子儒学思想的直接催生者、直接参与者。首先表现在孔门弟子对于孔子思想的"提问"之功，其次则是孔门弟子及其后学对于孔子言行文献的记录、整理，这并非简单的文本编辑工作，而是一项巨大的文献创造活动，更是儒学早期诠释的第一步。

---

* 作者简介：宋立林，历史学博士，哲学博士后，曲阜师范大学教授。
基金项目：本文得到山东泰山学者专项经费资助。

一、叩问思想：作为“提问者”的孔门弟子

孔子开办的私学在当时可能不是唯一的，但肯定是规模最大、持续时间最长，也是最为成功的。孔子的教学方式灵活多样，明显不同于之前的官学。随着其办学规模的扩大和声誉的提高，其教学活动也得到了社会的普遍认可。孔子弟子众多，《史记·孔子世家》载孔子有“弟子盖三千焉，身通六艺者七十有二人”①，《史记·仲尼弟子列传》也记孔子所说，“受业身通者七十有七人”②。

《礼记·学记》云：“善待问者如撞钟，叩之以小者则小鸣，叩之以大者则大鸣，待其从容，然后尽其声。”作为“师”的孔子，显然是一位“待问者”，而且是一位“善待问者”。如果没有“问者”，也就是孔门弟子的存在，那么，孔子的思想将何以呈现，便是一个大问题。正是由于作为“问者”的孔门弟子的提问，孔子才有了表达其思想的“契机”或“机缘”。正是由于这一“机缘”，我们才能够一窥孔子思想之貌，尽管我们所能窥见的绝对不可能是孔子思想之“全豹”。因为，孔子本人似乎没有自我“著述”的兴趣，也没有系统阐述自己思想的自觉，不像战国时期的孟子、庄子、荀子、韩非等，都自己撰著或主持整理自己的思想资料。因此，我们可以说，孔子的思想创造和阐释，离不开孔门弟子的“参与”。

赵纪彬曾对“论语”的名义进行过讨论，他认为：“‘论’字有‘整理’‘撰次’等义；‘语’字谓‘二人相等而说’，有‘论难’‘答述’等义（陆德明《经典释文》卷二十四《论语音义》）；就字面直译，“论语”就是经过整理、撰次的对话，也就是‘对话集’之义。”又云：“依此，则《论语》就是一部《孔门对话集》。”③李泽厚赞同赵氏之说。他进而认为：“其实望文生义，‘论语’者，译为‘讨论的话语’，亦无不可也。”④他甚至也直接将《论语》称之为“孔子对话录”。而孔子的“对话”对象，最主要的便是其门下弟子。而且一般情况下，孔门弟子都是作为问题的提出者出现的。“提问者”的身份，非常值得重视，但一般被忽略了。

在这一点上，李泽厚显然有着清醒的认识。他指出：

---

① 司马迁：《史记》卷四十七，北京：中华书局，1982 年，第 1938 页。

② 司马迁：《史记》卷六十七，第 2185 页。

③ 赵纪彬：《〈论语新论〉导言》，《中国哲学》第十辑，北京：生活·读书·新知三联书店，1983 年，第 49—50 页。

④ 李泽厚：《论语今读》，北京：生活·读书·新知三联书店，2008 年，第 27 页。

> 不管《论语》主要作为曾参学派的传承,是否忠实记录了反映了孔子,但它毕竟存在至今两千年了。因此,如崔述等人对第十五篇以下(除第十九篇记弟子言行认为当不误外),以及前面好些章、段,颇表怀疑(参阅《崔东壁遗书》)等等,也只能如此处理,即今日求考证出哪些篇章、言行确乎属于孔子,哪些不是,已极为困难甚至不大可能(也许将来地下发现可有帮助),重要的是,自汉代张侯《论》以来,《论语》和孔子就以这样的面貌流传至今。《论语》本就生存在解释学之中,只是人们未曾自觉罢了。所以,重要的已不在它与孔子的真实关系究竟如何,或孔子的"真实"面目究竟怎样,而在孔子就以这种面目在中国流传、影响着。所以,即使将来地下有新发现,证明今本《论语》及孔子形象不是本来面目,但也仍然不能夺去今本《论语》及孔子在中国人的文化心理结构中已延续两千多年的重要的"原型"地位。今本《论语》中的孔子就是现实的孔子,即落实在人们心目中的孔子,这是无可奈何的历史事实。也正因为此,在阐释评解中,就得注意如何尽可能弥补这一缺陷。使孔子的形象、思想基于《论语》,又不止于《论语》。①

李泽厚这一段评论,确实指出了一个历史事实。这正是基于诠释学的立场而有的卓识。陈少明先生也曾指出:"孔子的正面形象,是由其弟子及其拥护者逐步塑造起来的。"②尽管"无可奈何",我们也只能承认这一"历史事实"。从这里,我们可以得出结论,我们所理解、认知的孔子,首先是由孔门弟子"塑造"出来的。当然,这一"塑造"不能理解为"伪造"。

其实,这样的观点,在现代学术的视野中,才开始被不断提及。西方人这样看待孔子的"塑造":"比起战国时期的其他哲学大家来,孔子主要是由自诩其传人者创造出来并使之永存不朽的一个人物形象。"③显然,宇文所安所谓"创造",近乎"伪造"了。这是我们所不能认可的。类似的观点,在西方学术界及受西方学术影响的现代中国学术

---

① 李泽厚:《论语今读》,第16—17页。

② 陈少明:《〈论语〉"外传"》,载陈少明主编《思史之间——〈论语〉的观念史释读》,上海:上海三联书店,2009年,第9页。陈先生认为:"在经典解释传统中,思想的阐释既可以知识评注也能用故事重述的方式进行。"这当然是卓见。但是,他将《论语》之外的大量孔子言行文献视为《论语》外传,即是对《论语》的衍化和演化,则是我们所不能苟同的。

③ 宇文所安主编:《剑桥中国文学史》上卷《1375年之前》,北京:生活·读书·新知三联书店,2013年,第98页。

界，并不乏“知音”。那就是以“疑古辨伪”的眼光来审视大量的孔子言行文献，进而逐一“解构”。

如美国学者白牧之、白妙子夫妇曾撰《论语辨》一书，继承清人崔述的遗志，对《论语》进行了一次所谓“最为彻底”的“考辨”。在他们考证之下，《论语》竟然只有《里仁》前17章为真正原始的孔子语录，其余皆是孔子弟子及再传、三传乃至四传弟子在数百年的时间里陆续添加上去的，其可靠性自然大打折扣。这种极端的看法，其问题十分明显，宜乎其未能得到大多数人认可。不过，大多数学者仍在以《论语》为研究孔子的唯一资料，除此之外，则保持着高度的警惕和怀疑。如陈桐生先生在讨论上博《孔子诗论》时认为，战国时期有一个重塑孔子形象的过程，他将很多文献如《易传》、《孝经》、大小戴《礼记》、“春秋三传”以及竹书《孔子诗论》等中的“孔子曰”或“子曰”都看作后儒假托孔子，以争夺“话语霸权”之语。① 如王葆玹先生指出：“对《论语》之外的‘子曰’应加分析，区别真伪，《左传》所引的孔子言论大致上是可信的，而《礼记》《易传》《孝经》等书所引的孔子言论或是经过了后人的润色，或是后人所伪托。作这种润色和伪托的后人，当主要是孔氏家族的人物，以子思为最早，以孔僖为最晚。”②细读之下，这些所谓“证据”大多似是而非、先入为主。其实，这种做法，都非常武断。正如李泽厚指出的那样：“但这样一来，孔子以及其弟子们的言行既绝大部分为后人撰造，那所谓‘孔子’也者，实际也就不复存在，虽考证出生卒家世，‘孔子’亦只一空洞人名而已。从而，所谓《论语》乃‘孔子对话录’之说，岂不纯属‘本质主义’之虚构？”③其实，“相反，如不带偏见而纵读《论语》全书，虽不难发现其中确有若干抵牾矛盾处，但总体来看，无论就思想、内容、文辞、风格、氛围、情景说，均仍大同小异，一致多于分歧，除少数章节，全书仍可融成一体，作为孔子言行之近真写照，较之其他著作特别是战国典籍（白书实际将《论语》一书视作战国著作），大有区别”④。

---

① 陈桐生：《〈孔子诗论〉研究》，北京：中华书局，2004年，第36—96页。

② 王葆玹：《晚出的“子曰”及其与孔氏家学的关系》，《纪念孔子诞辰2550周年国际学术讨论会论文集》下册，北京：国际文化出版公司，2000年，第1820页。关于“子曰”的问题，很多学者都有过关注。如曹峰以《鲁邦大旱》的“子曰”为例，指出传世文献及出土文献中的大量“子曰”既有真实的成分，也不乏编造和假托。轻率地将之视为可靠资料，并不是严格的思想史研究方法。曹峰：《出土文献可以改写思想史吗?》，《文史哲》2007年第5期。

③ 李泽厚：《论语今读》，第574页。

④ 同上书，第575页。当然，笔者对于战国时期文献中的孔子的可靠性问题，与李泽厚先生有不同认识。此不具论。

我们应该意识到,“塑造”是一种“无可奈何”的“非故意”的行为,而“伪造”则是一种“刻意”的行为。如果以此“伪造”来观照《论语》与孔子,则显然属于“有意解构”儒学之举了。

就此而言,日本学者子安宣邦也认识得非常到位。他指出,《论语》的主要章节是孔子与弟子的交流记录。更重要的是,子安宣邦意识到孔门弟子在《论语》成立过程中的作用。他强调:

> 在《论语》中孔子的言语与教示之成立的背后,隐藏着从孔子到弟子、再从弟子到弟子的弟子这样绵延的时间过程。不只如此,认识到使《论语》得以成立的是孔子的众弟子这一点,也会促使我们重新思考《论语》的视点问题。一般来说,《论语》的解读者们把自己的视点放在孔子的立场上,或者说从孔子的角度进行阅读。孔子说了什么,如何教育弟子诸如此类,一般都会努力从孔子的角度去理解。但是,当我们意识到使《论语》得以成立的却是孔门众弟子,那么这等于告诉我们一个从弟子的角度阅读《论语》的新视点。或者说,孔子之言说的意义可以依据弟子的角度来理解,这不是更清晰了么?①

当然,也有学者对《论语》文本的呈现形式提出了质疑。比如,有学者认为,《论语》表面上看来是一种“对话”,却并不符合“对话”的本质——“两人或多人之间的相互作用”,而是一种独断表达。因此,孔子与孔子弟子的对话是“不平衡的对话”,看上去《论语》中的对话有两个主体,其实只有一个主体——孔子,孔子弟子只不过是提供言说的“契机”,而不是平等地参与对话。② 所以不少学者认为,《论语》中没有对话,只有说教。③ 这种观点,不能说没有一定的理据,却似是而非。

之所以会出现这种判断,一方面要归因于《论语》文本的简约。正如高专诚所说:“令人遗憾的是,弟子们(也许包括再传弟子)辑录《论语》时,每每要将这种上下

① 子安宣邦:《孔子的学问——日本人如何读〈论语〉》,吴燕译,北京:生活·读书·新知三联书店,2017 年,第 216 页。

② 王培娟:《诗性与思辨——〈论语〉与〈柏拉图对话录〉对话体探微》,《江苏社会科学》2010 年第 1 期。

③ 相龙烽、潘慧影:《对话　隐喻　真理——〈论语〉对话观念浅析》,《呼伦贝尔学院学报》2008 年第 4 期。

文,或语境,省略而去。究其原因,或因弟子们记录(或记忆)不一致,或因弟子们认为那些话语具有普遍的价值,无须写上下文,(或因当时书写工具不便当,尽量字句从简)总之,为后人准确理解孔子原意留下了绝大的麻烦。"①其实,如果我们将眼界稍微放宽,将视野投注于所有的孔子言行文献,就会发现孔子弟子绝非可有可无的存在。孔子与弟子之间的对话,绝不是"独断"的"说教",而是有往复回环的,甚至是有质疑与辩难的。

当然,不得不承认,如果将《论语》与古希腊的柏拉图《对话录》进行对比,虽然二者都有"对话体",但的确存在巨大的差异。其实,造成这种差异的原因,除了两种文化的差异(一为诗性的,一为思辨的;一为实用理性的,一为纯粹理性的),正如钱穆先生多次指点的,中国人的学问尤其是儒家的学问"属一种人生境界,非关思想体系"。"孔子希望学生从某一种行为体验出发,通过切身的感受,而达到作为'仁'的境界……孔子之教不具有真理的认知性质,只能通过体验本身来捕捉'所立卓尔'的人生境界。"②孔子的言说方式"不是以逻辑方式铺陈,而它的功效是指示性的"③。因此,"从《论语》中可以看出,在孔子的教学活动或对话中,是没有讨论的,学生应该接受、涵泳孔子的每一句话。它的意义不在于语言本身,而在于孔子当下的态度,在于事实的呈现程度。也就是说,孔子的谈话不是一种趋向真理的论证和辩论,而是针对某一个特殊行为的肯定或纠正"④。"因此,在《论语》中,孔子拥有至高无上的话语权,掌握着对话的最终结论和导向,学生是没有任何反问、辩驳的余地和必要的……把孔子比作木铎,就意味着他的学生们已经认识到,孔子的陈说方式是一种启示,而意义本身却在语言之外。"⑤

除此之外,我们还可以从这两本书编纂的目的与原则方面寻求原因。柏拉图的《对话录》其编著目的,不在于记录老师"苏格拉底"的言行,而在于借用"苏格拉底"来

---

① 高专诚:《孔子·孔子弟子》,太原:山西人民出版社,1991年,第374页。不过,他接着说:"这不能不说是(某些)孔子弟子不太高明,甚至不负责任的地方。"这样的判断显然就失之武断了。《论语》之所以简略,脱略了上下文语境,其实是受制于《论语》的编纂目的与编纂原则的。此下文将会讨论。

② 过常宝:《原史文化及文献研究》(修订本),北京:中国社会科学出版社,2016年,第247页。

③ 弗朗索瓦·于连:《迂回与进入》,杜小真译,北京:生活·读书·新知三联书店,1998年,第202页。

④ 过常宝:《原史文化及文献研究》(修订本),第247—248页。

⑤ 同上书,第250页。

表达柏拉图自己的思想。而孔门弟子及其后学记录编纂《论语》等孔子言行文献，却是出于记录和传播老师孔子的思想、彰显孔子的人格境界。

反过来说，尽管孔门弟子及其后学没有“借用”孔子乃至伪造孔子言行文献的动机，但是从他们记录、整理尤其是编纂《论语》等的效果来看，我们也应该将之视为对孔子思想的诠释。这一点，已经有学者予以揭示。蔡振丰先生曾指出：“如果现行所见《论语》的篇次与汉代所见相去不远，可知《论语》的编者岁无法考证，但它仍不失是早经编定成型的教材，其编次应可被视为重要的诠释问题。如同考证编次《诗》一般，《论语》编者之编次《论语》章节，不但是一种对‘孔子之学’的诠释，也是承续孔子‘述而不作’的另一样态。”①他又指出：“如果肯定《论语》编者对材料的‘述’‘正’之功，篇次章目所显示的诠释，或许是采取一种‘言外之意’的方式来进行。”蔡先生的这一看法，极具启发意义。向来并不措意的《论语》编者对于理解孔子所具有的意义，理应予以揭示。诠释的方式，并非予以可见的“文本诠释”之一途，“文本整理”也是一种诠释途径。这是我们下文要予以论证的。

二、记录言行：作为“记录者”的孔门弟子

按照班固《汉书·艺文志》的说法，“《论语》者，孔子应答弟子、时人及弟子相与言而接闻于夫子之语也。当时弟子各有所记，夫子既卒，门人相与辑而论纂，故谓之《论语》”。作为弟子记录并辑而论纂的一部孔子言行文献集，被视为研究孔子的最可靠的文献。不过，《论语》仅仅是孔子言行文献的一部分，尽管是其中最重要的一部分。其实，今天我们所能见到的孔子言行文献，已经是在历代流传过程中不断散佚流失所余。东汉时期的王充在《论衡·正说篇》曾经感慨：“说《论》者，皆知说文解语而已，不知《论语》本几何篇……夫《论语》者，弟子共纪孔子之言行，敕记之时甚多，数十百篇。”②揆诸近三十年来出土的简帛文献，其中保留大量孔子的言行文献就是很好的证明。比如，李启谦、骆承烈、王式伦先生所编辑整理的《孔子资料汇编》是后人整理孔子遗说与孔子研究资料较全的一部，但该书出版时，马王堆汉墓中出土的帛书《易传》还没有完

① 蔡振丰：《〈论语〉所隐含“述而不作”的诠释面向》，载李明辉编《儒家经典诠释方法》，上海：华东师范大学出版社，2008 年，第 120 页。

② 黄晖：《论衡校释》四，北京：中华书局，1990 年，第 1135—1136 页。

全公布，其中只是收集了已经公布的《系辞》而已，其他各篇如《要》《二三子》《易之义》《缪和》《昭力》便不见于该书。至于《郭店楚墓竹简》《上海博物馆藏战国楚竹书》中的有关篇章，因为发现和公布的时间更晚，而且至今还在陆续出版之中，有关的资料更不可能包含其中。这些新的材料也告诉我们，孔子以后，人们整理的他的言行文献并不止我们目前所见的这些。

人们也许会好奇，数量如此可观的孔子言行文献尤其是其中的“孔子言行文献”，是如何被记录、流传下来的呢？

这里所谓“孔子言行文献”，是指除去孔子著作如《春秋》之外，其生前所留存下来的遗言和事迹。其中的言语是孔子在教学、生活、交往过程中与学生、时人的交谈记录。比如《论语》，就是“孔子应答弟子、时人及弟子相与言而接闻于夫子之语也。当时弟子各有所记，夫子既卒，门人相与辑而论纂”而成；再如《孔子家语》，据孔安国所说，“皆当时公卿士大夫及七十二弟子之所咨访交相对问言语也。既而诸弟子各自记其所问焉，与《论语》《孝经》并时”。可见，孔子的这些“谈话记录”大都出自孔子弟子之手。当然，孔子与各国君主、卿大夫的对话，也有可能由史官等记录下来，流传下来，然后为孔门后学整理进儒家典籍之中，成为孔子言行文献的一部分。从文献的记载看，孔子遗说绝大部分应该都属于七十子及其后学所记。对于孔子行为事迹的记述，有些是与言行无法分割的，有些则是单纯的仪容举止、行为事迹，则亦应出于孔子弟子之所记录；或者有些则是出于见闻者之记录或传述，进而为孔门后学所闻知而纳入孔子言行文献之中。

从《论语》和《孔子家语》等大量文献中可知，孔子弟子有记录孔子嘉言懿行的习惯。最为典型的材料见于《论语》，《卫灵公》篇记曰：

> 子张问行。子曰：“言忠信，行笃敬，虽蛮貊之邦行矣；言不忠信，行不笃敬，虽州里行乎哉？立，则见其参于前也；在舆，则见其倚于衡也。夫然后行。”子张书诸绅。

所谓“书诸绅”，即写在束腰的大带上。不难想象，孔子弟子在问学时有做笔记的习惯，随时将夫子的精粹之语，记录下来以备忘。子张“书诸绅”，显然是一种特殊情况。我们可以试着还原一下当时的情形：一天，子张陪同夫子在外游玩，忽然想到一个问题，就向夫子提出来。孔子做了精辟的解答，子张感到十分精妙，为了防止忘记，想立刻记录下来。可惜手头没带竹简,情急之下,子张将孔子之语写在了自己衣服的大带之上。古时候的人,有将笔墨随身携带的习惯,而竹简则因为沉重而无法随身携带,往往会在出远门时放入橐中或车上。

其实,《论语》中的这一记载并不是孤立的,它可以与《孔子家语》相互印证。如:

《入官》:"子张既闻孔子斯言,遂退而记之。"

《论礼》:"子夏蹶然而起,负墙而立,曰:'弟子敢不志之?'"

《五刑解》:"冉有跪然免席,曰:'言则美矣,求未之闻。'退而记之。"

《正论解》:"子贡以告孔子,子曰:'小子识之:苛政猛于暴虎。'"

《正论解》:"孔子闻之,曰:'弟子志之:季氏之妇可谓不过矣。'"

《曲礼子贡问》:"孔子在卫,卫之人有送葬者,而夫子观之,曰:'善哉!为藏乎,足以为法也。小子识之!'子贡问曰:'夫子何善尔?'曰:'其往也如慕,其返也如疑。'子贡曰:'岂若速反而虞哉?'子曰:'此情之至者也。小子识之。我未之能也。'"

这些材料中的"志""识"都是"记录""记住"的意思。可见,孔子对于一些重要的观点、思想是时常提醒弟子记录的,而弟子对于老师的很多嘉言懿行,也往往有随时记录或事后补记的习惯。

我们推测,在孔门之中,还有一种近乎"制度化"的措施,类似于王官中的史官。孔子的私学,是对周代王官之学的一种自觉继承和发扬。而其所崇尚的"述而不作"的文化观念,与史官文化有着密不可分的内在关联。进一步申论,孔子所继承和发扬的这一传统,无疑也影响到了整个孔门集团。《论语》的编纂,无论在动因上,还是在体例上,无不受到史官"言事并重"传统的深刻影响。

据《孔子家语·七十二弟子解》记载:

叔仲会,鲁人,字子期。少孔子五十岁,与孔璇年相比,每孺子之。执笔记事于夫子,二人迭侍左右。

这一段记载,在《史记索隐》所引《家语》中稍有不同:"鲁人。少孔子五十四岁。与孔璇年相比,二孺子俱执笔迭侍于夫子。"虽然这则材料尚属孤证,但我们可以猜测,孔门可能有让年轻的学生负责记录孔门事务的规矩,这有点像史官制度,左史记言,右史记事。而所有这些,正是孔子言行文献得以留存的前提所在。故而钱穆先生提出,“当时诸弟子于孔子之一言一动,无不谨书而备录之可知”①。以孔子从事教育时间之长,孔门弟子之众,则孔门所存的孔子言行文献当相当庞大。

另外,因为孔子曾经身居鲁国要职,身份上属于“大夫”之列,因此其言行尤其是其居官时与各国的君主及卿大夫的对话,也会被鲁国或各诸侯国史官所记录。所以,我们今天在《国语·鲁语》中还可以发现其中记有孔子的五条言论。这不是偶然的。

近来也有学者对此提出质疑,认为孔子及孔子弟子所处的时代,尚无随时做笔记的条件。比如,高培华先生指出,“当时弟子各有所记”,多为心记而很少笔记。当时的书写条件,尚不具备学生记课堂笔记之便利,孔门教学多为天地大课堂,弟子还不可能形成普遍记课堂笔记的习惯。他还引用傅斯年先生《论语》成书时代“文书之物质尚难得”的说法,来说明当时绝无后来记课堂笔记之便利,并坚持认为,当时多数弟子只是默记于心,事后追述。高先生对钱穆先生提出的“则当时诸弟子于孔子之一言一动,无不谨书而备录之可知”一说,也提出批评。他的理由是:“假如真的‘一言一动’当时皆有记录,则孔子执教近半个世纪,何至于现今《论语》连同一些重复章节计算在内,也不足一万三千字(林按,《论语》字数应为一万六千字左右)?”②对于高先生的这些看法,我们不能同意。

首先,孔子课堂多为“天地大课堂”的说法,未免有些夸张。孔子时代,当然不可能有现今时代十分规整的“课堂”;孔子确实也经常将课堂延伸到任何地方,在河边,在树下,在山岗,在路上,但是,毫无疑问,孔子教学还是必然有一个相对固定的场所,讲授《诗》《书》,演习礼乐。孔门六经,固然需要口诵心记,但也必须有抄录、笔记,否则很难想象其教学效果会怎样。孔子弟子对于老师的嘉言懿行,必然会随时记录,当然这样的记录肯定是简略的大纲,如傅斯年先生所言,“一段话只能写下个纲目,以备忘记”,而需要事后予以补记。但傅先生所谓“详细处则凭口说”③,恐怕只看到了一种情形,而忽视了孔子弟子多有“退而记之”的习惯。

---

① 钱穆:《论语新解》“上编”之按语,第1页。

② 高培华:《卜子夏考论》,北京:社会科学文献出版社,2012年,第326页。

③ 傅斯年:《战国文籍中之篇式书体——一个短记》,载刘梦溪主编、雷颐编校《中国现代学术经典·傅斯年卷》,石家庄:河北教育出版社,1996年,第337页。

其次,高先生忽略了《论语》一书的性质。《论语》绝非孔子言行文献的全部记录,而是孔门后学对孔子言行文献的精选精编本。所以,即使孔子弟子对于老师的“一言一动”都予以记录,也绝不能全部反映在《论语》之中。君不见,在大小戴《礼记》《孔子家语》等文献中还保存着大量《论语》未载的孔子言行文献吗?

除了笔录笔记之外,孔门弟子对于孔子言行事迹予以“记录”的方式,还有非常重要的一个途径,那就是“口耳相传”。在先秦时代,由于竹帛等书写工具获取匪易,所以很多文本都是通过口耳相传进行“记忆”和“传承”的。有学者通过对先秦时期“士人传语”传统的梳理,指出,“‘士人传语’的形态暗示了《论语》的内容完全可以凭借口头传承”。其得出的结论是:“中国的书写历史已有几千年,这使国人容易产生一种错觉:早期的文化必定是通过书写记录下来的。也促使国人在思考问题时过多地依赖、相信中国的记录传统,而忽视了比记录传统更为久远,在上古时期发挥更大作用的口头传统。之所以这么说,是因为印度、西藏密宗至今还保留着口头的传统,而中国汉藏语系的其他大量少数民族也始终传承着这一传统。比较《左传》‘君子曰’,有理由相信,在《论语》成书之前,孔子及其门人的言语也可以通过口头的方式传承着,并始终保留着口头传播的形态。”①这一说法,也是值得重视的。

三、论纂文本:作为“整理者”的孔门弟子

蒋伯潜先生曾提出一个看法:“孔子以前,有官学,无私人之师儒;私人聚徒讲学始于孔子。”②“孔子以后,私人讲学,私家著述,成为风尚。”③“《论语》为孔子弟子门人所记纂,足以成一家之言,见孔子之学说,且其性质体裁,与‘经传’绝异。徒因其以记孔子之言语为主,且并录诸大弟子之言语,语经论纂,故特立一书名,谓之‘论语’耳。弟子门人记其师之言语,成私家之专著,盖自此始。”故“按之实际,则以《论语》为《六艺》之附庸,固不若以《论语》为诸子之冠冕耳”④。又说:“先秦诸子,多弟子后学纂述其师

---

① 任子田:《从〈左传〉“君子曰”看〈论语〉体例的形成》,载《正本清源——论语学研究学术研讨会论文集》(未刊稿)。

② 蒋伯潜:《诸子通考》,长沙:岳麓书社,2010年,第11页。

③ 同上书,第8页。

④ 同上书,第7页。

说以成一家之言。此风实自孔门纂述《论语》开之。故诸子之书,以《论语》为第一部。"①因此,可以说"孔子为诸子之开祖","《论语》为子书之先河"②。这一说法,是可以成立的。可以说,《论语》是孔门弟子及其后学自觉论纂的一部私学著述。这一方面得益于孔子开创私学之先河,一方面也得益于孔门弟子对夫子之尊崇,当然还离不开孔门对传统史官传统、立言传统的继承和发展,进而形成的对记录孔子言行文献的自觉。

如前所述,《论语》并非孔子言行文献的全部,而只是其中一部分。这大量的孔子言行文献是经孔子弟子的记录而留存的,但是如要更好地保护、传播孔子的思想、言论、事迹,就不得不进行进一步的整理、汇编,乃至精选加工。这一点,我们通过比较孔子言行文献的不同体例,就能够发现孔门弟子及其后学对这些文本有着不同的论纂整理目的与原则,因而呈现不同的面貌。

(一)"语录体"并非原始形态

综览先秦两汉文献,我们发现,孔子弟子记录流传下来的"孔子言行文献"尤其是其中的"孔子遗说",大体可以分为两类:"语录体"与"文选体"。

第一类是"语录体",即所记孔子遗说大多为语言片段,多数缺乏具体背景的交代,语句短小,语言凝练,简明深刻,有语约义丰之效果,以《论语》、大小戴《礼记》等为代表;除了《论语》以外,孔子裔孙子思的著作中很有可能就有一部分专门记录了孔子的言论片段,如保存在今本《中庸》的第二章到第九章、上博竹书《从政》篇、今本《礼记》保留的子思著作中的《坊记》《表记》《缁衣》(包括郭店、上博简《缁衣》)等。此外,其他典籍在叙事之后常常引述的孔子的评论之语应该属于此类,例如《左传》《公羊传》《穀梁传》等都有类似例证,《孟子》《荀子》《韩诗外传》等书中也有一些例子。这正如春秋战国时期的人们经常引用《诗》《书》、借用经典那样,乃是以孔子言语裁断是非,评人论事。这些自然多出现在儒家著作中。

第二类是"文选体",即是成篇的论述,对话背景有一定的交代,所记为完整的对话情形,篇幅相对较长,姑且称之为"文选"。这一类材料以《孔子家语》最为集中,其他当然还有很多,如《礼记》《大戴礼记》《孔丛子》中的一些篇章,又如《孟子》、《荀子》(《宥

---

① 蒋伯潜:《诸子通考》,第237页。

② 同上书,第8页。

坐》《子道》《法行》《哀公》《尧问》五篇）、《庄子》、《吕氏春秋》、《说苑》中的一些章节，还有帛书《易传》《上海博物馆藏战国楚竹书》的一些篇章（如《民之父母》《子羔》《鲁邦大旱》《中弓》《季庚子问孔子》《君子为礼》《弟子问》），等等。

当然，这样的区分十分粗略，也未必能够准确反映现存孔子遗说的实际，这样分类只是为了更好地概观孔子言行文献。

对于中国古代文体的发展，由于受到进化论的影响，其主流认识是以文辞繁简而论时代先后。这一观点，在各种《中国文学史》的叙述中十分常见。如傅斯年提出“记言-著论-成书”三阶段说。他认为，记言体是战国文体的初步，如《论语》《孟子》等皆是，而据题抒论的专论体则是进步发展如《商君书》《荀子》《韩非子》。① 影响巨大的游国恩等著述的《中国文学史》则提出先秦散文发展的“三阶段说”：《论语》《墨子》代表了第一阶段，即语录体阶段；《孟子》《庄子》代表了第二阶段，由完善的对话体到专题论文过渡；《荀子》《韩非子》代表第三阶段即议论文体阶段。② 再如袁行霈先生的《中国文学史》也这样看待《论语》的“语录体”：“语录体是《论语》文体的基本特征，它或是记录孔子的只言片语，或是记录孔子与弟子及时人的对话，都比较短小简约，还没有构成单篇的、形式完整的篇章”，“作为说理文，《论语》还很幼稚”③。章培恒、骆玉明先生的《中国文学史新著》虽然认为“《论语》所记的其实已非孔子的原话，而是其谈话的纲要”，但还是主张“从文学性的角度来考察其驾驭语言文字的能力”，那么，《论语》“还处于初期阶段”④。

张群先生更是认为：“《老子》《论语》处于诸子散文发展的初期，即语录体阶段，当时人们的逻辑推理能力不够发达，为了宣扬自己的学说，二者更多以警策的语言来开导启悟读者，并不注重逻辑推理的过程，而是直接展示思考的成果，故可以说是当时人逻辑推理能力不够发达造成了语言的含蓄蕴藉。”⑤其实，这一叙述，是值得怀疑的。

---

① 傅斯年：《战国文籍中之篇式书体——一个短记》，载刘梦溪主编、雷颐编校《中国现代学术经典·傅斯年卷》，第337—338页。

② 游国恩等：《中国文学史》（一），北京：人民文学出版社，1963年，第60页。

③ 袁行霈：《中国文学史》（一），北京：高等教育出版社，1999年，第108—109页。

④ 章培恒、骆玉明：《中国文学史新著》（增订本第二版），上海：复旦大学出版社，2011年，第90—91页。

⑤ 张群：《诸子时代与诸子文学》，济南：齐鲁书社，2008年，第38页。

但就孔子言行文献来说,根据我们前面所分出的两种类型,近代以来学者多受到文章学的影响,认为第一类为原始状态,而第二类则是后起的。其实是颠倒了二者的顺序,有必要进行辨析。清儒陈澧在《东塾读书记》卷九曾提出,战国记言之体分为三种的看法。他说:

> 古者记言之体有三:其一,闻而记之,所记非一时之言,记之者非一人之笔,汇集成篇,非著书也,尤非作文也。《论语》是也。其一,传闻而记之,所记非一时之言,记之者则一人之笔,伸说引证而成篇,此著书也。《坊记》《表记》《缁衣》是也。其一亦传闻而记之,记之者一人之笔,所记者一时之言,敷衍润色,骈偶用韵而成篇,此作文者也。《礼运》《儒行》《哀公问》《仲尼燕居》《孔子闲居》是也。①

近代学者蒋伯潜先生据此以为,此三种记言体,由简而繁,由质而文,时代先后,即可由此推知。进而指出,《论语》记录所闻所见,皆直录也,故章既简短,辞亦质朴。盖虑铺张润色,或致反失其真,记录忠实,理所当然。此最早的记言体也。他还说,就《论语》而言,《上论》为亲闻于孔子之言,《下论》已多传闻所得之孔子之言,但终为直录所闻,最简最质,记者非一人,所记之言非一时,当时各有所记,后虽加以论纂,不过汇录所记各条,编成若干篇而已。《坊记》《表记》《缁衣》等,其记传闻所得之孔子之言,原与《下论》同,但因增加伸说,故其辞已较《论语》为繁为文矣。至《仲尼燕居》《哀公问》等,则所记实仅《论语》之一章,而敷衍润色以成一篇,故其辞更繁而文更华。② 但是,仔细分析,可知这一认识,似是而非。

我们认为,这三种记言体,未必为纵向演进的关系,也可能为共时性并存关系。孔子与弟子之对话,绝非仅如《论语》之短章,《论语》之所以不同于《孔子家语》《礼记》当与孔安国所谓"正实而切事"的选择有关。杨朝明先生曾谓《论语》为"孔子语录",则《孔子家语》等则为"孔子文选",可谓切中要害。李零先生在讨论《论语》的编辑问题时,他将之与《毛主席语录》的做法进行了比较,认为《论语》与上博简《仲弓》或《礼》大小戴记等相关文献之间是后者从前者演义,还是前者从后者摘录,两种情况可能都存

---

① 陈澧:《陈澧集》第二册,上海:上海古籍出版社,2008 年,第 164—167 页。

② 蒋伯潜:《诸子通考》,第 263、238 页。

在,但很多是《论语》摘录了一些谈话或对话的繁杂记载。① 其实,要搞清楚这一问题,近年出土的大量简帛文献已经提供了诸多例证。② 笔者曾撰文讨论,兹不赘述。如果将这些简帛文献与《论语》相比较,就会发现,只能说《论语》是经过深度整合、提炼的文献,绝非原始文献。

对此,陈桐生先生提出了“繁本”与“节本”的看法,极富启发性,但也存在很多问题。

陈桐生指出,今本《论语》、大小戴《礼记》乃至上博简中记载孔子应答弟子、时人的文章,大都是孔门弟子及其后学在原始记录材料的基础上整理出来的。今本《论语》不是孔子弟子的原始记录,而是经过编者一番筛选、整理、提炼、编辑的工夫,精选出来的“节本”或“精华本”。对比相关文献可知,《论语》编选孔子语录有几种情形:一是孔子对某一论题有多章语录传世,《论语》只选一章。二是孔子对某一论题有较长一段论述,《论语》删削了孔子语录的部分内容,这些被删的内容还保存在《礼记》之中。三是对孔子语录进行提炼。他提醒人们,《论语》所展现的片断语录体,并不能代表春秋时代的说理能力和写作水平。这无疑都是十分精到正确的说法。

不过,他还指出了另外一种相反的情形。他认为大小戴《礼记》以及上博简的孔子应对弟子及时人的文章,应该是经过七十子后学的演绎加工,它们就是孔子语录的“繁本”或“扩写本”。③ 陈桐生先生在讨论上博《孔子诗论》时就认为,战国时期有一个重塑孔子形象的过程,他将很多文献如《易传》、《孝经》、大小戴《礼记》“春秋三传”以及竹书《孔子诗论》等中的“孔子曰”或“子曰”都看作后儒假托孔子,以争夺“话语霸权”之语。④ 对此,我们不敢苟同。既然《论语》是节录的精华本,那么原本是怎样的呢?

我们认为,“繁本”的说法容易引起歧义。陈桐生先生所指的“繁本”其实就是孔子弟子的原始记录,也就是《论语》所从出的大量原始记录材料,而并非出于七十子后学的扩充。陈先生从称谓的变化以证明存在改写,是经不起推敲的。“仲尼”“夫子”“孔子”等称谓并不存在论者所说的亲疏远近的差别。现在存于大小戴《礼记》《孔子家

---

① 李零:《简帛古书与学术源流》,北京:生活·读书·新知三联书店,2004年,第298—299页。

② 关于简帛文献与《论语》的关系的论证,请参看宋立林《出土简帛与孔门后学新探》,北京:中国社会科学出版社,2018年,第266—271页。

③ 陈桐生:《孔子语录的节本和繁本——从〈仲弓〉看〈论语〉与七十子后学散文的形式差异》,《孔子研究》2006年第2期。

④ 详参看陈桐生《〈孔子诗论〉研究》,第36—96页。

语》等文献的短篇、中篇和长篇的孔子语录，皆当出于孔子弟子的记录，这才是孔子讲授问题之实际情形的反映。至于其中存在着不同程度的整理、润色等是非常自然的事情，而这并不等于是借孔子之名以发表自己的看法。

如果我们以《论语》为第一类孔子言行文献的代表，以《孔子家语》为第二类孔子言行文献的代表，那么对于二者的关系，我们认为，第二类的孔子言行文献，反映了孔子弟子对孔子遗说记录的原始面貌；而第一类的孔子言行文献，则是在第二类孔子言行文献基础上进行精选精编而成的，反映的是孔子弟子对孔子思想精华的提炼和整理，未必完全是原始记录。这一类材料应该属于孔子常常言及的典型话语，虽未必都有像孔安国所言《论语》那样具有"切事"的特点，却应该都比较"正实"（孔安国《孔子家语后序》）。

（二）《论语》论纂的背景与目的

孔子言行文献的汇聚整理，尤其是《论语》的编纂，是在孔子去世之后进行的。众所周知，《论语》并非孔子所作，而是由其弟子及其后学编纂而成的。因此，《论语》可以作为研究孔子思想的第一手资料，但是其"著作权"却不独属于孔子，而属于孔门集团。这部记载孔子言行文献与其他散见于他处的孔子遗说不同，其不同之处就在于，《论语》有着明确的编纂目的和编纂原则，这导致此后《论语》在儒学史上的地位非同寻常。对此，笔者曾撰文予以分析①，兹在该文基础上再加详论。《论语》的编纂成书应该有其特殊的背景与目的。这种目的和背景，决定了《论语》的编纂原则及其所呈现出的面貌。

很显然，任何一部书籍之编纂、撰著，都有其目的性，而这种目的性，又往往决定了该书的性质。关于《论语》编纂的目的及其性质，学者也有所论说。通常都认为，《论语》的编纂是出于"教学"的目的。如侯文华说："《论语》之被编纂，大概是要作为孔门课徒授业的教材的"，"《论语》即孔子卒后，门人'相与辑而论纂'的一部教材。它只在孔门内部作为教学传习之用，并不具有官学的性质，因此它在编纂成书时，以'语'命名，而非以'言'命名，刻（应为"书"——引者注）诸竹帛时书之于短策而非长策。"②高培华先生则认为："从《论语》编纂的动因、主要内容以及使用情况来看，它主要是一部

---

① 宋立林：《孔门弟子后学与〈论语〉编纂新探》，载孔庙和国子监博物馆编《孔庙国子监论丛2015年》，北京：中国社会科学出版社，2016年，第62—71页。

② 侯文华：《先秦诸子散文文体及其文化渊源》，北京：中华书局，2017年，第36、42页。

教育论著。《论语》诞生于孔门弟子办学的需要,其编纂动因,是孔门弟子特别是后期弟子设教授徒的需要;其起始时间应当是在孔子逝世后的二十多年之后。”①陈壁生先生更是提出了一个新的看法。他指出:“《论语》是先师教化弟子的实录,而且,教化的目的,并不是使弟子能够解经与传经,而是从根本上塑造第一代经师的精神品质”,“在《论语》中,孔子言传与身教的对象,不是所有人,而仅仅是孔门弟子。即便是孔子应答时人的内容,也不能简单视为孔子对时人提出的问题的回答;考虑到记录者为孔子弟子这一事实,那些表面上对时人的答话,表面上对某一弟子的回应,那些孔子日常生活中的行为特征,都是孔子的言传与身教。可以说,《论语》是一本特定人群记录下来,且只针对特定人群的书,这一特定人群,就是第一代经师。经师凭借《论语》,从根本上塑造其作为经师的精神品质,这种精神品质不是为了面对经文本身,而是为了面对经师所在的时代的现实世界。”②

那么,将《论语》定性为一部孔门的教材,即便是有特别用途的教材,是否反映了历史的真实呢?我们先来看古人的几段论述。

南朝梁皇侃《论语义疏·自序》谓:

> 哀公十六年,哲人其萎,徂背之后,过隙叵驻,门人痛大山长毁,哀梁木永摧,隐几非昔,离索行泪,微言一绝,景行莫书。于是弟子佥陈往训,各记旧闻,撰为此书。成而实录,上以尊仰圣师,下则垂轨万代。③

唐陆德明《经典释文·序录》云:

> 夫子既终,微言已绝。恐离居已后,各生异见,而圣言永灭,故相与论撰,因辑时贤及古明王之语,合成一法,谓之“论语”。④

尽管皇氏与陆氏距离孔子时代已经相距甚远,其所说不免有推测的成分,但是,这一推

① 高培华:《卜子夏考论》,第322页。
② 陈壁生:《〈论语〉的性质——论一种阅读〈论语〉的方式》,《人文杂志》2018年第1期。
③ 皇侃撰:《论语义疏》,高尚榘校点,北京:中华书局,2013年,第1—2页。
④ 陆德明撰、吴承仕疏证:《经典释文序录疏证》,北京:中华书局,2008年,第122页。

测,绝非杜撰,而毋宁说是一种非常合情合理的推断。从上述记述之中,我们可以发现,孔门弟子及其后学编纂《论语》有着明显的编纂目的:保存孔子遗言,以纪念孔子,并传之后世。

孔门是中国思想文化史上兴起的第一个思想流派。① 孔子以其思想和人格赢得了弟子的信任和爱戴,在孔门弟子之间形成了一种"拟血缘性"关系。后世所谓"师徒如父子",是从孔门开始的。孔门弟子对孔子无不十分敬重,如孟子所谓"以德服人者,中心悦而诚服也,如七十子之服孔子也"(《孟子·公孙丑上》)。故而当孔子去世之后,弟子们无不悲痛欲绝。如南朝梁皇侃所谓:"哀公十六年,哲人其萎,徂背之后,过隙叵驻,门人痛大山长毁,哀梁木永摧,隐几非昔,离索行泪,微言一绝,景行莫书。"因此,如何缅怀和纪念夫子,就成了弟子们所思考的核心问题。

同时,作为一个存续了几十年的学派,在孔子去世,失去了核心与领袖的情形下,他们出于对孔子的尊敬,对孔门的依恋,对孔门分化的担忧,必然要设法维护这个学派的团结和统一,以使孔门得以继续存在,使孔子未竟的事业得以继承和发扬。而其方式之一就是对孔子言行文献的汇聚整理,尤其是《论语》的编纂。只有这样,才能使孔子一生的嘉言懿行,长存于世。

我们推测,孔子去世后,出于对孔子的怀念之情,孔门弟子开始动议汇编孔子言行文献。但是,这时孔子言行文献的汇编,还只是初步的。同时,还应该注意孔门弟子及其后学在编纂孔子言行文献以纪念夫子时,必然考虑到如何更好地保存、传承和传播的问题。是将能够记录下来的孔子全部言行都完整汇集起来,还是精心选择最能够表现孔子人格与思想的资料,以更便利地去让更多的人可以读到了解到,这都是必须面对的问题。所以编纂目的必然影响到编辑原则的制定。

而《论语》的编纂还有一个重要的背景,那就是孔子去世之后,众弟子"分化"的现象越发严重。孔子弟子的这种分化,在孔子生前就已经表现出来,只是由于孔子的巨大影响力而被遮蔽住了,待到孔子去世之后,孔子弟子之间因气质、禀性、年龄、地位等引起的对孔子思想的不同理解,及由此出现的矛盾与对立,就日益彰显出来了。同时,孔子弟子为了宣传自己的主张,他们要借重孔子言论,从而将会继续强化他们之间的分歧。很显然,作为孔子弟子,在他们之间的相互"论争"中,无论是批评他人还是维护自己,最好的"尚方宝剑"都是"子曰",都是孔子的遗说。不过,我们还应该清楚,尽管

① 尽管笔者承认老子先于孔子,然而如果就成立学派而言,则主张孔门是第一个。

孔门发生了分化，但是这种分化乃是出于对孔子思想的不同理解，而不是利益之争、派性之争，所以这种分化，绝非不可调和，水火不容的。

为了统一或协调不同弟子学派的分歧，弥合孔门不同学派之间的矛盾，有必要对孔子言论进行一番汇编整理，形成一个相对权威的孔子语录，供各派教学、弘扬之用。过常宝先生就曾指出："七十子之徒及其后学的文献活动，体现了对孔子学问的传承和发扬，主要包含学派建设和教学两项活动。就学派建设而言，权威文本的创制及其理论化，是文献活动的主要目的。"①并指出，"对于七十子之徒及其后学而言，权威性的文本有两类：一是孔子述而不作的教学文本，即《诗》《书》《礼》《易》《春秋》等各类经典；二是孔子的语录"②。而"七十子之徒最有影响的一次文献活动，就是编纂《论语》。"③而夏德靠先生则在此基础上，进一步申论《论语》的编纂："孔门弟子的这一编纂工作从根本上来说是出于学派建设的目的，即'权威文本的创制及其理论化'。正是在这一思想指导之下，《论语》编纂的过程实际上也是其'经典化'过程，而通过这种经典化，《论语》文本也随之固化。"④这一分析是有其道理的。整理出一个具有权威性，能够得到多数孔门弟子及其后学认可的孔子言行文献精华本，需要相当长的时间，花费相当多的功夫，更需要一个在孔门内部具有极高威望和崇高地位的人来主持其事。

综上，我们可以说明，《论语》的编纂出于两个目的，一个是怀念恩师，一个是学派建设。从这两个目的出发，都需要"权威文本的创制"。那么，如何才能确保这一编纂的文献具有"权威性"？这就涉及编纂理念和原则的确立。

（三）《论语》论纂的理念

最早著录《论语》的《汉书·艺文志》说："《论语》者，孔子应答弟子、时人及弟子相与言而接闻于夫子之语也。当时弟子各有所记，夫子既卒，门人相与辑而论纂。"上引陆德明《经典释文·序录》又有"相与论撰"之说，由此我们可以发现，孔门弟子及其后学编纂《论语》的原则是"辑而论纂"或"相与论撰"。

---

① 过常宝：《先秦文体与话语方式研究》，北京：中华书局，2016年，第230页。

② 同上。

③ 同上书，第231页。

④ 夏德靠：《先秦语类文献形态研究》，北京：中华书局，2015年，第229—230页。

其实,这恰恰与《论语》的编纂理念有关,也就是说,《论语》是孔门弟子及其后学在大量的孔子言行文献之中,经过精心选择、编纂而成的。《孔子家语》的《孔安国后序》对此有所交代:"《孔子家语》者,皆当时公卿士大夫及七十二弟子之所谘访交相对问言语也。既而诸弟子各自记其所问焉,与《论语》《孝经》并时。弟子取其正实而切事者,别出为《论语》,其余则都集录之,名之曰《孔子家语》。"①由孔安国的说法可知,《论语》是"弟子取其正实而切事者"编纂而成的。所以说,《论语》的编纂理念就是"取其正实而切事者"而"别出"。杜维明先生对《论语》曾有两个预设,其中之一就是"《论语》里每一句话都经过精选,没有一句话是没有深刻道理的"。他认为,"如果有人说《论语》是很草率地摆在一起,中间有很多糟粕,要把糟粕剔出来,这是荒谬的"。因为,"当时看着的弟子们为凸显孔子的人格,应该是战战兢兢的,把最能体现看着风貌的语句收录进去"②。

这一点可以从《论语》一书的书名略窥一斑。关于"论语"二字的含义,历代学者有不同的解释。

一般认为,"论语"之"语",即"夫子之语"的"语"。皇侃云:"语者,论难答述之谓也","然此语是孔子在时所说"③。邢昺亦云:"以此书所载皆仲尼应答弟子及时人之辞,故曰语。"④这一认识,当然是对的,但忽视了"语"作为文体的一面。

清代大儒俞曲园《九九消夏录》云:"疑古史记载自有'语'名,《牧野之语》乃周初史臣记载之书也。左丘明著《国语》,亦因周史之旧名。孔门诸子论撰夫子绪言,而名之曰'语',固有所仿矣。"⑤陈桐生先生指出,《论语》之"语",应该是一种上古记载人物言论的文体。⑥ 对此,俞志慧先生曾经指出:"'语'之义,班固谓指孔子及其弟子之语,但与《诗》《书》《春秋》等早期文献之得名皆于古有据一并考量,彼皆因先有通名,后用于特指,方始成为专名,故《论语》之'语'当亦渊源于上古广泛流传的以明德为用

① 杨朝明、宋立林主编:《孔子家语通解》,济南:齐鲁书社,2009 年,第 578 页。

② 杜维明:《体知儒学——儒家当代价值的九次对话》,杭州:浙江大学出版社,2012 年,第 146 页。

③ 皇侃:《论语义疏·自序》,载皇侃撰《论语义疏》,第 3 页。

④ 邢昺:《论语注疏解经序·序解》,载李学勤主编《十三经注疏》(标点本),北京:北京大学出版社,1999 年,第 2 页。

⑤ 俞樾:《九九消夏录》,北京:中华书局,1995 年,第 191 页。

⑥ 陈桐生:《〈论语〉十论》,广州:暨南大学出版社,2012 年,第 2 页页下注 1。

的特殊文类——‘语’。”①“《国语》《论语》《事语》《新语》等书之得名及其体例，当与‘语’有一定的相关性，譬如《论语》，当先有‘孔子应答弟子、时人相与言而接闻于夫子之语’在，然后才需要‘门人相与辑而论纂’；而视孔门之言说等同于格言谚语之‘语’，则反映出‘辑而论纂’者对于‘语’这种既有文类的自觉及其心目中元儒言说的崇高地位与重大价值。”②侯文华也认为：“《论语》以‘语’为名，一方面体现了孔门后学对‘语’这一古老文类的认同。孔门弟子认为孔子的言论如古代圣贤的嘉言善语一样，具有至高的权威和充足的话语魅力，因此在编纂孔子的言论时，自觉以‘语’来命名。”③

“语”作为一个文类被学术界所重视，与俞志慧先生的研究是分不开的。其《古“语”有之：先秦思想的一种背景与资源》，是系统研究先秦“语”类文献的专著。俞先生指出：“‘语’是一种古老的文类，是古人知识、经验的结晶和为人处世的准则，其中蕴含着民族精神，充满了先民的经验和智慧，是当时人们的一般知识和共同的思想、话语资源。”④他将“语”类文献大体分为记言和叙事两类，而每类又有散见与结集的不同。受这一思路启发，从文体或文类的角度来观照《论语》成书的论著已有多种。由此可知，“语”是上古时代一种记载“善言”的文体。这种文体为孔门弟子所继承和发扬。

我们知道，孔门弟子对于孔子言行文献的整理，最典型的有两大成果，其一是《论语》，其二为《孔子家语》。这两部书，都以“语”命名。其间自然有其共同之处。蒙文通先生曾经指出：“到了春秋晚期，继各国国史发展之后，大夫家史又发展起来……诸侯国史称《春秋》，大夫家史也称《春秋》，诸侯国史称《国语》，则大夫家史自可称为《家语》。《孔子家语》便是一例。《孔子家语》不仅著录于《汉书·艺文志》，而且还见称于《严氏春秋》，说明其确为先秦旧籍……就《孔子家语》一书的内容分析，显然是介于《晏子春秋》与《吕氏春秋》之间的作品；换句话说，也就是介于家史与诸子之间的作品。其中如《七十二弟子解》《本姓解》《相鲁》《始诛》之类的篇目，显然是家史；而《王言解》《大婚解》《儒行解》《五仪解》之类的篇目，又显然是诸子。秦始焚书，有‘《诗》

① 俞志慧：《〈论语〉编纂年代考》，载《君子儒与诗教——先秦儒家文学思想考论》，北京：生活·读书·新知三联书店，2005年，第260页。

② 俞志慧：《〈论语〉与古“语”关系疏证》，载《古“语”有之：先秦思想的一种背景与资源》，上海：华东师范大学出版社，2010年，第155页。

③ 侯文华：《先秦诸子散文文体及其文化渊源》，第41页。

④ 俞志慧：《语：一种古老的文类——以言类之语为例》，《文史哲》2007年第1期。

《书》《百家语》'，这里的'《百家语》'就是指的诸子；太史公'整齐百家杂语'，这个'百家杂语'也显然指的诸子。诸子之书而称为《家语》，当正说明诸子是自家史发展而来。《国语》是《春秋》，《家语》当然也是《春秋》，《晏子春秋》《吕氏春秋》《虞氏春秋》也就正是这样的《春秋》。《孔子家语》当也可称为《孔子春秋》，而《晏子春秋》当也可称为《晏子家语》。"①夏德靠在分析先秦语类文献的演变时，曾借用了"国语""家语"的概念，并将"家语"分为大夫家语与诸子家语两个类型，认为后者是从前者发展而来，又有所变化。其中的变化大体表现为两点：第一，大夫"家语"的资料主要依赖于史官完成，但诸子不太可能拥有史官，其材料主要依赖弟子门徒的记载；第二，大夫"家语"的编纂主要目的在于"立言"，而诸子"家语"往往由弟子编纂，目的在于学派建设，即"权威文本的创制及其理论化"②。

总而言之，《论语》之"语"显然包含了两层含义：就内容而言，显然"语"是指夫子之语；而就文体而言，"语"又标示出对"语"类文体的继承和发展。

而"论"字则有多种解释，如邢昺在对《论语集解》何晏序的"疏"中引郑玄说："论者，纶也，轮也，理也，次也，撰也。"进而申论说："以此书可以经纶世务，故曰纶也；圆转无穷，故曰轮也；蕴含万理，故曰理也；篇章有序，故曰次也；群贤集定，故曰撰也。"③又引郑玄《周礼》注云："答述曰语。"接着申论道："以此书所载皆仲尼应答弟子及时人之辞，故曰'语'。而在'论'下者，必经论撰，然后载之，以示非妄谬也。以其口相传授，故经焚书而独存也。"④皇侃在《论语义疏·自序》引用了三种说法："第一舍字制音呼之为'伦'，一舍音依字而号曰'论'，一云'伦''论'二称义无异也。"并详细胪列了读"伦"的几种说法，即训为"次""理""纶""轮"。皇氏对第三种说法并不认同，而是综合前二说以成己说。他说："今字作'论'者，明此书之出不专一人，妙通深远，非论不畅。而音作'伦'者，明此书义含妙理，经纶今古，自首臻末，轮环不穷。依字则证事立文，取音则据理为义，义文两立，理事双该。"⑤其他还有刘熙、刘勰的"伦理"说，傅玄的"追论"说，陈祥道的"言理"说，何异孙、袁枚的"讨论"说，刘义钦、李雁的"选择"说，

---

① 蒙文通：《周代学术发展论略》，载《蒙文通全集》第一卷《儒学甄微》，成都：巴蜀书社，2015年，第12—15页。

② 夏德靠：《先秦语类文献形态研究》，第132—133页。

③ 邢昺：《论语注疏解经序·序解》，载李学勤主编《十三经注疏》（标点本），第2页。

④ 同上。

⑤ 皇侃：《论语义疏·自序》，载皇侃撰《论语义疏》，第3页。

等等。

结合文字学家的训释和上引孔安国之说，我们认为刘义钦、李雁等人之说可从。朱骏声《说文通训定声·屯部》："论，假借为抡。"汉许慎《说文解字·手部》："抡，择也。"《广雅·释诂一》："抡，择也。"王念孙疏证云："抡、伦、论并通。"《国语·齐语》"权节其用，论比协材"，韦昭注："论，择也。"《荀子·王霸》"君者，论一相，陈一法，明一指，以兼覆之，兼照之，以观其盛者也"，杨倞注："论，选择也。"而孔安国谓："取其正实而切事者，别出为《论语》。"因此，"论语"应该是"经过选择整理的对话录"之意。这里的选择整理，显然是一种自觉的行为。当然，"论"为"选择"义，并不必完全否定先儒对于"论"的各种论说。我们毋宁说，"选择"之义，内蕴着"编纂""论次""讨论"的含义。也就是说，孔门弟子在编纂《论语》的过程中，是对他们所保存和收集到的各种有关孔子言行的原始记录进行过有目的的"选择"和"加工"的。这种"选择"和"加工"是根据"语"类文献的形式进行的。

如果根据俞志慧先生对于先秦"语"类文献的分梳来看，《论语》之称"语"肯定与"语"类文献的流行有关。孔子本人抱着一种"立言"的志向，而孔子弟子对于老师的"嘉言"是格外在意的，所以他们对老师的言论，往往随时记录或事后补记，他们立志发愿编撰《论语》之时，也一定希望老师的言论能够风行于世，垂诸久远。而以"语"的形式对老师言论进行汇集和编撰，并且将其书名定名为"论语"，应该有着明确的造"语"意识在其中的。这个"造"并非伪造，而是指在形式上予以改造，即我们所谓的提炼。这正说明，我们今天通过《论语》所认识的孔子，是经过孔门弟子及其后学"塑造"的结果。这正是另外一种意义上的"诠释"。

如果《论语》书名的"论"为选择之意，则《论语》应该是选自"孔子家"之"语"中的材料。有学者曾经打比喻说，如果说《论语》是"孔子语录"，那么《孔子家语》则相当于"孔子文集"。① 当然，"文集"的说法并不妥帖。而日本学者太宰纯说："《论语》之于《家语》，犹《春秋》之内外传也。"②另外，无论在规模上，还是在内容上，《孔子家语》都要高出《论语》很多。仅从规模上讲，《论语》只有一万六千字，而《孔子家语》内容比《论语》多出四万余字。《孔子家语》详于《论语》，所记全面，又有孔子言行的生动情节，与《论语》相比，显然更能全面展现孔子的思想与事迹。

---

① 杨朝明：《新出竹书与〈论语〉成书问题再认识》，《中国哲学史》2003 年第 3 期。

② 太宰纯：《增注孔子家语序》，日本宽保二年（1742 年），嵩山房刻本。

另外,从《论语》简的形制亦可得到佐证。王充《论衡·正说篇》的一段话值得重视:

> 周以八寸为尺,不知《论语》所独一尺之意……以八寸为尺,纪之约省,怀持之便也。以其遗非经传文,纪识恐忘,故以但八寸尺,不二尺四寸也。

我们至今没有发现先秦时期的《论语》竹简,却发现了汉代的竹简本《论语》,而且汉代文献中也记载了不少这样的信息。比如1973年在河北省定县八角廊发掘出土的定州竹简本《论语》,有简620多枚,残简居多。全简的长度为16.2厘米,约合当时的7寸。①

学者多以简长来衡定文献的地位。侯文华认为:"《论语》的简短,最根本的原因还是因为诸子之学在当时没有取得与当时的经典文献相等的地位,还只是非官方的民间文献。"②他并将《论语》与郭店简中的《语丛》相提并论。这种认识其实是有问题的。当然,从古到今,都有关于简牍制度的论说,比如《仪礼·聘礼》贾公彦疏引郑玄注《论语序》,以为"《易》《诗》《书》《礼》《乐》《春秋》策皆二尺四寸,《论语》八寸策,《孝经》一尺二寸策",故后人多以为经为二尺四寸简,传则为八寸简。其实,至少战国时期是没有形成这样的规制的。根据骈宇骞、段书安二位编著的《二十世纪出土简帛综述》③所附"战国楚墓书籍简牍长度一览表"和"秦汉书籍简册长度一览表",可知各种长度的简都有,比如郭店简《老子》,便有32.3厘米、30.6厘米和26.5厘米等三种简长。郭店儒简中,《缁衣》《五行》《性自命出》《尊德义》和《六德》为32.5厘米,而《唐虞之道》《忠信之道》为28.3厘米,《语丛》最短,为15厘米。而在上博简中,《缁衣》则是54.3厘米,《孔子诗论》是55.5厘米,《鲁邦大旱》为54.9厘米,《性情论》则有57厘米。其他如《从政》《昔者君老》和《容成氏》则在44.2厘米上下。从汉代简册来看,银雀山汉墓的《孙子兵法》《六韬》等兵书是27厘米,《晏子》是27.2—27.5厘米;而阜阳双古堆汉墓的《诗经》简长仅24—26厘米。李学勤先生曾经指出:"关于竹简的形制,前人根

---

① 《定州汉墓竹简〈论语〉介绍》,载河北省文物研究所定州汉墓竹简整理小组《定州汉墓竹简〈论语〉》,北京:文物出版社,1997年,第1页。

② 侯文华:《先秦诸子散文文体及其文化渊源》,第42页。

③ 骈宇骞、段书安:《二十世纪出土简帛综述》,北京:文物出版社,2006年,第47—49页。

据汉代记载,认为经、子或者诏令等,各有规定的简长。现在从实物观察,汉初还不能说存在系统的定制。"①所以,尽管王国维先生在《简牍检署考》中认为简长有一定之规,但是根据考古实物来看,这一看法是值得商榷的。当然,郑玄和王国维的看法可能代表了汉代"大一统"时代的现象。但是在先秦时期,恐怕还没有这种统一的简长制度。也就是说,以简长定文献地位的认识可能是不正确的。学者普遍认为,战国时期的常规简一般为二尺简,秦汉时期通行的简长为一尺。过短所记字数不多,势必增加简数,编联和卷存都比较麻烦;而如果简长过长,则不宜于记录和阅读。可能古人根据实践经验不断调试,才将简长大体固定下来。因为这样的简长比较适中,所以才能够通行。

王充关于《论语》为八寸简的目的,有着明确的说法,即"怀持之便"。《论语》与其他儒家六经文献的性质不同,这与《论语》一开始的编纂目的与理念是密不可分的。《论语》本是孔门弟子及其后学用来纪念孔子的,并且用作教材,当然更需要便于流通。这类似于今天的袖珍本,而不一定说明其文献地位不高,而是反映了其流通需求之大。

(四)《论语》论纂的原则

既然有了编纂目的(或动因),又确立了明确的编纂理念,那么在具体论纂的过程中,采取什么样的编纂原则呢?通过上面的分析,我们可以得出几点结论:第一,精简性;第二,共识性;第三,权威性。

《论语》的编纂,取得了成功。正如文学史家给予的评论:"《论语》在驾驭语言文字方面的成绩,主要在于:第一,它在把孔子的原话删繁就简、压缩为提纲式的语言时,能够抓住其最主要之点,而且以很简明的方式传达给读者;第二,它的记录虽绝大多数都是纲要式的,但有时也能把谈话的过程、其间的某些动作、神态作简要的叙述。"②这样的成功,反映了《论语》编纂者的语言文字水平及其编纂水准。那么,这样一部从孔子弟子记录的大量的孔子言行文献中,论纂编辑出一部精简的、权威性的文本,在具体的操作过程中,孔门弟子及其后学们采取了哪些具体的编纂方式呢?

---

① 李学勤:《简帛佚籍与学术史》,南昌:江西教育出版社,2001年,第4页。

② 章培恒、骆玉明:《中国文学史新著》(增订本第二版),第91页。

关于《论语》的编纂方式,夏德靠先生有这样的归纳:一是黏合,二是扩充,三是原文迻录,四是改造。① 虽然这样的分析,有助于推进我们对于《论语》编纂方式的理解,但其具体的分析,恐怕存在很大的主观成分,很难说是接近本真的。在这一方面,我们只能概括言之。

从《论语》文体上看,称之为"语录体"应该说是大体不差的。如果细加区分的话,那么,至少可以分为三类,即格言体、对话体(或问对体)和事语体。② 也有学者分为四种类型,第一是格言体,即以"子曰"(包括以"曾子曰"等孔门弟子)为主的语录。这类格言,言简意赅,没有交代语言的背景。第二是对话体。第三是记事体,如《乡党》便是典型。第四是历史旧闻体,如《尧曰》篇,这些没有冠以"子曰",应该算是附属品。③ 其实,就整部《论语》而言,虽然言行并录,但十分显然的是记言的部分占据绝大多数。根据统计可知,记行的共46章,记言的则为405章,言行杂糅并记的有61章。其中,记言各章之中,格言体为267章,对话体为138章。格言体,从章数上讲占据了一半以上。所以,有学者认为,格言体是《论语》文本的基本架构。④ 这是没有问题的。

格言体,显然是最为简洁的孔子及孔门弟子的语录。格言体可以说渊源有自。那么,这些格言是怎么来的呢? 如果不予深究,很多读者会以为孔子平时说话、讲课都是这样的出口成格言。其实,这是一个美丽的误会。通过对上古文献中大量格言的分析可知,这些格言尤其是商周史官的格言都是经过长时期的观察、思考和提炼而成的。那么,《论语》中的"格言",又是怎样形成的呢? 我们认为,这些格言,应该是孔门弟子及其后学,对于海量的孔子言行文献进行精简的结果。这个精简,一方面是指精心选择,选择那些"正实而切事"者,一方面是指精心简化,删繁就简,保留最核心的语义。陈桐生指出:"格言的思想是孔子的,格言的形式则出于七十子后学之手。这样,《论语》的格言体语录就是出于孔子师徒的共同创造。"从这一点来说,孔门弟子及其后学对于孔子思想,便不仅是记录者和整理者,而且还是创造者或者塑造者。这也就是孔门后学对孔子思想的诠释活动之一种表现。这种改造的具体做法,不外乎浓缩、删减和节选,同时予以精简化、凝练化与整齐化。比如"君子坦荡

---

① 夏德靠:《先秦语类文献形态研究》,第206页。

② 同上书,第201页。

③ 参见陈桐生《〈论语〉十论》,第44—45页。

④ 夏德靠:《先秦语类文献形态研究》,第199页。

荡，小人长戚戚”“君子和而不同，小人同而不和”等这些后世耳熟能详的章句，正是孔门弟子创造性转化的结晶。

当然，也有学者对这些毫无背景的格言的出现，提出了另外的看法。侯文华就认为，并非所有的格言体都是高度加工的结果，可能有些原始记录本身就十分简约。他说：“我们说《论语》记言的‘趋简’特征，并不是说这些语录都是从一种繁杂的记录中经过删繁就简而来，有些语录在被记载之初可能就是相当简约的。相对于真实的谈话记录而言，它是高度的概括和凝练。孔门弟子有做笔记、随时记录的习惯……由于是随时记录，也就不太可能做长篇大论，这也使得《论语》呈现出简约记叙的特征。”①其实，这种看法是似是而非的。笔记的简短，与《论语》的“简约”是不能等同视之的。因为，一般情况下，临时的记录很难说是精确的，而毋宁说是片断的。我们都有过做课堂笔记的习惯，如果没有专业的速记训练，恐怕一般人很难将听到的完全记录下来。而务必是简化的记录。这种简化和文章的凝练不可同日而语。文章的凝练是通过多次润色加工而成的。笔记的简短，则是受到情势的限制，根本不可能做到“高度的概括和凝练”。所以，我们看到的《论语》的“简约”绝非原始记录的状态，而肯定出自高度的加工和凝练。正如扬之水所指出的：“《论语》大约多为实录，但其间却不能不经过剪裁乃至语言文字的锤锻。”②

夏德靠则主张《论语》的格言体，是第二次编纂时才出现的。他同意杨义先生的两次编纂说。认为第一次编纂是在孔子去世后，弟子庐墓期间；而第二次编纂则是曾子去世后，曾门弟子重编。夏德靠说：“从编纂角度来看，《论语》的两度成书自然影响到材料的处理。一般来说，第一次编纂由于‘时间切近，情境宛然’，‘不少情境中的与闻者犹在’，特别是编纂者很多旧说原始笔记的记录者，所以他们在利用原始笔记的时候，对于孔子或弟子言论的许多具体语境还记忆犹新，在编纂过程中自然能够把原本储存在记忆中的东西用书面的形式呈现出来，这样就形成了《论语》中较完备的问对体及事语体。因此，在我们看来，《论语》的这些形态实际上是对原始笔记的扩充而形成的。当再次编纂《论语》时，情况有一些改变。此时孔子弟子已经凋尽，主要是再传弟子负责编纂，他们对原始笔记的具体语境不再像其师辈那样熟悉，这一点使他们在处

① 侯文华：《先秦诸子散文文体及其文化渊源》，第39—40页。

② 扬之水：《先秦诗文史》，北京：中华书局，2009年，第83页。

理一些笔记时只能原文迻录,并简单地冠以‘子曰’,从而形成格言体。”①

对于这一观点,我们也不敢苟同。“子曰”等格言体,绝非因为不明对话主体而进行的模糊处理。其实,“子曰”等格言体占据着《论语》章节的半壁江山,是其文本的基本架构,显然是有意为之的结果。夏德靠的推论,源于他对孔门弟子原始笔记的一种认知。他根据《论语·卫灵公》篇所载“子张问行”章,得出结论,“依据这个例证可以推论孔门弟子的原始笔记主要是以记载孔子及其弟子的言论为中心,而对于其背景往往是忽略的”②。但是,这一推论显然也是值得商榷的。我们考察大量的孔子言行文献可知,除了《论语》的格言体之外,大都记载着对话的主体。那么,这些背景资料是后来根据记忆的补充还是原本就存在?我们根据孔子弟子有“退而记之”的习惯推测,这些翔实的对话过程,应该是对话之后,“退而记之”的结果。我们很难想象,时隔十几年、几十年之后,弟子们还能对各种对话的情境予以复原。

其实,“子曰”的形式,毋宁说是一种创新。过常宝先生曾经指出,《论语》的“子曰”承自《尚书》和金文的“王若曰”和春秋史官的“君子曰”。他认为:“‘子曰’连用,只是一种文体的标志,是‘王若曰’‘君子曰’传统在新的形势下的延续。”③

如果说,格言体是孔门弟子及其后学“精简”的结果,那么“对话体”和“事语体”是否为原始记录的迻录呢?答案也是否定的。我们通过对《论语》与上博简的相关部分的考察,可以确知,《论语》中的对话体语录同样是经过编纂者的选择和加工而成的。通过对比可知,显然从文章学的角度来看,《论语》要明显优于出土简帛。而对话体语录,恰恰是《论语》文学性最为突出的一部分。过常宝先生指出,“问对体作为亲炙孔子的证明,又有着确证自身在中的地位的作用”④,所以这些“对话体”的具体背景绝不可能是后添加上去的。

综上,我们完全可以说,孔门弟子及其后学将孔子言行文献论纂而成《论语》,确实“创制”了一个在孔子去世后,可以凝聚孔门、团结孔门的“权威文本”。

---

① 夏德靠:《先秦语类文献形态研究》,第209页。

② 同上书,第206页。他又说:“严格说来,孔门弟子的笔记应该包括这样两个部分:一是孔子的话语,一般是以书面文献形式存在,当然也存在口头形式;二是对话的具体语境,这部分主要依赖记录者的记忆或口传。”这里的表述与上述看法稍有不同,容易产生歧义的理解。这里的“笔记”怎么会包括“口传”或“记忆”呢?

③ 过常宝:《先秦文体与话语方式研究》,第204页。

④ 同上书,第233页。

四、余　论

杨义先生在《论语还原》中提出这样一个课题:“《论语》作为中华民族伟大的文化启示录,蕴含着延续百世的文化根基的思想原创,蕴含着一批坚强活泼的生命是如何创造古老中国最重要的儒学宗脉,如何启动一种文化方式或一个学派的生命史,如何以特殊的编纂方式和价值取舍,建构了话外有话的深层意义,以及派内有派的发展可能性。所有这些,就是《论语》的生命原本之所在,就是这个古典学的研究重心。”①确实,孔子言行文献尤其是《论语》的编纂,其中“特殊的编纂方式和价值取舍”,非常值得研究。因为,这里面蕴含着我们理解儒学的钥匙。如果无视《论语》编纂本身具有的特殊性,那么,我们就难以理解《论语》的面貌何以如此而非如彼。

在这里我们还是需要引入杨义先生提出的一个概念“篇章政治学”。什么是“篇章政治学”?杨先生的解释是:“所谓篇章政治学,就是篇章结构中突出什么、强调什么、隐含着什么行为政治学的密码。”②这一概念对于理解《论语》编纂具有极大的意义。正如杨义先生所说:“曾经不止一次发生变更的编纂主持者,无不以为自己最知‘真孔子’,最得孔子真传,因而通过篇章安排、组合、调配,以宣示或隐含自己所理解的儒学之道。由于孔门弟子已经隐含着如《韩非子·显学篇》所说的‘取舍相反不同’的派别萌芽,这种篇章安排在寻找共识的同时,难免存在着博弈、竞争和妥协,存在着话语权的迎拒和协商。这不是谁在‘塞私货’的道德问题,而是谁最能掌握和传承‘真孔子’的价值认定的问题。”③

我们知道,孔子言行文献尤其是《论语》的整理与编纂,如果真如我们所推断的发轫于孔子去世之后的最初几年中的话,那么,这种编纂必然包含着一种十分强烈的情感因素,或者说是怀念恩师、纪念恩师的情感需求占据了第一位,而寻求孔门的团结乃至教材的需求都应该是第二位的。所以,我们不能过分估计孔门弟子内部的分化。否则,《论语》就会被当作“孔门内部博弈”的结果。这显然会造成对孔门的误解。

---

① 杨义:《论语还原》,北京:中华书局,2015年,第63页。

② 同上书,第96页。

③ 同上。

细读《论语还原》的皇皇巨著，我们发现，杨义先生显然“走得过远”“凿之过深”，不免陷入“捕风捉影”的陷阱之中。正如陈桐生先生所批评的：

人类文明的创造与发展，需要有思想深沉、目光远大、超脱名利、无私奉献的人作为精神导师，需要有思想巨人为人类发展引领方向。这类人不会是世俗眼中不择手段地追名逐利的小精明，他们甚至带有几分傻气。孔子是这样的人，孔子教出来的弟子也大都是这样的人。正是因为有这样一批敢于担当、超越名利的孔门弟子，儒学才能不断发展，最终造就了与南亚印度文化、西亚伊斯兰文化，以及西方基督教文化比肩而立的东亚儒学文化。而在杨文中，《论语》的编纂者，仲弓、子游、子夏、有若、乐正子春、子思等人，尽是孔子深恶痛绝的“喻于利”“比而不周”的“小人儒”，他们一个个心机深刻、手段老道、精明世故、机关算尽，而编纂《论语》这一神圣事业，在杨文中成为一个名利的搏斗场，无论是谁编纂《论语》，都要借此机会大捞一把名利，先是替自己或宗师卡位，自己捞足了，再帮自己的亲友捞。读了杨文阐释的《论语》篇章政治学，真是令人毛骨悚然、不寒而栗。杨文阐释的篇章政治学，其实质是今人精于算计、追名逐利心理的反映，它遮蔽了《论语》和煦的道德阳光，贬低了仲弓、子游、子夏、有若、乐正子春、子思等人的道德品质，使《论语》变成一座阴森恐怖、鬼影幢幢的迷宫。①

尽管陈桐生是针对杨义先生的《〈论语〉早期编纂过程及篇章政治学》一文而发，此后杨先生又推出了皇皇数十万言的《论语还原》，对陈先生的批评有所回应。但是，总的来说，陈桐生的批评是非常严厉的。我们认为，陈先生的批评有其合理性，杨义先生的论证过程确实有很多“捕风捉影”的穿凿附会之处，过分夸大了“名利博弈”。但是，反过来看，陈桐生先生完全否弃了杨说的合理的一面，否认了编纂者尤其是主事者对于《论语》编纂所发生的影响及《论语》的内在结构的逻辑性，走向了另一个极端。确如杨义所说：“任何编纂选择，都不会是‘零价值’的，‘零价值’只是不食人间烟火的说法。”②

---

① 陈桐生：《捕风捉影的〈论语〉早期编纂过程及篇章政治学——与〈《论语》早期编纂过程及篇章政治学〉一文商榷》，《孔子研究》2014年第5期。

② 杨义：《论语还原》，第127页。

我们的看法比较折中。尽管《论语》的编纂可能还谈不上系统的篇章学，但是并不意味着孔门弟子及其后学在编纂《论语》时没有一定的原则，同时，也不必排除领纂者对于《论语》编纂的主导作用。纯粹从道德的角度来看《论语》编纂，也未必合乎历史的真实。所以，杨义先生的某些分析是有其道理的。比如，他指出的几点：

首先，《论语》既然不是孔子亲自著述，而是由七十子或再传弟子回忆、口授、记录、整理而成，面对这种著述的间接性，就必须考虑到，记忆蕴含着遗忘，是将不值得保持的现象加以删除，而将有价值的现象加以储存的心理选择过程。根据记忆心理学的偏差与校正原理，这些记录整理出来的材料必然包含着七十子及再传弟子对夫子言行的选择性理解，折射着记录者的文化取向、价值选择、知识结构、情感权衡。

其次，谁负有编辑的主要责任，谁在权衡辨析中拥有话语权，这很重要，很关键。不应无视编纂自身是一种有价值的行为，它不是一种机械操演，而是在一定价值观下的评判、选择、组合和润色。不同的人处于编纂者的位置，就可能产生不同的文本形态，包括入选的条目和入选后的排序，这是编辑学和篇章学反复证明了的实情，甚至屡试不爽。

其三，既然论衡取舍时不能排除七十子后学的主观因素，也不能排除儒学派中有派的价值选择偏向，那么，就不能对没有入选《论语》的其他大概二十余万字的“子曰”材料，包括先秦经传、诸子的记录，汉代韩婴的《韩诗外传》，刘向编辑的《新序》《说苑》以及《孔丛子》，魏晋王肃注解公布的《孔子家语》，一味地斥之为“伪书”。选择意味着淘汰，一种有选择的淘汰；看不到淘汰，就看不清选择。有所谓“洙泗微言，多出《论语》之外”，这些古籍可能多有早期材料，属于战国遗简，经过口传、转录、整理，其中有某些后世材料的渗入，也有不同学派的增删，存在着不同层面、不同角度上各有原委的真实，包括在论纂中被《论语》录入或刊落的真实。“编纂过”的真实，并不等同于原本存在的全部真实，而是一种经过人为选择和提升了的真实。这种真实具有相对性。[①]

---

① 杨义：《论语还原》，第93—94页。

总之,“编纂本身蕴含着深刻的哲学问题”①。《论语》及其他孔子言行文献的编辑与论纂,框定了我们对孔子、儒学思想的理解,这一点是不容忽视的。一方面,《论语》是经过“选择”的,因此有很多“舍弃”。这一“选择”和“舍弃”,本身就具有诠释学的意义。它本身就是一种塑造和建构的过程。我们今天读到的《论语》中的孔子形象,与结合《孔子家语》《易传》等其他孔子言行文献所理解的孔子形象有着巨大的差别。当后世将《论语》奉为经典,而逐步忽视其他的孔子言行文献的时候,孔子的形象就被《论语》塑造和建构起来了。

蔡振丰先生对此有精到的分析,与我们的看法基本一致。他说,《论语》的材料虽然各有来源,但是其编成,极可能是一人所为,否则“论语”之名中,作为“论纂”之“论”便很难成立。他认为,《论语》的内容及形式,都应该是受到孔子“述而不作”的观念影响。“述而不作”在形式上是叙述旧文,但在精神上却有新意。而《论语》一书在表面上也是叙述旧文,但如果它真是有意地被编成目前所见的样子,应可推测编者除了筛选能传达孔子精神的语料之外,也会在其编次材料之中,尝试表达他所欲述说的孔子形象。换言之,《论语》编者对所要表达的孔子人格世界,如果不是出于编者自己的说话,也不是出于编者对材料的文字训解,那么他的述说就可能隐藏在对各种与孔子有关之材料的编序结构中。② 蔡先生所谓《论语》的最后编成,“极可能是一人所为”的看法,显然就是我们所主张的《论语》的领纂说。而他对《论语》编者受“述而不作”观念的影响的看法,极有启发意义。而他所谓《论语》编者所欲表达的孔子形象,“隐藏在对各种与孔子有关之材料的编序结构中”的看法,更是卓识。过常宝先生曾经指出:“《论语》是具有‘回忆录’性质的作品。孔子的形象在追忆中被重新塑造、建构。”③这些看法,都是我们解读《论语》、理解孔子的钥匙。

---

① 杨义:《论语还原》,第 82 页。

② 蔡振丰:《〈论语〉所隐含“述而不作”的诠释面向》,载李明辉编《儒家经典诠释方法》,第 108 页。

③ 过常宝:《原史文化及文献研究》(修订本),第 250 页。

如何理解《易》的史学维度

——以干宝的诠释为例

谷继明[*]

《周易》一书的性质问题,历来聚讼纷纭。或以为是经书,或以为是哲学书,或以为是史书,或以为是占筮书。这说明,易学具有丰富的维度。在经学系统中,自班固《汉书·艺文志》以来便把《易》列为群经之首;而近代以来,哲学学科兴起,《易经》及历来的《易》学注解更被当作哲学的渊薮、义理的根源。与此同时,自《易传》撰作以来,便有"《易》之兴也,当文王与纣之事耶"的推想,自此一脉下来,以史解《易》,或者将《易》当作史书的也颇有其人。

然而"以史解《易》"看似简单,实则此概念之下的路数非常不同。干宝是历代易注中,将史学维度和术数维度有机结合的一位杰出易学家和史学家,我们即以干宝为例,检讨此一解释方向的特色及其问题。林忠军、黄庆萱皆对干宝有过详细的研究,是我们理解干宝的基础。但本文的问题意识与之有别,观点也有异。

一、所谓"以史解《易》"

黄侃先生列魏晋新义三书,为王弼《周易注》、干宝《周易注》、皇侃《论语义疏》。他评价说:"干氏之《易》又与京房殊科。虽远本京房,世应游归,初无深意。然说《序卦》'有天地然后万物生',则力驳老氏'有物混成,先天地生'之说;至比王何之流为谗

* 作者简介:谷继明,哲学博士,同济大学人文学院副教授。

说殄行。说《杂卦》之末,不以反对次序之理,则与《易》终未济之理吻合。此在当时,亦不失为说经之一家也。”①由是可见,干宝易注在六朝时期具有重要地位。

“以史证《易》”或“以史解《易》”,是古代易学中比较重要的一种诠释类型,但我们不能笼统地把用史事解说《周易》的看作一类。这里面有两种非常不同的思路:一派认为《周易》卦爻辞就是或隐或显地记载了当时的史事,他们要做的,就是把卦爻辞与当时历史事件的关联建立起来,这种思路我们可以成为史事还原与索隐。一派认为《周易》的象、辞表达了普遍的道理,易含万象、万事,但还是要借具体的事象来讲,所以需要援引史事来解说。近现代以来如顾颉刚、宋祚胤等是前一种的代表,程颐、杨万里则是后一种的代表。两派虽然有区别,但也有联系。同时,他们各自派别内部也有从温和到极端的谱系。

干宝看上去是还原史事的一派,但仔细分析的话我们会发现情况很复杂。我们现在就分两部分来对此加以考述。

(一)还原《周易》卦爻辞隐含的史事

《周易·系辞传》说《周易》“当文王与纣之事”,干宝既然要还原史事,也以此为基准。他在注《序卦传》时说:“文王、周公所遭遇之运,武王、成王所先后之政,苍精受命短长之期,备于此矣。”②他又注既济九三:“在既济之家,而述先代之功,以明周因于殷,有所弗革也。”③这是从爻辞的具体事件性出发做的解读。所谓“具体事件性”,就是将爻辞看作某一时特殊事件的隐晦记录,这个事件的时间点就是爻辞的本位,如果出现了更早的事,只能是追述。就如既济是周代已经取代商代的爻辞,若忽然出现了商代中兴时期的史事,那么只能是爻辞撰写者对于以前的追述,以寄托某种想法。还原性的史事解读,其坐标轴是线性时间,因此在时间点上就具有排他性:如果是这一个时间点的事,就不能同时是其他时间点的事,如果出现,那也只能作为追述,追述其实就是将其他事安排在时间轴上的其他位置。说理性的史事解读则不然,它不是线性时间轴,一个点可以容纳不同时间点的事情,因为它无意于建立时间轴。

① 黄侃:《汉唐玄学论》,载滕志贤编《新辑黄侃学术文集》,南京:南京大学出版社,2008年,第387页。

② 李鼎祚:《周易集解》,王丰先点校,北京:中华书局,2016年,第554页。

③ 同上书,第381页。

干宝现今残存的注释中，十之七八援引史事。我们可以将其《易》注按殷周历史排列起来。大致相当于从文王到成王的时间段。黄庆萱①、林忠军②皆有详细的纂辑举证。今限于篇幅，仅举两例，略见其一斑：

> 井初六：井而为泥，则不可食，故曰"不食"。此托纣之秽政不可以养民也。
>
> 革初九：在革之初，而无应据，未可以动，故曰"巩用黄牛之革"。此喻文王虽有圣德，天下归周，三分有二，而服事殷，其义也。③

以上干宝将卦爻辞与史事联系，常常用"寄""托""喻""此××之事/时"等概念。当我们说"甲象征了乙"或"甲比喻乙"，往往是将甲看作一个表象，乙才是实际的本体。干宝这样用，说明他把殷周的史事当作被诠释的基底。

（二）一以贯之：史学家与经学家的眼光

表面上看，干宝把还原、索隐殷周史事作为《周易》诠释的目标。但他并没有仅仅停留在此。作为一个良史，他要在殷周史事的还原中，展现出殷何以灭亡，周何以兴起的道理。干宝最大的关怀，就是历史的发展或兴衰成败，是否有一致的道来作为轴线。他处在变动十分剧烈的时代。公元220年，汉献帝禅位给曹丕，曹魏代汉；公元265年，曹奂又被逼禅位给司马炎，晋朝代魏；公元311年永嘉之乱；公元318年司马睿称帝，建立东晋。不到一百年，朝代更换如此之频繁，令许多史学家乃至经学家都陷入深深的反思之中。同时，作为东晋史官，干宝要撰写《晋纪》记录西晋一朝的历史。这涉及建国之合法性的问题。《晋纪》论及晋武帝革命时说：

> 帝王之兴，必俟天命，苟有代谢，非人事也。文质异时，兴建不同，故古之有天下者，柏皇栗陆以前，为而不有，应而不求，执大象也。鸿黄世及，以一民也。尧舜内禅，体文德也；汉魏外禅，顺大名也。汤武革命，应天人也；高光争伐，定功业也。

① 黄庆萱：《魏晋南北朝易学书考佚》，上海：华东师范大学出版社，2012年，第346—354页。
② 林忠军：《象数易学发展史》（第二卷），济南：齐鲁书社，1998年，第61—64页。
③ 李鼎祚：《周易集解》，第298、303页。

各因其运，而天下随时，随时之义大矣哉。古者敬其事则命以始，今帝王受命而用其终，岂人事乎，其天意乎。①

干宝的史论，与他对天道、人事的变化判断联系在一起，所以他在《周易·杂卦传》的终末解释，探讨历史变化的道理，与此类似：

易穷则变，通则久。总而观之，伏羲、黄帝，皆系世象贤，欲使天下世有常君也。而尧、舜禅代，非黄农之化，朱均顽也。汤武逆取，非唐虞之迹，桀、纣之不君也。伊尹废立，非从顺之节，使太甲思愆也。周公摄政，非汤武之典，成王幼年也。凡此皆圣贤所遭遇异时者也。夏政尚忠，忠之弊野，故殷自野以教敬。敬之弊鬼，故周自鬼以教文。文弊薄，故春秋阅诸三代，而损益之。……是以圣人之于天下也，同不是，异不非。百世以俟圣人而不惑，一以贯之矣。②

干宝认为，每个历史阶段，君主的治道有差别，权力的更迭方式也不同。伏羲、黄帝的时候是传子；尧舜改成了禅让，是因为自己的儿子不肖，但尧传给舜是“内禅”。到了夏商之际和殷周之际，政权更替变成了“逆取”，这是因为桀纣暴虐，已成为独夫。伊尹、周公以人臣摄政，是因为君主本身有问题。从道来讲，他们都是一致的。在这里他还运用了三正说。《白虎通·三教》：“王者设三教者何？承衰救弊，欲民反正道也。三正之有失，故立三教，以相指受。夏人之王教以忠，其失野，救野之失莫如敬。殷人之王教以敬，其失鬼，救鬼之失莫如文。周人之王教以文，其失薄，救薄之失莫如忠。”③他所谓的一以贯之之道，仍继承自汉代经学家。干宝还存有汉代的经学意识。仅仅把他看作史学家，便会觉得《杂卦传》的这段注释莫名其妙。

历史的发展有差异，却并非毫无规则，偶然、任意的发展。兴衰成败有一定的道理，干宝易注的最后说“一以贯之”，正是从具体的历史中发现这些道理。值得注意的是，在他看来，今本六十四卦卦序是文王所定，《序卦传》是孔子解释文王之寓意、考索

① 萧统辑：《宋尤袤刻本文选》，李善注，北京：国家图书馆出版社，2017 年，第 178—180 页。
② 李鼎祚：《周易集解》，第 555 页。
③ 陈立：《白虎通疏证》（下），吴则虞点校，北京：中华书局，1994 年，第 369 页。

其史事的作品;而《杂卦》则是孔子将《周易》放在整个人类发展的历程中,从三正的高度来统摄历史发展、展现此纲领之下不同历史样态的作品。卦的“杂”,象征的是人类政治生活样态的丰富性。

由此,干宝的以史解《易》,也就呈现出了多样性。对于《周易》的卦爻辞部分,他认为是周代史臣所作,故寄托了殷周之际的史实。解释的目标是揭示出卦爻象和爻辞所隐藏的史实,然后从这具体的史实中探讨兴衰的道理。孔子《易传》则是直接发明道理,干宝也会效仿此,认为某些卦爻辞可以作援引史事以说理的解释,即第二类型的“以史解《易》”。林忠军已区分了干宝中的这两种解释类型,并指出:“用这些史实说《易》大多不是揭示隐藏在《周易》文辞中真实含义,而是借用历史事实将一个深奥的道理通俗化,或证明易理的深刻而又切近人事,故它与以殷周之际的史事注《易》有着明显的不同,带有浓厚的义理派的气息。”①

二、易道与治道

作为撰作《晋纪》的良史,干宝是以“中兴”偏安王朝的史臣来追溯本朝前半段的兴衰成亡。他对于历史的思索,直接目的就是西晋一朝的兴亡;他对于《周易》的解释,也是有这个目的在其中。

在《晋纪·总论》中,干宝追叙了西晋开国的功业,但也探讨了其倏忽灭亡的原因。他花了很长的时间叙述周代的开国史:“自后稷之始基静民,十五王而文始平之,十六王而武始居之,十八王而康克安之。故其积基树木,经纬礼俗,节理人情,恤隐民事,如此之缠绵也。爰及上代,虽文质异时,功业不同,及其安民立政者,其揆一也。”②上一节我们引用了干宝注释《杂卦传》提出了“一以贯之”的说法,而这里的“其揆一也”也是此想法的体现。他追溯周代,是为了引出晋朝的开国加以对比:

> 今晋之兴也,功烈于百王,事捷于三代,盖有为以为之矣。宣景遭多难之时,务伐英雄,诛庶桀以便事,不及修公刘太王之仁也。受遗辅政,屡遇废置,故齐王不明,不获思庸于亳;高贵冲人,不得复子明辟;二祖逼禅代之期,不暇待参分八百

---

① 林忠军:《象数易学发展史》(第二卷),第64页。

② 萧统辑:《宋尤袤刻本文选》,第198页。

之会也。是其创基立本，异于先代者也。①

曹魏代汉，晋代曹魏，都采取了所谓“禅让”的形式，表面看来比汤武的放伐和逆取要高。但这种禅让只是“外禅”，有别于尧舜的内禅。此时的禅让只是名义，仍然掩盖不了残酷和狡诈的事实。晋之代魏，比魏之代汉所屠戮的人更多，机心也更重。这种虚伪狡诈的形式，以及屠戮名士和持不同政见者的政治生态所带来的危害，比逆取的革命所造成的冲击更大。如果说革命因武力造成了现实中大规模的破坏，那么晋之代魏，一系列政治口号和杀戮高压带来的是人们心中道德秩序的崩溃和羞耻感的丧亡。晋之立国，在现实政治秩序和社会集体心灵层面，就已埋下深重的危机。“不及修公刘太王之仁”这话以现代眼光看比较委婉，但在那个语境中是非常强烈的指责。“其创基立本，异于先代”，实际的含义就是晋国的开国，从根本上就比其他朝代不正很多。干宝在下文说“国之将亡，本必先颠”，恰恰与此呼应。

晋朝皇帝得国不正，直接对士风和人才以恶劣影响。而当时的虚无放诞之风，恰恰与羞耻心和道德操守的沦落相关联。干宝表达了对玄学和清谈的不满：“风俗淫僻，耻尚失所。学者以庄老为宗，而黜六经；谈者以虚薄为辩，而贱名俭。悠悠风尘，皆奔竞之士；列官千百，无让贤之举。”②他还点名批评：“故观阮籍之行，而觉礼教崩弛之所由；察庾纯贾充之事，而见师尹之多僻。考平吴之功，知将帅之不让；思郭钦之谋，而悟戎狄之有衅……”③关于阮籍、嵇康，及其与当时风俗的关系，评价一直有分歧，但褒扬的解读居多。因为当时司马氏政权借着礼教和孝道的名义来实行高压的政治统治，所以嵇康才“非汤武而薄周孔”，阮籍才放诞不拘。嵇康忠于曹魏，是没有问题的；阮籍却到底还是给司马氏写了劝进表。周一良先生通过分析，又引叶适的话说：“阮籍以酣纵逞人欲，而以慎密防世患。进不成显，退不成隐，岌岌乎刑戮之间，深昵强权，粗免其身……”④阮籍尚且如此，而那些借豁达之名来为自己投机取巧不重名节而辩护的人，更是成为风气。儒家的礼教，固然可以成为统治的工具；但如果“告朔之饩羊”仍在，则一部分人仍会暗自汗颜羞愧。乱世或政权更迭频繁的社会中，虽说尤能凸显孤介忠贞

① 萧统辑：《宋尤袤刻本文选》，第 199 页。

② 同上书，第 199—202 页。

③ 同上书，第 203 页。

④ 周一良：《魏晋南北朝史札记》，北京：中华书局，1985 年，第 31 页。

之士;但他们既称为“孤介”,则此类豪杰毕竟如凤毛麟角,多数已羞耻弱丧。这种风气,一直持续到隋唐,国家和士大夫群体试图有所收束,但效果不明显。到了五代,此风更盛。一直到宋代理学产生后,才真正对这种风气加以毫不留情的彻底批判。但在此之前,并不是没有正直之士站出来批评,干宝就是其中之一。相应地,他在解释《周易》“有天地然后万物生焉”的时候说:

> 物有先天地而生者矣。今正取始于天地,天地之先,圣人弗之论也。故其所法象,秘自天地而还。老子曰:“有物混成,先天地生,吾不知其名,强字之曰道。”《上系》曰:“法象莫大乎天地。”《庄子》曰:“六合之外,圣人存而不论。”《春秋穀梁传》曰:“不求知所不可知者,智也。”而今后世浮华之学,强支离道义之门,求入虚诞之域,以伤政害民,岂非谗说殄行,大舜之所疾者乎!①

干宝引用了老子、庄子,但他是从“不可说”“存而不论”的角度来援引。既然老子、庄子都说过“存而不论”,则魏晋那些终日以谈玄为事的人,不仅不合于经,也违背了老庄的教诲。玄谈的危害是很严重的:伤政害民。如果对照《晋纪·总序》,浮华之谈,岂止伤政害民,而且是晋朝灭亡的思想原因。王衍便曾痛苦地反思道:“吾曹虽不如古人,向若不祖尚浮虚,戮力以匡天下,犹可不至今日。”②

我们这里不是说王弼等玄学家的哲学理论有问题,而是当名教被解构的时候,在现实中许多人只是假名士。他们只不过是用虚无放达来掩盖自己为所欲为或者苟且的行为而已。这样的风气,如何能使社会挺立起来?所以晋之清谈,较之东汉清议群体不可同日而语。

正是基于此,干宝在解释《周易》的时候,要改变《周易》的玄学化风气,来敷衍治道。将卦爻辞还原为具体的史事,也是对抗那种谈玄理的路数。他虽然在《周易注》中很少直接点名批评王弼注,以及玄学思想;但这种诠释路径本身就足以表明干宝的态度。他在解释《文言》的元亨利贞四德时说:

> 夫纯阳,天之精气。四行,君之懿德。是故乾冠卦首,辞表篇目,明道义之门

① 李鼎祚:《周易集解》,第535页。

② 房玄龄等撰:《晋书》,北京:中华书局,1974年,第1238页。

在于此矣,犹春秋之备五始也。故夫子留意焉。然则体仁正已,所以化物;观运知时,所以顺天;气用随宜,所以利民;守正一业,所以定俗也。乱则败礼,其教淫;逆则拂时,其功否;错则妨用,其事废;忘则失正,其官败。四德者,文王所由兴。四愆者,商纣所由亡。①

"体仁正已"是君主的修身,"观运知时"要求君主顺应天道和大势,"气用随宜"则是"斧斤以时入山林"之类,"守正一业",则要求维持纲纪不得败坏。这是从文王之成总结的经验,也是商纣王之败的教训。我们若还是回头读《晋纪》,可知这不仅仅是为了追求历史事实,而且要落实到治道。

三、经注与术数之间

干宝易注的基本用心及其特色,我们已经分析的比较清楚了。但还有一个十分关键的问题,以往的干宝易学研究者皆未及思考:他将《周易》还原为殷周史事的时候,到底把《周易》的作者定位为何时何人?干宝对此没有明言。黄庆萱据其引殷周之际的事,认为干宝以文王、周公之时所作。② 但此相关联更为关键的是,《周易》卦爻辞所寄托的事,到底是出于追述,抑或像《左传》筮法那样对未来的预测?干宝在注《序卦传》时说:"文王、周公所遭遇之运,武王、成王所先后之政,苍精受命短长之期,备于此矣。"③苍精受命之长短,即周代的国运。所以他又注比卦曰:"考之蓍龟,以谋王业,大相东土,卜惟洛食,遂乃定鼎郏鄏,卜世三十,卜年七百,德善长于兆民,戬禄永于被业。"④显然是站在预测的立场上。

这也就意味着,《周易》卦爻辞所蕴含的一部分史事,是出于预测。《周易》的作者在撰写时,就不仅仅是如近现代的史料派那样,仅仅把过去发生的事进行编码整理;而是要运用占筮的技术,将未来要发生的事写到卦爻辞中。张惠言正是在这个角度批评干宝:"文王作卦辞,而蒙托成王遭周公,未济托禄父不终、微子为客,则是《易》为谶数

① 李鼎祚:《周易集解》,第11页。
② 黄庆萱:《魏晋南北朝易学书考佚》,第306页。
③ 李鼎祚:《周易集解》,第554页。
④ 同上书,第78页。

之言,妖灾之纪也。"①不管张氏的评价态度是否妥帖,但他的理解是正确的。干宝注释"精义入神,以致用也"说:"能精义理之微,以得未然之事,是以涉于神道,而逆祸福也。"②干宝将"逆福祸"与"神道"同"神"联系起来,这种理解已经很接近管辂了。不仅在具体事情的预测上,干宝强调神;他对于灾异和历史发展的把握,也常常与此相关联。

在论及晋代曹魏时,干宝说:"帝王之兴,必俟天命。"③但天何言哉,如何知道天命在哪里?比如说,革命的最初,谁知道陈胜、刘邦还是项羽才是膺大命的人呢?这种知识,已经超出了人类理性的具体知识界限,而进入了"神"的领域。所以干宝将对于天命的观察,诉诸五德终始与《周易》的占卜。

干宝把"致用"理解为预测之用、获知未来之用;而"神"也有着非常强烈的占筮实践意味。具体来说,就是对于《周易》六爻中"物"的探求。他注释"爻有等,故曰物"说:

> 等,群也。爻中之义,群物交集:五星四气,六亲九族,福德刑杀,众形万类,皆来发于爻,故总谓之物也。《象》"颐中有物曰噬嗑",是其义也。④

按以上具体内容,皆属于纳甲筮法的范畴。李道平有进一步的解释,可参考。⑤ 因纳甲托于京氏,并且以京房的卦爻体系为基础,故也可以说干宝传京氏之学。其实管辂、郭璞都传此学。

黄庆萱⑥、林忠军⑦对干宝的京氏易传统皆有考察,兹不赘述。然值得注意的是干宝对于"物"的理解。我们可以比较一下韩康伯的注:"爻有阴阳之类,而后有刚柔之用,故曰物。"孔颖达更是笼统地将之解释为"万物之类"。⑧ 将卦爻辞的解释笼统化,

---

① 张惠言:《易义别录》,《皇清经解》卷一二四〇,第2页。
② 李鼎祚:《周易集解》,第464页。
③ 萧统辑:《宋尤袤刻本文选》,第178页。
④ 李鼎祚:《周易集解》,第493页。
⑤ 李道平:《周易集解纂疏》,潘雨廷点校,北京:中华书局,1994年,第676页。
⑥ 黄庆萱:《魏晋南北朝易学书考佚》,第390页。
⑦ 林忠军:《象数易学发展史》,第56页。
⑧ 王弼注、孔颖达疏:《周易正义》,载李学勤主编《十三经注疏》(标点本),第319页。

利用泛象征化的方法，以发挥玄理，这是义理派的解释路径；而拒绝笼统化，认为卦爻与万物的联系不是泛泛的象征，而是具有度数的映射，这是象数派的解释路径。这样，“物”就不是被抽象化为刚柔的物，而是具体时空境遇中的物。每一爻代表一个具体的情境，这个情境就是宇宙间某一具体的时空。这一具体的时空是总体度数中某一刻度的时空。刻画时空的度数和坐标，便是五行和干支体系。在这样的时空坐标中的每一个具体的存在者，便是物。只是这个坐标不是物理学意义上的机械化、被决定的坐标，而是变动不居的迁流体系。每一个存在者，也具有自行选择的意志，因而变换出无限的新情境。干宝就是要在这种大的历史度数中，寻求历史发展的道理，观察存亡吉凶消长之几。这也就不难理解他为何要以史解《易》了。可以说，以史解《易》是干宝《易》学的表现形式；而以占解《易》才是其内核。干宝又解“六爻相杂，唯其时物也”说：

一卦六爻，则皆杂有八卦之气：若初九为震爻，九二为坎爻也；或若见辰戌言艮，己亥言兑也；或若以甲壬名乾，以乙癸名坤也；或若以午位名离，以子位名坎；或若德来为好物，刑来为恶物；王相为兴，休废为衰。①

曹元弼解释说：“干以物为爻所属之物。六爻阴阳相杂，唯其卦之时而物应，爻辞取义所以广也。”②此说大致不差，不过“以物为爻所属之物”似不妥，表述为“以物为爻所应之物”更为合理。干宝这里有更复杂的理论思考：六画之卦才有“爻”的称呼，但每一个六画卦都是八卦相重而成。八卦相重，不仅仅是空间形式上的堆积叠加，而是八卦之气的相杂相融。每一爻，都反映了某一八经卦之气的信息。这也就是爻的取象要用八经卦的原因。在这里我们也看到了虞翻、管辂、干宝等与王弼的关键分歧：王弼直接用爻的阴阳刚柔来取物象；虞翻、干宝等人则是通过爻来联系到八卦之气来取象。这个关键，在虞翻等人那里是不言自明的，而干宝将之点了出来，就是要针对王弼，体现了他系统性的思考。朱伯崑先生认为魏晋时期的象数派如干宝等在理论上并无新的建树，并不恰当。③ 爻与八卦之象联系的枢纽是“时”，六爻有其时，八卦亦有其时，

---

① 李鼎祚：《周易集解》，第 488 页。

② 曹元弼：《周易集解补释》卷十六，刻本（民国十六年[1927 年]刊本）第 18a 页。

③ 朱伯崑：《易学哲学史》，北京：昆仑出版社，2005 年，第 333 页。

时即干支五行系统。“初九为震爻，九二为坎爻”，这是郑玄的爻体说，爻体说是将六爻的位置与乾坤生六子的顺序相应和，是一种“时”的系统；“辰戌言艮，已亥言兑”，“甲壬名乾，乙癸名坤”，这都是以干支为基础的“时”；“午位名离，子位名坎”，是将干支方位与八卦结合起来，而空间根本上也在“时”之中。“德来为好物，刑来为恶物”，则是观察每一爻与本宫卦的生克关系，福爻则来好物，刑来则为恶物。五行在每个时间节点的王相休囚死，也是时的具体展开形式。综言之，干宝将“时物”分两类：一是八卦之气，一是爻的关系所感应的事物。这两类在“时”上又是一致的，它们都可以进一步具体化为人事。

干宝对《系辞传》的注解属于理论说明；他在具体的卦爻辞注释中，也是这么实践的。如比卦六三“比之匪人，不亦伤乎”注曰：

> 六三乙卯，坤之鬼吏。在比之家，有土之君也。周为木德，卯为木辰，同姓之国也。爻失其位，辰体阴贼，管蔡之象也。比建万国，唯去此人。故曰“比之匪人”，不亦伤王政也。①

据纳甲筮法，比为坤宫归魂卦，世在六三。六三纳卯木为官鬼，旧称“鬼吏”。“在比之家，有土之君”，一是因为属坤宫，坤为土，一是因为比卦为“建万国、亲诸侯”之卦，所以六三本身有诸侯之象。其纳支属木，与周德相同，故象征同姓诸侯国。这是从纳支及五行来推断“物”的信息之一：同姓诸侯国。纳支为卯，卯之情主怒，怒行阴贼，所以说“辰体阴贼”；复据爻位分析，六三不当位，可推为阴贼不正之同姓诸侯国。当然，我们还可以补充说，六三官鬼持世，亦害人之象。总之，这些不同的信息，指向了物的不同类型和性质，这些不同的信息集中在六三一爻，联系周初的情形，最后锁定为管蔡之乱。

干宝认为，对于未来福祸的推断是要入神的。这也就意味着占筮的究极之境不是一般人所能达到，而有待圣人。此观点与管辂一致。但干宝还是给圣人以下的人利用《周易》来推测天命以可能性。他解释“君子知微知章，知柔知刚”时说：“周公闻齐鲁之政，知后世强弱之势；辛有见被发而祭，则知为戎狄之居。凡若此类，可谓知几也。

① 李鼎祚：《周易集解》，第 80 页。

皆称君子。君子则以得几,不必圣者也。”①干宝将“知几”定位为见微而知来,又认为圣人以下的君子也可以凭学习和领会而达到。如此《周易》在干宝那里才具有可操作性。因为根据管辂的理论,一般人根本不需要学习《周易》,《周易》的占筮既需要天赋,也需要机缘,非一般君子所能达到。②

干宝有占验的实践。史载他曾向韩友问《易》。《晋书·艺术传》:“韩友受《易》于会稽伍振,善占卜,能图宅相冢,亦行京费厌胜之术。”③伍振史籍未有传,而《宋书·符瑞志》载其筮例。至于干宝问韩友之《易》,也是以占筮技术为主:“友卜占神效甚多,而消殃转祸,无不皆验。干宝问其故,友曰:‘筮卦用五行相生杀,如案方投药治病,以冷热相救。其差与不差,不可必也。’”④五行隐匿在卦爻的干支之中,可见韩友也是以京房术来算卦,与管辂、郭璞事迹一致。干宝与郭璞的关系更是亲密。据李剑国考证,太康元年(公元280年)时,干宝为著作郎,而郭璞为其僚属著作佐郎。⑤ 今《搜神记》已不完整,但仅凭后人辑佚,我们可以看出,他录了管辂、淳于智、郭璞等人的许多占筮事迹。在《晋书》尚未撰定的情况下,干宝辑录的来源,当是《洞林》等书。由此可知,干宝对于占筮一道十分爱好,并勤加钻研。今干宝一次实际的占筮,为弦超占神女智琼的事,就载在《搜神记》中。⑥

干宝如此强调占筮,但是否就是命定论呢?是否就一任占筮之结果,从而取消了人之行为善恶所具有的意义呢?他注“文不当,故吉凶生焉”谓:

> 其辞为文也。动作云为,必考其事,令与爻义相称也。事不称义,虽有吉凶,则非今日之吉凶也。故元亨利贞,而穆姜以死;黄裳元吉,南蒯以败。是所谓文不当也。故于经,则有君子吉,小人否;于占,则王相之气,君子以迁官,小人以遇罪也。⑦

---

① 李鼎祚:《周易集解》,第474页。

② 谷继明:《管辂易学研究——兼论术数学的思维方式》,《云南大学学报(社会科学版)》2019年第1期。

③ 房玄龄等撰:《晋书》,第2476页。

④ 同上书,第2477页。

⑤ 干宝辑:《新辑搜神记》,载干宝、陶潜撰《新辑搜神记 新辑搜神后记》,李剑国辑校,北京:中华书局,2007年,第42页。

⑥ 同上书,第128页。

⑦ 李鼎祚:《周易集解》,第493页。

爻的吉凶发动,符合“义”的原则,若违背道义,就与爻辞(即“文”)不相应,也就是文不当。文不当,也就意味着断辞并非如占筮者所想当然的那样。干宝举了《左传》的例子,一个是穆姜自省知道当不起“元亨利贞”,一个是子服惠伯告诉南蒯只有忠信之事才符合“黄裳元吉”。所谓“于占则王相之气”云云,今日已不见其文,当与后世纳甲筮法中的日月之力类似。干宝认为,即便卦处在王相之时,占筮者也需要是君子才行,小人是当不起的。这就让干宝的占验,与一般江湖术士的占验区别开来。

就个人的占筮而言,干宝反对命定论;具体到历史领域,他尽管讲受命、认同五德终始,但也反对历史决定论。故他在《晋纪总论》中说:

> 刘向之谶云,灭亡之后,有少如水名者得之,起事者据秦川,西南乃得其朋。案愍帝,盖秦王之子也,得位于长安,长安,固秦地也,而西以南阳王为右丞相,东以琅邪王为左丞相。上讳业,故改邺为临漳。漳,水名也。由此推之,亦有徵祥。而皇极不建,祸辱及身。岂上帝临我而贰其心?将由人能弘道,非道弘人者乎?①

晋怀帝、晋愍帝兴起的时候,都有祥瑞,也合于图谶。但为什么西晋内忧外患不断,草草地亡于永嘉之乱呢?干宝在思考:这一切是不是已经决定好的?上天是不是故意要弄晋朝?他最后得出结论:“人能弘道,非道弘人。”历史的发展,最后还是决定在人自身。即便给你兴起的祥瑞,有一个好的环境,但如果不好好把握,还是会把好的机会葬送掉。那么,祥瑞灾异等“天命”又何在呢?这大概是一种情境和时势,时势的发展不以人的意志为转移,但它又是人们的行为意志所共同造就的。所以在天命与人意之间,是一个相互参赞的过程。正是如此,干宝有鉴于西晋之亡,告诫东晋的统治者,要重视自身的责任和担当,真正能把握时势,顺承天命,不要重蹈历史的覆辙。

四、申　说

黄庆萱评价:“干宝几乎概以殷周之际史事说之,遂使《易》降为殷周记事之书,谶

---

① 萧统辑:《宋尤袤刻本文选》(第十二册),第207—208页。

数妖灾之言,是干宝之陋也。”①此说法恐有失公允。在我们看来,直接把《易》完全当作殷周记事之书,如近代以来的古史辨派和考证索隐派那样,当然是一种固陋,可通过我们的分析可见,干宝的“以史解《易》”表面上与此派相似,实则有所不同。他在“以史解《易》”的过程中加入术数的维度,重点不在术数本身,而是使卦爻辞所隐含的史事,不再是作为过去记录的“史”,而是面向未来展开的预测。只不过是,干宝将《周易》的卦爻辞限定为对从文王到成王这一时段的预测。卦爻辞既然具有术数的维度,其背后更深层的意味就在于:《周易》已经呈现的卦爻辞史事,只不过是一种特例;在殷周一时特例之后,是更深广的卦爻象的天地。较之于近现代仅仅把《周易》当作历史书的一派,干宝无疑高明了许多。

然而干宝与宋代程颐、杨万里等随机引用史事来发挥道理的诠释路径也不相同。因他要寻求“一以贯之”的解释。这个“一以贯之”不仅仅是治道,而且是具体的解《易》方法。换言之,干宝虽然认为卦爻象的根本意义可以引申出无限的具象与史事,但《周易》卦爻辞是特定时刻的作品,其浅层意义就应当放在特定时刻来通贯性的解释。如果将作者归为文王,那么史事只能是殷周时代。术数维度的引入,也是为了保证这种一贯性。此种一贯性的诉求,是自东汉末年以来郑玄、虞翻那里就逐渐形成的。反观程颐、杨万里的随机引用史事指点,则继承自王弼。仔细玩味其中差别,不仅有助于推进我们对《周易》史学和术数维度的思考,也有助于重新审视六朝以来经学的分途。

---

① 黄庆萱,《魏晋南北朝易学书考佚》,第355页。

庐山慧远“神”概念中的“本净”意蕴的三个来源

罗　骧*

东晋慧远在中国佛教思想史上是一个承前启后的重要人物，其思想中的“神”概念被解释为：补特伽罗（神我）、灵魂、法身、如来藏、心识、精神等①，涉及部派中的犊子部，大乘中的华严、如来藏等学说。这些阐释差异较大，也各有道理。目前难以解释的问题是，慧远为何会得出认知之“神”具有“本净”功能的结论，其思想的依据是什么。②部分学者将之归于如来藏，却存在典籍依据的问题。因为佛性学说始盛于东晋义熙十三至十四年间（公元417—418年）译出《大般泥洹经》之后，但慧远却于义熙十二年（公

---

*　作者简介：罗骧，历史学博士，浙江理工大学马克思主义学院副教授。
基金项目：2019年度杭州市哲学社会规划课题“慧远与东晋佛教的变迁”（Z19JC106）。

①　对神的不同理解与认识，涉及慧远究竟以何为宗的问题。如汤用彤认为远公是以般若为宗；吕徵、方立天认为其以犊子部、有部为宗，赖永海先生则将其归于佛性一脉。其实分辨慧远思想以何为宗的争论，恰好能看出远公的创发之处。“神”作为认识主体（识神）的地位是极为关键的，并起着承上启下的作用：“神”为无明、贪爱所缠，则堕入三世流转，成为轮回的主体；若脱去无明与贪爱，则可“冥神绝境”，达到涅槃境界。若将“神”所含的“轮回主体”与“认识主体”予以比较，我们会发现其“认识主体”更为关键，并起着承上启下的作用。

②　“心性本净”的说法，自部派佛教伊始，到大乘的唯识宗、如来藏系都曾有采纳者。部派佛教时期的大众部、分别论者即持“心性本净”之论，若如一切有部与犊子部则明确反对“心性本净”，称之为“不了义”。《异部宗轮论》载大众部持“心性本净，客尘随烦恼之所杂染，说为不净”。又据《大毗婆沙论》卷二十七载，分别论者谓：“心本性清净，客尘烦恼所染污，故相不清净。”因没有慧远研究过大众部、分别说者的思想的证据，故可不论。而唯识宗思想传入较晚，慧远无法知其详情明显可知，且远公的思想也并未透露出研究唯识思想的痕迹，故亦可不论。

元416年)辞世,其作品显然与《大般泥洹经》无关。① 故如何解释慧远思想中"神"所含如来藏学说的来源,便成为颇为要紧的问题。本文根据史籍中慧远重点研究的典籍,及其传世的作品,通过文字、内容的对比,分别从《般舟三昧经》与禅法、早期如来藏经典、传统心鉴说等三个方面,析出慧远"心性本净"观念的来源。

一、《般舟三昧经》与禅法

分析慧远思想中"心性本净"观念的来源,首先需要提及《般舟三昧经》。② 远公修行念佛禅,虔心弥陀信仰,此经所起作用最大,学界对此的认识是较为一致的。③ 另外,在慧远与罗什的通信中,远公亦专门就《般舟三昧经》中的深意求教于罗什。故慧远曾潜心研究《般舟三昧经》,是毫无疑问的。

《般舟三昧经》虽为早期大乘经典,却已经含有"心性本净""唯心所现"的观念:

---

① 慧远曾研习《大般泥洹经》的传说,显然虚妄,但这种传说却恰好体现出慧远思想与佛性思想的相似性。

② 《般舟三昧经》集结成的时间大致介于小品、大品之间(约为公元50—100年),这主要是从《般舟三昧经·拥护品》中所说"八大菩萨"进行推断。据印顺法师的考证,这"八大菩萨"中,颰陀和 Bhadrapa^la 译为贤守,或贤护,是王舍城的长者;罗怜那竭 Ratna^kara 译为宝积,是毗舍离的长者子;桥曰兜 Guhyagupta 译为星藏,是占波 Campa^的长者子;那罗达 Naradatta 译为仁授,是波罗斯 Ba^ra^n! asi^,或说弥梯罗 Mithila^的婆罗门;须深 Susi^ma 是迦维罗卫 Kapilavastu 人;摩诃须萨和 Maha^susa^rthava^ha 译为大导师,或大商主,是舍卫 S/ra^vasti^的优婆塞;因坻达 Indradatta 译为主天,实为主(天)授,是鸠闪弥 Kaus/a^mbi^人;和轮调 Varun! adatta 译为水天,实为水神授,是沙祇 Sa^keta 的优婆塞。关于八位菩萨集为一组,除《般舟三昧经》以外,《贤劫经》《八吉祥神咒经》《灌顶经》中,都说到"八大正士"。这八位菩萨,是释尊游化地区的在家菩萨。而《般舟三昧经》是为在家菩萨(贤护)说的;并嘱累阿难等比丘,及八大菩萨受持宏通。经中所揭示出来在家菩萨的重要性,是大乘佛教流行的标志,而"八大菩萨"也是早期在家菩萨的代表人物。此后,大乘经中有十六菩萨,如大品,以及《持心梵天所问经》《无量寿经》等,基本是以这八大菩萨为基础,加入其他菩萨而成。从《般舟三昧经》中的八大菩萨,到大品中的十六菩萨,揭示出《般舟三昧经》集结成的时间大致介于小品、大品之间。另外,大品的《序品》中说:"念无量国土诸佛三昧常现在前。"表述对《般舟三昧经》中念佛三昧的尊重,亦可推定《般舟三昧经》结于大品般若之前。参见印顺《初期大乘佛教之起源与开展》,台北:正闻出版社,1981年,第849—851页。

③ 参见汤用彤《汉魏两晋南北朝佛教史》,北京:北京大学出版社,1997年,第261—262页。

> 色清净，所有者清净。欲见佛即见，见即问，问即报。闻经大欢喜，作是念：“佛从何所来？我为到何所？”自念：“佛无所从来，我亦无所至。”自念三处，欲处、色处、无想处，是三处意所为耳。我所念即见，心作佛，心自见。心是佛，心是怛萨阿竭。心是我身，心见佛。心不自知心，心不自见心。心有想为痴，心无想是泥洹。①

关于此节中所含“心性本净”“即心即佛”“唯心所现”的观念，极为明显。② 若将慧远《念佛三昧诗集序》中“睹夫渊凝虚镜之体，则悟灵根湛一，清明自然”“神朗，则无幽不彻”，以及《大智度论抄序》中“开蒙朗照，水镜万法”等语，与《般舟三昧经》两相参照，则慧远所具“心性本净”的思想，可以得到最好的解释。

其实“心性本净”“以镜喻心”之说不仅存于《般舟三昧经》中，在慧远之前，即有人提及此类观念，尤其在禅法修行者中较为常见。如三国时期，游方吴国的康僧会所作《安般守意经序》中曾曰：

> 昭然心明，逾明月珠。淫邪污心，犹镜处泥。秽垢污焉，偃以照天……所以然者，由其垢浊。众垢污心，有逾彼镜矣。若得良师，刬刮莹磨，薄尘微曀，荡使无余。举之以照，毛发面理，无微不察。垢退明存，使其然矣。③

又如东晋谢敷《安般守意经序》亦曰：

---

① 支娄迦谶译：《般舟三昧经》，《大正新修大藏经》第 13 册 No. 0417，第 899b 页。

② 印顺法师曾仔细阐述分析了这段经文，在见佛以后，应这样的念“观”：佛从哪里来，自己又到了哪里？知道佛没有从他方净土来，自己也没有到净土去，只是从定心中见佛。因此，就理解到三界都是心所造作的，或者说是心所现的。随自己所念的，那一方那一佛，就在定心中见到了，所以只是以心见心，并没有见到心外的佛。这样，心就是佛，就是如来（心也就是自身，自身也是心所作的）。自心见到了佛，但并不能见是自心。从这“唯心所现”的道理，能解了有想的居士愚痴、生死，没有想才是涅槃。一切都是虚妄不真实的，无可乐著的，只是“念”所作的。那个“念”，也是空的，无所有的。前说境不可得，这才说心不可得。如能够解见（三界、自身、佛、心）空的。就能于一切无想（无相）、无愿，依三解脱门而入于涅槃了。这一唯心观的次第，是以“唯心所作”为理由，知道所现的一切，都是没有真实的。进一步，观能念的心也是空的。这一观心的过程，与后来的瑜伽论师相近。参见印顺《初期大乘佛教之起源与开展》，第 846 页。

③ 僧佑：《出三藏记集》，北京：中华书局，1995 年，第 243 页。

若欲尘翳心慧。不常立者。乃假以安般。息其驰想。犹农夫之净地。明镜之莹刬矣。然即芸耨不以为地。地净而种滋。莹刬非以为镜。镜净而照明。①

康僧会将心喻为明月珠,本自清净,但受俗念所染,不得其明,故只需去除无明之污泥,心自然会展现其明净的本相。从思想的源流上看,谢敷似乎承袭自康僧会。这也说明在东晋时期江南修行者的认识中,“心性本净”的观念并不陌生。

慧远不但是东晋晚期的义学高僧,对禅法修行也极为关注。他曾组织莲社成员修“念佛三昧”,敦请佛驮(陀)跋陀罗译出禅经等事,即为明证。故慧远能从念佛法门等禅法中领悟“心性本净”之理,是较为合理的解释。

二、早期如来藏经典

《般舟三昧经》固然能解释慧远“心性本净”观念的来源,若局限与此,未免论据不足。其实慧远在世之时,蕴含如来藏思想的经典已经陆续出现。② 如竺法护于西晋元

① 僧佑:《出三藏记集》,第246页。

② 根据印顺法师的考订,传译过来的如来藏经典篇目大致如下:1.《如来兴显经》,三卷,晋太康八年(公元287年),竺法护译。是晋译《华严经》的《宝王如来性起品》,唐译《华严经》的《如来出现品》的初译本。2.《大哀经》,八卷,晋元康元年(公元291年),竺法护译。与北凉昙无谶所译《大方等大集经》的《璎珞品》《陀罗尼自在王菩萨经》,为同本异译。3.《大方等如来藏经》,一卷,西晋惠、怀时(公元290—311年),沙门法炬译。这部经已经佚失,现存有晋元熙二年(公元406年),佛陀跋陀罗的译本,也名《大方等如来藏经》。4.《大般泥洹经》,六卷,晋义熙年(公元417—418年),法显所译。5.《大般涅盘经》,四十卷,从北凉玄始十年(公元421年)十月起,昙无谶在姑臧译出。6.《大云经》,或名《无想经》,昙无谶译。7.《大法鼓经》,二卷,宋元嘉中(公元400年左右),求那跋陀罗译。8.《央掘魔罗经》,四卷,宋元嘉中,求那跋陀罗译。9.《胜鬘师子吼一乘大方便方广经》,二卷,宋元嘉十三年(公元436年),求那跋陀罗初译。10.《楞伽阿跋多罗宝经》,四卷,宋元嘉二十年(公元443年),求那跋陀罗初译。异译有二:(1)元魏菩提流支在延昌二年(公元513年)译,名《入楞伽经》,十卷。(2)唐实叉难陀在长安四年(公元704年)译,名《大乘入楞伽经》,七卷。11.《宝积三昧文殊师利菩萨问法身经》,失译,一卷,据《出三藏记集》的记载,是后汉安世高所译,似不足信,依所用译语来看,应是西晋以前所译。12.《如来庄严智慧光明入一切佛境界经》,二卷,元魏景明二年(公元501年),昙摩流支初译。梁天监五年、普通元年间(公元506—520年),僧伽婆罗等再译,名《度一切诸佛境界智严经》,一卷。赵宋法护等,在大中祥符三年(公元1010年)后,译为《大乘入诸佛境界光明庄严经》,五卷。13.《不增不减经》,一卷,元魏孝昌元年(公元525年),(转下页)

康元年(公元 291 年)所译的《如来兴显经》《大哀经》,沙门法炬于西晋惠、怀之时(公元 290—311 年)所译的《大方等如来藏经》,以及失译的《宝积三昧文殊师利菩萨问法身经》。①

在上述译出的早期如来藏经典中,法炬所译的《大方等如来藏经》是如来藏学说中的入门典籍,道安就曾见过此经,而且道安早期曾与法炬之间有过交往②,但慧远是否读过此经,已不可知。同样,也没有证据显示慧远研究过护公所译《大哀经》。故《大方等如来藏经》《大哀经》皆可不论。

另一方面,有证据显示慧远曾研习竺法护所译的《如来兴显经》,以及失译的《宝积三昧文殊师利菩萨问法身经》,这个地方以往为学界所忽视,需要特别揭示出来。

慧远在与鸠摩罗什的来往通信中,最为注重的问题之一,就是如何理解“法身”。在《鸠摩罗什法师大义》中记载了慧远的询问,他曾引经文曰:

> 又法身同化,如镜像之类。方等诸经引喻,言日月宫殿不移,而光影现于江河。③

考之各类佛教典籍,在东晋末期以前传入的佛经中,借日月宫殿不移、光影现于江河,

(接上页)菩提流支译。14.《无上依经》,二卷,陈永定二年(公元 558 年),真谛译,有的说是梁代所译的。15.《胜天王般若波罗蜜经》,七卷,陈天嘉六年(公元 565 年),月婆首那译。唐显庆五年、龙朔二年间(公元 660—663 年),唐玄奘所译《大般若波罗蜜多经》的《第六分》,八卷,就是《胜天王般若经》的再译。16.《大乘密严经》,三卷,唐永隆、垂拱元年间(公元 680—685 年),地婆诃罗译。唐永泰元年(公元 765 年),不空再译,也名为《大乘密严经》,三卷。论典有 1.《究竟一乘宝性论》,四卷,元魏正始五年(公元 508 年)来华,勒那摩提译。2.《佛性论》,四卷,真谛于陈代译出。3.《大乘法界无差别论》,二卷,唐提云般若译。参见印顺《如来藏之研究》,台北:正闻出版社,1992 年,第 4—9 页。

① 今本《大藏经》中题为安世高所译,部分学者便据此而称《法身经》即安世高所译。但据印顺法师研究,应当不是出自安侯之手,但印顺法师推定为东晋以前所译,似乎欠妥。道安所作的《安录》记载以广博而严谨著称,其中并没有相关记载,《佑录》记于《新集续撰失译杂经目录》中,可知道安并未见过此经,又僧睿为安公弟子,既然僧睿见过,而道安未尝目睹,可知《法身经》应当译于道安制作经录之后。另根据翻译的文体来看,仍属旧译,如开篇曰“闻如是”等,则可知应该出于罗什来华,倡导新译之前,故大体可以认为是东晋所译。

② 参看僧佑《出三藏记集》,第 331 页。

③ 鸠摩罗什:《鸠摩罗什法师大义》,载《大正新修大藏经》第 45 册 No. 1856,第 123a 页。

来说明佛法身无所不照之妙用的经典,似乎只有竺法护所译的《如来兴显经》。其经文曰:

> 见如来者,则为一法身……则为普及一切群萌,多所将养。如虚空界,无所不苞,无所不入……以无身故,无所不周。佛身如是,普入一切。群萌之类,悉于诸法。一切佛土,靡所不遍。亦无所去,亦无所从来……日之宫殿,无所想念,亦不转移,而咸悉照,靡所不遍。诸水众器,悉睹其影……譬如月殿造立,现四未曾有法……已见月光,众生戴仰……如来道场……则为一切群萌品类,而见瞻戴。观于佛身,皆蒙曜晖。①

这一段文字是借日月不移,却能在水中呈现影子,以此来说明如来法身神妙,能普照一切,惠泽众生。将之与慧远所说"方等诸经引喻,言日月宫殿不移,而光影现于江河"一语互相印证,可知慧远曾对《如来兴显经》是有所钻研的,故能撮要而言。

可引作旁证的是,《如来兴显经》中法身普入一切,无所不包的思想,在慧远《万佛影铭》中也有较为明确的表达,而且文中同样以日月为喻,来说明法身的妙用:

> 妙寻法身之应,以神不言之化……譬日月丽天,光影弥晖,群品熙荣,有情同顺。咸欣悬映之在己,罔识曲成之攸寄……若乃语其筌寄,则道无不在……而今之闻道者,咸摹圣体于旷代之外,不悟灵应之在兹。徒知圆化之非形,而动止方其迹,岂不诬哉!②

慧远对法身神妙功用的描述,与前面所引《如来兴显经》的大意如出一辙,显然曾受其影响。

远公在《万佛影铭》文中有"妙寻法身之应""咸欣悬映之在己",以及"不悟灵应之在兹"等语,皆指众生若能去除无明,守其清净本性,则能与佛陀法身之间发生诸般感应,彻悟正真之道。这也是《如来兴显经》中所含之经义,如经文曰:

---

① 竺法护译:《佛说如来兴显经》,载《大正新修大藏经》第 10 册 No. 0291,第 599b 页。

② 道宣:《广弘明集》,载《大正新修大藏经》第 52 册 No. 2103,第 197c 页。

如来之慧,不可限量。靡不周达,不可穷极……愚骙乃尔,不能分别如来圣慧。世尊普入,而自念曰:吾宁可宣显示大道,使诸想缚自然蠲除。①

通过上述分析,可知慧远对《如来兴显经》应该是颇为熟悉的,否则断不能如此若合符节。

推溯慧远研究《如来兴显经》的渊源,或许是受其师道安的影响。道安在为竺法护《渐备经》所作的序文中就曾提及《如来兴显经》,且评价极高:

《人兴显经》(即《如来兴显经》),且亦是大经,说事广大,义理幽深,乃是众经之美望,辞叙茂赡,真有奇闻。②

道安在序文中曾曰:“《渐备经》,以泰元元年(记载有误,应该是太元元年,即公元376年)十月三日达襄阳。”③根据文意推算,道安作序的时间,应该在公元376—379年之间,此时道安仍驻锡襄阳,慧远随侍身旁。故远公可能受到道安的影响,而对《如来兴显经》有所研习。

《如来兴显经》是晋译《华严经》的《宝王如来性起品》、唐译《华严经》的《如来出现品》的初译本,其中含有明显的如来藏思想。经文中曰:

众生之界,不可计数。是诸菩萨,游入如来成最正觉,一一得致。如众生本,入如来身。④

又曰:

悉已遵修诸菩萨行,获大神足,诸三昧门,娱乐神通,皆入如来秘密之藏。⑤

---

① 竺法护译:《佛说如来兴显经》,载《大正新修大藏经》第10册No.0291,第607c页。
② 僧佑:《出三藏记集》,第331页。
③ 同上书,第333页。
④ 竺法护译:《佛说如来兴显经》,载《大正新修大藏经》第10册No.0291,第610a页。
⑤ 同上书,第594a页。

所谓"入如来身""入如来秘密之藏",都是《如来兴显经》中所含如来藏思想的明证。当然,在如来藏(佛性)学说的表述上,《如来兴显经》比《大般泥洹经》《胜鬘经》等经典要含蓄许多,但无可否认是早期如来藏经典。

《如来兴显经》在众生"心性本净"观念上的表述,则比众生皆有"佛性"的观念要明确许多。经文中开篇明言曰:

> 今者如来,所以兴显,化诸菩萨,是故现身于斯世矣。分别演说诸佛种性清净离垢平等之慧。①

又曰:

> 如日宫殿,其生盲者,不见威光。虽无眼目,不知昼夜。续因其明,得生活业饮食之具。如是众生,亡失本净。②

经文中以目盲者比喻众生为无明所困的情形,似乎略有不妥③,但其宣说心性本净之理则皎然莫辩。既然有证据显示慧远曾仔细研读《如来兴显经》,故远公受经文影响,而接受"心性本净"的如来藏思想是不足为奇的。

根据现有材料来看,慧远对如来藏经典的研读,或许不仅限于《如来兴显经》。他在询问罗什"法身"的问题时,曾引经文曰:

> 经云:法身无去无来,无有起灭。④

《小品》中不曾谈及法身的问题,《大品》(《放光》《摩诃般若波罗蜜经》)以及《大智度论》中虽曾言及"法身无去无来",却未曾明言法身"无有起灭"。但慧远所说"法身无有起灭",亦绝非揣度之辞,而是有着经典的依据。失译的《佛说宝积三昧文殊师利菩

---

① 竺法护译:《佛说如来兴显经》,载《大正新修大藏经》第 10 册 No. 0291,第 597a 页。
② 同上书,第 599b 页。
③ 依理来说,称之为闭眼之人为是,即所谓闭眼之人,开眼即是。
④ 鸠摩罗什:《鸠摩罗什法师大义》,载《大正新修大藏经》第 45 册 No. 1856,第 122c 页。

萨问法身经》中曾曰：

> 佛问文殊：“汝谓我灭不？”文殊言：“不。何以故？法身无有生，若有生乃有灭。法身者不生故，知佛而不灭。”①

此处明言若有生则有灭，法身不生，故法身不生不灭。② 其经文中又曰：

> 其法身无所著，所以者何？但有数故，数者堕俗。若罗汉、辟支佛，上至佛，俱等一法身。所以者何？不可分别故。譬如若干种宝可别知，法身而不别。所以者何？不可别故。无生无死故。法身无所生无所灭，所以者何？常住故。③

这段文字中为了阐述论证“法身无有起灭，常住不变”，故强调不可分别罗汉、辟支佛、佛陀之间“法身”的差异，而此经中所说“法身常住”的概念，在慧远的思想中屡有表现。④ 另一方面，若不分剖其间的高下，则佛陀、辟支佛、罗汉之间的阶差无以标明，故《大品》《大智度论》等皆只说法身无去无来，不说法身之起灭，得以将三者的法身判然分开。慧远在得到《大智度论》之后，察觉两说之间的差异，故不停追问罗什这三种解脱者之间法身差异的缘由所在。在得到罗什详细的回答之后，慧远曾欣然曰：“传者未详辨，徒存名而滥实，故致前问耳，君位序有判为善。”⑤其所说未详辩者，或许就是指《法身经》而言。

在慧远之时，《宝积三昧文殊师利菩萨问法身经》已经颇为人知。僧睿在为佛性学说所作的辩护文字《喻疑论》中，曾引《法身经》曰：“什公时虽未有大般泥洹文，已有

---

① 安世高译：《佛说宝积三昧文殊师利菩萨问法身经》，载《大正新修大藏经》第 12 册 No. 0356，第 237a 页。

② 值得注意的是，这种论证方式在关于神不灭的论争中也极为常见。

③ 安世高译：《佛说宝积三昧文殊师利菩萨问法身经》，载《大正新修大藏经》第 12 册 No. 0356，第 237a 页。

④ 《万佛影铭》中曾曰：“法身之运物也，不物物而兆其端，不图终而会其成。理玄于万化之表，数绝乎无形无名者也。若乃语其筌寄，则道无不在。”又如《法性论》曰：“至极以不变为性，得性以体极为宗。”皆隐含法身常住之意。

⑤ 鸠摩罗什：《鸠摩罗什法师大义》，载《大正新修大藏经》第 45 册 No. 1856，第 123a 页。

《法身经》,明佛法身即是泥洹。”①睿公所说的《法身经》,就是指《宝积三昧文殊师利菩萨问法身经》,其经文中亦曰:“佛者则法身。”②虽然无法确证僧睿研读《法身经》,是受到慧远的影响③,但至少能够说明《法身经》中的如来藏思想,已经为当时的高僧群体所知。

《法身经》中“佛法身即是涅槃”的观念,在慧远的思想中也较为明显。他曾曰:“真法身佛,正当独处于玄廓之境。”④文中“玄廓之境”,即指涅槃,如他曾曰:“冥神绝境,是谓泥洹。”⑤这种“法身即涅槃”的思想,或许正是慧远晚年追索“法身”问题的最大动力之一。

《法身经》中亦曾以宝珠喻,来说明“心性本净”的思想:

> 譬如摩尼珠,本自净好。复以水洗,置其平地。转更明彻,无不见者。⑥

以摩尼宝珠来比喻众生心性本自清净,只是受客尘所染,如水洗之后,自会恢复其清净本性。这是如来藏思想中最为著名的几个比喻,若联系慧远所说之“神”,我们会发现二者之间有极相似的地方,慧远所说之“神”,若脱去“无明”“贪爱”之缠,则回复其“渊凝虚镜之体”,恰与宝珠喻所表达之意相吻合。慧远既然曾研习《法身经》,则受其影响而对“心性本净”思想有所理解,是非常合理的。

两晋之时般若学最为盛行,但不能否定其他部类的经典也有研习者,这是学界较为忽视的问题。如道安虽以般若为宗,对华严类的《渐备经》《如来兴显经》也是大加赞赏的,晚期更深入毗昙学,并不受学派之间的限制。尽管当前现存的资料,只能证明慧远曾研习《如来兴显经》《法身经》,但其终身钻研佛法,所读如来藏系的经典或许不止于此。

---

① 僧佑:《出三藏记集》,第 236 页。

② 安世高译:《佛说宝积三昧文殊师利菩萨问法身经》,载《大正新修大藏经》第 12 册 No. 0356,第 237a 页。

③ 僧睿与慧远同属道安弟子,且曾在庐山与慧远盘桓数年,双方在思想上有所交流是非常肯定的。

④ 鸠摩罗什:《鸠摩罗什法师大义》,载《大正新修大藏经》第 45 册 No. 1856,第 129a 页。

⑤ 僧佑:《弘明集》,载《大正新修大藏经》第 52 册 No. 2102,第 30b 页。

⑥ 安世高译:《佛说宝积三昧文殊师利菩萨问法身经》,载《大正新修大藏经》第 12 册 No. 0356,第 237a 页。

三、传统心鉴说的影响

《出三藏记集·慧远法师传》中曾曰：

> 既入乎道，厉然不群。常欲总摄纲维，以大法为己任……无生实相之玄，般若中道之妙，即色空慧之秘，缘门寂观之要。无微不析，无幽不畅。①

融汇各家之说，沟通中印之学，不但是道安、慧远等人之特质，也是诸位前贤高明之处。太虚大师曾称："至道安法师便奠定了中国佛教的主流基石……由是而即教即禅之主流形成，直承此主流而增长的则为慧远等。"②又说："慧远一系，是依自己修证而宏扬佛法，乃以中国人依经律之所得为主，根底下潜伏有中国思想之特质。"③太虚大师之言，可谓是对慧远"常欲总摄纲维，以大法为己任"的最好注解。联系太虚大师所言，或许可以进一步自本土思想中，发掘慧远"心性本净"思想的来源。

早自《诗经》，即有"我心匪鉴，不可以茹"的诗句，大意指若心乱纷纷，则无法维持心明如镜的状态来察知外物。④ 自春秋战国以降，尤其在道家一系中颇有将镜、鉴比拟心神者。⑤ 最著名的当属《庄子》，如《庄子·天道》篇曾曰：

> 水静犹明，而况精神！圣人之心静乎！天地之鉴也，万物之镜也。⑥

---

① 僧佑：《出三藏记集》，第566页。

② 太虚：《太虚大师全书》，台北：善导寺佛经流通处，1956年，第754—755页。

③ 同上书，第872页。

④ 《诗经》中又有"殷鉴不远"的诗句，且此后儒家学者（宋明以前）对镜之观照作用的借用，多自"以史为鉴""以人为鉴"的角度出发，而不论"以心为鉴"，与庄、老道家的旨趣截然不同。

⑤ 《老子》虽未尝将心比镜，却提出要通过"不欲"，使得心"静"，如其曰："古之善为士者，微妙玄通，深不可识。夫唯不可识，故强为之容：豫若冬涉川，犹若畏四邻，俨若客，涣若冰将释，敦若朴，混若浊，旷若谷。孰能浊以静之？徐清。"又曰："致虚极，守静笃。万物并作，吾以观其复。夫物云云，各归其根。归根曰静，静曰复命，复命曰常，知常曰明。"《老子》倡此"静"字，与心静如水，鉴之万物，已经只有一步之遥。

⑥ 郭庆藩撰：《庄子集释》，王孝鱼点校，北京：中华书局，1961年，第457页。

又如《庄子·应帝王》篇亦曰：

至人之用心若镜，不将不迎，应而不藏。①

此两条皆以心比拟水镜，并谓若至圣人境界，则心神至静、至明如同镜子一样，可以照知天地万物的真实。

此说与如来藏学说中“心性本净”的观念仍有些微差别，因为如来藏说强调本自清净，《庄子》文中却没有论及这一层，但《老子》中曾曰：“归根曰静，静曰复命，复命曰常，知常曰明。”若将《庄子》中“心鉴”之说与《老子》中“归根常明”之说联系起来，则已经与如来藏“心性本净”之说极为相近。

《淮南子》中也有“心鉴”之说，却只是单纯沿袭《庄子》，许多地方甚至文字都无更改，并无太多创新之处。如《淮南子·览冥训》曰：“故圣若镜，不将不迎，应而不藏。”②显然自上引《庄子·应帝王》中“至人之用心若镜，不将不迎，应而不藏”所来。又如《淮南子·齐俗训》曰：“抱大圣之心，以镜万物之情。”③此处显然是自《庄子·天道》中“圣人之心静乎！天地之鉴也，万物之镜也”一语而来。

毫无疑问，《庄子》《老子》《淮南子》中对圣人心神如镜的描述，与如来藏“心性本净”学说具有相似性，这使得深受本土文化浸染的高僧能够轻易接受如来藏思想，为其传入与盛行，提供了本土的理论支持。魏晋南北朝期间玄学盛行，谈家、学者皆需研读庄、老，更为其提供了最大的舞台。远公早年曾浸淫于《庄》《老》之学说，有证据显示他对《淮南子》也极为熟悉④，故他的“神”思想中“心性本净”观念当有本土来源。

慧远在未出家之前，是“博综六经，尤善庄、老”⑤的衣冠士子，故中国本土思想对其影响极深。他在《与隐士刘遗民等书》中，曾自陈其求知之路上的转折：

每寻畴昔游心世典，以为当年之华苑也。及见《老》《庄》，便悟名教是应变之

① 郭庆藩撰：《庄子集释》，王孝鱼点校，北京：中华书局，1961 年，第 307 页。

② 何宁撰：《淮南子集释》，北京：中华书局，1998 年，第 463 页。

③ 同上书，第 797 页。

④ 慧远在回答王谧的来信中曾引用《淮南子》，且《形尽神不灭》篇中亦曾援引《淮南子》之说。

⑤ 慧皎：《高僧传》，北京：中华书局，1992 年，第 211 页。

虚谈耳。以今而观，则知沉冥之趣，岂得不以佛理为先？①

这种自儒入道，再转而学佛的经历，在两晋期间的高僧群体中是较为普遍的，《高僧传》中此类记载颇多。② 这些高僧受中国传统思想浸染极深，容易以固有的本土思维模式来理解佛教。这虽会造成认识上的部分偏差，却也正因其思想的深度，能更迅速的（不一定准确）理解佛教教义，也能准确把握当下思想界的脉动与缺陷，并通过引入异域文化加以填补。

佛教传入早期，竺法雅等人创立"格义"之法，虽有诸多弊病，但无可否认的是，中土人士亦由此逐渐踏入理解佛教的门径，若无此类"格义"之法，终究不能开始理解佛教的基本概念③，更遑论深入佛理。随着中土人士视野慢慢扩大，对佛教的理解渐次加深，遂从"格义"衍生出较灵活的"得意忘言"之法，试图借此直接把握佛典的要义。④ 在当时浓厚的玄学氛围之下，此法逐渐风行。慧远是运用"得意"之法的翘楚，据《高僧传》所载：

尝有客听讲，难"实相义"。往复移时，弥增疑昧。远乃引《庄子》义为连类，于是惑者晓然。是后安公特听慧远不废俗书。⑤

慧远引《庄子》为连类，来说明实相义，固然是"得意"方法的运用，他在《形尽神不灭》篇中，或引《易传》之文意，来说明神、形之间的差异，或引《庄子》《淮南子》的具体言辞，来印证与阐述"神不灭"说，也是对"得意"方法的娴熟运用。

---

① 道宣：《广弘明集》，载《大正新修大藏经》第 52 册 No. 2103，第 304a 页。

② 如竺法汰弟子"昙一、昙二。并博练经义，又善老易"，见慧皎《高僧传 · 竺法汰传》，第 193 页；如竺法雅"少善外学，长通佛义。衣冠士子，咸附咨禀。时依门徒，并世典有功，未善佛理"，见慧皎《高僧传 · 竺法雅》，第 152 页；释慧严，"年十二为诸生，博晓诗书。十六出家，又精炼佛理"，见慧皎《高僧传 · 释慧严传》，第 260 页。

③ 《世说新语》载："殷中军被废，徙东阳，大读佛经，皆精解。唯至'事数'处不解。遇见一道人，问所签，便释然。"殷浩不解"事数"，其实也就是不懂佛教之基本概念。当时的风气是借玄学来认识佛学。佛教概念体系严密，若事数不解，是很难明了其深意的，顶多把握大意而已，言其"精解"，恐怕是过誉之词。其实"得意"方法的诞生也与"事数"难解有关，更像是一种嫌其繁杂，故单刀直入的方法。若说"格义"类似于两汉训诂之术，"得意"则更与玄学息息相关。

④ 当然，这也与佛典繁众，其文体多铺陈华丽，以及魏晋时期言辞崇尚简约的风气等因素有关。如王衍见乐广，未尝不觉己繁。见房玄龄等撰《晋书》，第 1243 页。

⑤ 慧皎：《高僧传》，第 212 页。

在这种比较与沟通异域文化的过程中，会导致认识上的偏差，如慧远援引《庄子》的薪火之喻，来论证形尽神不灭之理就是一个典型。此处姑且不论庄子与慧远所说“神不灭”之间的差异。其实以薪火之喻来比拟人之形神关系，并不恰当。就具体的薪火之间的关系而言，是先有薪，后有火，并不是以火为主体，甚至可以认为火只是木材燃烧的特性而已，因此反倒与荀子说的“形具而神生”更为契合，故薪火之喻显示出诸多的缺陷，不能精确的表达慧远思想，也因此造成理解慧远形神思想的歧义。虽不知慧远是否明了这种不妥当之处，但自《庄子》以下，《淮南子》及桓谭、王充诸人皆引薪火之喻来探讨形神关系，堪称形神思想领域的标志性论题，故慧远亦不能免俗。

慧远引《庄子》《淮南子》之文来论证神不灭，也存在文意阐述发生偏差的问题。其解《庄子》曰：“以生为‘人羁’，死为‘反真’。此所谓知生为大患，以无生为反本者也。”解《淮南子》曰：“此所谓知生不尽于一化，方逐物而不反者也。”以释家思想来阐释《庄子》《淮南子》，不仅对佛教思想造成部分曲解，对本土思想也颇有误读之嫌。但需要注意的是，这种误读却也为本土思想提供了新鲜的认知方式。另外，这种借助本土思想来理解与阐释佛教思想的方式，不但建构了一个沟通双方思想的平台，也为佛教融入中国本土文化开辟了道路。若只以“照着讲”的方式来宣说佛教教义，则只是“印度佛教在中国”，而不能创出“中国的佛教”。

四、结　语

在上文中，我们尽量追溯了慧远“神”概念中“心性本净”观念的诸多源头，这些源头大致可以分为如下四支：(1)禅法，其主要经典为《般舟三昧经》；(2)如来藏学说，其经典为《如来兴显经》《法身经》；(3)道家，《庄子》《老子》《淮南子》等。通过如此众多源头而汇聚起来的思想，显得较为博杂，试图将这些具有错综复杂关系的思想排序，并指出哪种思想对慧远的影响更为重要，或许是一件难以完成的工作。但我们若按照主体的作用进行分类之后，或许可以简单而粗略的分梳：若论及轮回主体的问题，即“神”三世“如如恒住”，可能受《三法度论》《阿毗昙心论》的影响较大；自认识主体的角度出发，尤其是众生皆有“神”，且心神本自清净，故众生皆存在成佛之可能等方面而言，则是以庄、老“心鉴”之说为铺垫，如来藏学说为其经典依据，《般舟三昧经》等禅法为其修行方法上的证明。

宋明哲学研究

柳开的道统意识与佛、道批判

江求流*

陈植锷先生曾经指出"据《宋史·丁谓传》,丁谓当权时串通女道士刘德妙,'托言老君言祸福'以为己助;贬官以后,又'专事浮屠因果之说'。其对异质文化的倾心,从另一侧面证明当时知识分子中以儒家为本位的排他意识尚未觉醒"①。陈先生的这一说法是值得商榷的。因为丁谓的生卒年是公元966年到公元1037年,从代际上看,他比下文所要论述的柳开(公元947—1000年,字仲涂,今河北省大名县人)要晚了一代人,但正如下文所表明的,在柳开那里已经存在明确的"以儒家为本位的排他意识"。此外,稍后于柳开的王禹偁(公元954—1001年,字元之,今山东省巨野县人)、孙奭(公元962—1033年,今山东省茌平区人)也对佛教进行了明确的批判,同样具有明确的排他意识。②这表明在丁谓之前及其同时代,宋初儒家知识分子的排他意识已经作为一种集体性的文化思潮在觉醒,而柳开尤其开其先河。

---

* 作者简介:江求流,哲学博士,陕西师范大学哲学系讲师暨关学研究院研究员。
基金项目:国家社会科学基金项目"宋代理学的佛教批判及其现代意义研究"(17XZX012)之阶段性成果。

① 陈植锷:《北宋文化史述论》,北京:中国社会科学出版社,1992年,第16页。

② 参见刘复生《北宋中期儒学复兴运动》,台北:文津出版社,1991年,第34—35页。关于王禹偁相关情况还可参见潘守皎《王禹偁评传》,济南:齐鲁书社,2009年,第214—219页。

一、道统意识主导下的文学革新

在关于宋代文化史的研究中，柳开往往被看作有宋古文运动中最早的先驱性人物。① 范仲淹在《尹师鲁河南集序》中指出“唐贞元、元和之间，韩退之主盟于文，而古道最盛。懿、僖以降，浸及五代，其体薄弱。皇朝柳仲涂起而麾之，髦俊率从焉。仲涂门人能师经探道，有文于天下者多矣”②。不过仅仅将柳开看作一位古文家并不符合他的实际身份。正如有学者发现的，柳开“主张文、道合一”，试图使“古文达于古道”③，但柳开的这一努力并不能看作是“将古文运动引入歧途”④。因为对他而言，文是道的载体，作文的目的本身就在于明道，他在《应责》一文中针对“或人”对他“好古文”的责难时，辩解道：

> 子责我以好古文，子之言，何谓为古文？古文者，非若辞涩言苦，使人难读诵之；在于古其理，高其意，随言短长，应变作制，同古人之行事，是谓古文也。子不能味吾书，取吾意，今而视之，今而诵之，不以古道观吾心，不以古道观吾志，吾文无过矣。吾若从世之文也，安可垂教于民哉？亦自愧于心矣。⑤

柳开在这里非常明确地指出，古文的根本特点不在“辞涩言苦”，而在于其“理”与“意”能够同乎“古人之行事”，而他自己的文字的核心则在于其所承载的“古道”，因此他要求“或人”根据“古道”来判断其文字的优劣而不是根据文辞。正因如此，他在《应责》一文中进一步说“吾之道，孔子、孟轲、扬雄、韩愈之道；吾之文，孔子、孟轲、扬雄、韩愈之文也”⑥。因此，对柳开而言，没有独立于道之外的文，文与道是合一的。正如祝尚书

---

① 任娟指出“有宋以来，提倡‘古文’与‘古道’最早的文人应该属柳开了”。见任娟《论柳开诗文中的复古意识》，《吕梁学院学报》2015年第6期。

② 范仲淹：《尹师鲁河南集序》，载《范仲淹全集》上册之《范文正公文集》卷八，成都：四川大学出版社，2007年，第183页。

③ 祝尚书：《北宋古文运动发展史》，北京：北京大学出版社，2012年，第10—11页。

④ 同上。

⑤ 柳开：《应责》，载《柳开集》，李可风点校，北京：中华书局，2015年，第12页。

⑥ 同上书，第12页。

先生所指出的,柳开的文道“合一”论实质上是“重道轻文,以文从道,其实也是狭义的‘古文运动’,只是与韩、柳不同,他是只取‘道统’而排除‘文统’,是偏向于道学的儒学复古,而不是以文体改革为核心的文学革新”①。换言之,文学革新并非柳开倡导古文的目的所在,他所真正关心的是通过文学的革新,使得古人之道得以重新彰显。

事实上,就其内在的思想动机而言,柳开从来就没有将文学革新作为自己工作的核心关注之点。不过,柳开还是在实质层面上开启、参与了宋初的古文运动,这是鉴于他对当时的文体、文风是极度不满的,因为“今之述作者,不足以观乎圣人之道”。当然,柳开的这一判断是符合历史的事实的,李可风曾经对宋初文坛做了如下描述:

> 以杨亿、刘筠、钱惟寅为首的西昆派风靡宋初文坛。西昆派在以雕章丽句更迭唱和的同时,又喜作骈文,一味堆砌典故,追求偶俪精工的形式。由于他们政治地位很高,得以主盟文坛,于是这种华艳轻靡的文风便成为一种时代的风尚,所谓“杨刘风采,耸动天下”,进一步发展了晚唐五代的骈丽文风。②

宋初这种华艳轻靡的文风使得文人学者们沉迷于雕琢章句、堆砌典故之中,不过,对柳开而言,这种文风形式空洞且无实质的内容,它不可能成为道的载体。在柳开看来,作文乃是不得已之事,作为圣人的孔子虽然留下了很多文字,但非为作文而作文,因为真正意义上的文章,都是道的体现,都是以道为实质内容,而不仅仅是徒有华丽、空洞的形式,他说:

> 夫子之于经书,在《易》则赞焉,在《诗》《书》则删焉,在《礼》《乐》则定焉,在《春秋》则约史而修焉,在《经》则因参也而语焉,非夫子特然而为也。在《语》则弟子纪其言焉,亦非夫子自作也。圣人不以好广于辞而为事也,在乎化天下,传来世,用道德而已。若以辞广而为事,则百子之纷然竞起异说,皆可先于夫子矣。③

---

① 祝尚书:《北宋古文运动发展史》,第 27 页。需要注意的是,作者在这里对柳开与韩愈、柳宗元做了区分,认为韩愈、柳宗元那里虽然也存在道统意识,但侧重于文体的改革,而柳开则是“只取‘道统’而排除‘文统’”。虽然祝尚书对柳开的这一倾向是持批判态度的,不过他对柳开的判断是正确的。

② 引自李可风撰写的《柳开集》的《点校说明》,见《柳开集》第 2 页。

③ 柳开:《昌黎集后序》,载《柳开集》,第 156 页。

《易》《诗》《书》等经典,众所周知,固然不是孔子所自作,虽然孔子对其有过"删定赞修"①的工作,但也"非夫子特然而为";另一方面,即便是《论语》也不是孔子所自作,而是弟子所记录的语录。柳开以此为依据,总结到:作为圣人的孔子并不以文辞为事,而如果有不得已的文字工作,也是"用道德而已"。所谓的"用道德"类似于后来程颢所说的"有德之言"②,即是有德而后有言,言论文字是圣人内在德性的自然展现。而以西昆体为代表的文风则不过是"以辞广而为事",将作文当作目的本身而流于文字游戏。因此,这样的文章不可能是道的载体,更不可能通过这样的文章来实现明道、传道的目标。因此,他在《应责》中不无激愤地指出"欲行古人之道,反类今人之文,譬乎游于海者,乘之以骥,可乎哉?"③。正因如此,柳开虽然在主观动机上并不将文学革新作为自己的工作目标,但他又不得不从文学革新的角度入手来实现自己以文明道的目标,因为不如此,不足以"绍复先师夫子之道"。不难看到,作为宋初古文运动先驱者的柳开,其所倡导的古文运动实质上是对古人之道的自觉继承,表现为一种明确的道统意识。

二、道统意识、理性自觉与佛、道批判

道统意识在柳开之前已经存在。韩愈作为儒家道统思想发展史上的奠基性人物,对后世产生了巨大的影响,而柳开则是自觉地继承韩愈的道统意识。这一点在《答臧丙第一书》中得到非常清楚的体现:在那里,柳开在重点阐述了孔子在"古之道"的传承与发扬方面所具有的奠基性的地位之后,进一步阐述了孟子、扬雄、王通、韩愈在"明先师夫子之道"方面所做出的贡献,最后他非常明确地对自己的工作所具有的意义做出定位,他说:

> 自韩愈氏没,无人焉。今我之所以成章者,亦将绍复先师夫子之道也。未知天使我之出耶?是我窃其器以居耶?若窃其器以居,则我何德而及于是者哉?吾子之言,良谓我得圣人之道也。则往之数子者,皆可及之耳。求将及之,则我忍从

---

① 柳开:《答臧丙第三书》,载《柳开集》,第78页。

② 程颢、程颐:《河南程氏遗书》卷第二上,载《二程集》上册,王孝鱼点校,北京:中华书局,2004年,第21页。

③ 柳开:《应责》,载《柳开集》,第12页。

今之述作者乎？今之述作者，不足以观乎圣人之道也。故我之书，吾子亦尝得而观之耳。①

这一段文字，作为柳开的自我表白，他非常明确地指出自己之所以要作文的真正目的：从一个长远的历史维度看，他将自己的工作看作是对孔子所传之道的继承②；而从一个较短的历史维度看，则是对韩愈工作的继承——因为“自韩愈氏没，无人焉”。实际上柳开曾经给自己取名为“肩愈”，正表明他对自己工作意义的自觉。③《答臧丙第一书》也表明，在柳开那里存在着一个孔子-孟子-扬雄-王通-韩愈到他自己的道统传承谱系。④

事实上，韩愈以降，儒家知识分子道统意识的崛起与“面对佛、道思想对儒学的冲击，导致儒学式微”⑤这一历史背景密不可分。因此，道统意识必然表现为一种明确的排他意识，这一点在孟子、韩愈等人那里都表现得非常明显：孟子的辟杨、墨历来被具有道统意识的儒家知识分子所称道，而韩愈的辟佛、老更是他们的榜样。排他意识在柳开那里也表现得十分明显。他曾经以一种非常谦虚的方式透露了道统意识与排他意识之间的内在关联，他说：

始者吾不敢期人之知，将欲视其可否者，自纳于圣人之道焉，亦不敢谓遽然至于此也。本在学为文章，望于述作者之畛域，脱离浮靡，冀其一二之大者焉。及出交其人，得其数君之赠，褒爱甚厚，克谓若孟轲、扬雄、韩愈之流，安敢冀于斯言哉？每抱惕惧，罪责其生。且圣人之道，其泯昧也久矣，孤而复危，岂足胜其释老杨墨众之为害哉？孟轲、韩愈尚不能各排辟其二者，况我之能，能总其二君之力乎？徒祇见其不自度量之过也。⑥

---

① 柳开：《答臧丙第一书》，载《柳开集》，第 74 页。

② 柳开给自己改名为“开”正是意在表明自己要“开古圣贤之道于时”（见柳开《补亡先生传》，载《柳开集》第 17 页），也就是使得孔子之道在当下的时代重新开显、发扬。

③ 见柳开《东郊野夫传》，载《柳开集》，第 17 页。

④ 他有时候也会把王通省略掉。

⑤ 蔡方鹿：《中华道统思想发展史》，成都：四川人民出版社，2003 年，第 250 页。

⑥ 柳开：《答陈昭华书》，载《柳开集》，第 71 页。

在这一论述,可以非常清楚地看到,从道统意识上说,柳开将自己看作是孟子、韩愈的继承人,而他之所以如此看重孟子、韩愈,主要在于孟子对杨、墨的批判以及韩愈对佛、老的批判构成了他自己的榜样。当然,就排他意识而言,柳开所排的对象,与韩愈更为一致,主要是佛、老。他曾经通过对韩愈的《双鸟诗》所进行的创造性的解读,来表达他对佛、老的厌恶之情:他一则曰"作害于民者,莫大于释、老",再则曰"众邪以兴也,释、老乃得竞出而扇于民",等等。①。

不过,需要追问的是,柳开对佛、老的批判,是否仅仅可以看作是一种"卫道",或者说,是否可以仅仅看作是对儒家文化的捍卫?② 毋庸置疑,柳开对佛、老的批判当然包含着卫道的内涵,如他说:"老、佛之徒起于夷,夷谓极于教也。至于中国,则莫极其父子君臣之道焉。夷不知其经也,知其经,则老、佛之教何有于夷哉?百子,老、佛之流。老、佛之说能惑,故小人奉之。百子乱,老、佛惑,圣人世不容。"③在这里可以看到,对柳开而言,无论是佛教还是道教,作为一种文化类型,都是一种外来文化。④ 从夷夏之辨的角度,对外来文化的排斥与对本土文化的维护是非常自然的,这种维护甚至包含着对自身利益的维护,如他说:

> 由吾道而进者,顶峨高冠,身曳大佩,享大牢而坐丰屋,王公大人贵是极矣。过吾先师之庙下,则忘而不顾,怠而不恭,至于图像陨地,笾豆覆席,皆曰"何害于吾也?"其有日斋严其容,月给费其产,崇夷狄之教,奉髡褐之徒,则未见稍怠于心,求福田利益也。苟释氏能福乎人,王公大人今日富贵,何不由释、老之教以求之?

---

① 柳开:《韩文公双鸟诗解》,载《柳开集》,第 23 页。

② 祝尚书曾经将柳开看作"是'卫道'以排佛的代表"。见祝尚书《北宋古文运动发展史》,第 247 页。

③ 柳开:《答陈昭华书》,载《柳开集》,第 70 页。

④ 关于何以将道教也看作一种外来文化,柳开也做了解释:"公曰:'若是言之,释之兴也,乃西始矣。老之兴也,子何云俱不在中国者乎?昔聃著二篇之书,以授其关令,而乃西逝矣,是自此而起耳。子如是,无乃误辩韩之旨哉?'予曰:'然。且聃之昔在中国也,不以左道示民矣。暨西入于夷,因化胡夷成其教,故欺之以神仙之事,用革其心。而后教乃东来,与昔之书果异耳。是非中国之兴也,故韩俱云若是矣。'"(见柳开《韩文公双鸟诗解》,载《柳开集》,第 23 页)实际上,柳开的这一解释还是有其合理性的,历史地看,道教的形成本来就是与其对佛教的模仿密不可分,因此从一种文化类型上看,已经与佛教具有相近之处,而与作为其文化源头的、诞生于中国本土的老子学说具有巨大的差异。

福其身福其家者,在吾先师之道之教也。①

柳开等儒家知识分子都是通过科举考试进而在政府之中谋得相应的职位,从而获得现实的社会地位和经济利益,而儒家学说及其文本载体构成了科举考试的主要内容,因此说“福其身福其家者,在吾先师之道之教”。不过,从利益的角度立论,来维护儒家的地位,不过是柳开的权宜之计,这是因为,柳开清楚地看到,人们对佛、道的信从,主要目的就在于“求福田利”,同时能够消灾降福也是佛、道自我宣传的重要内容。柳开为了打破这种佛、道“能福乎人”的虚幻性,故而要求那些崇信佛、道的王公大人们反思自己现实的地位与利益都是从何而来的。不难看到,柳开的佛、道批判,固然包含着捍卫儒家之道的卫道意识,但更为重要的是,他在理论层面上,对佛、道“能福乎人”的虚幻性具有清醒的洞察,从而包含着一种理性觉醒的内涵。

当然,柳开的这一理性自觉,还处于一种萌芽的状态。他曾经谈道:“叔父年十八病,梦道士自空至,得药吞之,曰‘后三十年当厄’。即愈……叔父善殖利,好阴施,乡人无告者,往济焉。厄期外延八岁,疑此致也。”②这一记述既涉及道教的神仙符箓之学,也涉及佛教的因果报应之说。而从他的记述看,他似乎对神仙符箓之学相信不疑——“即愈”这一肯定的描述本身也表明他对神仙符箓之学的功能的肯定,也对因果报应之说有所保留——“疑此致也”表明他对因果报应之说虽然不无疑惑,但也不敢完全否定。这一论述也明确地表明,柳开的理性自觉还比较模糊状态,这在《宋州龙兴寺浴室院新修消灾菩萨殿壁记》(下文简称作《记》)中得到明确的体现:

道隐师居是宫,作是殿,立是像,柳子以王事系于斯,见而问之,师谓柳子曰:“余闻在佛时,有大贤智施功若力,能消除世间一切灾苦,故于今传其道者未尝废。予嗣其法,见夫有形有类者,当罹于灾祸间,亦至矣。太虚中,天地或有灾变,日月或有灾蚀,邦家或有灾难,人民或有灾患,夷狄禽兽或有灾疠,草木虫鱼或有灾害,予欲如在佛时,皆使免焉。故以作是菩萨,愿能消而除之。”予曰:“佛之力,师之心,果若是,是亦大矣。”纪其言,刊于石,以为师作记。③

① 柳开:《重修孔子庙垣疏》,载《柳开集》,第40页。

② 柳开:《宋故前摄大名府户曹参军柳公墓志铭》,载《柳开集》,第190页。

③ 柳开:《宋州龙兴寺浴室院新修消灾菩萨殿壁记》,载《柳开集》,第49页。

这篇《记》中涉及两个主要的内容：一是"佛之力"："在佛时，有大贤智施功若力，能消除世间一切灾苦"；一是"师之心"："天地或有灾变，日月或有灾蚀，邦家或有灾难，人民或有灾患，夷狄禽兽或有灾疠，草木虫鱼或有灾害，予欲如在佛时，皆使免焉"。如果说，对"师之心"的肯定，还是出于前文所论的对生民与国运的关怀，那么，对"佛之力"的肯定，表明柳开对佛教的神秘主义还缺乏清醒的反思。

不难看到，柳开对佛、道的批判及其背后的道统意识，更多还是停留在一种从文化的功能意义层面出发的文化自觉。虽然在他那里已经具有某种意义上的理性自觉，从其对道教符箓之学、佛教的因果报应之说、神秘主义之说的肯定与保留看，但这种理性自觉尚且并不具有主导地位。这也表明，相对于二程、朱熹等人的高度理性自觉而言，柳开在思想的高度与深度方面的有限性。

三、民生与国运：佛、道批判的价值关怀

需要进一步追问，他对佛、道的批判的真正价值关怀是什么。事实上，柳开等人所发起的宋初古文运动，作为复兴儒学的重要方式，是与宋初尊王攘夷的政治需要密不可分的。① 不过，这并不能简单地看作是一种民族主义情绪。② 对柳开而言，他对佛、道的批判固然包含着由夷夏之辨所带来的民族主义情绪，但更主要地是因为他看到了佛、道对政教秩序与民风、民俗的实质性破坏，而这都关系到民生与国运这一根本性问题。徐梵澄先生曾经在商务印书馆百年纪念会上说，商务印刷的工作已经达到了"与生民同其休戚，与国运同其盛衰"③的程度。事实上，徐先生所说的生民与国运，应该视为判定一切文化活动之价值的根本性依据。而儒家知识分子向来是以天下为己任，对国计民生的关注是其一贯的价值关怀之所在。倘若一种文化活动无益于国计民生，甚至对国计民生会产生危害，那么，这种文化遭到儒家知识分子的批判也就是非常自然

① 参见陈植锷《北宋文化史述论》，第2页。

② 陈植锷认为，宋代"现实中越来越深刻的民族危机唤醒了知识分子对以尊王攘夷为己任的儒家主体文化的强烈认同和忧患意识，战场上的失利又逼使他们通过大力复兴传统儒学而排斥佛、老异端的激烈方式排泄积郁在胸中的民族情感，以求在文化上征服并消灭'夷狄'"。见陈植锷《北宋文化史述论》，第32页。

③ 见徐梵澄《百岁瞻言》，《光明日报》1997年5月6日。转引自孙波《徐梵澄传》，北京：社会科学文献出版社，2009年，第441页。

的事情了。柳开对佛、道的批判正是看到了其对民生与国运所造成的危害。

从民生的角度来看，正如前文所引，柳开曾经说“作害于民者，莫大于释、老”。不难看出，他对佛、道的批判，首先着眼的正是佛、道对民生所造成的危害。从维护民生的角度出发来批判佛、道，在韩愈那里已经有明确的表达，韩愈曾说：“古之为民者四，今之为民者六。古之教者处其一，今之教者处其三。农之家一，而食粟之家六。工之家一，而用器之家六。贾之家一，而资焉之家六。奈之何民不穷且盗也？”①而与柳开同时代的王禹偁则将佛、道称之为“民蠹”，他说：“古圣人不事佛以求福，古圣人必排佛以就民……富僧巨髡穷极口腹，一斋之食，一袭之衣，贫民百家未能供给。此既不能治民，又不能力战，不造器用，不同货财，而高堂邃宇丰衣饱食而已，不曰民蠹，岂可得乎？”②将佛、老视为民蠹在很大程度上构成了儒家知识分子的共同判断，柳开做出“作害于民者，莫大于释、老”的判断，正是因为他分享了这一基本的社会共识。而柳开尤其对佛教建造宏大庙宇所造成的社会财富的巨大消耗极为不满。他说“夫释之为教也，务当民俗奉之，架宫崇宇”③，而“民之信奉者众，耗于世而害于物……率四海之大，几被其困焉”④。特别需要注意的是，宋初统治者都推崇佛、道，太祖、太宗如此，真宗更是玩弄“天书”丑剧，东封西祀，崇建宫观。⑤而由于统治阶层的崇信，导致“释氏之门，庄如王室”⑥。这种大兴土木的行为不仅消耗了大量社会财富，更是导致民间困苦的重要原因。这也是构成柳开从关怀民生疾苦的角度对佛教展开批判的直接的社会背景。⑦

相对于民生而言，柳开对佛、道的批判，更为主要的着眼点则在于佛、道对国运，也就是对国家的政治安定所造成的危害。在君主制的历史背景下，君臣、父子之道是政治稳定的最为根本的保障。宋代的儒家知识分子反思中唐与五代十国的政治动荡，曾经一致地将这一悲剧性的历史过程归结为唐代政治中君臣、父子之道不彰。范祖禹在

---

① 韩愈：《原道》，载《韩昌黎文集校注》（上册），马其昶、马茂元整理，上海：上海古籍出版社，2014 年，第 17 册。

② 转引自潘守皎《王禹偁评传》，第 218 页。

③ 柳开：《韩文公双鸟诗解》，载《柳开集》，第 23 页。

④ 同上。

⑤ 参见漆侠《宋学的发展与演变》，石家庄：河北人民出版社，2002 年，第 137 页。

⑥ 柳开：《重修孔子庙垣疏》，载《柳开集》，第 40 页。

⑦ 事实上，柳开等儒家学者对佛道的批判，都有明确的社会政治背景。相关的分析参见王耀祖《孙复、石介与宋代儒学复兴》，山东师范大学硕士学位论文，2006 年。

其名著《唐鉴》中总结李唐政治之大弊时，曾说：

> 唐有天下几三百年，由汉以来，享国最为长久。然三纲不立，无父子君臣之义，见利而动，不顾其亲，是以上无教化，下无廉耻。①

在儒家知识分子们看来，有唐政治生活中这种"无父子君臣之义"的现象是与当时的统治者崇信佛、道密切相关的。韩愈曾经一方面通过《谏佛骨表》大力反对统治者崇信佛教，另一方面，在《原道》中对佛教之"道"提出了如下的批评："古之所谓正心而诚意者，将以有为也。今也欲治其心，而外天下国家，灭其天常，子焉而不父其父，臣焉而不君其君，民焉而不事其事。"②因此，对儒家知识分子而言，一方面，佛、道不强调君臣、父子之道，"非仁义礼乐、父子君臣"③；而另一方面，以最高统治者为代表的统治阶层大肆地崇信佛、道④，这就必然导致作为政治稳定之根本保障的君臣、父子之道在现实政治中无法落实。在儒家知识分子看来，这构成了佛、道对现实政治稳定的最大危害。柳开对佛、道的批判，也主要着眼于其对君臣父子之道这一最为根本的政治稳定器的破坏上。他曾经将佛、道与儒学做了如下的对比：

> 老、佛之徒起于夷，夷谓极于教也。至于中国，则莫极其父子君臣之道焉。夷不知其经也，知其经，则老、佛之教何有于夷哉？百子，老佛之流。老佛之说能惑，故小人奉之。百子乱，老佛惑，圣人世不容。⑤

在他看来，佛教、道教的思想与儒学的最为根本的区别就在于，儒学以父子、君臣之道为根本，但佛教、道教，乃至儒学之外的其他各家学说都不知有父子君臣之道。而由于佛、道之学能够迷惑人，从而得到上自最高统治者，下至一般民众的崇信，而这也导致了儒家的父子君臣之道不为当世所容。但在柳开看来，圣人之道是政治运作与安稳的

---

① 范祖禹：《唐鉴》卷十一，转引自陈植锷《北宋文化史述论》，第7页。

② 韩愈：《原道》，载《韩昌黎文集校注》（上册），第18—19页。

③ 柳开：《韩文公双鸟诗解》，载《柳开集》，第23页。

④ 关于唐代和宋初统治阶层对佛、道的宠信，参见刘复生《北宋中期的儒学复兴运动》，第29—33页。

⑤ 柳开：《答陈昭华书》，载《柳开集》，第70页。

根本保证,倘若现实政治脱离圣人之道,则必然会出现"臣贼其君,子贼其父"①的局面,更有甚者,则天地间的生民、万物都将遭受灾难:"圣人礼法行于天地间,万物赖之而相养。苟一日暂废,则日月昏,阴阳错,岂止臣贼其君,子贼其父也。"②柳开在写下这段话的时候,必然想到的是五代十国时期那种子弑其父、臣杀其君、军阀混战、民不聊生、生灵涂炭的社会悲惨景象。当然,由此也不难理解,基于对国运或政治安定的考量而发出的对佛、道的批判,背后同样是对民生疾苦的关怀与牵挂。而另一方面,他之所以推崇儒学,正在于,在他看来,儒学所强调的父子、君臣之道,以及与之相应的礼乐制度,对于君主制背景下的政治运作而言具有根本的担保功能,正因如此,他才会一方面说"圣人礼法行于天地间,万物赖之而相养",另一方面又说"儒之为教,防乱也"。③

除了民生与国运的因素之外,柳开对佛、道的批判还涉及佛、道对社会风俗的破坏。柳开敏锐地观察到佛教与民俗之间的密切关联,他说"夫释之为教也,务当民俗奉之"④,换言之,佛教的兴盛离不开民间的崇信,而佛教自身也非常善于利用民众的心理扩大自身的影响:"释、老乃得竞出而扇于民,久益张矣。"⑤从社会心理学的角度看,普通民众的心理往往是对社会中坚阶层的效法和模仿,所谓上有所好,下必甚焉!因此,儒家的知识分子往往非常强调社会上层要具备"君子之德",从而成为下层民众效法的榜样,这一点柳开也不例外。正因如此,他对那些王公大人崇信佛、道的行为给予了激烈的批判:

> 大者欲塞其责,小者将贪其利。塞责者,以其剥害黎元,黩乱道德,见释氏有他惑之事,图在屋壁,惧身死之后,罹其毒烈,故捐家财赎其过矣。贪利者,以其命将夭而能寿,疾不豫而得瘳;居位而见迁,鬻货而获倍;谓能祇信,福在其中。以此而言,得其诚矣。王公大人尚若是也,矧其愚不肖蠢蠢者乎?斯风浸淫,天下从化,若洪水垫害,大禹未生,将何以救之也?⑥

---

① 柳开:《重修孔子庙垣疏》,载《柳开集》,第39—40页。
② 同上。
③ 柳开:《默书》,载《柳开集》,第1页。
④ 柳开:《韩文公双鸟诗解》,载《柳开集》,第23页。
⑤ 同上。
⑥ 柳开:《重修孔子庙垣疏》,载《柳开集》,第40页。

佛教有所谓的因果报应之说。这一学说自身虽然有其复杂性,不过从效果历史的角度看,它通常以“谓能祗信,福在其中”的方式为人们所接受。概言之,只要能够崇信佛教,就能够获得福报,从而实现“命将夭而能寿,疾不豫而得瘳;居位而见迁,鬻货而获倍”。柳开敏锐地观察到,为获得福报而崇信佛教,本质上是一种“贪利”的表现。社会上层的“贪利”行为必然为社会下层所效仿,“斯风浸淫,天下从化”,其结果必然是形成一种“咸畏其或生或死,或罪或福,莫知其涯”①的社会风俗。而一旦个人利益成为人们行为的价值追求之所在,则必然导致见利忘义、贪生怕死、畏罪求福,从而社会的风俗也就不再淳厚。社会风俗的好坏不仅影响到个人生活的品质,也对政治稳定与否具有重要的影响,而政治稳定对民生又具有直接的、根本性的影响。因此,柳开从社会风俗的角度对佛、道所展开的批判,也是以生民与国运这一价值关怀为归宿的。

如上所论,柳开对佛、道的批判是以对生民与国运的关怀为其归宿的,而其中生民问题又是其根本归宿。柳开在道统意识的引导下极力维护儒家的正统地位,是因为,在他看来,儒家文化具有“防乱”的功能。而他之所以排斥佛、道等异质文化,则在于佛、道文化是致乱的重要因素:无论是民生的凋敝还是政治的动荡,乃至社会风俗偷薄,都与佛、道思想的影响具有重要的关联。因此,出于维护生民与国运的需要,就不得不对佛、道文化展开批判。不难理解,柳开的佛、道批判并不能看作是对佛、道等异质文化的简单排斥,更不能看作是一种民族主义情绪的抽象表达,而是知识分子对生民与国运的责任与担当意识的体现。

四、余　论

通过以上的论述,不难看到,柳开对佛、道文化的批判,包含着非常丰富的内容,也同样具有值得注意的理论洞见。因此,那种认为柳开的反佛“并无完整的理论,所以讨论北宋古文家的排佛论须从孙复开始”②的说法是可以商榷的。不过,值得注意的是,柳开虽然对佛、道文化展开了激烈的批判,但在他那里还是存在对佛、道的某些肯定的层面。这在他关于“真僧”的论述中可以得到体现。在《桂州延龄寺西峰僧咸整新堂

① 柳开:《韩文公双鸟诗解》,载《柳开集》,第24页。
② 何寄澎:《北宋的古文运动》,上海:上海古籍出版社,2011年,第282页。

铭》一文中，柳开写道：

> 桂州西峰僧咸整，淳化元年，不下山十二年矣。整之师洎祖师，悉如整。开与赞善大夫张测，为整作新堂以居之。有问："整之行何为奇者？"对曰："若时入阵战贼，勇能进不顾死者，足为善将矣。况如孙、吴乎？交朋间，视其友无欺者，足为义士矣，况如管、鲍乎？为政廉以平，足为良吏矣，况如龚、黄乎？入朝事君直，能言必尽诚者，足为贤臣矣，况如伊、周乎？父兄在，视其室无私者，足为孝子矣，况如曾、颜乎？为文理胜辞者，足为大儒矣，况如荀、孟乎？"惟整焦然坐一室，足不践山下寸地，况入豪贵污贱之门，嗃嗃如狗鼠谄窃哉！百善万恶，心动即生，身远自藏，几灭半矣。方之外殊而内同者，止是整能洁其行，与之善将之下，商较其轻重，整足为真僧矣。由湖、湘而南，问僧者，语整为诸先。①

僧咸整"不下山十二年"在他人看来并不足奇，但在柳开看来却非常的难能可贵。不过，柳开对僧咸整的肯定，并非因为咸整的僧人身份，或咸整所信仰的佛教文化，而主要是因为当世俗中的许多人汲汲于出入"豪贵污贱之门"以谋取现实的功名利禄之时，僧咸整能够"身远自藏"以"洁其行"就是一种非常难能可贵的品质。因此，柳开对僧咸整的肯定，更多是出于对世俗之人、特别是那些标榜儒学而又汲汲于名利之人的批判。正是在这一背景下，柳开又发出了做"真儒"的呼吁：

> 或曰："子谓是不幸者，谓乎莫若已之，皆儒者为幸也？"曰："旨哉！吾子之问儒者乎幸乎？不幸乎也已？人之不幸由乎天，身之不幸由乎己。己之者，甚乎天之者也。苟有外其貌而内其情，于儒何幸哉？言不忠，行不信，事君不能尽其节，与朋友不能交以义，父母在不能奉其诚，乡党不能与仁者处，见善不能致而学以及之，闻利喜而趋，耻贫贱而弃，附势而媚容者，虽于身为儒，而曰幸乎？其君子观之，不幸也欤！存为识者之笑，没为后人之辱，甚乎前之者也！②

在柳开看来，如果"言不忠，行不信，事君不能尽其节，与朋友不能交以义，父母在不能

---

① 柳开：《桂州延龄寺西峰僧咸整新堂铭》，载《柳开集》，第 45 页。

② 柳开：《上大名府王祐学士书》，载《柳开集》，第 52 页。

奉其诚,乡党不能与仁者处,见善不能致而学以及之,闻利喜而趋,耻贫贱而弃,附势而媚容",虽然就其社会政治身份而言是一名儒者,但其实并不是真正的儒者。将柳开对"真儒"所提出的要求与前面他对僧咸整的描述做一个对比,不难发现,真儒要于人伦日用之中尽其忠、信、节、义,尤其是还有孝敬父母的义务,故而并不能像僧咸整那样"不下山十二年"。但真儒与真僧之间也有相通之处,真儒不"闻利喜而趋",正如真僧能"身远自藏"以"洁其行",二者都表现出对世俗之人汲汲于功名利禄的批判与超越。在上述意义上,柳开对真僧的理解对于如何成为一名真正的儒者无疑具有积极的启发意义。

论朱子思想中人“心”之定位

张锦枝*

20世纪中叶以来，关于如何定位朱子思想中人“心”概念的问题，众说纷纭，莫衷一是。所聚焦的问题在于心是理还是气，或者说，朱子的“心”能不能在某一层面上到达理。本文通过分析朱子思想中的概念层次，针对这一问题的合理性提出质疑，并对朱子之人“心”概念做出定位。本文讨论的范围集中于人“心”，区别于朱子思想中天地之心和草木之心等，又不局限于朱子所说“人心、道心”中的“人心”概念。

一、非性非气：对朱子之“心”的误读与辨正

钱穆先生曾说，自隋唐至明末，“只有朱子，把人心分析得最细，认识得最真。一切心学的精采处，朱子都有。一切心学流弊，朱子都免。识心之深，殆无超朱子之右者”①。钱先生可谓知朱子深者。朱子关于“心”的论述确实牵涉诸多概念和问题，非常缜密，各有其哲学架构的目的，有些论述往往给人以心是理或者心是气的错觉。

朱子说：“心固是主宰底意，然所谓主宰者，即是理也，不是心外别有个理，理外别有个心。”②心外无理，理外无心似乎可得出心理不二的结论。但朱子此说的语境在于朱子认为天地之心既有心又无心，无心是无思虑营构，有心是不失去理之主宰。“不是

---

* 作者简介：张锦枝，哲学博士，上海社会科学院哲学研究所助理研究员。

① 钱穆：《中国学术思想史论丛》（五），北京：九州出版社，2011年，第260页。

② 黎靖德辑：《朱子语类》，载朱杰人、严佐之、刘永翔主编《朱子全书》，上海：上海古籍出版社、合肥：安徽教育出版社，2002年，第117页。以下引略。

心外别有个理,理外别有个心”意在解释理是主宰者,心指称理之主宰。因而,当朱子说“要识仁之意思,是一个浑然温和之气,其气则天地阳春之气,其理则天地生物之心”①,亦是从理之主宰言心,并非心即理义。

在《四书章句集注》中,朱子说:“程子曰:心也、性也、天也,一理也。自理而言谓之天,自禀受而言谓之性,自存诸人而言谓之心。”②说明朱子认同程子说“心也,性也,天也,一理也”,似间接证明了心、性、理为一。但细参下文“自理而言谓之天,自禀受而言谓之性,自存诸人而言谓之心”,只能说明“存诸人”的心之所存之理与性理为一。《朱子语类》所记朱子与陈淳的对话:“问:‘灵处是心,抑是性?’曰:‘灵处只是心,不是性。性只是理。’”③朱子的回答清晰地说明了心非性,亦非理。

朱子在这些易被误解的表达中,都是偏从理的方面说心,意在强调心与性理之间的贯通与关联。而解者往往据以得出心即理的结论,或走向完全相反的另一端,认为朱子所谓心即气,并隔断朱子苦心揭示的心与性理之间的内在关联。

朱子说:“性犹太极也,心犹阴阳也。太极只在阴阳之中,非能离阴阳也。然至论太极,自是太极;阴阳自是阴阳。惟性与心亦然。所谓一而二,二而一也。”④此句极易混淆视听,使性与太极对应、心与阴阳对应,致人误认为朱子所谓心即是阴阳之气。朱子在此表达的心、性不离不杂的关系类似太极与阴阳一而二、二而一的关系。在朱子看来,由于太极兼具理、气的性质,太极既类似性又类似气,作为一而无对者又类似心。不能仅凭“性犹太极也,心犹阴阳”就判断心是气。也有一些学者从心之知觉功能上判定心是气之功能。朱子说:“故为知觉,为运动者,此气也;为仁义,为礼智者,此理也”⑤,“理未知觉,气聚成形,理与气合,便能知觉”⑥。由此可推知,知觉非心非理非气,它们的关系是能知觉运动者是心,为知觉运动者是气,所以知觉运动者是理。心与知觉不能混同,将知觉误作心,会导致玩弄灵明,虚作工夫。朱子认为,心不是气,也非

---

① 《朱子全书·语类》,第 252 页。

② 朱熹撰:《四书章句集注》,北京:中华书局,2005 年,第 349 页。该句见于《四书章句集注》孟子卷十三和《论孟精义》卷十三,不见今本《二程集》。今本《二程遗书》卷二十五有“心也,性也,天也,非有异也”一句。何基《何北山先生遗集》以为是明道语,林駉《源流至论》认为是伊川语,没有定论。

③ 《朱子全书·语类》,第 218 页。

④ 同上书,第 222 页。

⑤ 同上书,第 186 页。

⑥ 同上书,第 218 页。

气之功能,而是“气之精爽”①。心是“气之灵”,“气之灵”与气不是一回事。

如果说朱子所谓人之“心”是气,不外有两种意义:一种是生物意义上的心,另一种情况是将心看作气,主宰觉解是气之功能,此气有知觉主宰之理。前一种情况朱子已经否定。朱子所谓心不是生理意义上的“肺肝五脏之心”②,亦不是“这一块”的“神明升降之舍”③,而是“操舍存亡之心”。这个心“比性,则微有迹;比气,则自然又灵”④。

后一种情况心的运思活动纯粹任理而行,未发得中,已发得和,则心即是气,也即是理。这种情况对于“心是气”的持论者也无意义,因为心是气便全然符合理,在即性即气的框架之下,可以纯粹从“心是气”推导出“心是理”的结论。“心是气”的论断和万物皆是气而运于理一样,对于心之定位是没有意义的,它甚至连朱子所说“心具众理”都没有达到。《朱子语类》卷十八记朱子与弟子探讨,弟子曰“至于身之所接,则父子之亲,君臣之义,夫妇之别,长幼之序,朋友之信,以至天之所以高,地之所以厚,鬼神之所以幽显,又至草木鸟兽,一事一物,莫不皆有一定之理。今日明日积累既多,则胸中自然贯通。如此,则心即理,理即心,动容周旋,无不中理矣”⑤,朱子完全认同。此处表达的是朱子通常所强调的要通过心之知觉和认知,达到一定的觉解,贯通理。但一旦贯通,此时之心运思活动纯任天理而行。正是在这个意义上,陈淳赞朱子“至其体道为一身,即书心即理,无一言之不实践,无一行之不素充”⑥。尽管如此,朱子不以心为性,或者说没有心性合一,其哲学上的企图和效果不仅不是弱化心的作用,相反,却是要突出心的主动性。

有些学者认为,朱子的主宰者是理,因而心不是真正的主宰。此事的推论也许恰恰相反,因为在朱子那里,理是主宰者,顺此理之主宰义就命名为心。如果心不是主宰,那么整个朱子学的所谓工夫论都是不可能成立的。隔断朱子之心与性理之间的内在连接,则不免于牟宗三所说朱子是以心去凑泊理的结论。在朱子的思想系统中,心不同于理,也不同于气。心如果同于气的话,其结果和心同于理是一样的。那么,人心

---

① 《朱子全书·语类》,第 219 页。

② 同上书,第 221 页。

③ 同上。

④ 同上。

⑤ 同上书,第 618 页。

⑥ 陈淳:《北溪大全集》卷十七,清文渊阁四库全书本。

已然是有心而无心的，主宰而不妄为，完全顺应理的规律，生生不息。人不做任何工夫，就成为循理的自然之物，在这种情况下，心是气，也就是理的。在“心是气”的前提下，得出朱子之心的主宰落空也是顺理成章的推论。如唐君毅先生所说：“若谓以心能知理，理下贯于身之气，即能主宰，则心于此乃成为一虚脱之闲家具，何不径言理为主宰?”①正因为心不是理，也不是气，因而它可以循理，也可以循气，成为道心或者人心。

理之内在于心是心之主宰的必然要求，同时理之主宰只能通过心来完成。人心的特殊性就在于它具众理又是自作主宰的，它既体现天地之理的主宰力，同时又有自己的营构和思虑，这决定了人之瞬息万变的心既有可能顺应理的行为，又有不顺理的可能，因而有工夫之必要。事实上，朱子虽然说理是主宰，心具众理，但又说气强理弱，说明心在决定时纵然面对理、气两方面的影响，而最终决定者仍然为心。心不是理，是为了防止气禀物欲之私裹缠在心中被误认作理，但心与理之间的连接是极为紧密和内在的。朱子曾经批评佛教“虽自谓惟明一心，然实不识心体，虽云心生万法，而实心外有法，故无以立天下之大本，而内外之道不备。然为其说者犹知左右迷藏，曲为隐讳，终不肯言一心之外别有大本也”②，相比之下，儒学的内外之道为一，心自蕴含理。他说：“若圣门所谓心，则天序、天秩、天命、天讨、恻隐、羞恶、是非、辞让莫不该备，而无心外之法。故孟子曰：‘尽其心者，知其性也，知其性则知天矣。存其心，养其性，所以事天也。’是则天人性命岂有二理哉?”③心之主宰运用与性、理内在涵具于心，这二者本不为二。

二、朱子思想概念层次及人“心”之定位

吾人或可注意，《朱子语类》所记朱子与弟子问答和《朱子文集》所录朱子与朋友书信和朱子文章都没有提出心是理还是气的问题。一种可能是这个问题有一个公认的不证自明的答案，另一种可能是这个问题本身不成立。

前引《朱子语类》中一则材料与此问题相似，问心之形而上下，记曰：“问：‘人心形而上下如何?’曰：‘如肺肝五脏之心，却是实有一物。若今学者所论操舍存亡之心，则

---

① 唐君毅：《中国哲学原论》(导论篇)，北京：中国社会科学出版社，2005年，第311页。

② 《朱子全书·文集》，第1327、1328页。

③ 同上书，第1328页。

自是神明不测。故五脏之心受病则可用药补之；这个心，则非菖蒲茯苓所可补也。’问：‘如此，则心之理乃是形而上否？’曰：‘心比性，则微有迹；比气，则自然又灵。’”①“操舍存亡之心”为何？他说：“心比性，则微有迹；比气，则自然又灵。”足证心既非气，亦非性。这说明心是理是气的问题有一不证自明的答案，因而，对心是理是气的追问本身的合理性应该受到质疑。心是理是气的问题就好比提出人是理是气的问题一样，是一个不恰当的问题。

《易传》说：“形而上者谓之道，形而下者谓之器。”据此，朱子思想中的概念有形而上/下的区分。朱子的理解是，“‘形而上’者指理而言，‘形而下’者指事物而言”②，又说“凡有形有象者，皆器也。其所以为是器之理者，则道也”③。器是有形有象者，理是无形无象者。但并非说明无形无象者即理，这一点必须注意。朱子确定为形而上/下的概念只有几个：太极、理、道、道义、性/气（阴阳）、器，他认为形而上、下者的关系是不离不杂。

除太极、理、道、道义，性、气、器等是朱子明确规定的形而上或形而下的概念之外——我们姑且称之为元概念——大部分他所说的概念我们称之为元概念以下的二级概念，二级概念可以由元概念进行解释。元概念有一个共同的特征就是先验的，并且都是构成世界的最基本元素。人生而静以后，以纯粹的理和气表达和人相关的概念只有人的性，但程子说：“盖‘生之谓性’‘人生而静’以上不容说，才说性时，便已不是性也。”④又说：“论性，不论气，不备；论气，不论性，不明。一本此下云：‘二之则不是。’”⑤因而，纯粹的天命之性仍然是先验的、形上的。人生而静以前的性，可以推而扩充为仁义礼智，亦属于一级概念，可以直接等同于元概念。

首先，朱子所言形而上/下的概念并非截然二分，有些概念可能既是理又是气。比如太极，他说：“太极只是一个气，迤逦分作两个：气里面动底是阳，静底是阴。又分作五气，又散为万物。”⑥此意在说明《太极图说》“五行一阴阳也，阴阳一太极也”。不独如此，追溯气的本源确实是当时学者面对的一个问题，因而朱子说过“理生气也”，依据

---

① 《朱子全书·语类》，第221页。
② 同上书，第2572页。
③ 《朱子全书·文集》，第1573页。
④ 程颢、程颐：《二程集》，第10页。
⑤ 同上书，第81页。
⑥ 《朱子全书·语类》，第163页。

就是“太极生阴阳”。① 又说：“所谓太极者，只二气五行之理，非别有物为太极也。”② 太极既是理又是气，在朱子的思想系统中丝毫不觉得有什么违和。太极的概念似不与理完全等同，因为太极而无极，太极可以理气分层论之，“以理言之，则不可谓之有；以物言之，则不可谓之无”③，太极是理、气的根源，它本身既是理又是气。归根溯源，形而上、下不可截然二分。对于太极而言，理、气并非完全对立。

类似的概念即人之“心”。人之“心”是人生而静以后的概念，因而不能用纯粹形而上/下的概念去界定它。邵雍曾经说“心为太极”④，心与太极确实有某些可比的地方。朱子也认为心与太极的关系微妙复杂，他说“太极只是个一而无对者”⑤，又说“惟心无对”⑥。所谓“无对”，即心既不与理构成对立的一对范畴，也不与气构成对立的一对范畴。朱子思想中的人心能知觉运动，为知觉运动是气，心有气之活动；心具仁义礼智，是理，有理则。但心不是气，也不是理。人心是理与气合，类似人也是理与气合。朱子说：“人之所以生，理与气合而已。天理固浩浩不穷，然非是气，则虽有是理而无所凑泊。故必二气交感，凝结生聚，然后是理有所附著。凡人之能言语动作，思虑营为，皆气也，而理存焉。故发而为孝弟忠信仁义礼智，皆理也。”⑦推衍下去，人、物都是合理气而成，只是人得气之正而理通，物得气之偏而理塞，所以人、物有所不同，人无不知无不能。朱子说人能言语动作等是气，孝弟忠信等是理，和说“心之理是太极，心之动静是阴阳”⑧，二者逻辑是一样的。

其次，形而上与形而下的概念不是非此即彼的。有形有象之器和所以为器之理的外延，远不能涵盖万事万物和一切概念。因而一级概念的范围绝不能无限扩充，否则会造成概念使用上的混乱。

---

① 参见吕柟撰《朱子抄释》卷二，清文渊阁四库全书本。关于朱子“理生气也”的讨论，详见陈来《关于程朱理气学说两条资料的考证》(《中国哲学史研究》1983 年第 2 期)和陈荣捷《“理生气也”》(氏著《朱子新探索》，上海：华东师范大学出版社，2007 年，第 163 页)，《语类》卷四记曰“气虽是理之所生”，可证“理生气也”条为朱子所说(《朱子全书·语类》，第 200 页)。

② 《朱子全书·语类》，第 3116 页。

③ 同上。

④ 邵雍撰：《皇极经世书》卷十四，清文渊阁四库全书本。

⑤ 《朱子全书·语类》，第 3348 页。

⑥ 同上书，第 218 页。

⑦ 同上书，第 194 页。

⑧ 同上书，第 218 页。

如鬼神之形而上下问题，朱子说：“侯师圣解《中庸》‘鬼神之为德’谓：‘鬼神为形而下者，鬼神之德为形而上者。’且如‘中庸之为德’，不成说中庸为形而下者，中庸之德为形而上者？”①在朱熹看来，以形而上下定位鬼神殊为不妥。真德秀评论说：“今侯氏乃折鬼神与其德为二物，而以形而上下言之，乍读如可喜者，而细以经文事理求之，则失之远矣。程子所谓只好隔壁听者，其谓此类也。”②类似还有前述人“心”之形而上下问题。

除了心以外，情、意、志、知觉等都不能简单归于气或理。情、才元来善而由气禀之不善狃于不善。孟子所说气能动志，就是气禀通过情呈现性的情况；志能动气就是性通过意改善气之发动的情况，从而变化气质。如果意、志是气，如何又去改变气。此外，还有天、乾坤、鬼神、魂魄等概念是由元概念构成的复杂的二级概念，不能以纯粹的理或者气加以定位。在朱子思想中，心只是不能完全以理或者气涵盖的概念之一。

再次，即性即气是二级概念必须遵循的讨论原则。朱子可以在纯粹形而上/下的层面上讨论一级概念，比如理、气等；而在二级概念中，即人生而静以后的情况下，则必须遵循在“即理即气”的框架下讨论，离性论气或者离气论性都不可为。检视伊川和朱子等人的著述，既有形而上、下纯粹概念的探讨，又强调即性即气的理解维度。

理学家在讨论与人相关的概念和问题时，即性即气是讨论必然内在的要求。宋儒中，如濂溪、横渠、二程言性，主要有二途：一种即气言性，一种从义理言性。《通书》《正蒙》即气言性居多。

伯淳说“才说性时便已不是性”，无人物时无性可言，有人物时性已杂气禀，亦无性可言，强调现实中不存在纯粹的天命之性，而朱子强调的正是现实性成就了人性概念的独立性，否则性与道同则不必言性。本质上气禀底性就是天命之性、四端之性。③ 朱子不仅继承二程“即性即气”的观点，其方法论的意义在朱子的思想中亦十分明显。他

---

① 《朱子全书·语类》，第 2090 页。

② 真德秀撰：《四书集编》中庸集编卷中，清文渊阁四库全书本。

③ 李明辉先生认为朱子之气质之性就是天命之性，是混淆了朱子说气禀之性与气禀底性，因为朱子承认濂溪说刚柔善恶中之性就是气禀之性，说明在气禀之性的问题上，他的理解和濂溪、张载、二程没有什么不同。朱子说：“论天地之性，则专指理言；论气质之性，则以理与气杂而言之。”（《朱子全书·语类》，第 196 页）

特别重视二程“论性,不论气,不备;论气,不论性,不明。一本此下云:‘二之则不是。’”①的观点,并视为一种方法论。他说:“‘论性不论气不备,论气不论性不明’。盖本然之性只是至善。然不以气质而论之,则莫知其有昏明开塞、刚柔强弱,故有所不备。徒论气质之性,而不自本原言之,则虽知有昏明开塞、刚柔强弱之不同,而不知至善之源未尝有异,故其论有所不明。须是合性与气观之然后尽。盖性即气,气即性也。若孟子专于性善,则有些是‘论性不论气’,韩愈三品之说则是‘论气不论性’。”②

在讨论人“心”概念时,提出将“心”完全归于性或者归于气的问题,都超越了二级概念讨论的界限,不符合朱子思想的系统结构,必须回到即性即气的原则下重新进行定位。

三、朱子人“心”归属问题:提出之根源与理学研究方法论之反思

当我们了解朱子所谓的人“心”必须在即性即气的框架下讨论,而不能完全地以理或者气命之的时候,在哲学上,学者仍然不愿放弃追问:在理的层面上论心,朱子之人“心”能否到达理?其所谓“心”是否在理想的某一层面或现实的某一状态下能与性为一?在朱子的思想体系中,纯粹至静的未发之心和道心与性最为切近。然而,朱子《已发未发说》中已经表达得很清楚:

> 右据此诸说,皆以思虑未萌、事物未至之时,为“喜怒哀乐之未发”。当此之时,即是心体流行,寂然不动之处,而天命之性,体段具焉。以其无过不及,不偏不

① 程颢、程颐:《二程集》,第81页。《伊川先生年谱》认为是伊川于元丰元年(公元1078年)戊午四十六岁所说(卷三,清咸丰五年[公元1855年]刻程子年谱本),朱子则认为是伯淳的话(《答方伯谟》,《文集》卷四十四,《全书》22册第2011页)。即性即气可能是伊川、伯淳共同承认的观点。伊川与伯淳往往存在共同的看法,例如《震泽语录》记载:“问:‘伊川说:“人之生也直,是天命之谓性。”谢显道云:“顺理之谓直。窃谓顺理是率性之事,天命之性无待于顺理也。”二说异同?’曰:‘伊川说上一截,显道说下一截。’”(《二程集》,第442页)遍检今存《二程集》,找不到记录证明伊川说过这句话。但可见伯淳说过类似的话,“民受天地之中以生,天命之谓性也。人之生也直,意亦如此”(《二程遗书》卷十二《戊冬见伯淳先生洛中所闻》)。伯淳肯定了孔子所说“人之生也直”,可以为《中庸》“天命之为性”作注解。

② 《朱子全书·语类》,第1888页。

倚，故谓之中。然已是就心体流行处见，故直谓之性则不可。吕博士论此大概得之。特以中即是性，赤子之心即是未发，则大失之，故程子正之。①

尽管心处于未发状态，但已经就其流行而言，便不可谓之性。这已经明白地表达了任何情况下，心都要在即理即气的框架下讨论。所谓“天命之性体段具焉”，心仍然只是性之郛郭。于未发之心虽易见性之发现，但未发之心与性的关系仍然不能脱离心具理的关系。

关于道心本于性还是道心觉于性的问题，朱子也经历了一番斟酌和权衡。他最初在《中庸序》中认为“人心出于形气，道心本于性命”，“人心出于形气，道心本于性命”则人心是论气不论性，道心是论性不论气，都不完备；且人心、道心成为二心。后来接受了郑子上的意见，改为“觉于理，则一本于性命而为道心；觉于欲，则涉于形气而为人心”②。“道心本于性命”的说法都不见于今本的朱子著述中。人心、道心都是心，所觉有不同而已。道心与性理的关系是心觉于理，心之主宰从于理，而不等同于性、理。

通观近代以来朱子学者的论证，断定朱子之心为气心者，主要运用的是非理即气的排除法，只是证明心非理而已。而聚讼纷争，各据一说，并没有拿出一招制胜的实际证据。本质上，这一问题的提出超出朱子自身对于形而上/下概念的界定，在二级概念中只遵循了朱子提出理气不杂不离的不杂的一面，而违背了不离的原则。本文认为，对于朱子的思想系统而言，朱子人“心”是理是气的问题是一个不恰当的问题。其作为一个问题被探讨乃至争讼，不断被重新提出，亦有其思想史的根源。

与朱子同时的陆象山虽然两次提及“心即理”，一说“四端者，即此心也；天之所以与我者，即此心也。人皆有是心，心皆具是理，心即理也，故曰‘理义之悦我心，犹刍豢之悦我口’”③，还有“人心至灵，此理至明，人皆有是心，心皆具是理”④，两者都是在

---

① 语出《朱子全书·文集》，第3267—3268页。陈来先生通过梳理和详细分析朱子《与湖南诸公论中和第一书》《已发未发说》和《答张敬夫四十九》等文献，指出“有不少学者以为朱熹哲学中心之未发便是性，心之已发便是情，严格地说，是绝对不可以的”。（陈来：《朱子哲学研究》，上海：华东师范大学出版社，2000年，第179页）

② 《朱子全书·文集》，第2682页。

③ 陆九渊撰：《陆九渊集》卷十一，钟哲点校，北京：中华书局，2008年，第149页。

④ 陆九渊撰：《杂说》，载《陆九渊集》卷二十二，第273页。

“心具是理”①的意义上说心即理。这与朱子相同,说明朱子和象山时代的道学普遍接受了张载的心具理说。朱陆之辩的焦点在于“尊德性与道问学”、周子《通书》“无极与太极”和张载《西铭》“乾为父,坤为母”的问题。象山所谓“心”的含义与朱子也有所不同,其用法承袭孟子。象山言心性,性类似命,心类似性,他说:“心是天之所以与我者”②,“在天者为性,在人者为心”③。心性共用,且心又包含了情、才。象山论心只是笼统粗略地说,为通贯血脉,避免支离,不肯分开区别,落入言诠。

朱子不能接受象山心性情才混用,并由此产生心气相杂、认气为性的情况。他说:“近世一种学问,虽说心与理一,而不察乎气禀物欲之私,故其发亦不合理。却与释氏同病,不可不察。”④他所谓“不察乎气禀物欲之私”说心与理一的就是象山学说。一方面,朱子绝不直下以心为性、理,防止心之所发杂气禀物欲而被误认为理,且心之知觉主宰功能亦为性之所无;另一方面,吾人绝不能以朱子心性为二抹杀二者为一的密切关联,朱子心理为一说同时反对佛教主张心理为二、心空而无理的学说。

朱子之“心”能内观其虚灵不昧之体所具之性理与此能觉之灵俱呈俱现,达到心理合一,就此而言,朱子之心与象山所言“心即理”有相通之处。⑤ 但仅止于此,朱子在自己的体系理解中,没有进一步确立“心”的本体地位,与象山有所不同。

朱子之心是理是气的问题真正提出是在阳明“心即理”说之后。阳明后学往往站在阳明学的立场,要求朱子之人“心”要与性为一。于是,朱子之人“心”运旋于理气之间,既要活动,又不坠于气的平衡往往被打破。刘蕺山曾指出:“《大易》‘形上’‘形下’之说,截得理气最分明,而解者往往失之。后儒专喜言‘形而上’者,作推高一层之见,而于所谓‘形而下’者,忽即忽离,两无依据。”⑥在这种情况下,对朱子之形上学要求也便不难理解。

20 世纪以来,西方哲学进入以后,学者更爱骛求高远以寻形而上者,并以形而上、

---

① “心具理”说语出张载,张载说:“心统性情者也。寂然不动而仁义礼智之理具焉。”(张载撰:《张子语类后录下》,四部丛刊景宋本)

② 陆九渊撰:《与李宰二》,载《陆九渊集》卷十一,第 149 页。

③ 陆九渊撰:《语录下》,载《陆九渊集》卷三十五,第 444 页。

④ 《朱子全书·语类》,第 3934 页。

⑤ 唐君毅:《中国哲学原论》(原性篇),第 249 页;蒙培元:《理学的演变》,台北:文津出版社,1990 年,第 58 页。

⑥ 吴光主编:《答刘乾所学宪》,载《刘宗周全集》第三册,杭州:浙江古籍出版社,2007 年,第 367 页。

下截然二分,非此即彼。论者往往以朱子“心”能否即理进而评判朱子学之高下,认为心若即是理,则心的地位亦大大提高,似乎朱子的哲学境界随之提升;反之,朱子哲学亦受到贬抑。究其因,是以理气二分,理尊而气卑。他们将理气对应西方哲学中的形上、形下概念,二分理气,认为理气的关系非此即彼。在此情况下,朱子之“心”不得不回答是理是气的问题。吾人亦可观之为现代文明人的一种野蛮。

总而言之,这一问题的合理性不被质疑的原因主要是受到两种思维框架的影响:一种是西方哲学形上、形下截然二分的框架,一种是朱子、阳明分属两派的框架。这两种框架本身难说就是错的,但有其界限,以之比附朱子思想,便往往错会其意,结果不啻为缘木求鱼。具体来说,西方哲学形上形下二分框架与朱子思想之“不离不杂”并不能完全对应,往往取不杂弃不离。钱穆先生这样善用传统方法的学者之所以也卷进这一思维,主要在于结合阳明学思考,但朱子作为阳明的理学先贤,其所面对的哲学问题和所处的哲学处境、阶段都有所不同,有同质性,又不完全相同,站在阳明的心学立场回溯探讨朱子学,苛求阳明学所有朱子学所无,可能会提出不相应的问题。朱子哲学系统中心之非理非气的定位有其独特的价值,它预先规避了心学可能产生的流弊;如果要平情地回到朱子学的本真面目,则总结朱子集其大成的北宋诸子的思想对朱子的影响可能比以阳明学要求朱子学的意义更大,因为严格地说,这虽然仍是理学内部的探讨,但不是朱子学的内在问题。

前一种框架更是我们亟须反思的。从理学进入现代学术的规范以来,中国理学研究已经经历了自觉地反思中华人民共和国成立后的唯心唯物二分法的框架并成功转型;现阶段,我们是时候对百年来深入中国哲学肌肤和骨骼的西方哲学的框架和方法自觉加以警惕和反思了。以朱子之人“心”问题讨论为例,西方哲学形而上下的二分较之唯物唯心的框架更不易发觉,似天然一体,实水火难容。而在西方哲学的二分框架,诠释体系和方法论下,对其他理学家的思想、观点、概念进行分析时造成的损害还有待我们一一清理。这也许是我们反思朱子哲学中人“心”定位问题的一个收获。

以礼化俗视野中的理学道统世界

——以管志道、刘宗周的家礼实践为例

陈　畅*

把宋明理学解读为一种内在化、微观化的心性之学，是当前中国哲学史领域常见的研究范式。然而，余英时对宋代士大夫政治文化的研究已指出，理学的出现与宋代士大夫回向三代之治的政治理想密切相关。①也就是说，理学还是一种与社会政治及文化塑造密切相关的思想资源。从理学家对儒家道统的认知和定位来看，毫无疑问余英时的观点更接近其原貌。朱子《中庸章句序》称："盖自上古圣神继天立极，而道统之传有自来矣。其见于经，则'允执厥中'者，尧之所以授舜也；'人心惟危，道心惟微，惟精惟一，允执厥中'者，舜之所以授禹也。"②朱子把尧、舜、禹授受的十六字心法作为儒家道统核心，显然是继承历代儒家念兹在兹的三代之治政教理想。更确切地说，朱子道统论是以道心人心之辨的性理思想为三代王道理想奠基。

本文将通过厘清理学家对宋明时代社会政治难题的思考脉络，借以回到理学诞生的思想史现场。具体说来，则是以晚明思想家管志道、刘宗周的家礼实践为例，在以礼化俗的历史视野中勾画理学家在回应时代难题时所涉及的多层面内涵，以探讨理学的形上义理建构与社会政治秩序塑造之间的一体机制。

---

*　作者简介：陈畅，哲学博士，同济大学人文学院副教授。

①　余英时：《朱熹的历史世界》，北京：生活·读书·新知三联书店，2004年。

②　朱熹：《中庸章句序》，载《四书章句集注》，北京：中华书局，1983年，第14页。

一、治教、礼俗与理学道统

中国古代礼乐文明是周代封建宗法的产物,自秦代废除封建、推行郡县制以后,古代社会一直面临如何损益以及施行周礼的问题。近代川籍史家刘咸炘对此有“礼废”之说,他认为自汉代以来,“世主不能兴礼,时人不能行礼”,主要表现在“汉以后则不周于人伦,唐以后更不通乎俗变。不周于人伦者,行于朝廷而亡于乡里。不通乎俗变者,王制为俗所不遵,俗传为儒者所不许。以是二者,故虽有礼,如无礼焉”①。刘咸炘认为“礼本于人情,非从天降,非从地出”,“礼本人情”说是儒家通常的解释,例如司马迁总结的“缘人情而制礼,依人性而作仪”(《史记·礼书》),孔颖达所说的“礼乐本出于民,还以教民”②,均指出了礼乐在本质上是风俗人情之规范化(王制)。自汉代之后,中国古代地方行政制度由封建转为郡县,社会结构也由贵族社会逐步转变为平民化社会,礼却只表现为作为官府事务的国家礼制或贵族生活之装饰,与民众生活无关(不周于人伦),与民间的风俗人情脱节(不通乎俗变)。刘咸炘此说实际是指出了汉代以后中国文明之道与器(即礼乐与民众生活)之间发生了断裂,这种断裂与治教分裂属于同一过程。陈寅恪《隋唐制度渊源略论稿》引用《新唐书·礼乐志》以及清人沈垚的观点,对古代礼仪演变状况做出的描述和分析,可作为刘咸炘观点之旁证。

《新唐书·礼乐志》称:“由三代而上,治出于一,而礼乐达于天下;由三代而下,治出于二,而礼乐为虚名。”③治出于一是指以礼导民、治教合一;治出于二则是指治教分离,官府以簿书、狱讼、兵食为治,轻礼乐教化。陈寅恪按语:“自汉以来史官所记礼制止用于郊庙朝廷,皆有司之事。”④此即刘咸炘所说的礼“不周于人伦、不通乎俗变”,失去了教化、引导民众生活的功能。清人沈垚称:“六朝人礼学极精,唐以前士大夫重门阀,虽异于古之宗法,然尚与古不相远,史传中所载,多礼家精粹之言。至明则士大夫皆出草野,议论与古绝不相似矣。古人于亲亲之中,寓贵贵之意,宗法与封建相维。诸

① 刘咸炘:《礼废》,载《推十书增补全本》,上海:上海科学技术文献出版社,2009年,第331页。
② 毛亨传、郑玄笺、孔颖达疏:《毛诗正义》上,载李学勤主编《十三经注疏》标点本,第10页。
③ 欧阳修、宋祁:《新唐书》卷十一《礼乐一》,北京:中华书局,1975年,第307页。
④ 陈寅恪:《隋唐制度渊源略论稿》,载《陈寅恪集》,北京:生活·读书·新知三联书店,2001年,第7页。

侯世国，则有封建；大夫世家，则有宗法。”①陈寅恪按语：“礼制本与封建阶级相维系，子敦（沈垚）之说是也。”②也就是说，礼乐源于封建（贵族）制。从汉代至唐代的中国社会去古未远，尚保留有封建宗法因素，礼制与时代脱节的情况没有后来的宋明时代严重；宋明时代是“士大夫皆出草野”的平民化社会，时人对礼制的理解已经难以“与古相似”了。

朱子对于这种状况亦有感慨：“呜呼，礼废久矣！士大夫幼而未尝习于身，是以长而无以行于家。长而无以行于家，是以进而无以议于朝廷，施于郡县；退而无以教于闾里，传之子孙，而莫或知其职之不修也。”③朱子此语最大的特点是将礼乐从封建制中分离出来，进而在郡县制的历史现实中思考以礼化俗的问题。笔者的前期研究指出，这是朱子以性理为礼乐重建运动奠基所带来的思想效果，也是理学区别于其他同时代思潮的特质所在。④ 正是在这一意义上，我们可以说由于礼俗之间的脱节而引发的以礼化俗问题，是宋明时代儒者面对的核心议题之一。朱子《家礼序》称：“三代之际，《礼经》备矣。然其存于今者，宫庐器服之制，出入起居之节，皆已不宜于世……（熹）究观古今之籍，因其大体之不可变者而少加损益于其间，以为一家之书……于国家所以崇化导民之意，亦或有小补云。”⑤明清之际的黄宗羲在其著作《明夷待访录》中也讨论礼与俗的问题，其称：“何谓习俗？吉凶之礼既亡，则以其相沿者为礼……故治之以本，使小民吉凶一循于礼。”⑥朱子和黄宗羲对于礼俗分离、以礼化俗议题的关注，是宋明理学一以贯之的思想主题之体现。在治教分离、礼俗歧而为二的时代，化民成俗以回向三代之治的治教一元、礼俗同一，可谓宋明理学政教实践之核心目标。蒙文通曾比较汉儒与宋儒政治思想之差异，他认为汉儒重政治制度，宋儒重社会教养之道。所谓重

---

① 沈垚：《落帆楼文集》卷八《与张渊甫》，载《续修四库全书》第1525册，上海：上海古籍出版社，2002年，第463页。

② 陈寅恪：《隋唐制度渊源略论稿》，第7页。

③ 朱熹：《跋三家礼范》，载朱杰人、严佐之、刘永翔主编《朱子全书》第二十一册，上海：上海古籍出版社、合肥：安徽教育出版社，2003年，第3920页。

④ 陈畅：《理学视域中的道统与政教——以朱子〈论语集注〉为中心的考察》，《现代哲学》2018年第1期。

⑤ 朱熹：《家礼序》，载朱杰人、严佐之、刘永翔主编《朱子全书》第七册，第873页。

⑥ 黄宗羲：《明夷待访录·财计三》，载沈善洪、吴光主编《黄宗羲全集》第一册，杭州：浙江古籍出版社，2005年，第40—41页。

社会教养之道，是指宋儒以乡村自治的方式“养以厚民生，教以齐民德”①。“厚民生”“齐民德”亦即“厚生”（养）与“正德”（教），是儒家教化的主要内容。顾炎武曾说：“自三代以下，主之于民，赋敛之而已尔，役使之而已尔。凡所以为厚生正德之事，一切置之不理，而听民之所自为，于是乎教化之权不在上而在下。”②三代以下，治教分离，教化之权不在上而在下，这也意味着民间拥有自治的空间。理学家重社会教养之道，正是在自治空间中自觉以道自任、行教化之权的表现。

在以礼化俗的视野中，理学家的政教理想与性命之学之间的一体性内涵能够得到直接彰显。朱子在其性理学著作《大学章句》序文的结尾部分说：“极知僭踰，无所逃罪（按：朱子此言指《格物补传》之作），然于国家化民成俗之意、学者修己治人之方，则未必无小补云。”③朱子的礼学与性理学建构是同一个体系中的不同侧面，或者说，是同一原理在不同领域的展现。这一原理即道统论。朱子《中庸章句序》解释十六字心法称：“必使道心常为一身之主，而人心每听命焉，则危者安、微者著，而动静云为自无过不及之差矣。”④其解释效果与儒家礼乐理想“凡民之事莫不一出于礼、使天下迁善远罪而成俗”的“治出于一，礼乐达于天下”是一致的，共同指向道与器断裂之消解。换言之，宋明理学家的礼仪重建运动是以化民成俗为基本途径，消解道与器之间的断裂，实现道器合一、治教合一。而理学政治理想试图回到治教一元、礼俗同一的状态，与理学性命之学论证的道器不二、道不远人，是浑融的一体关系。理学家的礼仪重建、道统谱系以及性命之学的建构，在同一系统中展现其彼此通达的思想意义。从这一视野出发，可知理学家以道心、人心解释儒家道统，是解决时代难题的理想方案，而非今人所诟病的禅化。下文以晚明士人管志道《从先维俗议》、刘宗周《水澄刘氏家谱》对家庙礼仪的论述为例，对此系统意义做出探讨。

选择管志道、刘宗周这两部著作，是因为从思想史的角度看，宋代理学家关于以礼化俗的理想设计，是在明代开始由官方和儒家士人推进到百姓日常生活中的；而晚明时代的这两部礼仪著作，吸收了宋明时代理学家在长达数百年时间里探讨的理论成果，有着丰富的思想内涵。为了讨论的效率，本文将集中于理学家的家礼实践，不涉及

---

① 蒙文通：《宋明之社会设计》，载《儒学五论》，桂林：广西师范大学出版社，2007年，第131—148页。

② 顾炎武：《华阴王氏宗祠记》，载《顾亭林诗文集》，北京：中华书局，1959年，第114页。

③ 朱熹：《大学章句序》，载《四书章句集注》，北京：中华书局，1983年，第2页。

④ 同上书，第14页。

乡约、书院建设等内容。下面两小节的讨论将首先以世家重建运动为例，梳理其所涉及的思想史脉络；然后再以家庙礼仪为例，探讨宗族共同体得以建立的哲学形式。

二、重建世家与以礼化俗：晚明士人的三代之治图景

理学家以礼化俗运动的核心，是在平民化社会重建宗法，其在平民（士庶人）阶层表现为宗族建设，在儒家士大夫（卿大夫）阶层则是世家（世卿）建设。依赵园先生的观察，明清之际，世家（世族）已经失去其存在条件，但儒家士人的注意力仍然集中于世家、宗法、封建等相关议题。① 事实上，这是宋明时代儒家士人政治理想之延续：以宗族建设的方式回向三代之治。根据笔者的前期研究，理学以性理为礼乐在不同时代的共通基础，使得礼乐得以从封建制中分离出来；但这并不意味着封建制礼乐的问题被取消了，而是以精神内核的方式重现于平民化时代的伦理秩序建构。② 如汪晖所指出的，郡县制度之下的封建问题集中在宗法家族制度的演变问题上。③

明初大儒方孝孺称："井田废而天下无善俗，宗法废而天下无世家。"④这是自北宋以来的历代大儒多有论述的观点。如张载曾说："管摄天下人心，收宗族，厚风俗，使人不忘本，须是明谱系世族与立宗子法。宗法不立，则人不知统系来处。"⑤宋明两代大儒在这一议题上的观点可谓相当一致，两人都将善俗美政与封建宗法联系起来。清末民初学者马其昶曾解释宗法与封建制相表里的关系，其称：

> 盖尝论之，宗法者，与封建相表里者也。古者天子世天下，诸侯世国，大夫世家。其继世而为天子、诸侯、大夫者，即为其天下、国、家之所宗者也。天下之族，不皆天子、诸侯、大夫也，则推其大宗之适长而为宗子，以统治其族。其族有蹶起

---

① 赵园：《明清之际士大夫研究》第二章《易代之际文化现象论说》，北京：北京大学出版社，1999年，第115—130页。

② 陈畅：《理学视域中的道统与政教——以朱子〈论语集注〉为中心的考察》，《现代哲学》2018年第1期。

③ 汪晖：《现代中国思想的兴起》上卷，第223页。

④ 方孝孺：《逊志斋集》卷一《宗仪九首·睦族》，徐光大校点，宁波：宁波出版社，2000年，第40页。

⑤ 张载：《经学理窟·宗法》，载《张载集》，北京：中华书局，1978年，第258—259页。这段话也被二程所引述，可见颇能代表北宋理学家对宗法的看法。

为大夫者，则又为继别之宗。故夫天下虽大，如身使臂，臂使指，而不稍紊焉……秦废封建而郡县其天下，自公卿大臣以下，皆不能世其禄，于是所谓宗子者，或单寒愚贱不足以庇其宗，而遂浸微浸废，势使然也。封建坏于上，欲宗法之存于下，岂可得哉?①

马其昶详细描述了宗法的优越性。在周代封建体制中，天子是具有象征意义的天下共主，实际治理基层广土众民的是世袭的封建贵族（诸侯、世家）。这一体制下的治理活动是以宗族为基本单位的。宗族共同体是一个血缘、伦理甚至政治共同体，其成员之间的联系主要是血脉亲情以及建立在情感基础之上的宗法秩序。因此，宗法是宗族内统合骨肉、亲亲睦族，维持族群共同体的存续与繁荣的关键；推诸社会，也能达到厚风俗、管摄天下人心的作用。而在秦代大一统之后的郡县制，公卿大臣以下皆不能世其禄，宗族世家无法延续，同时也失去了基层治理的权限。然而，马其昶对此只有“封建废，宗法不存”的感慨，他并没有解释其背后具体的社会机制。罗志田指出，在封建时代的封邑内，贵族（诸侯、世家）的治理是直接到民的，而大一统时代广土众民局面下基层社会的治理问题则成为前所未有的新问题。在大一统前期的门阀士族能够延续封建贵族的传统，实际承担基层治理，但是在隋代废除乡官制度以及门阀士族逐渐崩溃之后，朝廷是否有能力承担繁重的基层治理任务是有疑问的。② 换言之，宋代以后平民化社会的兴起，基层社会面临前所未有的局面：地方社会失去凝聚力、纯美风俗也随之丧失。在这一情势下，回到宗法制度是最自然不过的选择：以宗族作为组织和教化人民的最主要形式。但是宋代以后的宗族并非民众自发建构，而是来自儒家士大夫的主导创制。方孝孺对此状况有一个描述，可帮助我们理解：

孝悌忠信以持其身，诚恪祠祭以奉其祖。明谱牒，叙长幼亲疏之分，以睦其族，累世积德，以求无获罪于天。修此则存，废此则亡，此人之所识也。而为家者，鲜或行之。当其志得意满，田园不患其不多，而购之益力，室庐不患其不完，而拓

---

① 马其昶：《抱润轩文集》卷一《为人后辨》，载《续修四库全书》第1575册，第680页。

② 罗志田：《地方的近世史：“郡县空虚”时代的礼下庶人与乡里社会》，《近代史研究》2015年第5期。本文使用的一些史料，也从此文得到提示。

之益广。至于子孙久远之计,所当虑者,则弃而不省。以为可委之于命,而非人之所为。①

由方孝孺的描述可知,宗族的形成需要相当高的门槛,例如主导者必须具备相应的儒家理论素养(德性方面如孝悌忠信,礼学方面如祠祭、谱牒),以及持续几代人的不懈努力(累世积德)。普通人没有相关礼学知识,只重视眼前当下的物质利益,不考虑子孙后代的利益,无法修德睦族;建设宗族这种系统性的工程,对于他们来说是一件相当困难的事情。当然,这种难度是针对草创时期而言的,一旦宗族建设进入规模化、程式化的阶段,则另当别论。

在晚明时代,士人的宗族建设还受到晚明发达的商品经济所引发的许多负面因素影响。商业活动带来的个人财富变化,冲击传统的四民社会:族群的尊卑状况由此淆乱、四民混淆、奢侈、逾制等现象大量出现,礼教风俗严重颓败。晚明松江士人范濂曾记载松江一地风俗:

嘉隆以来,豪门贵室,导奢导淫,博带儒冠,长奸长傲。日有奇闻叠出,岁多新事百端。牧竖村翁,竞为硕鼠,田姑野媪,悉恋妖狐。伦教荡然,纲常已矣。②

虽然"世风日下""人心不古"是历代常见的感慨,但范濂所描述的现象是有其时代特质的。那就是中晚明时期嘉靖、隆庆年间,发达的商品经济给伦理秩序带来了触目惊心之冲击和破坏。伦教荡然、纲常已矣云云,并非范氏危言耸听之辞。晚明著名的三教一致论思想家管志道在其著作《从先维俗议》中对这种道德失范局面的描述也蕴涵着极深的危机意识:

今日之士习,其所以异于夷狄也者几希,再变,则其违禽兽不远矣。人道而沦于禽兽,杀运必及焉……人情贱道义而贵势力,极矣,兽道也,兽道当戮……吴俗

---

① 方孝孺:《逊志斋集》卷十三《童氏族谱序》,第417页。

② 范濂:《云间据目抄》卷二《记风俗》,民国十七年(1929年)奉贤褚氏重刊本。

将无近是，吾甚危之。①

在管志道的眼中，吴地士风不古、人道将沦于禽兽，而与“吴俗将无近是，吾甚危之”的沉痛评语相伴随的，是杀运必及的危机感，这是一位积极救世的思想家对于晚明大厦将倾状况的敏感。事实上，范濂和管志道的描述，其实质是商品经济对郡县制社会形态的破坏：商业造成的人口流动和区域差异、阶级分化频繁等局面，对郡县制编户齐民的稳定结构以及传统伦理社会造成极大的冲击。针对这一时代危机，管志道从明朝开国之初明太祖朱元璋整顿社会秩序的社会效果中获得救世信心。明洪武年间，朝廷要求监生背诵《四书》《大诰》，规定尊卑长幼的规矩，要求乡民学习《圣谕》，等等；这些举措的效果是“再造函夏，荡数百年之腥风，而以礼乐陶之”②。管志道开出的救世之方，是考宗法立家庙：

> 古有最重最切之典礼，而后世之不能修者二，则尸法与宗法是也。立尸以妥祖考……立宗以统族属，故有大宗，有小宗。二法皆泯于继周之秦……宗法不立，岂但族属无统，而丧祭之礼亦乱……今宗法久湮，而吴越之民风尤涣。虽立大宗，讵能联族属于五世之后哉？宋儒原谓大宗难立，则莫如且立小宗。其论最当。盖士庶之家无庙，既为卿大夫，安可不立家庙以祀祖考。③

此处所说的宋儒是指朱子。朱子曾说：“大宗法既立不得，亦当立小宗法。”④根据《礼记》中的《大传》和《丧服小记》，大宗与小宗的区别是嫡长子与非嫡长子（支子）之别，古代祭礼规定了大宗主祭，小宗不祭的宗法制度。在封建制已经废除的大一统郡县时代，世袭文官在制度上已经不可能出现，大宗在宗族中也难以发挥应有的功能。

---

① 管志道：《从先维俗议》卷二《崇礼让以挽士风议》，载《四库全书存目丛书》子部 88，第 291—292 页。

② 管志道：《从先维俗议》卷二《追求国学乡学社学家塾本来正额以订书院旁额议》，第 295 页。

③ 管志道：《从先维俗议》卷二《考宗法以立家庙议》，第 243—244 页。

④ 黎靖德编：《朱子语类》卷九十，北京：中华书局，1986 年，第 2308 页。

朱子继承程颐的观点,主张开放小宗支子主祭。① 这是在郡县制下复兴宗法体系的努力,通过敬宗收族,凝聚族人,教化子孙;久之便能形成理想的世家,同时也能凝聚地方社会。

稍晚于管志道的晚明大儒刘宗周,著有《水澄刘氏家谱》及系列宗族、乡约、保甲文献,是宋明时代宗族重建运动的重要代表。王夫之曾盛赞刘宗周:“刘念台先生尹京时听行条规,以申六条饬冠昏丧祭之礼,而讥察游惰非违者,不责之以武备,庶为可行,盖亦王政之枝叶也。”②刘宗周对世家、宗法与流风善政的看法,与前述思想家无异,亦主张“世之降也,封建废而天下无善治,宗法亡而天下无世家久矣”③。刘宗周从前人治家经验中获得启发:

> 予尝闻之长老,言吴世有家法,以宗老一人董家政,又立宗理二人以惩不法,子孙有犯,则告庙伐鼓而杖之,俟其悛也。不悛则不齿于宗,死不入庙。非有大故,终不致于官……历唐宋迄今,州山之墟若建国然……吾于是有感于先王之礼虽不尽行于后世,而犹得行之一乡一家之近,以为移风易俗之机,倘由此而遂行之天下,将三代之治旦暮遇之。④

吴氏族人的家庙礼仪实践建立了宗老、宗理的管理制度,在一定程度上已接近封建宗法时代作为基层治理单位的世家。赵园先生注意到刘宗周文中说的“历唐宋迄今,州山之墟若建国然”,认为“(吴氏治家)有立法、执法机构,代行官府职权,俨然组织完善的自足的小社会”⑤。正是在这一意义上,刘宗周高度赞赏吴氏族人的宗族建设实践。刘宗周的思考与其他理学家高度一致,也是通过敬宗收族,在郡县制的历史条件下重建宗族共同体,以此达到行之乡村则移风易俗,行之天下则回向三代之治。根据黄宗羲的概括,刘宗周后来的宗族建设基本上就是按照这种设想进行的:“初,

---

① 程颐与朱子的观点亦有差别,明代嘉靖年间夏言提出的家庙制度改革方案中对两者的分歧有细致的评述与取舍。本文不涉及这一分歧的讨论。当前学界的研究详见井上彻《中国的宗族与国家礼制》第三章、第四章,上海:上海书店出版社,2008年。

② 王夫之:《噩梦》,载《船山全书》第十二册,长沙:岳麓书社,1992年,第561页。

③ 刘宗周:《按察司副使吴公家庙记》,载《刘宗周全集》第四册,第135页。

④ 同上。

⑤ 赵园:《明清之际士大夫研究》,第121页。

刘氏家庙所行，皆世俗之礼。先生一一正之，置祀田，辑宗谱。乃立宗长一人，总宗教，宗翼二人佐之，宗老一人以齿，宗干一人司钱谷，宗纠一人司赏罚。举宗之事，皆质成于宗长。宗长未听，而投牒于官者，罪之。月朔，宗长率宗人而谒庙，有善恶皆书之。置义田百亩，定恤例：一恤贤，二恤鳏，三恤孤，四恤嫠，五恤丧，六助婚。罪人与醮妇不恤。"①这种家庙礼仪的影响并不局限在家族内部，而是具有普遍性的示范意义。《水澄刘氏家谱》第七卷有一篇由刘鸿煠所述、刘宗周代书的《家庙祭典（代）》，其文曰：

> 夫宗法虽不行于后世，而其尊祖敬宗之意，所以纲纪人伦而弗坏者，亦不过如是而止，又乌在其必泥古法为刻舟之剑哉？乃者族贤起东，遂本此旨，勒为祭典凡十，则彬彬乎质有其文。后之人熟讲而施行之，庶几先王之礼，不难存十一于千百，而自一家而一乡，推之天下，刘氏之教于是乎远矣。②

起东是刘宗周表字。这篇文字的内容与上文所引刘宗周《按察司副使吴公家庙记》相似，想必亦是刘宗周本人之意。由宗族内部家庙礼仪实践，保存、推广先王之礼于一家、一乡乃至天下。此即刘宗周宗族建设理想中的三代之治图景。

综上，在宋明平民化的郡县制时代重建源于封建制（贵族制）的礼乐生活，是理学家群体共同的政教理想。而相对于其他学派群体，理学的独创之处就在于，以性理为礼乐重建运动奠基。在理学道统论的核心内容中，我们可以看到理学形上义理建构与社会政治秩序塑造之间的一体机制。

三、道器不二与家礼的哲学形式：家庙礼仪中的道统

梁漱溟先生认为中国传统社会是伦理社会，亦即以伦理组织社会的形态，而这种伦理社会的形成是由于古代圣人基于对人性的洞见而做出的制度性建构。其核心内容表现为："人在情感中，恒只见对方而忘了自己；反之，人在欲望中，却只知为我而顾不到对方……人间一切问题，莫不起自后者——为我而不顾人；而前者——因情而有

---

① 黄宗羲：《子刘子行状》，载《刘宗周全集》第六册，第46页。

② 刘宗周：《水澄刘氏家谱》卷七，载《刘宗周全集》第五册，第501页。

义——实为人类社会凝聚和合之所托。”①梁先生的这一说法实际上是“缘人情而制礼”的注解。前文所讲的汉代以后礼俗之间的脱节而引发出以礼化俗问题，其实就是这里所说的情感与欲望的调节问题。此即理学道统论（虞廷十六字心法）的核心内容。从这一角度来看，明代商品经济的发展带来的道德失范局面，其实质是庶民脱离以往的伦理秩序，成为一个个欲望主体的存在。管志道、刘宗周等晚明士人所要解决的问题实质，是如何安顿这种脱离了伦理秩序的欲望主体。换言之，亦即如何因应时代变迁重建人伦共同体的问题。从礼乐文化的角度看，则是礼乐文化与人的真实生命脱节了，不再具有规范性的意义。显然，当文化脱离真实生命，失去塑造生活的功能时，需要人内在新生力量的觉醒，以重塑文化对于生活、生命的规范性和养护性。而宋明时代不断重启的道心人心之辨（理欲之辨），其表现形式在表面上看来是反对朱子的理欲之辨，实质上是理学家因应社会变迁重构礼乐生活的规范性与神圣性的方式。

管志道曾痛感于晚明社会世风日下，卑胁尊、少凌长、后生侮前辈、奴婢叛家长之变态百出，贵贱尊卑之差等动辄紊乱。② 这些是晚明时期大量存在的社会现象。在宗族内部，情况也相差无几。而在这种局势下，单单以宗法来规范族人已经难以实现睦族，将正德与厚生结合起来才是比较理想的解决途径。在宗族建设运动中，义田就发挥着正德与厚生结合的功能。刘宗周作有《刘氏义田小记》：

> 昔孔门论仁，以博施济众为犹病，而仅取足于欲立欲达之心，盖循其本也。乃知天下无心外之学，亦无心外之事功，徒取必于事功而愈驰愈远，亦立匽之术也。古之君子若文正之流，皆以其道大行于天下矣。其未尽者，又以行之家，为赡族之惠，曰“义田”，无亦博济类乎……义也者，行吾仁而宜之者也……宗周慕义而不遑，将学仁焉。夫仁者，己欲立而立人己欲达而达人。人皆有是心也。呜呼！吾求诸心而知天地万物之无非己也。其于家犹一指也。③

刘宗周以行乎万物一体之仁来界定义田之举，其解释完全取自“德”方面的内容，

① 梁漱溟：《中国文化要义》，上海：上海人民出版社，2005 年，第 80 页。

② 管志道：《分别官民家奴婢义男因以春秋之法正主仆议》，载《从先维俗议》卷二，第 273 页。

③ 刘宗周：《刘氏义田小记》，载《刘宗周全集》第四册，第 146—147 页。

而不采取“利”的因素。万物一体之仁首先意味着人心之沟通，是指向人与人之间最根源情感本体处的互通一体。己欲立而立人己欲达而达人，则是意味着由于情感本体的互通，已心、人心各自得到有效的表达和安顿。用梁漱溟先生的话来说，这是“因情而有义”①。显然，此文带有浓厚的阳明心学印记。王阳明界定情与礼的关系为：“盖天下古今之人，其情一而已矣。先王制礼，皆因人情而为之节文，是以行之万世而皆准。其或反之吾心而有所未安者，非其传记之讹阙，则必古今风气习俗之异宜者矣。此虽先王未之有，亦可以义起，三王之所以不相袭礼也。若徒拘泥于古，不得于心，而冥行焉，是乃非礼之礼，行不著而习不察者矣。”②刘宗周《阳明传信录》摘录此段文字并评论称：“一部《礼经》，皆当如此看。”③把这种观点放在与朱子学对比的脉络中，更能彰显其思想意义。朱子在注释《论语·学而》“礼之用，和为贵”章时称：“礼者，天理之节文，人事之仪则也。和者，从容不迫之意。盖礼之为体虽严，而皆出于自然之理，故其为用，必自从容不迫，乃为可贵。”④阳明所说的“先王制礼，皆因人情而为之节文”，是基于人情而调节文饰之意。朱子所说的“天理之节文”则是制度品节的意思。阳明说先王所制之礼“行之万世而皆准”，原因是其奠基于“天下古今之人，其情一而已矣”，亦即活泼、变动、一体共通的生生之心（良知）。朱子则将礼的有效性建立在“自然之理”基础上。概言之，朱子以礼化俗的立场建立在人人公共的天理，道器不二的落实是以天理之公共性、人得以平等面对天理为基础奠立的；而阳明以礼化俗的立场则建立在人人自有的情感，道不远人目标的实现是直接以完全庶民化的人情日用为内容。如果说汉唐时代道（礼）只是官府部门事务或贵族生活之装饰，与民众生活无关（不周于人伦），与民间的风俗人情脱节（不通乎俗变），朱子那里则是道（礼）在公共之理（人人得以平等面对），阳明则是道（礼）在人情日用（完全庶民化）。

刘宗周从阳明心学的立场对其家庙礼仪重建活动做了一个总结：

> 暇日爰取旧本，更为润色，付之剞劂，以示族人。首载家乘，具见世家之渊源如此。《书》曰：“黍稷非馨，明德维馨。”故题之曰《明德渊源录》。是录也，其事则

---

① 梁漱溟：《中国文化要义》，第 80 页。

② 王阳明：《寄邹谦之》，载吴光、钱明、董平、姚延福编校《王阳明全集》卷六，上海：上海古籍出版社，1992 年，第 202 页。

③ 刘宗周：《阳明传信录》卷一，载《刘宗周全集》第五册，第 16 页。

④ 朱熹：《论语集注》卷一，载《四书章句集注》，第 51 页。

> 祭祀燕享而已，其文则史，其义则尊祖敬宗，而避丰祢之嫌；收族合涣，而通一体之爱。宗周将窃取之矣。①

在刘宗周看来，其家庙礼仪展现于事为祭祀燕享，其文则史，其义则尊祖敬宗、收族合涣而通一体之爱。这种强调万物一体之仁、爱的价值观念，其特点是对于脱离了伦理秩序的欲望主体具有包容性。若以情感与欲望的关系来譬喻，则是通过回到两者共通的根源基础来包容欲望、调节和转化欲望。换言之，包容的目标是在欲望主体身上重新开发人伦与社会秩序的基础（良知）。这是在道德失范、欲望膨胀的中晚明社会重建人伦共同体的必要前提。刘宗周对于这一立场有一个哲学表述：

> 盈天地间，皆物也。人其生而最灵者也。生气宅于虚，故灵，而心其统也，生生之主也。其常醒而不昧者，思也，心之官也……生机之自然而不容已者，欲也。欲而纵，过也；甚焉，恶也。而其无过不及者，理也。其理则谓之性，谓之命，谓之天也。②

这篇文字彻底展现了刘宗周对如何安顿欲望主体的精妙构想。他的论述从天地人物共有的“生气”（生机）出发，“生气”是贯通主客观界、主导事物变化的造化力量，蕴涵着无穷的活力。人由于独具将“生气宅于虚”的能力，故而在天地万物之中是“生而最灵者”。而“心”既是“生气”在人身上的体现，也是“生气”之主宰。生机呈现自身的方式总是自然而不可遏止、生生不息，刘宗周称之为“欲”。需要注意的是，刘宗周所说的“欲”不是朱子学视野中违背天理的情欲之作为，也不是阳明学视野中弛缓良知的明觉性、使良知的判断迟钝的因素；而是纯粹生命力的展现。“欲”的展现（实现）必然是实践性的，它必须在与外在天地自然人物打交道的实践中获得自我展现（或自我满足）。从结果上看，“欲”的自我满足可分为三种类型：一是过分张扬、侵犯外物的自我中心状态，二是由于展现不足或受到外在限制而处于被压制状态，三是与外物和谐一致、协调共处状态。刘宗周把前两者称为“过”（程度过分者为“恶”）与“不及”，而第三种则为“无过不及”、恰到好处。而“理”就是“欲”在自我

---

① 刘宗周：《明德渊源录跋语》，载《刘宗周全集》第四册，第127—128页。

② 刘宗周：《原心》，载《刘宗周全集》第二册，第279页。

延展过程中所展现的“恰到好处”“无过不及”者。刘宗周把“理”之生成描述为一个动态平衡过程,“理”不是由诸种“过”“不及”辩证而成的利益权衡之产物,而是通贯天地自然万物的整体性“生气”之条理中的一个环节,在价值等级上具有客观、超越意义。刘宗周用“性”来表述这种客观、超越意义,“生而有此理之谓性”,“生而有”是指本然、自然而言。由此,传统的“心”“理”“性”等概念都在“欲”(生气)之论述脉络中得到了新的安顿。

由上可见,刘宗周的论述展现了一个流动的、活泼泼的生命力结构,寓意着刘宗周力图实现学术与社会历史现实的彻底结合,以生生日新的道德实践救世的理想。刘宗周的“欲”论述提升了日常情、欲的层次,情、欲不再是被贬抑的对象,而是绝对价值呈现自身的方式。由此可见刘宗周思想基本性格的表现之一:以具体日常、活泼泼的情感生活与行事为基石,在肯认人的自然-本然性、人的个体存在及其活泼性的前提下处理公共性与统一性(理)问题。例如在刘宗周的论说当中,人类价值体系当中不同等级的价值存在(理、过、恶,喜怒哀乐与七情)都在“欲”(生机)这一“平台”(“场所”)中展现,理与过、恶,喜怒哀乐与七情之间只是生命力的展现之过不及与恰到好处之差异,而不是非黑即白、截然对立的关系。这种价值体系的结构方式将培育出无限广大之心量以包容污秽与美好并存的大千世界,并在此基础上自然生发出强盛的心力和无限的责任感来应对和转化(救治)千变万化、破碎的现实世界。刘宗周对待“流寇”问题的态度,就是这一价值观念的鲜明展现:“流寇之为中原毒也,原其初朝廷赤子也。语曰:‘抚我则后,虐我则仇。’皇上但心尧、舜之心以抚民耳,不患寇之不还为吾民也。”①这种包容性的论述,正是理学家基于因应、对治中晚明的社会政治危机的现实关怀而产生;由此亦可见中国古典哲学与政教之间独特的互动关系。

事实上,道心(人与人之间基于情感的关联)所表述的是自我中的“公共性”蕴涵,它既是理学形上学论述的核心,也是宗族(包括乡约)等伦理共同体得以建立的哲学形式。基于道心(梁漱溟所说的情感)是人类社会凝聚和合之所托这一洞见,我们不难发现,在理学家的道心人心之辨重构过程中,理学形上义理建构与社会政治秩序塑造之间的一体性机制亦得以豁显。

① 刘宗周:《微臣顶戴明纶恭申对扬之忱以图报称疏》,载《刘宗周全集》第三册,第118页。

四、余论：道统与政治

综上所述，在以礼化俗的历史视野中，理学家回应时代政治难题时涉及多层面的思想脉络：礼与俗，情感与欲望的调节（亦即道心人心之虞廷十六字心法），三代之治，性命之学建构，封建与郡县，宗法与宗族建设，等等，这些共同构成了理学道统论的思想世界。学术界以往的研究或者将理学道统论理解为一个虚构的、一线单传式的道之传授谱系，或者将其理解为一种纯粹哲学形上学视野中的儒家心性论思想体系。这两种解读的共同特点在于：将理学道统论从其所从出的思想脉络中抽离出来，做出片面的单一化处理。事实上，理学道统论思想蕴涵丰富，既包含对于道（中华文明）之发端及其内容的根源理解，也包含对于宋明时代的社会政治难题的总体思考以及解决方案。理学家以道心人心（性命之学）之辨诠释儒家道统，并非将儒学局限于“微观内在”的个体精神与心灵建构，而是对宏观的社会政治难题的理想解决方案。

船山易学重德思想之阐发

——《周易内传发例》对于王弼、邵雍、朱熹的批判

蔡家和[*]

一、引　言

船山(王夫之,1619—1692年)的易学著作以《周易内传》(以下简称《内传》)《周易外传》(以下简称《外传》)较为著名。[①]《外传》是船山三十七岁时的作品,《内传》则是其晚年作品。《外传》不是依着《易经》《传》原文逐一解释,而是因着对于易象的感发从而衍生的论述,然也算是船山重要的哲学著作,其很多往后的思想便是发端其中。至于《内传》则较为完整,采取逐字、逐句诠释,深刻地表现船山自身体会,成其一家之言,也因此,具有一定分量。由于一般读者掌握不易,于是船山在书末写下《周易内传发例》(以下简称《发例》)二十五则,希望能以精简的篇幅而令读者容易楔入易学义理。

《发例》便是船山自己整理的《内传》重点,大致足以显示船山易学思想的精髓。《发例》中,对于历史上重要易学派系或多或少皆有论及,其中尤以三家最为其所诟病,分别是王弼、邵雍与朱子。此三家在历代易学诠释上皆占一席之地:(1)王弼易学是表达道家精神[②],所谓"得意忘象""得意忘言";(2)邵雍则在《易经》之前加入河图、洛

* 作者简介:蔡家和,哲学博士,中国台湾东海大学哲学系教授。

① 朱伯崑教授言:"王氏有关易学哲学的著述,其数量之多,不仅超过朱熹,也是易学史上罕见的。"见朱伯崑《易学哲学史》第四卷,台北:蓝灯文化事业公司,1991年,第6页。

② 王弼有卦主之说,以少统众,其言:"夫少者,多之所贵也;寡者,众之所宗也。一卦五阳而一阴,则一阴为之主矣。"见王弼《王弼集》(下),北京:中华书局,1980年,第591页。

书,而有先天、后天、八卦、六十四卦图等说法,形成丹道派的易学;(3)朱子有《易学启蒙》《易本义》等作品,认为易学本是用来占卜、算命。① 而船山的批判大致是站在儒家孔子重德精神的发扬,提出“四圣一揆”,拨去历来给予易学的模糊、多重色彩,惧人学易而反为易所误导,以致德行不成②,从而归本于人能弘道、性日生日成,尽人事以听天命的易学道途。

以下,依于《发例》而分别讨论船山对于三家的批判与阐发,同时提出反思。

二、批判王弼易学以保住气化世间

王弼在易学史上具有里程碑的地位,其提出的“得意忘象”之说,一扫汉代象数之学,兴发易学义理。王弼于《周易略例》尝言:

> 义苟在健,何必马乎?类苟在顺,何必牛乎?爻苟合顺,何必坤乃为牛?义苟应健,何必乾乃为马?而或者定马于乾,案文责卦,有马无乾,则伪说滋漫,难可纪矣。互体不足,遂及卦变;变又不足,推致五行。一失其原,巧愈弥甚。从复或值,而义无所取。盖存象忘意之由也。忘象以求其意,义斯见矣。③

王弼反对汉代易学的繁复,乃因执定象数而衍生出各种解说方式,如互体、卦变以及五行等说法,繁杂巧伪而失其原。王弼认为,象乃用以呈现义理,义理若知,如以健为义,则不一定只有马可为健,龙亦可为健,若执象则容易迷失义理,故须忘象以求义。

而船山认为,王弼易学固然有其贡献,如若站在重气、世间的角度来看,则所谓得意忘象、得象忘言,其中的言与象只是过程、一种工具手段,而不是目的,若只作为工具则容易遭到遗弃,如此一来,易学将如佛家之拈花微笑、“言语道断,心行处灭”,或如老

① “易本筮而作。”见朱熹《朱子语类》第四册,台北:文津出版社,1986年,第1620页。

② 船山言:“易为君子谋,不为小人谋,君子之谋于易,非欲知吉凶而已,所以知忧,知惧,而知所择执也。”见王夫之《船山全书》第一册,长沙:岳麓书社,1996年,第671页。

③ 王弼:《王弼集》(下),第609页。

子的道不可道、名不可名。[1] 船山对王弼提出批评：

而秦以来，杂占之术纷纷而相乱，故襄楷、郎顗、京房、郑玄、虞翻之流，一以象旁之搜曲引，而不要诸理。王弼氏知其陋也，尽弃其说，一以道为断，盖庶几于三圣之意。而弼学本老庄虚无之旨，既诡于道，且其言曰"得意忘言，得言忘象"，则不知象中之言，言中之意，为天人之蕴所昭示天下者，而何可忘耶？然自是以后，《易》乃免于鬻技者畏陋之诬，而为学者身心事理之要典。唐、宋之言《易》者，虽与弼异，而所尚略同。苏轼氏出入于佛、老，敝与弼均，而间引之以言治理，则有合焉。[2]

汉易由象数而转，愈转繁杂而沦为杂占之术，王弼能予以弃舍，船山对此甚为肯定，毕竟杂占性格的汉易，与易学"穷理尽性至于命"之说不合。而船山的意思也不是说《易经》就不能用来卜筮，只是卜筮无法穷尽易学全体之蕴，卜筮只是圣人之道的四者之一。[3] 所以王弼尽扫象数，以道为断，虽可上承孔子、文王、周公，却有矫枉过正之嫌。

船山批评王弼"本老庄虚无之旨""诡于道"，不是正道，要以儒学诠释《易经》才是正道，而儒学乃是性命道德之学。如船山《俟解》言："庄生云'参万岁为而一成纯'。言万岁，亦荒远矣，虽圣人有所不知，而何以参之！"又云："朴之为说，始于老氏，后世习以为美谈。朴者，木之已伐而未裁者也。已伐则生理已绝，未裁则不成于用，终乎朴则终乎无用矣。"[4]前则批评庄子"参万岁为而一成纯"的不实在，后则批评老子"终乎朴则终乎无用矣"。可见船山不以老、庄为见道之学。[5]

---

① "如呼曾子而告一以贯之，则门人共闻，而曾子亦不难以忠恕注破，固夫子之所雅言也。密室传心之法，乃玄禅两家自欺欺人事，学者未能拣别所闻之邪正且于此分晓，早已除一分邪惑矣。"见王夫之《俟解》，北京：中华书局，2009 年，第 90 页。船山意谓，岂是道不可道、言语道断？孔子的忠恕之道是要被诉说的！

② 王夫之：《船山全书》第一册，第 652—653 页。

③ "《易》有圣人之道四焉：以言者尚其辞，以动者尚其变，以制器者尚其象，以卜筮尚其占。"（《周易·系辞上传第十章》。）

④ 王夫之：《俟解》，第 88—89 页。

⑤ 船山于《老子衍·自序》处批评老子，其言："三者之失，老子兼之矣。故于圣道所谓文之以礼乐以建中和之极者，未足以其深也。"见王夫之《船山全书》第十三册，第 15 页。

话说回来,船山固然可以批评王弼易学非儒家正道,但王弼为何不能以道家宗趣来解易学。韩康伯于注"大衍之数五十,其用四十九"处,引王弼之语,而王弼的义理正是道家之学,王弼言:

> 演天地之数,所赖者五十也。其用四十有九,则其一不用也。不用而用之以通,非数而数以之成,斯易之太极也。四十有九,数之极也。夫无不可以无明,必因于有,故于有物之极,而必明其所由之宗也。①

此乃"以无统众",五十数而用四十九,其一不用者,无也——不用的这个非数,才能成其数以成其用,此即"无用之大用""无为而无不为"之说。"以无统众"者,只因"有"不能统众,若"有"则与众相争,而"无"不与物争,故天下莫能与之争;能为"无",则无有一徼向,而能顺任万有!此乃王弼注老"不禁其源,不塞其性"的道家式说法。②

回到船山。船山又批评王弼"得意忘言,得言忘象"之说。③ 如前所述,船山秉持儒家重气、重世间的角度,认为"言""象"都是气,一旦将"言""象"视为只是过程、工具,则整个世间亦可被抛弃无妨,于是落入佛老之说。又佛老视"言""象"为工具,船山却主张"即象即器",即于文字体认道,而道不离世间。④ 故意者,即在象中,象者,即在言中,离器无所谓道,离象亦无所谓意。船山视气(器)为天人之蕴,性命天道就在言说、象占之中,离此则不可谓道,如此一来,则言语、象占都被保住。

又易学自王弼之后,风格丕变,少去汉易之猥陋,而为身心性命的义理之学,象数

---

① 王弼:《王弼集》(下),第 547—548 页。

② 王弼解《老子》第十章"生之畜之",其言:"不塞其原也,不禁其性也。"见王弼《王弼集》(上),第 23—24 页。

③ "夫象者,出意者也。言者,明象者也。尽意莫若象,尽象莫若言。言生于象,故可寻言以观象;象生于意,故可寻象以观意。意以象尽,象以言着。故言者所以明象,得象而忘言;象者,所以存意,得意而忘象。犹蹄者所以在兔,得兔而忘蹄;筌者所以在鱼,得鱼而忘筌也。然则,言者,象之蹄也;象者,意之筌也。"见王弼《王弼集》(下),第 609 页。王弼言"得意忘象,得象忘言",而船山错记为"得意忘言,得言忘象",两者义理相通。

④ "非也。道者天地精粹之用,与天地并行而未有先后者也。使先天地以生,则有'有道而无天地'之日矣,彼何寓哉?而谁得字之曰道?"见王夫之《船山全书》第一册,第 823 页。船山否定老子"有物混成,先天地生"的说法。

派随之没落;[1]到了唐、宋之易学,看似与王弼易学不同,然其中精神却颇为一致,船山形容为“所尚略同”,即大多以佛、老解易,不走儒家君子之正道。如此,则容易崇本息末、得意忘象,依于道而舍弃言语、象占,遗落了世间之器与气,如苏东坡之易便有此弊。

以上,船山肯定王弼易学的贡献,同时也提出其缺失,一是以道家言易,不是儒家之大道[2],二是“得意忘象”之说,一扫象占、语言,容易造成舍弃世间、人伦的危险。

船山又言:“《易》之为筮而作,此不待言。王弼以后,言《易》者尽废其占,而朱子非之,允矣。虽然,抑问筮以何为,而所筮者何人何事耶?”[3]船山认为,《易经》的圣人之道有四:“以言者尚其辞,以动者尚其变,以制器者尚其象,以卜筮尚其占。”因此占卜也是易的精神之一,不可如王弼之弃舍,然而若如朱子的《易本义》,主张《易经》的原意在于占卜,船山也不表认同。[4] 船山视王弼与朱子之易学皆有偏颇,可说过与不及。[5]

船山于《发例》第五则处言:“京房、虞翻之言《易》,言其占也。自王弼而后至于程子,言其学也。二者皆《易》之所尚,不可偏废,犹其不可偏尚也。”[6]船山把圣人的四种易学之道分为两类,即是占与学,而占、学不可偏废,却也不可偏尚。这是船山两端一致的架构,所谓“乾坤并建”[7],如今则为“占学并建”。汉易偏于占,王弼则偏于学,未

---

① “王弼盖黜象数,说以老庄,一变而为胡瑗程子,始阐儒理。”见纪昀等编纂《文渊阁四库全书》第一册,台北:台湾商务印书馆,1983年,第54页。

② “于是君子之刚正,乃于柔靡之世而益显,而迥异于老氏窥机蹈暇之虚无矣。此乃所谓得也。故船山注《易》,甚严于君子小人,正道异端之辨,所谓‘《易》为君子谋,不为小人谋也’。而于诸忧危之卦,此意尤为恳切。”见曾昭旭《王船山哲学》,台北:远景出版事业公司,1983年,第44页。曾教授指出,船山易学的特色是以儒家为本,不赞同以老氏之虚无而解易。

③ 王夫之:《船山全书》第一册,第653页。

④ 朱子言:“且如《易》之作,本只是为卜筮。如‘极数知来之谓占’,‘莫大乎蓍龟’,‘是兴神物,以前民用’,‘动则观其变而玩其占’等语,皆见得是占筮之意。盖古人淳质,不似后世人心机巧,事事理会得。古人遇一事理会不下,便须去占。”见朱熹《朱子语类》卷六十六《易二》“纲领上之下·卜筮”。然而,如王道(王阳明与湛甘泉的共同学生)也反对朱熹视易为卜筮之书。参见王道《〈易〉非为卜筮而作》,《王文定公文录》卷一,收录于《王文定公遗书》,缩影资料据明万历三十七年(1609年)朱延禧南京刊本摄制,台北:台北中央图书馆,第10a—11a页。

⑤ 朱子谈易,也许未如船山所言之视其全意即是占卜,朱子只是强调易之本义为占卜,却未否定其他说法,恐是船山的过度发挥。

⑥ 王夫之:《船山全书》第一册,第655页。

⑦ “《易传》而言,船山提出‘乾坤并建’以代替既往之‘以乾为主’的易学,既而以‘十二位阴阳半隐半现之说’去诠释‘乾坤并建’的体用义。”见林安梧《王船山人性史哲学之研究》,台北:东大图书公司印行,1987年,第53页。

能并建，而朱子则又回到汉易之尚占，同样不妥。

三、批判朱子之专言象占

（一）伊川易学与张子易学

在批评朱子之前，船山提到伊川易学与张子易学。伊川易学与朱子易学可说是息息相关①，对此，船山言：

> 程子之《传》，纯乎理事，固《易》大用之所以行，然有通志成务之理，而无不疾而速、不行而至之神。张子略言之，象言不忘，而神化不遗，其体洁静精微之妙，以益广周子《通书》之蕴，允至矣，惜乎其言约，而未尝贯全《易》于一揆也。②

《易程传》的特色在于以儒家义理解经，并发挥体用之说，所谓"体用一源，显微无间"③，认为形上为道、形下为器，以"然"与"所以然"形容阴阳与太极，此乃理气之说、阴阳与所以阴阳之义理。船山认为，《易程传》大抵遵守王弼进路，以义理为主，不致有汉易偏重占象之弊。然程子依理而解，却遗落了妙运之神，因理气论属二元架构，理、气二元④，则有方所，这与易之精神有所扞格——神无方、易无体，如此才能神妙不已。因此船山认为《易程传》纯于义理而不言象数，遗于神妙变化，以"然"与"所以然"形容道与器，只是做到"方以智"，缺少了"圆而神"。

---

① 朱子的《易本义》，常以《易程传》为本，如朱子注《系辞》"天一地二"处言："此简本在第十章之首，程子曰：宜在此，今从之。"见朱熹《易本义》，台北：世界书局，1972年，第60页。

② 王夫之：《船山全书》第一册，第653页。

③ "至微者理也，至著者象也。体用一源，显微无间。"见程颐《易传序》，载《二程集》（二），台北：汉京文化事业公司，1983年，第689页。

④ 伊川言："离了阴阳更无道，所以阴阳者是道也。阴阳，气也。气是形而下者，道是形而上者。形而上者则是密也。"见程颢、程颐《二程集》（一），第162页。朱子的道器之说同于程子，其言："阴阳迭运者，气也，其理则所谓道。"见朱熹《易本义》，第58页。然而，形上、形下之意涵是否真如理学家所言？其实未必。如戴震便把形上、形下视为成形前与成形后，其言："以道器区别其形而上形而下耳，形谓已成形质，形而上犹曰形以前，形而下犹曰形以后（如言千载而上，千载而下，诗曰下武维周，郑笺云：下，犹后也）阴阳之未成形质，是谓形而上者也，非形而下明矣。"见戴震《戴震集》，上海：上海古籍出版社，1980年，第288页。戴震反对程朱理气论中的道器说法。

再如对于张子易学的评论。张载对于程子易学未能达于“神”之境界也是有所理解，张载言：“一物两体，气也；一故神，两在故不测。两故化，推行于一。此天之所以参也。”①其实船山“两端一致”与张载“一物两体”二说颇为一致，他们的灵感也都来自易学。船山最为推崇而归宗者便是张载②，这里为了书写自己的作品，于是对张载易学简单带过，只说其言过于约略；此外，还说张载未贯易于一揆，未如船山自家“四圣一揆”的做法。③

（二）朱子易学违反“四圣一揆”

接下来，船山对于朱子易学提出批判，其言：

> 朱子学宗程氏，独于《易》焉尽废王弼以来引伸之理，而专言象占，谓孔子之言天，言人，言性，言德，言研几，言精义，言崇德广业者，皆非羲、文之本旨，仅以为卜筮之用，而谓非学者之所宜讲习。④

船山认为，朱子学宗于程氏，程氏以理学解易，毕竟属儒家，尽废王弼之引申，即是不取王弼的道家易学（船山以王弼的道家易学是引申而来，不是易的原意）。然朱子之易仍有缺失，若说王弼的缺失是一扫象数，尽言义理，那么朱子的缺失则是专言象占，以卜筮为易之本义。

船山的意思是，朱子视易之本义为占筮，则文王与伏羲的本义便是占卜，那么从孔子以来的《易传》皆非《易经》本旨，天、人、性、德等教说都成了引申之说，不是本义，纵使宣讲也与易之本义不合，这便违背了船山“四圣一揆”的主张。

---

① 张载：《张载集》，台北：里仁书局，1981年，第10页。

② 船山言：“至哉张子之言曰：‘《易》为君子谋，不为小人谋。’然非张子之创说也。《礼》：筮人之问筮者曰，义与？志与？义则筮，志则否。文王、周公之彝训，垂于筮氏之官守且然。”见王夫之《船山全书》第一册，第653页。此乃船山对张载的称赞，并说明“易为君子谋”一句并非张载之创发。《礼经》记载显示，若要占卜，为义则占，若为私心志向则否，此为“四圣一揆”之常法传承于筮官上。

③ “四圣一揆”是船山自己学问的主张与特色。“四圣”依序是：伏羲、文王、周公、孔子。关于易之意旨，四圣之间，后圣能够体得先圣而彰明天人之理，前后一脉，道道相传，未尝有所增减。这便是所谓的“四圣一揆”。

④ 王夫之：《船山全书》第一册，第652—653页。

那么,什么是“四圣一揆”,船山何以提出?其言:

伏羲氏始画卦,而天人之理尽在其中矣。上古简朴,未遑明着其所以然者以诏天下后世,幸筮氏犹传其所画之象,而未之乱。文王起于数千年之后,以“不显亦临,无射亦保”之心得,即卦象而体之,乃系之《彖辞》,以发明卦象得失吉凶之所繇。周公又即文王之《彖》,达其变于《爻》,以研时位之几而精其义。孔子又即文、周《彖》《爻》之辞,赞其所以然之理,而为《文言》与《彖》《象》之《传》;又以质例之贯通与其变动者,为《系传》《说卦》《杂卦》,使占者、学者得其指归以通其殊致。盖孔子所赞之说,即以明《彖传》《象传》之纲领,而《彖》《象》二《传》即文周之《彖》《爻》《文》、周之《彖》《爻》即伏羲之画象,四圣同揆,后圣以达先圣之意,而未尝有损益也,明矣。①

伏羲始画卦,而辞、变、象、占、天人之理等已尽其中,盖其象中有学,学中有理、有占等。又虽易有周易、连山、归藏等数种,不过,其中的连山、归藏等只依于占卜②,所以孔子删定而不取,唯取伏羲、文、周之易,也就是周易,周易之中蕴含着忧患意识,能使人惧于始终。③

数千年后,文王解得伏羲,其做《彖辞》,如同《诗经》所颂扬者,文王敬业以临民、保民,其于卦象有所体会而系以辞,发明其中的吉凶之理;文王之系辞乃于爻中而为象,其中精神便是辞、变、象、占。到了周公则系以《爻辞》,《爻辞》乃是将爻位之时中变化兴发于辞,占其吉凶而象形焉。

① 王夫之:《船山全书》第一册,第649页。

② “然而《易》之乱也,自此始。孔子之前,文、周有作,而夏、商《连山归藏》二家杂占之说,犹相淆杂。如《春秋传》之繇辞,多因事附会,而不足以垂大义,而使人惧以终始。”见王夫之《船山全书》第一册,第652页。

③ “‘易之兴也,其当殷之末世,周之盛德耶?当文王与纣之事耶?是故其辞危?’《易传》虽大概成立于战国末期;但此处所说的情形,与周初文献相对照,却非常适切。”见徐复观《中国古代人文精神之成长》,载《徐复观文集补编》第一册(思想文化卷上),台北:“中研院”文哲所,2001年,第142页。意思是,《易经》《易传》生发之背景相似,故义理也相近,其中皆具忧患意识而为敬德。

而孔子的十翼①,更是承继于辞、变、象、占,且孔子可谓学、占并建,发挥《易经》而为义理之学,作于《文言》与《彖》《象》之《传》,至于易之通变、知占部分,则表现于《系传》《说卦》与《杂卦》。

以上四圣之间,后圣体得先圣而阐明奥义,四圣一脉,道道相传,未尝有所增减。这便是船山所谓的"四圣一揆"。

"四圣一揆"是船山学的预设,也是其学问主张,此杜保瑞教授已曾指出。② 在此便说是船山学的特色,乃是船山以自家义理运用在易学上。至于是否真为易的本义,抑或真是易学在历史传承上的实际样貌,此则尚待推敲。

船山何以提出"四圣一揆"? 大抵为求《易经》能合于《易传》,而归本于《易传》;《易传》阐扬道德性命,那么《易经》也要以德性之学视之,而不可如朱子所言,易的本义只有占卜而无道德。

也因为如此,船山特别喜欢张载所强调的"易为君子谋,不为小人谋"——易学在于为万世生民、国家大事图谋幸福便利,不为个人私利、趋吉避凶之用。此如同张载《西铭》所说:"富贵福泽,将厚吾之生也,贫贱忧戚,庸玉女于成也!"不管命运如何,都要以德性去面对它,而不是只懂得趋吉避凶,成了行险侥幸的小人。船山提出"四圣一揆",用以阐发其"两端一致"之学,所谓的学、占并行,不可偏废,视朱子与王弼的说法都值得商榷。

(三)"四圣一揆"如何证成?

"四圣一揆"可否证成呢? 先看船山解释:

使有损益焉,则文、周当舍伏羲之画而别为一书,如扬雄《太玄》、司马君实《潜

① 依于船山,《序卦》不出自孔子,也不出于伏羲、文王、周公,船山言:"《序卦》非圣人之书,愚于《外传》辨之详矣。《易》之为道,自以错综相易为变化之经,而以阴阳之消长屈伸、变动不居者为不测之神。间尝分经纬二道,以为三十六象、六十四卦之次序,亦未敢信为必然,故不次之此篇。"见王夫之《船山全书》第一册,第676页。易象变动不居,而《序卦》却有次序,违反变动不居之神。故船山认为,孔子的《易传》最多只算九翼,而不是十翼。

② "对于船山'四圣同揆'的错误前提,其实它已经不会在一开始就破坏船山的理论进行,因为这个命题只是等于船山揭示了一个他所采取的易学原理的基本立场或进路。"见杜保瑞《论王船山易学与气论并重的形上学进路》,台北:花木兰文化出版社,2010年,第57页。

虚》、蔡仲默《洪范数》之类臆见之作。岂文、周之才出数子之下，而必假于羲画？使有损益焉，则孔子当舍文、周之辞而别为一书，如焦赣、京房、邵尧夫之异说。岂孔子之知出数子之下，乃暗相叛而明相沿，以惑天下哉？①

船山这里强调，从伏羲到孔子，易学未尝有所损益，前人、后人精神一致，只是内容上有详、有略。文王、周公若不能承继于伏羲，为何要挂名于伏羲，也可以如同扬雄《太玄》一般挂上自己名字，难道文、周、孔子的才华不及于扬雄、邵雍，而必须假名于伏羲？

大致而言，文王、周公以及孔子的解易，皆属继述前人之一类，但这当中有没有自己的发明呢？当船山提出“四圣一揆”，主张四圣之间于易学精神上彼此相承，且义理无有增减时，那么就当先说明创始于伏羲的卦象究竟何意？

船山认为易的精神是“辞、变、象、占”（语出《易传》），此四者各具独立意涵，不光为表现占卜，更重要的是传达先圣相承的天人之理。而朱子则从发生学的角度来看待《易经》，主张易的精神便是占筮，认为《易传》并不足以尽《易经》，“辞、变、象、占”四者皆为卜筮所用。

船山的理由是，如果《易传》不足以解《易经》，那么以孔子之才能，何不像邵雍那样自创书名、作者，而一定要倚于伏羲之说？然而，这样说法显得牵强，不算是严格或成功的论证。

真正论证的路数，应当是先得出伏羲画卦的原意，然后审查孔子是否真能绍继？而船山却是反过来用孔子而上贯伏羲。船山当然可以如此发挥，但不足以批评朱子说法必为非。

（四）船山重德之诠释

船山反对朱子的目的，说实了便是要以《易传》解《易经》，要把易经视为有学、有占，而不是如朱子所强调的专用于占；若只有占，则《易经》沦为算命之学、趋吉避凶之用，人的作为也将弃道德、性命于不顾，专为趋利。这是船山重德的诠释，其言：

其激而为论，乃至拟之于《火珠林》卦影之陋术，则又与汉人之说同，而与孔子《系传》穷理尽性之言，显相抵牾而不恤。由王弼以至程子，矫枉而过正者也，朱子

① 王夫之：《船山全书》第一册，第649—650页。

则矫正而不嫌于枉矣。若夫《易》之为道,即象以见理,即理之得失以定占之吉凶,即占以示学,切民用,合天性。①

船山指出,朱子的说法,一方面又回到汉易象占之术,另一方面,将同于《火珠林》卦影之说,用以趋吉避凶。② 而这种诠释明显违反了孔子《易传》穷理尽性的精神,也就是违反“四圣一揆”。所以,不管从易的发生学或理想性来看,易之本义应兼顾学、占二者,船山总结:“若夫《易》之为道,即象以见理,即理之得失以定占之吉凶,即占以示学,切民用,合天性。”若如王弼、程子或是朱子的偏立或偏废,皆为过谬。

四、批判邵子杂糅丹道

王弼之解易学并无图,程子《易程传》亦无图,到了朱子《易本义》则有图,何以本来无图却突然有图呢? 船山认为,当中的始作俑者,便是邵雍。③ 船山非常反对邵雍的说法,船山言:

至宋之中叶,忽于杳不知岁年之后,无所授受,而有所谓先天之学者,或曰邵尧夫得之江休复之家。休复好奇之文士,欧阳永叔尝称其人,要亦小智而有所窥者尔。或曰陈抟以授穆修,修以授李之才,之才以授尧夫,则为抟取魏伯阳《参同契》之说,附会其还丹之术也无疑。所云先天者,钟离权、吕嵓之说也。④

---

① 王夫之:《船山全书》第一册,第652—653页。

② “卦影”之说,例如,家中人口若为十一,则为吉,似于测字学;又如牛若二尾则为失,也是以文字的笔法来判断,此为船山所反对。船山易学推重德性之标立,易为君子谋而不为小人谋,所以反对流俗的趋吉避凶之说,船山于《俟解》处言:“鬼神者,圣人知之,君子敬之,学者尽人事以事之,自与流俗之下愚媚妖妄以求福者天地悬隔,何得临下愚之深以为高乎!”见王夫之《俟解》,第84—85页。船山亦言鬼神,视之为二气良能,当文之以礼乐,不为求福。船山的易学诠释也是如此。

③ 朱子自己也说,附于《易本义》书前,如伏羲卦画先天图等图、书,是来自邵雍。朱子言:“康节方图子,自西北之东南,便是自乾以之坤。”见朱熹《朱子语类》第四册,第1613页。

④ 王夫之:《船山全书》第一册,第651页。

大概从宋之中叶起，易学出现各种图、书学说。船山对河图、洛书并不反对①，却相当反对先天、后天、八卦图、六十四卦图等说法，反对理由主要因为：(1)图、书来自丹家，不是儒家义理。(2)方位之说违反孔子《易传》"不可为典要"的讲法。

若追溯这些图、书的来源，有多种说法。其一，先天派学者邵雍得之于江休复，江休复不学无术，相当博杂，曾与欧阳修为友；江休复的先天说又是从何而来？大抵是出于自己奇想、臆测而来的发明。其二，邵雍得之于李之才，李之才得之于穆修，穆修又得之于陈抟，而陈抟《无极图》②又来自于《周易参同契》，乃是附会于炼丹之术而来。③

不管哪种说法，先天等学说皆非源于儒家，所云先天者，概由道教吕洞宾等而来。

船山除了认为先天等说非儒家正统外，也指出其与孔子之语背离，如将易说成有方、有所，此则不神。其言：

---

① 一方面，《易传》言："河出图，雒出书，圣人则之。"河图、洛书的出现，与孔子所言不相违背，所以船山并不反对；所反对者，乃是以河图、洛书配合五行之说。船山于《发例》第六则，曾引河图与八卦相配，并且为之证成，以反对河图与五行之相配。见王夫之《船山全书》第一册，第655—657页。

② 参考朱伯崑的说法："照王偁关于陈抟易学传授的说法，其以数学传穆修，后传至邵雍，其先天太极当属于数学。"见朱伯崑《易学哲学史》第二卷，北京：华夏出版社，1995年，第24—25页。陈抟的《无极图》非常相似于周濂溪的《太极图》，二图相似，但旁边图解的文字不同；另一处不同是，《太极图》乃自上而下，从无极而生化万物；而《无极图》则是自下而上，借由修炼而还复其根。有一说法，谓周濂溪的《太极图说》灵感仿自于《无极图》。(参见朱伯崑《易学哲学史》第二册第13页，谓《先天太极图》属陈抟所有。)又象山曾与朱子辩论"无极太极"；象山认为，《太极图说》是周子早年未定之论，或是受道教影响而不够成熟的作品，然朱子予以否定，视《太极图说》为儒家作品，并且需与《通书》合释。牟宗三先生对此则言："依此，太极图可能源自道教，而图说则断然是濂溪之思想。"(见牟宗三《心体与性体》第一册，台北：正中书局，1990年，第408页。)意思是《太极图》可能抄自道教，但《太极图说》则是周子的意思，也是儒家义理。

③ 朱子《易本义》附图出自邵雍，其言："伏羲四图，其说皆出邵氏，盖邵氏得之李之才挺之，挺之得之穆修伯长，伯长得之华山希夷先生陈抟图南。"见朱熹《易本义》，第8页。船山的讲法大致从朱子而来，又比朱子多了一个说法，即陈抟所得诸图来自《周易参同契》；而伏羲四图是指：《伏羲八卦次序图》《伏羲八卦方位图》《伏羲六十四卦次序图》，以及《伏羲六十四卦方位图》。船山于《周易外传》亦言："考邵子之说，创于导引之黄冠陈图南，传于雕虫之文士穆伯长，固宜其瀹乱阴阳，拘牵迹象之琐琐也。而以为伏羲之始制，旷万年而何以忽出？此又不待智者而知其不然矣。"见王夫之《船山全书》第一册，第992页。

其经营砌列为方圆图者,明与孔子"不可为典要"之语相背。而推其意之所主,将以何为?如方圆图方位次序之饾饤铺排者,可以崇德耶?可以广业耶?可以为师保父母,使人惧耶?可以通志成务,不疾而速,不行而至耶?不过曰:天地万物生杀兴废,有一定之象数,莫能踰于大方至圆之体。充其说,则君可以不仁,臣可以不忠,父可以不尽教,子可以不尽养,端坐以俟祸福之至。呜呼!跖也,夷也,尧也,桀也,皆不能损益于大方至圆之中者也。①

孔子《易传》明言"不可为典要",而先天派却崇尚典要。② 例如《伏羲六十四卦方位图》:外圆内方,内方之中则以八八六十四卦的卦象排列,坤于左上,乾于右下,否于右上,泰于左下。③ 船山认为,这种方所之说一方面违反《易传》精神,另一方面也有宿命论之嫌;如谓跖、尧等人命运早已被决定,皆不能违背此一大方至圆之中的排列,圣人为圣是被决定④,而桀、纣之恶亦然,如此岂容道德之说?⑤

道德之说必先预设一自由意志,而决定论者刚好违反,因为都是前定,不能自己做主。船山视决定论或宿命论为邪说,其与孔子崇德广业、通志成务主张明显违背,而将造成父可不慈、子可不孝,因为孝、慈都是被决定,不是自觉而成。人可以不修德行,不

① 王夫之:《船山全书》第一册,第 651 页。

② "其曰'《乾》《坤》为大父母'者,不能不然之说也;其曰'《复》《姤》小父母',则其立说之本也。宋郑夬、秦玠亦有此说。不然,则父母而二之,且不能解二本之邪说,而彼岂其云然!"见王夫之《船山全书》第一册,第 990 页。此船山反对邵雍的大父母、小父母之说,视之为二本;船山对邵雍的其他批评,参见同书第 990—992 页。

③ 《伏羲六十四卦方位图》,可参见朱熹《易本义》,第 8 页。关于船山的反对,参见王夫之《船山全书》第一册,第 990—991 页。

④ 船山强烈反对宿命论,以为若言宿命,则道德将不成,其言:"俗谚有云:'一饮一啄,莫非前定。'举凡琐屑固然之事而皆言命,将一盂残羹冷炙也看得哄天动地,直惭惶杀人!且以未死之生、未富贵之贫贱统付之命,则必尽废人为,而以人之可致者为莫之致,不亦舛乎!"见王夫之《船山全书》第六册,长沙:岳麓书社,2011 年,第 1114 页。

⑤ 船山易学系采重德诠释,其言:"唯恃其自然,忘其不容已,则乾不绝小人而小人绝乾。故《易》于小人,未尝不正告焉。穆姜筮占四德而惧,其验也。六阳之卦为《乾》,乾为天,《易》不云天而云乾,用此义也。"见王夫之《船山全书》第一册,第 882 页。道德之成立要先预设自由意志,宿命论则与此违反。

需日新而精进。①

关于船山批评邵雍易学使成典要，如下：

《本义》绘邵子诸图于卷首，不为之释而尽去之，何也？曰：周流六虚，不可为典要；《易》之道，《易》之所以神也，不(疾)[行]而至也，阴阳不测者也。邵子方圆二图，典要也，非周流也，行而至者也，测阴阳而意其然者也。《易》自下生，而邵子之图自上变。自下生者，立本以趣时者也；自上变者，趣时而忘本者也。天地之化，至精至密。一卉一木，一禽一虫，察于至小者皆以不测而妙尽其理；或寒或暑，或雨或晴，应以其候者抑不可豫测其候。②

问者提问：朱子《易本义》所载邵子诸图，船山为何不做解释便主张尽皆删除？船山回答，易是周流六虚者，不可为典要，而邵雍却有典要、有方所，即不神妙。易道者，阴阳不测之谓神，若有方所则不神，甚至还能按图索骥，如此则变得僵化，而与《易传》不合。另外一个理由是，船山认为，《易经》《易传》画卦，必自下而上，初爻在下，上爻在上；至于邵雍之说却是颠倒，自上而下。例如，邵雍的《文王八卦次序图》(后天八卦)③：乾坤父母于上，六子于下。依于船山，应该要颠倒过来始可。

通过前文，可知船山之反对邵雍易学有三：一者，以易为典要，遂成前定论，恐将造成德性不成；二者，先天等说法从丹道而来，非儒家之学；三者，画卦方式与《易经》《易传》上下相反。

---

① 船山反对易有方所，如此则为宿命论，甚至把易学视为物极必反之说，而可以用一理论来算出命运，其言："以天下治乱、夫人进退而言之，泰极而否，则尧、舜之后当即继以桀、纣，而禹何以嗣与？否极而泰，则永嘉、靖康之余何以南北瓜分，人民离散，昏暴相踵，华夷相持，百余年而后宁？"见王夫之《船山全书》第一册，第667页。船山认为，若物极必反，则尧之善极，应该出现桀、纣之恶，何以出现的是舜之善？船山的说法也许尚待商榷，然其用意是要人能善尽人事，不要依于命定之邪说。

② 王夫之：《船山全书》第一册，第668页。

③ 朱子《易本义》载"右见《说卦》，邵子曰：'此文王八卦，乃入用之位，后天之学也。'"见朱熹《易本义》，第8页。可见先天、后天之说都来自邵雍，而邵雍之说果如船山所言，系自上往下画，乾坤父母在上，所生六子在下。

五、结 语

船山的“四圣一揆”用意，是以《易传》为准而来诠释《易经》，使人尊德，以道德性命安立易学，避免易学沦为算命、趋吉避凶的工具。但船山“四圣一揆”的论证并不算严格，最多只是一种说服；如其认为，孔子若接不上伏羲、文王，则为何不自立为宗？如扬雄等人。然而这种讲法将造成八圣一揆、十圣一揆……因为诠释《易经》的学者上千位，皆能以宗于伏羲、文、周而自居。然而，这些十圣、百圣的易学诠释作品，内容多有不同，则当以何人为正？又为何要以孔子的《易传》为正呢？

船山依于“四圣一揆”，批评王弼以老庄释易，认为老庄未能立于人道之极，不是圣人穷理尽性之学，如王弼的“忘象”“忘言”，由于象与言皆是器化世间所重视者，一旦“忘象”“忘言”，则有遗弃器化世间之过患。船山也反对邵雍先天、后天、八卦图等说法，认为此种说法非儒家正统，且将沦为宿命论、决定论，道德、自觉将被泯没，人们不再努力德行以改变命运。此外，关于朱子视易之本义为卜筮，船山则提出“学、占并建”“辞、变、象、占”等四种圣人之道。

船山《周易内传》曾诠释如船山《俟解》言：“庄生云‘参万岁为而一成纯’言万岁，亦荒远矣，虽圣人有所不知，而何以参之！‘亢龙有悔’如下：‘然不损其龙德者，自强不息，尽其大正，则悔所不恤，圣人固不以知罪易其心也。此爻于理势皆君子之所戒，唯学问之道不然，愤乐而不知老之将至，任重道远，死而后已，不以亢悔为忧。’”①一般解释是，不要物极而悔，故需保持低调而不高亢；然船山的解释却是死而后已，如龙之德行，只有不断努力，死而不恤，唯恐不足而何言太过。②

依于船山，易学正是君子德行之学，鼓励人能弘道，且重视器化世间，因此有必要苦口婆心来给予纠正。以上即是船山易学的定位，所谓的乾坤并建③、两端一致，以及“四圣一揆”等说法，旨在主张尽人事以听天命，性可以日生日成！

---

① 王夫之：《船山全书》第一册，第49页。

② 对于朱子注释《大学》处所言“必至于是而不迁”，船山评论道：“此其为功，唯患不及，而无太过之忧。”见王夫之《船山全书》第四册，长沙：岳麓书社，2011年，第1470页。船山的意思是，德性的努力永远只嫌不够，而无所谓过亢的情况。亢者是心态高亢，不是德行做得太多。

③ “《乾》《坤》并建，为《周易》之纲宗，篇中及《外篇》广论之。”见王夫之《船山全书》第一册，第657页。

从《大学》看王船山对王阳明的批判

刘登鼎*

王船山是宋明儒学的集大成者，他学宗张横渠，于周濂溪、二程、朱子则是去粗取精，有所褒贬，然而皆视之为儒门大贤。唯独于陆象山、王阳明之学术，斥之为乱禅、阳儒阴释。王阳明对儒学的思考主要来自对《大学》“格物致知”的思考，“龙场悟道”之后，便认为良知只在吾心而不可外求于物，正是对“格物致知”的理解与领会。其“良知学”及“四句教”也都是建立在对《大学》尤其是“格物致知”的深入理解上，可见《大学》是王阳明学术所凭借的主要经典。王阳明主张《大学》古本，反对朱子的《大学》改本，尤其反对朱子的“格物致知”补传。阳明作《朱子晚年定论序》说朱子《四书集注》《四书或问》是中年未定之说，其实只是为朱子辩护，不忍心说朱子不见道而已，阳明于《传习录》之《答罗整庵少宰书》中言之甚详。

船山尊崇朱子的《大学章句》，极力反对阳明的《大学》解释，认为阳明以佛学解释《大学》，违背了儒家的义理。船山说：

> 自姚江王氏者出而《大学》复乱，盖其学所从入，以释氏不立文字之宗为虚妄悟入之本，故以《章句》八条目归重格物为非，而不知以格物为本始者经也，非独传也，尤非朱子之意也。既不揣而以此与《章句》为难，乃挟郑氏旧本以为口实，顾其立说，尤未尝与郑氏之言合，卤莽灭裂，首尾不恤，而百年以来，天下翕然宗之，道几而不丧，世亦恶得而不乱乎？其以“亲民”之“亲”为“如字”者，则亦释氏悲愍之

* 作者简介：刘登鼎，哲学博士，贵州中医药大学马克思主义学院讲师。

余沈而墨子二本之委波，至于训“格”为“式”，则又张九成与僧宗杲之邪说而已……若废实学，崇空疏，蔑规矩，恣狂荡，以无善无恶尽心意知之用，而趋入于无忌惮之域，则释氏之诞者固优为之，奚必假圣贤之经传以为盗竽乎？①

船山对阳明的批判在此处主要集中在三个方面：一是对“亲民”的批判；二是对“格物致知”的批判；三是对“无善无恶”的批判，即对阳明“四句教”的批判。船山既然认为阳明是以佛学解释《大学》，那么通过对如上三个方面的梳理，就可以看出船山对阳明的批判是否恰当以及阳明学术的不足。

一、对“亲民”的批判

阳明主张《大学》古本而反对朱子《大学》改本，主“亲民”反对“新民”。《传习录》说：

爱问：“在亲民”，朱子谓当作“新民”。后章“作新民”之文似亦有据。先生以为宜从旧本作“亲民”，亦有所据否？先生曰：“作新民”之“新”是自新之民，与“在新民”之“新”不同，此岂足为据？“作”字却与“亲”字相对，然非“亲”字义。下面“治国平天下”处，皆于“新”字无发明，如云“君子贤其贤而亲其亲，小人乐其乐而利其利”；“如保赤子”；“民之所好好之，民之所恶恶之，此之谓民之父母”之类，皆是“亲”字意。“亲民”犹孟子“亲亲仁民”之谓，亲之即仁之也。百姓不亲，舜使契为司徒，敬敷五教，所以亲之也……说“亲民”便是兼教养意，说“新民”便觉偏了。②

阳明反对“新民”之说，认为“作新民”不是“新民”之意。实则此处未能驳倒朱子。依照朱子，“新民”是“使之亦有以去其旧染之污也”③，这是从反面而说；“作新民”是

① 王夫之：《礼记章句》，载《船山全书》第四册，第1467—1468页。
② 王守仁：《王阳明全集》，上海：上海古籍出版社，2012年，第2页。
③ 朱熹：《四书章句集注》，北京：中华书局，2005年，第3页。

“言振起其自新之民”①,这是从正面来说。其实两者正可以相通,去其旧染之污正是要令其自新,欲要令其自新也必须要去其旧染之污。朱子之说自然具有其合理性,并且《大学》正文中也出现了“新民”的词汇。然而,阳明“亲民”之说,一方面继承了《大学》古本,另一方面“治国平天下”章更能体现“亲民”的含义。这是朱子、阳明的分歧所在。

阳明认为“亲民”即是仁民爱民之意,并且还有教养民众的意思,这也正是儒家固有的含义,然而船山斥阳明以佛学解释“亲民”,正有待辨明。船山说:

> 篇内屡言“新”,而经传从无有于民言“亲”者。孟子曰“亲亲而仁民”。一本万殊之差,圣学异端之大别也。“治国”章以成教为旨,“平天下”章以慎德忠信为体,爱恶并行为用,非取其民而呴沫之也。②

船山斥阳明“亲民”之说,其理有二:一方面经文中没有“亲民”之词,而孟子“亲亲而仁民”正是要区别“亲亲”与“仁民”之别;另一方面说“治国”章是“以成教为旨”,“平天下”是“以慎德忠信为体,爱恶并行为用”。然而,阳明并没有说“亲亲”等同于“仁民”,而恰恰释“亲民”为仁民,船山斥阳明之“亲民”是“释氏悲愍之余沈而墨子二本之委波”③,是说阳明“亲民”之说如同佛教和墨家一样的爱无差等。同时船山以为“治国”章与“平天下”章的主旨并没有亲民的含义,这实在不符合阳明的解释。阳明说“亲民便是兼有教养意”④,则“亲民”自然包含“治国”章的“以成教为旨”;同时,阳明认为“明明德”是体,“亲民”是“明明德”之用⑤,“修己”是“明明德”,“亲民”是“安百姓”⑥,则“亲民”正可以包含“平天下”章的“以慎德忠信为体,爱恶并行为用”。朱子的“新民”与阳明的“亲民”,只是由于所遵从的版本有不同,因而造成了两先生义理阐发的差异,但是船山以此评判阳明的“亲民”说是佛教与墨家的爱无差等之说,显然是极大的误解。

---

① 朱熹:《四书章句集注》,北京:中华书局,2005年,第5页。

② 王夫之:《礼记章句》,载《船山全书》第四册,第1469页。

③ 同上书,第1468页。

④ 王守仁:《王阳明全集》,上海:上海古籍出版社,2012年,第2页。

⑤ 王守仁:《阳明先生集要》,北京:中华书局,2008年,第146页。

⑥ 王守仁:《王阳明全集》,上海:上海古籍出版社,2012年,第2页。

《传习录》说：

问曰："程子云：'仁者以天地万物为一体。'何墨氏'兼爱'反不得谓之仁？"先生曰："此亦甚难言，须是诸君自体认出来始得。仁是造化生生之理，虽弥漫周遍，无处不是，然其流行发生，亦只有个渐，所以生生不息。……父子兄弟之爱，便是人心生意发端处，如木之抽芽。自此而仁民，而爱物，便是发干生枝生叶。墨氏兼爱无差等，将自家父子兄弟与途人一般看，便自没了发端处；不抽芽便知得他无根，便不是生生不息，安得谓之仁？孝弟为仁之本，却是仁理从里面发出来。"①

问："大人与物同体，如何《大学》又说个厚薄？"先生曰："惟是道理，自有厚薄。比如身是一体，把手足捍头目，岂是偏要薄手足，其道理合如此。禽兽与草木同是爱的，把草木去养禽兽，心又忍得？人与禽兽同是爱的，宰禽兽以养亲与祭祀、燕宾客，心又忍得？至亲与路人同是爱的，如箪食豆羹，得则生，不得则死，不能两全，宁救至亲，不救路人，心又忍得？这是道理合该如此。及至吾身与至亲，更不得分别彼此厚薄。盖以仁民爱物，皆从此出；此处可忍，更无所不忍矣。《大学》所谓厚薄，是良知上自然的条理，不可逾越，此便谓之义；顺这个条理，便谓之礼，知此条理，便谓之智；终始是这条理，便谓之信。"②

依阳明之意，父子兄弟是仁的发端处，孝悌是为仁之本，仁民爱物也只是从这个根本处生发出来。虽然仁者与万物同体，但是爱父母不等同于爱路人，也不同于爱禽兽草木，虽然同是爱，却是爱有差等，而孝悌之道是人根本的爱，不可以同于爱路人，爱禽兽草木。阳明也只是秉承儒家传统，强调于人伦中尽人道，然后扩而充之以至于万事万物，并非爱无差等之爱。阳明非常明确地批判墨家的爱无差等（即"兼爱"），又旗帜鲜明地反对佛教舍弃人伦③，船山却明确地说阳明之"亲民"等同于佛教与墨家的爱无差等，正是对阳明学术的误解。

然而，阳明言工夫主要是以明体为本，虽说工夫须于事事物物中一一呈现，却只是

---

① 王守仁：《王阳明全集》，上海：上海古籍出版社，2012 年，第 30 页。

② 同上书，第 122—123 页。

③ 阳明对佛教抛弃人伦的批判，参见《王阳明全集》，上海：上海古籍出版社，2012 年，第 112 页。

于事事物物中见出万物一体之仁，而未能建立礼乐典章制度之外王学，所以阳明对格物、致知、诚意、正心、修身之“明明德”工夫言之甚详，而对齐家、治国、平天下之“亲民”工夫言之简略，并以内圣之工夫概括外王之工夫，因而只看到内圣外王之一贯，而不能发现两者的差别。船山既看到“明明德”与“新民”之一贯，又发现两者之间的差异。船山说：

夫明德为新民之本，而非可早计其效于民新，故身修之后，必三累而至乎平天下。则新民者故原本于已明之君德，而必加之以齐治平之功。岂德之既明，而天下即无不平乎？故格致诚正，其报成在身修，而修齐治之底绩在天下平。是以明德、新民，理虽一贯，而显立两纲……新民之德，非不原本于明德，而固自有所及于民之德。故好恶之为功，内严于诚意，而必外著之絜矩之道，然后人土财用之应成焉。使其不然，则《大学》之道，一明德尽之，而何以又云“在新民”乎？又况为格、为致、为诚、为正者，未尝有以及乎民，而遽期夫人土财用之归，是以其心身之学，坐弋崇高富贵之获，抑异乎先事后得、成章后达之教者矣。①

明德、新民理虽一贯，事则有异，格、致、诚、正、修未必能收新民之效，必有修齐治平之事，方能收新民之效。新民之事，必有本乎明德之法度，方能有治国、平天下之功。内圣不能直接有外王之功，必就修齐治平而有典章制度方能收外王之效，不然则拘于心身之学而无有外王。

船山于“新民”甚重规矩制度之建立，“新民”虽本明德而来，却非内圣工夫可直接完成者。船山说：

“是以君子有絜矩之道”，须于教孝、教弟、教慈之外，别有一教之之道在……而所谓絜矩者，自与藏身之恕不同。所云“毋以使下”“毋以事上”云者，与“勿施于人”，文似而义实殊也。为东阳吕氏深达此理，故云：“天下之大，兆民之众，须有规矩制度，使各守其分，是以己之心度人之心，品量位置以为之限。”则明乎君子以絜矩之道治民，而非自絜矩以施之民也。朱子“交代官”“东西邻”之说，及周阳由、

① 王夫之：《读四书大全说》，载《船山全书》第六册，第443页。

王肃之事，皆且就絜矩上体认学问，姑取一人之身以显絜矩之义，而非以论絜矩之道。①

絜矩之道即以规矩法度以治民，非以恕道而施之于民，自规矩法度而体认一本之理，非以絜矩之道治民，此虽为朱子之失，阳明亦同此过。阳明言治国、平天下之工夫，全从本心不离事物，自事物体认天理而言，无“新民”之规矩法度，则外王之学隐而不彰，所以船山说：“故治国之道，须画一以立絜矩之道。既不可全恃感发兴起，以致扞格于不受感之人。”②船山论工夫必重理一分殊，故曰“且《大学》之教，理一分殊。本理之一，则众善同原于明德，故曰‘明德为本’。因分之殊，则身自有其身事，家自有其家范，国自有其国政，天下自有其天下之经。本统乎末，而由本向末，茎条枝叶之不容夷也”③。阳明重理一而略分殊，不明内圣外王工夫之别，以内圣括外王，外王之学未能真正建立，故船山斥阳明曰：“于德言明，于民言新，经文固有差等。陆、王乱禅，只在此处，而屈孟子不学不虑之说以附会己见，实则佛氏呴呴呕呕之大慈大悲而已。”④船山的确发现了阳明对“亲民”解释的缺陷，然而把这种缺陷归于阳明是乱禅、阳儒阴释，却违背阳明学术的宗旨。阳明所说之“良知”是本孔子之仁，孟子“四端之心”而来，虽于典章制度之外王学未能真正建立，但不能因为阳明之缺陷而说阳明是阳儒阴释。船山之学，贯通内圣外王而尽其精微，然而说阳明是乱禅，确非平情之论。

二、对“格物致知”的批判

船山斥责阳明“以释氏不立文字之宗为虚妄悟入之本，故以《章句》八条目归重格物为非，而不知以格物为本始者经也，非独传也，尤非朱子之意也”⑤。阳明的确更加强调“致知”，但是绝非以“致知”抹杀“格物”，“格物”正是“致知”的落实，而非离开事物空荡荡的去“致知”。阳明说：

---

① 王夫之：《读四书大全说》，载《船山全书》第六册，第443页。

② 同上书，第437页。

③ 同上书，第442页。

④ 同上书，第433页。

⑤ 王夫之：《礼记章句》，载《船山全书》第四册，第1467—1468页。

《大学》之要,诚意而已矣。诚意之功,格物而已矣……是故至善也者,心之本体也。动而后有不善,而本体之知,未尝不知也。意者,其动也。物者,其事也。至其本体之知,而动无不善。然非即其事而格之,则亦无以致其知。故致知者,诚意之本也。格物者,致知之实也。物格则知至意诚,而有以复其本体,是之谓止至善。①

圣人惧人求之于外也,而反复其辞,旧本析而圣人之意亡矣。是故不务于诚意而徒以格物者,谓之支;不事于格物而徒以诚意者,谓之虚;不本于致知而徒以格物诚意者,谓之妄。支与虚与妄,其于至善也远矣。合之以敬而益缀,补之以传而益离。吾惧学之日远于至善也,去分章而复旧本,傍为之什,以引其义。庶几复见圣人之心,而求之者有其要。噫!乃若致知,则存乎心;悟致知焉,尽矣。②

依阳明之意,"格物致知"属于"诚意"章,这是按照《大学》古本而来;"致知"是"诚意"之本,"格物"是"致知"的落实,并没有否定"格物"的独立意义。"致知"只是"致吾心之良知",良知之说源于孟子,是知善知恶之知,是天命之性,是本心,生而有之,不假外求。"致知"并非空荡荡地去"致知",正需要在事物中一一显现,故必须要"格物"。何为"格物"?"意所在之事,谓之物。格者,正也,正其不正以归于正之谓也。正其不正者,去恶之谓也。归于正者,为善之谓也。"③依阳明,"格物"非如朱子般可于一草一木中即物穷理,只是令此良知一一呈现于为善去恶中。"格物"不本于"良知",就是妄;"格物"不务于"诚意"就是支离。当然,不"格物"则"诚意""致知"便是虚浮。阳明归重于"致知"只是为了使人不于外物中穷理,非舍弃"格物"与人伦之事,而归于虚浮不实也。船山说阳明"以释氏不立文字之宗为虚妄悟人之本,故以《章句》八条目归重格物为非"④,正是误解阳明。阳明之"致知"必然要在"格物"中落实,故说"格物者,《大学》之实下手处,彻首彻尾,自始学至圣人,只此工夫而已"⑤。阳明说:"区区论致知格物,正所以穷理,未尝戒人穷理,使之穷居端坐而一无所事也……彼顽空虚静之

① 王守仁:《王阳明全集》,上海:上海古籍出版社,2012年,第270—271页。
② 同上。
③ 王守仁:《阳明先生集要》,第151页。
④ 王夫之:《礼记章句》,载《船山全书》第四册,第1467页。
⑤ 王守仁:《王阳明全集》,上海:上海古籍出版社,2012年,第86—87页。

徒，正惟不能随事随物精察此心之天理，以致其本然之良知，而遗弃伦理，寂灭虚无以为常，是以要之不可以治家国天下……意之所用，必有其物，物即事也。如意用于事亲，即事亲为一物；意用于治民，即治民为一物；意用于读书，即读书为一物；意用于听讼，即听讼为一物：凡意之所用无有无物者，有是意即有是物，无是意即无是物矣。物非意之用乎？"①此处正见阳明反对离开人伦事物去"格物致知"，尤其反对佛教离弃家国天下而归于虚无寂灭，这正是儒家胸襟，船山斥阳明为乱禅，正是不顾事实。

阳明反对从外物如一草一木中"格物"，主张于人伦道德实践之物中"格物"。《传习录》说：

> 日孚曰："先儒谓'一草一木亦皆有理，不可不察'，如何？"先生曰："夫我则不暇，公且先去理会自己性情，须能尽人之性，然后能尽物之性。"②

由此看来，阳明之"格物"乃就有关乎性情之人伦事物中，去为善去恶，非于他物如一草一木中去穷其理。朱子则不然，一方面要在人伦事物中穷理，另一方面则就天下之物如一草一木中去穷理。依朱子之意，人性之理与天地万物之理只是一理，万物有别，人得其秀而最灵，故有"理一分殊"之说。阳明则于人伦事物之中明此良知本性，此良知即是天地万物的良知，不可外求于他物。船山也反对从万物中明本体之知，然而船山以为诚意正心才是明本体之工夫，格物致知不过是以本体为宗旨的获取闻见之知的工夫。船山以正心诚意为存养省察③，为致中和之工夫，明乎中和则大本已立。格物致知是以正心诚意所明之本体发用于闻见之知，故格物致知之于正心诚意只是借资以广益而尽其大用，若无正心诚意则格物致知仅为闻见之知而非本体之大用。船山说：

> 《大学》固以格物为始教，而经文具曰"以修身为本"，不曰格物为本。《章句》云"本始所先"，夫岂有二先哉？格物致知一修身之事也。经云"欲修其身者，先正其心"云云，必先欲之而后有所先，吃紧项着修身工夫，却是正心、诚意。正心、诚

---

① 王守仁：《王阳明全集》，上海：上海古籍出版社，2012年，第53—54页。

② 同上书，第39页。

③ 参见王夫之《读四书大全说》，载《船山全书》第六册，第582页。

意之于修身，就地下工夫也。致知、格物之于诚正，借资以广益也。①

由此观之，正心诚意为修身之本质工夫；格物致知之于正心诚意只是起到助缘的作用，非明体之本质工夫。然而，格物致知所获得的闻见之知是有助于修身的闻见之知，若闻见之知以本体之知为宗旨，则闻见之知也是本体之大用，因而必然是有助于修身的闻见之知，故说“格物致知一修身之事也”。格物致知为末，正心诚意为本，然末为本之末，本者末之本，不可分离，若末离于本，则为权谋术数矣。船山云：

《大学》之格物，亦与权谋术数之所格者，初无异事。权谋术数之所知，亦未尝与《大学》所致之知，是非得失背道而驰。但在欲修、欲正、欲诚之学者，则即此而见天德、王道之条理；其非欲修、欲正、欲诚者，则徒以资其假仁义、致富强之术而已。②

格物致知获得的是闻见之知，修身、正心、诚意获得的是本体之知。格物致知为末，若离诚意正心而汲汲于格物致知，则心为物役，意随知迁，而流为权谋巧诈之术。依船山之意，闻见之知从格物致知而来，非从诚意正心而有，闻见之知有益于诚意正心，诚意正心亦须现之于闻见之知，然正心诚意所明之本体未能生闻见之知，闻见之知亦不能生本体之知，但闻见之知，必以本体为宗旨，此是格物致知与诚意正心之关系。朱子则不然，以为万事万物皆可穷理一分殊之理，此则象山、阳明、船山力主反对者。阳明以致知为明本体之工夫，异于船山以致知为获取闻见之知之工夫，然而阳明之格物是致良知于事事物物，令万物各得其正，若离开闻见之知，则明本体之工夫必不能落实，故阳明曰：“良知不由见闻而有，而见闻莫非良知之用，故良知不滞于见闻，而亦不离于见闻……大抵学问功夫只要主意头脑是当，若主意头脑专以致良知为事，则凡多闻多见，莫非致良知之功。”③由此可见，阳明之格物一方面是良知落实于事物的道德实践，另一方面必然包含获取闻见之知的知识实践，若闻见之知以良知为宗旨，则获取闻见之知的格物正是良知的落实。由此观之。船山的格物致知可包含在阳明的格物

---

① 参见王夫之《读四书大全说》，载《船山全书》第六册，第621页。

② 王夫之：《读四书大全说》，载《船山全书》第六册，第622页。

③ 王守仁：《王阳明全集》，上海：上海古籍出版社，2012年，第80—81页。

之中,船山的诚意正心可包含在阳明的致知之中,而船山的格物致知必以诚意正心为本,正同于阳明的格物必以致知为本。阳明之致知,是致真实无妄之良知本心,非佛教无明之识心,阳明之格物,是要使人伦事物一一归于其正,非佛教视人伦事物为空幻。船山说阳明"格物致知"是援佛入儒,正是对阳明的误解。

三、对"无善无恶"的批判

船山对阳明"无善无恶"的批判,其实就是对阳明"四句教"的批判。阳明的"无善无恶"是说良知本体纯然至善,非善恶对待之善,并不是说不分善恶、不讲善恶,与之相反,只有纯然至善之良知,才能判定是非善恶。然而,船山完全以为阳明的"无善无恶"等同于不分善恶、不讲善恶,正是对阳明的极大误解。《传习录》说:

> 侃去花间草,因曰:"天地间何善难培,恶难去?"先生曰:"未培未去耳。"少间,曰:"此等看善恶,皆从躯壳起念,便会错。"侃未达。曰:"天地生意,花草一般,何曾有善恶之分?子欲观花,则以花为善,以草为恶;如欲用草时,复以草为善矣。此等善恶,皆由汝心好恶所生,故知是错。"曰:"然则无善无恶乎?"曰:"无善无恶理之静,有善有恶气之动。不动于气,即无善无恶,是谓至善。"曰:"佛氏亦无善无恶,何以异?"曰:"佛氏着在无善无恶上,便一切都不管,不可以治天下。圣人无善无恶,只是无有作好,无有作恶,不动于气。然遵王之道,会其有极,便自一循天理,便有个裁成辅相。"曰:"草既非恶,即草不宜去矣。"曰:"如此却是佛、老意见。草若有碍,何妨汝去?"曰:"如此又是作好作恶?"曰:"不作好恶,非是全无好恶,却是无知觉的人。谓之不作者,只是好恶一循于理,不去又着一分意思。如此,即是不曾好恶一般。"①

由此观之,阳明的"无善无恶"是讲良知本体的纯然至善,是"理之静",有善有恶则是动于气,便不是本然至善。"无善无恶"非不分善恶、不讲善恶,只是要"无有作好""无有作恶",做到"一循于理"而已。明此良知本体,自然有良知之用,自然能判别是非

① 王守仁:《王阳明全集》,上海:上海古籍出版社,2012年,第33页。

善恶。阳明的“无善无恶心之体，有善有恶意之动。知善知恶是良知，为善去恶是格物”①。其中的“无善无恶”只是说纯然至善的良知本体，有此良知本体方能有“知善知恶”之用。然而，船山对此有极大之误解。船山说：

> 王龙溪、钱绪山天泉传道一事，乃摹仿慧能、神秀而为之，其“无善无恶”四句，即“身是菩提树”四句转语。附耳相师，天下繁有其徒，学者当远之。②
>
> 无誉者，圣人之直道，而曲成天下之善即在于此。誉则有过情之言……如阳明抚赣以前，举动俊伟，文字谨密，又岂人所易及！后为龙溪、心斋、绪山、萝石辈推高，便尽失其故吾。故田州之役，一无足观。使阳明而早如此，则劾刘瑾、讨宸濠事亦不成矣。盖斥奸佞，讨乱贼，皆分别善恶事，不合于无善无恶之旨也。③

船山斥阳明“无善无恶”为不分善恶，此正违背阳明原意。又说阳明“四句教”是模仿禅宗而来，实则阳明正要批判佛教执着于“无善无恶”而不能治国平天下，即批判佛教不分别是非善恶也。船山不察，以之等同于佛教、禅宗，可谓冤枉阳明。

需要注意的是，阳明所说的良知（本心、性），一方面可以为人伦道德实践之根据，另一方面阳明以良知概括生化万物之天道，作为天地万物得以生成的本源。④ 良知是生生之德，在人则是仁义礼智之性，在万物则为生化万物之良知。佛教认为天地万物皆是因缘和合而成，没有自性，故说“缘起性空”；阳明之“良知”是刚健之道，能生化万物，事事物物皆真实无妄，良知即万物之本体。船山说：“有性之理，有性之德。性之理者，吾性之理即天地万物之理，论其所自受，因天因物而仁义礼知浑然大公，不容以我私之也。性之德者，吾既得之于天而人道立，斯以统天而首出万物，论其所既受，既在我矣，惟当体之知能为不妄，而知仁勇之性情功效效乎志以为撰，必实有我以受天地万物之归，无我则无所凝矣。”⑤由此观之，“性之理”即阳明生化万物之良知，“性之德”即在人之良知而能发为人道之大用。就性而说天道与人道，二先生本来相同，然而船山斥阳明为阳儒阴释，正是对阳明的误解。

---

① 王守仁：《王阳明全集》，上海：上海古籍出版社，2012 年，第 133 页。

② 王夫之：《俟解》，载《船山全书》第十二册，第 488 页。

③ 同上。

④ 此处参见《传习录》，载《王阳明全集》，上海：上海古籍出版社，2012 年，第 119 页。

⑤ 王夫之：《思问录》，载《船山全书》第十二册，第 418 页。

四、总　结

阳明对“亲民”“格物致知”“无善无恶”的解释，是秉承儒家义理而来；阳明极力批判佛教为寂灭虚无而废弃人伦，也是宋明儒者一以贯之的态度，船山也不例外。船山斥阳明为乱禅、阳儒阴释，理由有三：一、阳明的外王学未能真正建立，只见内圣外王之同而不见两者之异，则外王学隐而不彰；二、船山认为阳明所说的良知为佛教之识心；三、把明朝的灭亡从学术上溯源于阳明及其后学枯守良知而无外王之学。船山的确发现了阳明在外王学上的巨大缺陷，并提供了解决的方法，然而误认阳明之良知为佛教之识心，斥其为乱禅、阳儒阴释，却违背了阳明内圣学的宗旨，非中正平和之论也。

中国近现代哲学研究

中国现代启蒙运动中权利论述的悖论

曾海龙*

一、“打倒孔家店”的诱因

自鸦片战争始，中国人对西方的震撼依次在三个方面，首先是以坚船利炮为代表的军事实力，其次是政治制度中的法治与民主，最后为价值观念与社会伦理秩序。故而依次有洋务运动、戊戌变法和辛亥革命、五四新文化运动。洋务运动至甲午战败而转为变法，百日维新终幕而革命始起。但辛亥革命过后，中国社会并未取得预期的进步。皇帝没有了，但政局纷争不断，民生较晚清更为凋敝，风俗败坏日甚，“自强”的目标依然遥不可及。当传统的资源无以支撑现实的“自强”课题时，知识界采取了更加激进的方式。以胡适、陈独秀为代表的新文化运动干将举起了民主与科学的大旗，希冀唤起民众接受西方的“自由、平等、独立之说”，以新文化取代旧文化，以新道德取代旧道德，自觉地争取民主权利。整个知识界的焦点一下子集中到了批判旧文化上。这一运动的矛头直接指向了儒家的“三纲之说”，并进而全面否定以儒家文化为代表的旧传统，代之以全盘西化。新文化运动的许多主角人物如陈独秀、胡适、鲁迅、李大钊、钱玄同等人，在当时都是职业的知识分子。他们的直接目标乃在于改造文化，抛弃传统，全盘西化，民主启蒙，最终目标仍然是改变当时中国的政局和社会面貌。在他们看来，戊戌变法的失败和辛亥革命后中国社会的种种乱象尤其是政治复辟活动，根源在于以儒家为主的旧文化。所以，“打倒孔家店”，全盘否定旧文化，进而全盘接受西方自由民主

* 作者简介：曾海龙，哲学博士，上海大学哲学系讲师。

思想，就成了新文化运动理所当然的任务。

在新文化运动开展的同时，学生的爱国反帝运动也如火如荼地开展，各种爱国救亡的团体组织不断涌现。新文化运动的干将与爱国学生运动从一开始就存在千丝万缕的联系，五四运动的爆发标志着这两股力量的最终融合。新文化运动以专注于文化批判开始，最终仍然回归政治斗争。在这一进程中，启蒙借助救亡运动不断扩张声势，反过来又为救亡运动提供了思想和人才支持。随着五四运动的扩大，介绍西洋文化，攻击封建思想，取得个体的“自由、独立和平等”成为时代主题。在这个意义上讲，五四运动是新文化运动的延续，也是启蒙运动的高潮。这两个运动的结合，终于造成了前所未有的震撼，影响甚至决定了中国现代的道路选择。

在这场声势浩大的启蒙运动中，无论是全盘西化还是“打倒孔家店”，都是基于对近代以来历次政治运动不能达到预期目标的反思。历次的政治运动并没能改变中国的政治面貌，知识分子就把原因归咎于旧有的意识形态。或者说，历次政治运动的失败导致了知识界对传统的清算，改变政治体制而图强，必然要以改造“国民性”为前提。陈独秀说：

> 吾国年来政象，惟有党派运动，而无国民运动也……不出于多数国民之运动，其事每不易成就；即成就矣，而亦无与于国民根本之进步。①

“不易成就”者，乃在于不能改变政治之乱局，即使政治乱局有所改变，而“国民性”未改，亦不是“国民根本之进步”。新文化运动所破者，即要与旧传统尤其是儒家文化决裂，所立者，乃在于唤起民众觉悟，以自觉地争取民主自由权利。陈独秀指出：

> 儒者三纲之说，为吾伦理政治之大原……近世西洋之道德政治，乃以自由、平等、独立之说为大原……此东西文化之一大分水岭也……此而不能觉悟，则前所谓觉悟者，非彻底之觉悟，盖犹在惝恍迷离之境。吾敢断言曰，伦理之觉悟为最后觉悟之最后觉悟。②

---

① 陈独秀：《一九一六年》，《青年杂志》第1卷第5号。

② 陈独秀：《吾人最后之觉悟》，《青年杂志》第1卷第6号。

以儒家“三纲之说”为传统政治之基础，进而主张以西方自由、平等、独立思想取而代之，开启现代政治之途，这就是新文化运动的着眼点所在。因政治运动的失败转向文化运动，由制度批判转向文化批判，似乎是启蒙运动所以展开的必然逻辑。而旧传统总是以儒家伦理为政治合法性张本，尤其是科举制以儒家经典为据，儒家宗族观念亦与现代民主政治存有明显差异，给人的印象是儒家伦理天然地与旧帝制合而为一。因此，要建立新的政治秩序与社会秩序，彰显个人自由权利，开启现代国家之途，必然要对儒家伦理进行清算。“打倒孔家店”的主张就是在这一历史背景下出现的。

二、启蒙运动的历史命运

中国近现代的启蒙运动从一开始便明确包含着政治的因素，或者说，启蒙的明确目的就是图强以救亡。固然，所有的启蒙运动背后都有政治的因素在，但在现代中国，却因其全盘西化的主张及当时的救亡局势产生了诸多独有的特点和不可预料的结果。与近代以来变法和革命一样，启蒙运动乃由于外部威胁而催生，又借助了外部力量而发展。外部的压力使得变法、革命乃至启蒙都变得那样的急迫，以至于未来得及对原有的根基进行深入的梳理，完全处于“见招拆招”的被动态势。戊戌前王照曾劝康有为先培养变法人才再行变法之事，康有为回答以局势严重，来不及了。辛亥前严复在伦敦也劝孙中山先办教育，孙中山以“俟河之清，人寿几何”回答。同样，新文化运动也开启于政治危局和国家危难之际，挽救颓势的急切任务使得新文化运动的开启者未能平心静气地对古今中西问题做认真的梳理，面对乱局，一厢情愿地认为欲开启自由民主之政治，必先清理依附于传统政治之儒家伦理，接受自由、民主、平等之理念。如果说“五四”之前启蒙运动还有启蒙的基本要素在，那么“五四”之后的启蒙运动则逐渐被救亡运动所挟持，一度完全让位于现实政治斗争的需要。

“五四”时期启蒙与救亡的双重变奏并没有维持多久，民族的危亡和现实的政治斗争，迫使救亡的主题压倒了思想启蒙的主题。① 启蒙的目标是开启国民“最后觉悟之觉悟”，使国民接受西方的“自由、平等、独立之说”，是摧毁旧传统的“国民性”改造运

① 参见李泽厚《启蒙与救亡的双重变奏》，载《中国现代思想史论》，北京：生活·读书·新知三联书店，2008 年。

动。虽然新文化运动的最终目标仍然指向国家、社会和群体，但启蒙仍然有其独立的意义，且这一过程在开启现代国家的进程中是必不可少的。个体主义是启蒙运动最初的倾向，政治运动在此时并不占最重要的地位。但随着救亡的任务迫在眉睫，民族的存亡、国家的利益、人民的痛苦饥饿，压倒了知识群体对自由、平等、民主、民权的各种美妙的追求和需要，压倒了对个体尊严、个人权利的注视和尊重。新文化运动最初所倡导的主题很快被搁置在一旁。文化"五四"和政治"五四"的主要分别在于对"启蒙"和"救亡"的态度，分析到最后，即可归结为个体本位与集体本位两种不同的倾向。孙中山是提倡自由平等博爱的，但他晚年却强调："欧洲当时是为了个人争自由，到了今天……万不可再用到个人身上去，要用到国家身上去。个人不可太自由，国家要得到完全的自由。到了国家能将行动自由，中国便是强盛国家。再这样做去，便要大家牺牲自由。"①瞿秋白也说："如果时拿自由平等去提倡民气，便是离事实太远，和人民没有切肤之痛，没有感觉，一定不来附和。"②五四运动后投身共产主义运动的知识青年，有的深信国家独立与个人解放是并行不悖的，有的则相信在国家独立以后，个人的解放将是顺理成章的事。

五四新文化运动后，现实的压力也使得人们无暇顾及自由、民主这个主题。五卅运动、北伐战争，然后是十年内战、抗日战争、解放战争，持续的战乱和政治斗争使人们无暇顾及所谓的宇宙观、人生观、个人理想。在长期的政治、军事斗争中，在你死我活的阶级、民族博弈中，新文化运动最初倡导的自由民主早就被抛诸脑后，知识分子最初的理想服从于现实的政治斗争和救亡运动，自由、平等、权利等相形之下，都变得无比渺小而不切实际。马克思主义的传入，尤其是工农革命的兴起，很多的进步青年逐渐从追求真理的个体主义转向了无产阶级的集体主义。因革命压倒了启蒙，启蒙的知识分子反倒被革命征服了。集体主义自觉或不自觉地在整个社会包括知识分子群体中蔓延开来，统治了人们的生活和意识。传统儒家在人们的意识中已经成了落伍甚至反动的代名词，许多青年纷纷摆脱宗族的束缚，以争取自由和救亡图强之名走向革命。资产阶级或小资产阶级意识也与旧传统一起成了被整顿和改造的对象。儒家伦理观念被摧毁了，自由、民主、民权亦未能生根发芽。"法、术、势"等法家因素却在政治斗争和救亡运动中不断暗中滋长，旧传统中的犬儒主义又助长了强权政治的发展。各种势

---

① 孙中山：《民权主义》第3讲，载《孙中山全集》，北京：中华书局，2011年，第282页。

② 瞿秋白：《俄乡纪程》，载《瞿秋白文集》，北京：人民出版社，1959年，第20—21页。

力出于救亡图强和政治斗争的需要,使国家主义和集体主义推波助澜。至此,民族观念、国家观念、阶级观念倒成了五四新文化运动仅有的“硕果”,这些观念又与各政治派别斗争和各种救亡运动掺和在一起,造成了辛亥革命后近四十年的乱局。

新民主主义革命结束后,出于强化执政党意识形态与抵制外部强权的需要,集体本位进一步扩张,资产阶级和小资产阶级作为革命对象完全被消灭,个人被纳入大集体主义中,政治权力延伸到社会的每一个角落。传统以宗族或家族为主体的小集体完全被国家这个大集体所取代。在这一进程中,儒家伦理和宗族体制自然被清理出去,而法家思想中的“齐民编户”主张却真正得到了落实。儒家传统没落,“法道互补”登峰造极。“文革”之后,人们便空前地怀念起“五四”,纪念起“五四”来,不能不说是对集体本位过度扩张的某种反思。

今天,我们回首再看这场开启于一百年前的启蒙运动,不禁要唏嘘感慨。总体而言,这场启蒙运动以彰个体本位起家,而以扬集体本位收场。历经百年,中国社会无论是政治、文化还是“国民性”等方面的状况都与启蒙运动的初衷可谓相距甚远。

三、“儒表法里”与“法道互补”

近四十年来,学界对启蒙运动的目标、主张到路径进行了诸多反思,取得了一些成果并产生了一定的影响。今日,知识界对传统的态度较五四新文化运动有了不同的看法,提出了诸多有见地的观点,为我们进一步深入了解与理性对待传统提供了不同的视角,也有助于我们理解启蒙运动何以成就今日之局面提供了理论资源。

秦晖认为,历史进程中真正关键性的是“社会思想”而不是“典籍思想”,所谓的社会思想主要是指落实在制度设计与政策思维层面上的思想。儒家文化通常是“中国文化”的同义词,但在制度层面而言,实则是“百代都行秦政制”,而“秦政制”恰恰从理论到实践都是极端反儒的。具体在吏治观上,儒家的基础是性善论,以伦理中心主义为原则,主张行政正义优先。而法家的基础是性恶论,以权力中心主义为原则,主张行政安全优先。总体而言,中国吏治传统的主流是“儒表法里”,即说的是儒家政治,行的是法家政治;讲的是性善论,行的是性恶论;说的是四维八德,玩的是“法、术、势”;纸上是伦理中心主义,行为是权力中心主义。儒家与法家是两种完全不同的思维和行为方式,且存在着明显的紧张关系。这种紧张关系又是通过道家的无为心态加以调和的。尽管真正的儒家理想主义作为一种思想一直不绝如缕,但就整体而言,传统文化的主体结构与其说是“儒道互补”，不如说是“法道互补”。传统吏治“儒表法里”与“法道互补”的特质决定了秦以后纯儒几绝，世儒基本为“法儒”或“道儒”，儒、法之争在政治上实则是“法儒”与“道儒”之争。即便如此，高扬儒家的理想主义的纯儒始终是对抗“法道互补”的有力武器并对其形成了强有力牵制，这在近代便以明清之际的黄宗羲、王夫之等人为代表。“文命”中的“批儒崇法”又从反面证明了原始儒家与专制，尤其是“秦政”式的极权专制的确是难以相容的。从孔、孟到黄宗羲、王夫之，以及与西学合流后出现谭嗣同的《仁学》和康有为的《大同书》，下及张君劢、梁漱溟、熊十力等“新儒家”，构成了反专制的一种“本土文化资源”。

以行政安全为优先目标的“法道互补”传统，导致君权虽极端专制，却并不神圣，行政安全也不能长久维系，“成者王侯败者寇”，改朝换代从头再来成为治乱循环。朝代终究是要更替的，所以辛亥革命成就了亚洲第一个共和国，但治乱怪圈仍然延续，就完全可以用这个逻辑来解释。戊戌变法以后由西学而来的“文化批判”与以保全儒家的“文化保守”形成了主观互悖和客观互证之势，“法道互补”的祸根却被漠视乃至得到新的激励。“文化批判”挖了儒家的根基，却没能建立新的论述以张民权，导致本处在原儒对立面的“法道互补”以救亡为表再次泥沙俱下，最终是“西方的自由民主”与儒家的“传统”道义同归于尽，而强权哲学与犬儒哲学的互补却变本加厉。西(自由民主)、儒皆灭，而“秦政”与痞风前后相继。鲁迅所批判的国民劣根性不仅没有得到改造，反而得到巩固和强化。①

秦晖站在自由主义的立场提出以“西儒会融”解构“法道互补”的思路尽管不一定为多数学者所同意，但以“儒表法里”“法道互补”为基础来理解传统吏治并解释现代启蒙运动所产生的悖论，却具有积极的意义。说传统吏治中真正施行的是“法道互补”却总以儒家的面目示人——实质为“法儒”和“道儒”，并不说明纯儒在传统政治中不起作用。宗族伦理为本位的传统社会遵循儒家伦理的基本原则自不待论，就传统政治而言，纯儒亦以理想主义的面目对法儒和道儒起到了巨大的制衡，而使得政治上保持了相当程度的稳定。秦汉至魏晋时期，儒与吏之区隔是十分明显的，“文吏少道德而儒生多仁义”，“儒生受长吏之禄，报长吏以道；文吏空胸无仁义之学……贪爵禄，一日居位，

① 参见秦晖《西儒会融，解构“法道互补”——典籍与行为中的文化史悖论及中国现代化之路》，载哈佛燕京学社编《儒家传统与启蒙心态》，南京：江苏教育出版社，2005年。

辄欲图利以当资用”①。可见此一时期,儒对吏起到了相当程度的道德牵制作用。到以儒家经典选官的科举制施行之后,作为群体的儒与吏的合流始才出现,这一现象,称之为“吏的儒化”或“儒的吏化”——当然两者的含义是完全不同的。由于儒家向来瞧不起吏,便把自己称之为“官”,而把非科举出身的办事人员称之为吏。“儒的吏化”使得儒家与传统政治紧密地结合在了一起,也给人以儒家即是传统政治赖以生存之意识形态的印象。实则,“儒”的传统并未完全消失在“吏化”之中,反而在相当程度上制衡了吏治。也就是说,儒家的行政正义优先原则一直在对抗着吏治中的行政安全优先的原则,以至于像东林、海瑞式的清流不为君权所容。可见,启蒙知识分子要彰显民权,最大敌人不是纯儒,而是“法儒”及其衍生出来的“道儒”。从根本上讲,法家“齐民编户”的主张才是权利被压制的根本原因。

君权注重的是行政安全优先原则,主要着眼于巩固“家天下”,他们在论证权力合法性时需要儒家的一套理论,而在实际吏治中更倾向于按法家的一套运作,故说“百代都行秦政制”。儒家的行政正义优先原则由于缺少制度性的安排,在实际的政治运作中,总被行政安全优先原则所掩盖和利用,导致儒家的道德理想趋于虚假。所谓清流在掌握权力以后往往也变成拉帮结派、门阀自固之徒,亦以行政安全优先原则为考量,这又从根本上损害了儒家道德理想的权威。这说明纯儒与“法儒”之间,只在一步之遥,而面目全非。明代锦衣卫、东厂、西厂的特务政治正是行政安全优先原则的极致表现。明亡以后,一些思想家如黄宗羲、顾炎武等人痛定思痛,对“上必申韩,下必佛老”的“法道互补”进行了猛烈抨击,对王朝乃至整个传统都进行了深刻反思。黄宗羲言“凡帝王皆贼”“君为天下之大害”,提倡“人各得其私,人各得其利”,今日看来,与西方启蒙思想无不合之处。他们看到了专制归根结底是权力对权利的压迫,而不把专制的产生归咎于所谓的道德问题。黄宗羲的这些看法是在基本没有外来影响的条件下产生的,仅来自一个纯儒秉持原初儒家价值对“大共同体本位”与权力中心主义的排斥。这也不难理解近代自由主义思想传入以后,“新儒学”能够形成并且不排斥自由、民主思想。

传统中的儒、法、道三家无疑都对传统政治起着重要的作用,而三家都是以儒家为表的,因而反传统政治和传统文化必然以“打倒孔家店”为题,这似乎理所当然。但当我们回头清理三家在传统政治中的不同作用时,却发现儒家从总体而言实则是传统政

---

① 王充:《论衡·量知篇》,上海:上海人民出版社,1974年,第192—193页。

治中的正面因素,其行政正义优先原则一直对“法道互补”的行政安全优先原则起着制衡作用,这才可解释中国几千年来为何形成治乱循环。“法道互补”越盛,君王和国家权力越强,个体权利就愈受压制,儒家作为限制权力的利器就越不可缺——尽管只是作为一种理想而不能从根本制度上得到落实。当政治权力压制超出一定限制且道家犬儒主义无法调和时,理想与现实之间的平衡就被打破了,改朝换代就不可避免。新朝成立,君主和国家权力未盛,儒法关系趋于平衡,随着行政安全优先原则扩张,君主和国家权力与个体或家族权利的平衡又被打破,儒法关系产生紧张到无法用犬儒主义加以调和时,新一轮乱治循环又开始了。

如是,在对待传统政治中的君王和国家权力时,纯儒家为限制者,法家为张目者,道家则从犬儒沦为法家之帮凶。在对待个体权利时,儒家为一定程度的限制者——因其主宗法伦理,法家为压制者,道家为无为者。也就是说,在传统社会结构中,纯儒一直作为一种理想主义限制着君主和国家权力的滥用,并通过宗族血亲关系的论述建立和加强了个人的伦理义务,使得作为国家的大集体、作为宗族的小集体与个体之间保持了一种动态的平衡。在这个平衡中,君主和国家权力不能无限度扩张,个人自由不能逾越伦理义务而被限定在一定范围内,宗族作为国家和个体的中介起着调节平衡的作用。近现代启蒙运动把矛头指向儒家而与法家暗通款曲,反宗法主义而不反国家主义,以至于以国家这个大集体完全取代宗族或家族这个小集体。个体直接面对大集体,自由不能彰显甚至泯灭实属必然。

四、权利与权力——儒家何为?

这是一个不断引发争议的老话题!

直至戊戌变法,知识分子中少有人对中国人的文化特质即所谓的“国民性”有所怀疑①,戊戌变法的思想资源主要亦是基于对传统尤其是儒家思想的阐发。戊戌变法失败以后,梁启超发起了一场针对中国文化特质或曰族性的“批判性的思想运动”,在很大程度上把戊戌变法失败的原因归咎于国人族性的劣根性,这无疑有自我解嘲的意

① 戊戌变法前,全盘否定传统以谭嗣同为代表,其《仁学》指两千年的“政”都是“秦政”,“秦政”就是大强盗;两千年的学是“荀学”,是乡愿,而且两者狼狈为奸。这种观点总体而言是针对传统政治而发,与秦晖所言“儒表法里”“法道互补”为传统政治之特征可以互证。

味。当辛亥革命的成果被袁世凯窃取以后，失败的革命党人便进而超越了政治改良主义者，成了批判国民性理论的信奉者。陈独秀、鲁迅等人引进"中国国民性"理论的用意是要暴露、批判和改造这种国民性，结果却适得其反。在没有引进这种理论之前，国民党的政治家毕竟还是民主主义的信奉者；在引进这种理论之后，国民党的政客们却更加振振有词地打出了训政、党治的旗帜。陈独秀、鲁迅批判的国民劣根性不仅没有得到改造，反而得到了巩固和强化。①

戊戌变法失败了，辛亥革命成功推翻了帝制却没有改变国运，于是人们自然地想到了更激进的"文化革命"。"然而，不管是成功还是失败，不管是真激进还是假激进，'文化革命'的矛头都集中指向儒家，而不是指向法家或道家或法道互补，即与明末至戊戌的文化反思几乎相反"②。秦晖认为其中的原因有二：一是"儒表法里"的传统文化，传统在表面上尊儒，反传统自然必反儒；二是与人们对于构成儒家伦理核心的家族本位的强烈感受直接相关。人们往往以"家族本位"和"个人本位"区隔中西文化，这在今日亦为无论是保守还是激进的学者所接受。而传统之个人束缚主要来自家庭和家族，故彰自由必然反"家族本位"。在这样的逻辑结构中，作为传统政治赖以依附的行政安全优先原则——法家，却不仅没有成为被清理的对象，反而利用人们反儒和反"家族本位"大张其本。法家本反对"人各亲其亲、长其长"的宗族伦理，而主张以"法制"上的普遍主义代替之。在这样的潮流下，个性解放和个人自由虽然反掉了"家族本位"和宗族主义，却发展了一个力量更强大的集体主义——国家主义。从严复、梁启超到孙中山都在抨击宗族之弊的同时发展着国家主义的倾向。这对提倡自由民主的启蒙运动无疑是作茧自缚。启蒙运动的发起者胡适清楚地看到了这个问题，他在1930年说："现在有人对你们说：'牺牲你们个人的自由，去求国家的自由。'我对你们说：'争你们个人的自由，便是为国家争自由；争你们自己的人格，便是为国家争人格。自由平等的国家不是一群奴才建造得起来的。'"③可见，这位启蒙领袖这时已经深刻感受到了他思想上的敌人不再是儒家的旧传统，而是强大的国家主义观念以及强权政治下的犬

① 参见喻希来《世纪之交的战略性思考——中国历史、文化及现代化论纲》，北京：北京当代汉语研究所，2001年，第129—131页。

② 秦晖：《西儒会融，解构"法道互补"——典籍与行为中的文化史悖论及中国现代化之路》，载哈佛燕京学社编《儒家传统与启蒙心态》，第172页。

③ 胡适：《介绍我自己的思想》，载《胡适经典文存》，上海：上海大学出版社，2004年，第290—291页。

儒哲学。

总体而言,历史上除暴秦以外,个人与国家之间基本以家族或宗族为藩篱而进行一定程度的区隔,国家或君主的权力不能直接施之于每一个国民,个人在这样的结构中一方面使自身受到家庭或宗族的约束,另一方面又因宗族和家族的保护而在很大程度上免于国家或君主权力的直接侵害。正是由于在对宗法主义发动抨击的同时并未对"儒表法里"的传统做认真清理,导致清理了表面的儒家伦理,却未深刻反思作为政治运作原则的法家思想,个人解放的启蒙运动在反宗族主义的旗号下走向了国家主义——以"文革"为极端。五四新文化运动的自由概念,在普通人而言只针对家族和宗族的小集体主义,而不针对"民族""国家""人民"的整体主义。在这场运动中,个人对宗族和皇权可以索要自由,但在"民族""国家""人民"面前却无自由可言。试问,在政治上未能为个体权利张本的情况下,打掉宗族主义的小集体,使个体直接面对大国家主义,这对自由是帮助还是伤害?所以,"从本质上讲,这是因'大共同体本位'价值与'个人价值'都要排斥小共同体的亲情逻辑而形成的'伪相似'"①。反儒不反宗法的结果就是反掉了一个虚拟的至少在抵制现代化的负面传统中只是非主流的"家族本位社会",却空前强化了传统中最负面的"反宗法的编户齐名社会",反掉了仁义道德,却空前发展了"法、术、势";反掉了清流清议,却使强权哲学与犬儒哲学泛滥成灾,"法道互补"之弊形成积重难返之势。五四新文化运动以个体本位起家,却以集体本位收场,是中国现代史上的一大吊诡。

从另一个角度来说,即使近现代的启蒙运动把儒家和法家都送进了历史的垃圾堆,也未必能达成其所期望的目标。在传统结构中,与政治上的"儒表法里"不同,儒家宗法伦理观念作为底层社会的意识形态根深蒂固,无论如何改朝换代,谁做皇帝,宗族总在延续并且一直作为基层社会秩序的固定形态,不仅仅作为教化者巩固了社会秩序,也使宗族中的个体获得了存在感与安全感。宗族对个体有着教化和安全的义务,个体对宗族有着伦理责任,两者因结构互补相对稳定了几千年的传统社会秩序,对调和个体权利与君主及国家权力起到了不可替代的作用。姑且不论传统伦理秩序是否和民主、自由相容,只就伦理秩序言,在社会并未接受一套新的可行的伦理价值观之前,启蒙运动激进地打倒甚至消灭这种延续几千年的宗族伦理,势必导致伦理秩序上

① 秦晖:《西儒会融,解构"法道互补"——典籍与行为中的文化史悖论及中国现代化之路》,载哈佛燕京学社编《儒家传统与启蒙心态》,第 178 页。

的真空，个体突然从传统的宗族秩序和宗族观念中解脱出来，必然会无所适从，导致自利者无恶不作，伦理失范，社会失序。加之各派势力的政治斗争和外来势力的侵略，即使没有法家张目，20 世纪前半叶的种种政治社会乱象也属必然，今日拜金主义猖狂流行，亦与此难脱干系。

再者，中国社会是否一定以所谓西方自由、民主制度为范进行制度建构，这在今日亦有了诸多不同的声音。马克思主义、自由主义虽然在制度建构上有所区别，但都以西方思想为蓝本。即便是以“新儒家”为代表的保守主义，虽然肯定了传统中道德、文化方面的价值，但对于政治制度与社会制度建构却无有论述。20 世纪 80 年代开始，邓公始倡改革，可视为自我制度之改良。自此，自孙中山以来的革命传统终结了，而作为革命对象的传统正在缓慢复兴。先是传统文化的复兴，近年来转而波及制度领域。“目前，对‘解放思想’的理解太过保守，似乎只是从左到右，以方便吸收资本主义的优秀成果而已。因此，国内的‘自由派’试图将‘解放思想’引导到放弃马克思主义的方向上来。然而，无论是左翼还是右翼，其‘全盘西化’的理论前提，以及‘鸠占鹊巢’的历史现实，喻使自身缺乏合法性，因此，无力对抗目前的传统复兴运动。”①另外，今日一些青年的思想倾向，很可能走向一条极端个人主义的险途。在个体和集体、创新和传统、自由和秩序之间如何取得动态平衡的论述方面，儒家可以借助传统的资源展开新的理论和制度建构。

当然，传统亦需检讨，儒家传统与现代国家的关系依然需要厘清。一方面，以宗法伦理为基础的“家庭本位主义”，个体的责任不过及于家族、宗族而已，个体无须承担保国之责。可以说，古人之自由不过使个体免受国家的直接奴役而已，至于家庭、宗族的强大的伦理责任，依然不能使个人得到自由。另一方面，现代国家的强大必然需要强大的组织动员能力，家庭本位的宗族主义乃至由此衍生的地方自治无疑会削弱国家的这种能力，这对现代国家的建构及应付外部挑战非常不利。因此，如何论述并建构个人权利和国家权力的关系，一方面使个体承担必要的伦理责任以防社会失序，另一方面免受国家的大集体主义与单位、企业等小集体主义的侵权，且不削弱国家的组织动员能力，是今日所要思考的问题。

---

① 曾亦：《共和与君主：康有为晚期政治思想研究》，上海：上海人民出版社，2014 年，第 395 页。

论神主牌位的宗教性

——兼论儒家复兴语境下的现代价值

周　赟*

神主牌位是儒家传统下,汉人祭祀活动的用具。祭祀神主牌位,乃是一种宗教活动,这并无异议。但神主牌位何以能成为祭祀对象,以及它之于儒家的意义如何,则是亟须厘清的。

《说文》认为,儒是"术士之称",其中一项工作就是为社会提供治丧礼仪的服务,这也是儒家最初的社会职能。墨子说:"夫(彼)夏乞麦禾,五谷既收,大丧是随。子姓皆从,得厌饮食,毕治数丧,足以至矣。"(《墨子·非儒下》)通过提供治丧礼仪的服务,儒者可以满足基本的生活需求,同时也能获得一定的社会地位。但治丧工作的背后,其实儒者还有一套内在的信仰,即天神、地祇、人鬼的信仰。神主牌位就是这一信仰的具象。所以,要讲清神主牌位之于儒家的意义,意即儒家的信仰问题,首先就要讲清神主牌位本身的宗教性,即它何以能成为祭祀的对象。

另外,神主牌位在今天的城市生活中早已淡去了身影,那么在儒家复兴之语境下,它究竟有没有被复兴的价值与意义呢?本文认为是有的。一切历史问题的讨论,同时也就是对现实问题的回应,或是寻求解释,或是寻找借鉴。从今天的现实状况来看,呼吁以神主牌位作为祭祀对象的话,可以有效地缓解墓地被永久性占据而导致的土地紧张的压力。

---

* 作者简介:周赟,哲学博士,上海应用技术大学马克思主义学院副教授。

一、神主的作用及意义

神主牌位，在典籍中一般省称为“主”。又有“神牌”“神位”的说法，所以又称“牌位”，不过这一名称更为晚近。之所以称为“神主”，乃是从它的作用或意义而来的。

较早记载“神主”的地方是《礼记·曲礼下》，“措之庙，立之主曰‘帝’”。将主放在庙中，称之为“帝”。郑玄解释说：“帝，天神也。”也就是说，上古时，木主可直接被看作神。为什么木主可以成为“神”。孔颖达引《白虎通》解释道：

> 所以有主者，神无依据，孝子以继心也。① （《礼记注疏》卷四）

木主有神性，主要是出于宗教的理由，即逝者的灵魂需要依凭，所依凭者是木主，所以木主又可以称为神主。徐乾学也说：

> 祔而立主，使神依之也。（《读礼通考》卷五十六）

说的也是这个道理，祭祀的对象必须是依附着先人灵魂的神主。

又如《周礼·司巫》，“祭祀，则共匰主及道布及蒩馆”一句，也是较早记载的关于祭祀所用的神主。“匰”是一个盛物的容器，其中摆放的是“主”“道布”“蒩馆”，以备祭祀所用。贾公彦解释说：

> 主先匰器在上者，欲见以匰器盛主来向祭所，大祝取得主，匰器即退。蒩后言馆器，欲见大祝取得蒩，馆器退，明亦初以馆盛蒩来。（《周礼注疏》卷二十六）

这是巫师祭祀时陈设道具的一个过程，其中神主是最主要的一种道具。祭祀的目的是“降神”“凡丧事，掌巫降之礼”（《司巫》），即“巫下神之礼”。所下之神就栖居在“主”“道布”“蒩馆”这几件道具上。所以这几件道具的意思是：“主，谓木主也”，“蒩（鉏），藉也。馆，神所馆止也”，“道布者，为神所设巾”。（《周礼注疏》卷二十六）都是与所降

---

① 今本《白虎通义》不见此句。

之神的栖止有关。

所以,木主的作用就在于,祭祀时让逝者的灵魂有所依凭。因为依附了灵魂而有灵性,所以又称为神主。但是神主、木主何以称"主",儒者有所异议,如黄震说:

> 神主,神所依。主字无出处,但恐古者贵贱有少别尔。(《黄氏日抄》卷三十九)

虽无出处,但很明显,主就是主宰的意思。祭祀时,先人灵魂附着于神主,若无神主则灵魂无法聚拢,祭祀歆享就不可能。所以,神主就像身体一样承载着灵魂不使之溃散,从这个意义上说就是主宰。

因为主本身具有灵性,所以古人把神主作为可以沟通的神灵对待,是习以为常的。如:

> 曾子问曰:"古者师行,必以迁庙主行乎?"孔子曰:"天子巡守,以迁庙主行,载于齐车,言必有尊也。"(《礼记·曾子问》)
>
> 武王上祭于毕,东观兵,至于盟津。为文王木主,载以车,中军。武王自称大子发……遂兴师,师尚父。(《史记·周本纪》)
>
> 太元十一年,(符登)僭即皇帝位,大赦境内,改元曰太初,立坚神主于军中,载以辎軿,羽葆青盖,车建黄旗,武贲之士三百人以卫之,将战必告。凡所欲为,启主而后行。缮甲纂兵,将引师而东,乃告坚神主曰:"维曾孙皇帝……"(《晋书·符登传》)

由此可知,神主甚至在军事活动中也扮演着重要角色。木主凭借着所依附的灵魂,其存在的意义便是神灵照鉴,福荫子孙。

其实,不仅仅祭祀祖先这样的人神需要神主,祭祀自然神也需要神主。按照《论语·八佾》"哀公问社于宰我",宰我说"夏后氏以松,殷人以柏,周人以栗",认为祭社时需用神主,并用适宜当地土地生长的木材做神主。

其可能的根据是《周礼·大司徒》所说:"而辨其邦国都鄙之数,制其畿疆而沟封之,设其社稷之壝而树之田主,各以其野之所宜木,遂以名其社与其野。"郑玄说:

田主,田神,后土、田正之所依也。(《周礼注疏》卷十)

田主就是用当地适宜生长的木材做的神主,贾公彦说:“夏居平阳宜松,殷居亳宜柏,周居镐京宜栗。”(《周礼注疏》卷十)一则是顺应当地的地理状况,一则在于让当地的土地神有所依凭。“田主”一物在今天看来就是界碑界牌之类的事物,但在古代则具有重要的宗教意义,土地长养万物所以具有灵性,划分疆界时就要把各方土地神供奉起来,即所谓“既制其畿疆,则必设其社稷之壝,有社稷则必有依神之木”(《周礼全经释原》卷十二)。又据杜佑说“诸侯则但用当方之色为坛,皆立树以表其处,又别为主以象其神”(《通典·社稷》卷四十五),作为界牌所立的树与神主也可能是两物。

不管怎样,后世祭祀当地土神时,也用当地特产的木材来制作神主,以象征社神。所以说,神主不仅仅用于祭祀人神,对于自然神的祭祀也是适用的。至今,北京祈年殿中还保留着昊天上帝的神主便是一例。在室内祭祀上帝,其直接的祭祀对象就是象神的木主。

二、神主的重要性及平民化

几

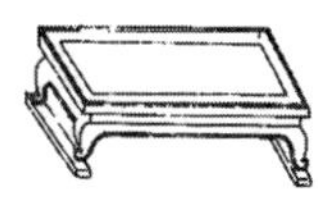

早期神主具有很高的地位,不是什么人死后都能立神主的。只有天子诸侯才有立神主的权力,士大夫以下无权立神主。

许慎《五经异义》说,士大夫没有封地,所以没有神主,卿大夫以“束帛依神”,而士以“结茅为菆”。而郑玄认为,士大夫无主的原因是尊卑等级的关系,“唯天子诸侯有主,卿大夫无主,尊卑之差也。卿大夫无主者,依神以几筵,故少牢之祭,但有尸无主”(《驳五经异义》)。

筵

虽然许、郑二人对上古士大夫无主所认定的理由不同,但士大夫还是需要用什么道具来“依神”的。儒家认为,祭祀时,先人灵魂必须有所依凭,否则不能享用祭献。所以,如果没有神主,士大夫可以用其他道具代替,如几与筵。郑玄认为“有几筵者,以其庙受,宜依神也”(《仪礼注疏》卷八)(见左图,选自《仪礼义疏·礼器图四》)。

除了几、筵以外,还可以用币、帛。如贾公彦说:

> 古者天子诸侯行,载庙木主。大夫虽无木主,亦以币帛主其神。(《仪礼注疏》卷八)

之所以需要代替品,乃是考虑到,祭祀时先人的灵魂不能无所依凭。所以说,这些代替品都是当时制度下儒者们变通的产物,也从侧面说明了神主作为灵魂依凭之所非常的重要。

当然,天子诸侯也会有一些特殊情况,即将祭祀过祖先的币、帛等祭品,代替神主出行。如曾子问曰:"古者师行无迁主,则何主?"孔子曰:"主命。"问曰:"何谓也?"孔子曰:"天子诸侯将出,必以币、帛、皮、圭告于祖祢,遂奉以出载于齐车以行。每舍奠焉,而后就舍。反必告,设奠,卒,敛币、玉,藏诸两阶之间,乃出。盖贵命也。"(《礼记·曾子问》)

值得一提的是,许、郑二人所坚信的士大夫无主的论断遭到清儒徐乾学的疑议。他认为,按照宗法制度,卿大夫与士都有立宗庙的权力,《礼记·王制》规定了天子七庙,诸侯五庙,大夫三庙,士一庙。士大夫有权立庙却无权立神主,岂非于理不通。徐说:

> 晋以后士大夫多不立主,或为祠版,或为神帛,曰"吾不敢僭上也",致使庙中无主,而鬼神无所凭依,则皆许郑二子之过也。(《读礼通考》卷五十六)

他批评了晋以后士大夫无主的风气,乃是由许、郑二人造成。天子诸侯以下无主的论断是否是许、郑二人的杜撰,难以考证。换个角度说,魏晋士大夫恐怕也不会简单地遵从许、郑的一面之词,他们"不敢僭上",可能也有传统上的原因。不过,总的来说,是否能立神主,与权力有着密切的关系,这体现了神主非比寻常的地位。

神主的重要性除了表现在使用权上,还表现在安置方式上。神主主要放在石函里,是为了防止亵渎或损伤,存放神主的石函称为祏。

最早提到"祏"的是《左传》"孔悝反祏"的故事。杜预说:"祏,藏主石函。"(《左传注疏》卷六十)宋儒程大昌说:"宗庙神主皆设石函,藏诸庙室之西壁,故曰祏室。室必用石者,防火也。"(《演繁露》卷一)为防火之故而造石函,乃是源于周厉王庙失火的教训,后世便继承了下来。孔颖达说:

每庙木主皆以石函盛之，当祭则出之，事毕则纳于函，藏于庙之北壁之内，所以辟火灾也。(《左传注疏》卷四十八)

所以讲，在儒家传统中，供奉先人所用的神主需千般守护，其地位是非常高贵的。

不仅存放需要特别小心，神主的摆放也需要根据礼俗上的尊卑。有学生问吕柟：“祠堂神主之次，宋儒礼以西为尊，今皆如宾客坐次以中为尊，是否？”先生回答说：“礼时为大，以中为尊是也。古礼庙主皆东向，今朝廷太庙亦南向。”(《泾野子内篇》卷二十六)简言之，神主摆放的朝向，必须根据当时社会上所习惯的尊卑的朝向，从而体现神主的尊崇之地位。

《朱子家礼》中关于神主方面的教导更体现了儒者对神主的尊崇之情，如朱熹说：

君子将营宫室，先立祠堂于正寝之东，为四龛以奉先世神主。(《朱子家礼》卷一)

或有水火盗贼，则先救祠堂、迁神主遗书，次及祭器，然后及家财。(同上)

为神主建造的祠堂，是营建房屋时必须首先规划的。所谓事死如事生，先人的神主如同先人一样，必须最先考虑到。更有甚者，与一般财产相比，神主是重中之重。在遇到困境时，宁愿放弃财产也不能放弃神主。东汉邓禹，在赤眉内乱西走扶风之时，立刻南至长安，“率诸将斋戒，择吉日，修礼谒祠高庙，收十一帝神主，遣使奉诣洛阳”(《后汉书·邓寇列传》)。兵燹之后，邓禹最先想到的就是尽快保全皇室的神主。其中的原因，就在于传统儒家对神主独特的宗教感情。神主是先人灵魂的依凭者，换言之，神主就是先人去世后留在世上的活生生的替代者，有与生人同等重要的地位。祖先神是儒教信仰的核心对象，即使国家祭祀的昊天上帝，也是祖先崇拜的一个延伸。所以，神主在儒者心中就是活生生的祖先，出于孝心，它们是不容忽视的。

从以上对神主重要性的认识之文献来看，我们还能发现，以朱熹、吕柟为代表的宋明儒者，所强调的乃是民间日常生活中的神主之使用，而非皇室的神主。换言之，虽说早期天子诸侯以下都不可立神主，但是大略到了宋代，在民间，神主的使用就已经相当普遍了，早已不再被权力所垄断。是什么时候开始打破这一垄断的，已经说不清楚了，但有宋一代，祠堂的普及标志着民间宗庙的成熟，相应的神主的使用也就非常平民化了。如朱熹说：

神主皆藏于椟中，置于桌上，南向，龛外各垂小帘，帘外设香桌于堂中，置香炉香盒于其上，两阶之间又设香桌亦如之。非嫡长子则不敢祭其父。（《朱子家礼》卷一）

这描述的是民间神主的安置，非常的简单与朴素，却又不失慎重与典雅。按照宗法制度，又强调只有嫡长子才有资格祭祀祖祢。可见，恪守礼制始终是神主使用平民化后的核心价值。

三、神主的制作材料与规格

（一）神主的制作材料

一般来说，神主都是用木头制作的，所以又称木主。《白虎通·宗庙篇》说："主用木，木有始终，又与人相似也。"原因在于树木与人一样有生有死，与人相似，所以用木材来做神主比较合适。

但是，随着祭祀种类的不同，神主也需使用不同的木材。《公羊传》说："虞主用桑，练主用栗。"（卷十三）虞主，指虞祭时所用的神主，即先人下葬时的祭祀仪式所用的神主。练主，指周年祭时埋下虞主后将长期使用的神主。

虞祭所用神主需桑木制作，何休说："虞，犹安神也。用桑者，取其名与其粗觕，所以副孝子之心。"（《公羊传注疏》卷十三）"桑"音同"丧"，所以适合先人新亡时的祭祀所用。

练主用栗木制作，又称为"藏主"，深藏庙室中事奉所用。因为古代宗庙是教化的场所，所以神主的制作上也需融入相关教化的元素。如哀公问社于宰我，宰我对曰："夏后氏以松，殷人以柏，周人以栗，曰使民战栗。"（《论语·八佾》）何休认为，这几种神主寓意为："松犹容也，想见其容貌而事之，主人正之意也。柏犹迫也，亲而不远，主地正之意也。栗犹战栗，谨敬貌，主天正之意也。"①（《公羊传注疏》卷十三）何休与宰我的看法是一致的。

① 徐彦作《公羊传》疏认为，何休用"夏后氏以松，殷人以柏，周人以栗，曰使民战栗"一句来解释"练主用栗"错了，此句本出于《论语》"哀公问社于宰我"，但何休所见《论语》的版本无"社"字，便以为宰我所指的是庙主，所以用来解释"练主"，其实错了。可参看《五经异义疏证》，《鲁论》或作"问主"，《论语》诸家不同所致。

除了木质神主外，儒者认为还有石质的神主。如郑玄说：

卫孔悝反祏于西圃。祏，石主也，言大夫以石为主。(《驳五经异义补遗》)

上文说杜预、孔颖达、程大昌等儒者都认为，《左传》所说“祏”，指的是盛放神主用的石函。西圃是孔悝的祖庙，郑玄认为孔悝反祏就是送神主回去，所以主张祏是石质的神主。

郑玄对祏的认识属于少数看法，但是石主的存在确是事实。如：

(东魏)天平四年四月，七帝神主既迁于太庙，太社石主将迁于社宫。(《魏书·礼志》卷一百八之二)

礼部以谓，社稷不屋而坛，当受霜露风雨以达天地之气，故用石主，取其坚久。又礼诸侯之坛，半天子之制，请令州县社主用石，尺寸广长亦半太社之制，遂下太常修入祀仪。(《宋史·礼志·社稷》)

凡城郭坊厢以及乡村，每百家立一社，筑土为坛，树以土所宜木，以石为主，立二牌位以祀五土五谷之神，设社祝一人掌之。(黄佐《泰泉乡礼》卷五)

一般说来，祭祀自然神多用石主，尤其是社神的祭祀，因为石主能“受霜露风雨以达天地之气”(《礼记·郊特牲》)，可以更亲近自然。所以，按照祭祀对象性质的不同，或用石主或用木主，需要区别清楚。宋儒易祓说“盖凡出师征伐，必载社之石主，祖之木主，示有所受命于神也”(《周官总义》卷十二)，其表达的也是这个意思。郑玄也提到，石主的使用，在彼时已普遍开来，如“大夫士无昭穆，不得有主，今山阳民俗祠有石主”(《驳五经异义》)。

元朝时，皇帝的神主牌位改用木质镀金，可谓金碧辉煌。如：

(至元)六年冬，时享毕，十二月，命国师僧荐佛事于太庙七昼夜，始造木质金表牌位十有六，设大榻金椅，奉安祏室前，为太庙荐佛事之始。……昔者，因修太庙，奉迁金牌位于馔幕殿，设以金椅，其栗主却与旧主牌位各贮箱内，安置金椅下。(《元史·祭祀志》卷七十四)

由于太庙过于奢华，泰定帝四年四月辛未日，有“盗入太庙窃武宗金主及祭器”(《元史·泰定帝本纪》)皇帝的牌位竟引起了盗贼的垂涎。由此,古人对待神主牌位的隆重可知一斑。

(二)神主的规格与规范

神主规格的较早出处在何休,他说:“主状正方,穿中央,达四方。天子长尺二寸,诸侯长一尺。”(《公羊传注疏》卷十三)后来明儒刘绩引卫次仲的说法为:“宗庙主皆用栗,右主八寸,左主八寸,广厚三寸。若祭已,则内于西壁墙中,去地一尺六寸。右主谓父,左主谓母也。”(《三礼图》卷三)刘绩综合二人之说,认为:

何卫二说相须始备,天子尺二寸,诸侯一尺,大夫八寸,士六寸,广厚三寸者,栗主也。正方,穿中央,达四方者,备火灾之室椟也。(《三礼图》卷三)

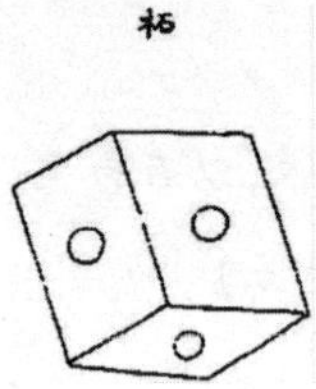

刘绩认为,所谓“备火灾之室椟”,即何休说法的前半部分,应该是祏而非主,否则难以说通。他所撰《三礼图》有祏的画像可供参考(见左图)。

何休所说的神主规格在文献中常被引用,可谓经典,但实在太过简略。具体详细的制作规格还要算程颐所撰写的《作主式》(并附图),如:

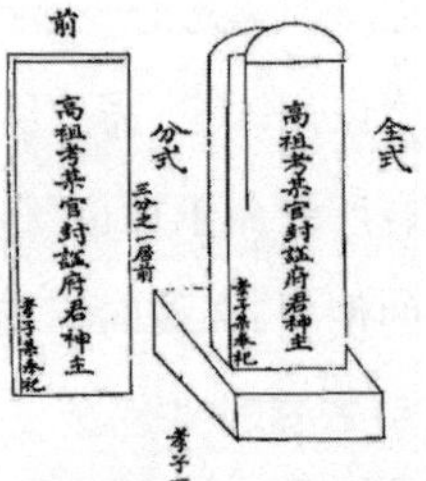

作主用栗,取法于时月日辰。趺方四寸,象岁之四时,高尺有二寸,象十二月,身博三十分,象月之日,厚十二分,象日之辰。(身趺皆厚一寸二分。)剡上五分为圆首,寸之下勒前为额而判之,一居前,二居后。(前四分,后八分。)陷中以书爵姓名行,(曰故某官某公讳某字某第几神主,陷中长六寸,阔一寸,一本云长一尺。)合之植于趺。(身出趺上一尺八分,并趺高一尺二寸。)窍其旁以通中,如身厚三之一,(谓圆径四分。)居二分之上。(谓在七寸二分之上。)粉涂其前,以书属称,(属谓高曾祖考,称谓官或号行,如处士秀才几郎几翁。)旁题主祀之名,(曰孝子某奉祀。)加赠易世,则笔涤而更之,(水以洒庙墙。)外改中不改。(《二程文集》卷十一,详见左图)

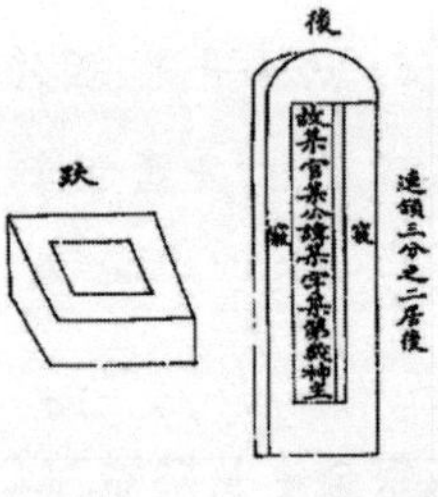

程颐所撰写的《作主式》是普通百姓日常生活中的神主样式，包括了神主的制作规格以及题字格式，可以说是面面俱到，非常详尽，也是最基本的神主的制作。

由于天子诸侯以下无主的观念长期存在，尽管后世民间已打破此禁忌，但是程颐之前，并没有人为百姓日常所用神主拟定过具体规范。宋儒陈振孙说《伊川程氏祭礼》“首载作主式”（《直斋书录解题》卷六）可见，程颐这篇奠基性的《作主式》具有非常重要的历史文献意义。

虽说民间的神主规范较为晚出，但是官方的神主使用一直是有既定规矩的。元朝时皇家神主之规格，除了其尺寸有统一规范外，神主及其祏室的装饰也被考虑周到，如：

> 至元三年，始命太保刘秉中考古制，为之高一尺二寸，上顶圜径二寸八分，四厢合剡一寸一分，上下四方，穿中央，通孔径九分，以光漆，题尊谥于背上。匮趺底盖俱方，底自下而上，盖从上而下，底齐趺，方一尺，厚三寸，皆准《元佑古尺图》。主及匮趺，皆用栗木，匮趺并用玄漆，设祏室以安奉。帝主用曲几黄罗帕覆之，后主用直几红罗帕覆之。祏室，每室红锦厚褥一，紫锦薄褥一，黄罗复帐一，龟背红帘一，缘以黄罗带饰。（《元史·祭祀志》卷七十四）

较之元朝，明朝对自然神牌位与祖先神牌位的规格就制定得更为详细。如：

> 凡神位，天地祖宗曰神版，余曰神牌。圜丘神版长二尺五寸，广五寸，厚一寸，趺高五寸，以栗木为之，正位题曰昊天上帝，配位题曰某祖某皇帝，并黄质金字。从祀风云雷雨位版，赤质金字。神席，上帝用龙椅龙案，上施锦褥，配位同。从祀，位置于案，不设席。方丘正位曰皇地祇，配位及从祀制并同圜丘。奉先殿帝后神主，高尺二寸，广四寸，趺高二寸，用木，饰以金，镂以青字。龛高二尺，广二尺，趺高四寸，朱漆镂金龙凤花版，开二窗，施红纱，侧用金铜环，内织金文绮为藉。社稷，社主用石，高五尺，广五尺，上微锐，立于坛上，半在土中，近南北向，稷不用主。（《明史·礼志》卷四十七）

洪武十年（1377年），又规定，凡祭祀所设木主，漆之赤红。祭毕，贮藏于库，“用石主埋坛中，微露其末。后奉祖配，其位制涂金牌座”。嘉靖中，帝、社稷神位必“朱漆质金

书”,并置石龛中。又要求王府州县社主皆用石,而日月坛神位,以松柏为之,同样朱漆金字。(见《明史・礼志》卷四十七)

从政治上说,明朝出于大一统的目的,其礼制的制定需要相当严苛。其中央集权反映到了儒家祭礼上,就是上帝及帝王牌位的制作必须是最高规格的,从制作材料到尺寸、装饰,无不让人感到精致无比,方方面面都给出了官方的严格标准。

四、神主与相关道具的关系

(一)神主与尸的关系

尸本来指祭祀时装扮祭祀对象的活人。《礼记・郊特牲》讲:“古者,尸无事则立,有事而后坐也。尸,神象也。”“尸”是人所装扮的神的形象。如:“神具醉止,皇尸载起。鼓钟送尸,神保聿归。”(《诗经・楚茨》)又如:“畀我尸宾,寿考万年。”(《诗经・信南山》)朱熹讲:“古人用尸自有深意,非朴陋也。”(《朱子语类》卷九十)所讲的就是这类情况。

但是先秦时,尸有时也指神主。如“载尸集战何所急”(《楚辞・天问》)一句,王逸解释说:

> 尸,主也……言武王伐纣,载文王木主。(《楚辞章句》卷三)

洪兴祖注释说:

> 《记》云:“祭祀之有尸也,宗庙之有主也。”示民有事也。主有虞主、练主。尸,神象也,以人为之。然《书序》云“康王既尸天子”,则尸亦主也。(《楚辞补注・天问》)

郑玄解释“尸,陈也”(《礼记・郊特牲》)说:“尸或诂为主。”就是说,先秦时,神主也可以被称为尸。

但是,一般在祭祀时,神主与尸都是需要的。如二程说:“古人祭祀用尸极有深意,不可不深思。盖人之魂气既散,孝子求神而祭,无尸则不飨,无主则不依。”(《二程遗书》卷一)尸由人扮演,通过气类相同的道理把涣散的魂气聚拢来,神主的作用是使之有所依凭，这样，祭祀才得以可能。所以，祭祀自然神不需要用尸，祭祀祖先神两者都需要。

（二）神主与“重”的关系

《礼记·檀弓下》说：“重，主道也。”这里出现了“重”这个概念，孔颖达说：“主，吉祭所以依神，在丧，重亦所以依神，故云‘重主道也’。”（《礼记注疏》卷九）“重”和“主”的作用都是一样的，都是让灵魂依凭所用。“重起于殷代，以含饭余鬻，以鬲盛之，名曰重”（《仪礼义疏·礼器图四》右图）。张载认为，它“止用苇篾为之”（《经学理窟·丧祭》）。古人认为，做成食器的样子，可以让人觉得祖先灵魂也不缺饮食，心中安顿。

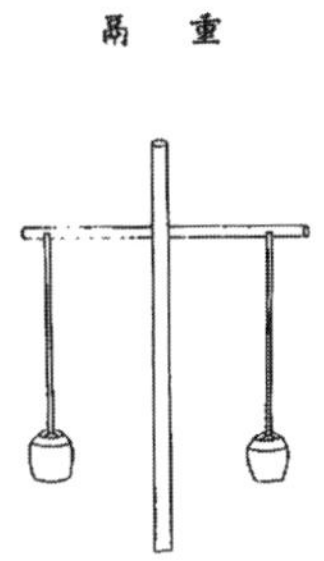

那么它们是什么关系呢？郑玄说：

> 始死未作主，以重主其神也。重，既虞而埋之，乃后作主。（《礼记注疏》卷九）

《檀弓下》又说：“殷主缀重焉，周主重彻焉。”郑玄说：

> 缀，犹联也。殷人作主而联其重，县诸庙也。去显考，乃埋之。
>
> 周人作主，彻（撤）重埋之。（《礼记注疏》卷九）

可知，“重”是在先人新亡还没有木主依凭灵魂时暂用的道具，是通向神主的一个过渡。先人下葬之后会进行虞祭，此时的祭祀对象是用桑木做的虞主。周人会在虞祭时将“重”埋入地下，而商人则保留“重”，随着子孙繁衍，直到逝者成为高祖（显考）时才将“重”埋掉。两者虽有别，但认为“重”是暂时依凭灵魂的工具，最后必须埋掉，这点上是一样的。上文提到，先人周年以后还要进行祭祀，祭祀对象为练主，并且要将它长期供奉在祖庙中。使用练主代替虞主以后，要再把虞主也埋掉，原因是“天无二日，土无二王也”（《礼记·曾子问》）。方苞的解释更清楚，说：

> 亲之形容不可复见，故设木于中庭，使神依焉。此时尸尚在堂，即殡后，尸犹在柩，而复立木以依神，故谓之重。至虞则亲已离其室，不可复言重，故埋重而作

主。迎精而返宗庙之祭,皆以为主也。(《仪礼析疑·士丧礼》)

所以,后世的习惯上,“重”只是暂时的,“主”与“重”不能同时使用。

(三)神主与魂帛的关系

魂帛也是主道的一种,功用与“重”一样。其最早由司马光发明倡导,代替了“重”。他说:

> 魂帛,结白绢为之,设椸于尸南,覆以帕,置倚卓,其前置魂帛于倚上。设香炉,杯注酒果于卓子上,是为灵座,倚铭旌。于倚左,侍者朝夕设栉颒奉养之具,皆如平生。俟葬毕,有祠板,则埋魂帛洁地。(《书仪》卷五)

魂帛就是一块白绢,依神之用。先人新亡,须行立虞主的仪式,除魂帛依神外,还要用到铭旌,一种深红色的布帛,用以题写“某官某公之柩”等身份字样。虞主既立,然后行虞祭,第一次虞祭结束以后,由司仪(执事者)把魂帛埋入洁净的地方,可见它就是“重”的代替者。

司马光魂帛的发明,可能根据的是许慎卿大夫无主“束帛依神”的理论。朱熹《家礼》也有“置灵座设魂帛,立铭旌”(卷四)的规定,表明了对司马光的认同。司马光易“重”为魂帛,不知出于什么目的,朱熹也没给出过理由。后世丧仪也多因循此礼,但对于司马光的改制原因却都不论。

司马光倡导魂帛,当时便已普及开来。坚决主张复归周礼的张载则绝不认同这一改制,他坚持主道只能有一个,所谓“天无二日土无二王”。他说:

> “重,主道也”,谓人所嗜者饮食,故死以饮食依之。既葬然后为主,未葬之时,棺柩尚存,未可为主,故以重为主。今人之丧,既设魂帛,又设重,则是两主道也。(《经学理窟·丧祭》)

“重”是在主尚未制作时的过渡,既葬为主以后,“重”必须埋掉,这是周礼的规矩。张载所处的时代早已不可能再遵守周礼的要求了,表现在丧礼方面,就是既设“重”又设魂帛,前者有传统,后者是时尚,老百姓并不过多地考虑古今礼仪的矛盾。张载批评说

“是两主道也”,表达了对违背周礼的现实的不满。其中魂帛是司马光的创新,且无经典出处,张载对此更为不满。

(四)神主与影像的关系

神主只是题字的木牌,无法传递先人的容貌,于是人们就想到用画像的方法保留先人的影像,以便获得真实的回忆。如王禹偁说:

> 古者自天子至士,皆有家庙祭祀其先,以木为神主,示至敬也。唐季以来,为人臣者此礼尽废,虽将相诸侯多祭于寝,必图其神影以事之。(《小畜集》卷十四)

他认为,唐末时礼崩乐坏,可能是为了方便,诸侯多祭于寝,主要祭祀先人画影。他说有位洛阳处士杨丹为他父母画像,栩栩如生,以致“恒日思其居处,思其笑语,思之见,见则或形于梦”(《小畜集》卷十四),可见画像可以让人更真切地回忆先人。

可是,司马光批评说:

> 世俗皆画影,置于魂帛之后,男子生时有画像用之,犹无所谓。至于妇人,生时深居闺闼,出则乘辎軿,拥蔽其面。既死,岂可使画工直入深室,揭掩面之帛,执笔望相,画其容貌。此殊为非礼,勿可用也。(《书仪》卷五)

对于妇女来说,画像是非礼的。他认为祭祀时,用魂帛就可以了,画像实在是不必要的。虽然这么认为,但当时祭祀画像已经成为习俗了,大的家族多有影堂。在规定礼仪的《书仪》中,司马光仍然还是要承袭传统的。如祔祭时,说“次诣灵座,奉祠版匣诣影堂”(《书仪》卷八)。又如大祥礼,“荐此祥事,惟不改题栗主,埋桑主外,其余如小祥之仪。祭毕,迁影堂及祠,匣于影堂,彻灵座,断杖弃之屏处”(《书仪》卷九)。毕竟习俗比理论更强大。

张载也反对影像的祭祀,他说:

> 古人亦不为影像,绘画不真,世远则弃,不免于亵慢也,故不如用主。(《经学理窟·丧祭》)

理由是绘画并不能完全真实地把先人容貌复制下来，而且年代久远以后容貌生疏，若是舍弃就免不了亵渎。综合来看，不若用神主，可以避免不少麻烦的问题。朱熹也说过，若影像有所偏差，可能就祭祀了别家的祖先，反而适得其反了。

除了画像以外，朱熹也反对祭祀塑像。比如学生问，祭祀时，是否由神来歆享，他道：

> 天子则祭天，是其当祭，亦有气类，乌得而不来歆乎？诸侯祭社稷，故今祭社亦是从气类而祭，乌得而不来歆乎？今祭孔子，必于学其气类，亦可想长孺，因说祭孔子不当以塑像，只当用木主。(《朱子语类》卷三)

朱熹认为，祭祀祖先，因为血脉相通，所以祖先之气会来歆享。按照礼制祭祀所当祭之神，那么相应的气也会凝聚过来。天子祭天，诸侯祭社稷，学者祭孔子，都是祭所当祭，相应的气类自然能聚拢来歆享。他说，现今的孔子塑像高高在上，祭品陈列地上，让他如何歆享，“甚没义理”。

总而言之，画像或塑像都能给人感性的认识，但是在影像的置办处理方面与祭祀理论方面都出现了问题，或是非礼，或是亵慢，或是无法达到祭祀的效果。种种冲突下，儒者还是认为神主是更为合理的祭祀对象。

五、神主牌位今日之价值

对传统文化的研究，应该要充分服务于时代，服务于当下社会。要让传统文化成为推动时代发展的源头活水，这样，对于传统本身，对于当下社会都是有好处的。

神主牌位是传统社会使用的宗教物品，也是儒家祭祀礼仪的重要组成部分。在今日之城市化社会，它还能有什么意义呢？能发挥什么作用呢？我们不妨从现代墓葬祭祀的状况来看看吧。当今城市正面临着公墓土地资源紧缺的局面。据官方统计，上海公墓用地最多仅余两千亩。传统土葬在上海仍占 80%，若每年以一百亩计，二十年后上海市民将陷入“无地可葬”的僵局。① 约 19%的家庭选择壁葬、树葬等葬式，约 1%选

---

① 《沪上公墓土地资源稀缺解决“无地可葬”有待观念改变》，上海政务网(2013 年 4 月 6 日)，http://shzw.eastday.com/shzw/G/20130406/u1ai102475.html。

择海葬。即使进一步推广火化安葬,或墓地小型化等措施,上海公墓使用也就限定在七十年。目前早已暴露的问题就是墓地价格的飙升,在如今的经济环境下,人们还不得不操心生后住所,实在痛心已极。

公墓用地紧张的一个重要根源就是土地的永久占有,公墓必须要承担祖祖辈辈祭祀的功能。这在古代是必需的,也是可以做到的。但时至今日则不然,时代发展日新月异,我们面临的问题也是史无前例的。如果墓葬还长久地占有土地,并不断地开发公墓用地,对人类社会的可持续发展都是不利的。

牌位祭祀法其实正好能解决这一现实问题。在古代,百姓既可祠堂祭祀牌位,又可上坟祭祀先人。但现代都市生活中,人们取消了牌位祭祀,而以上坟为主,这给当今城市用地紧缺的现状雪上加霜。笔者以为,若能回归牌位祭祀法,一则能很好地解决土地紧缺问题,二则能更贴近民族心理,复归传统文化。

首先,我们需要的是损益古礼,可以减少上坟的次数,而改以牌位祭祀,原来的墓地可以循环利用。比如说,祖辈的骨灰可以在原址深埋,本家子孙都可以葬于此处。也可以隔代将骨灰取出择地深埋,原墓坑给有需要的家庭使用。这样一来,不但可以节省土地资源,还可以降低墓葬成本,于国于民都有好处。与此同时,在城市社区中开辟与古代祠堂类似的场所,以供奉本社区内居民的祖先牌位。社区居民虽都不是本家,但这是损益古礼而后的办法,是值得一试的。

其次,牌位祭祀的复归不是简单的儒家宗教形式的复归,而是在应对现实困境下的符合民族心理的传统文化的复归。上海滨海古园曾尝试推出保留极小部分骨灰的"微量骨灰葬";又有现代树葬,将骨灰埋撒于墓区的树根下;壁葬,将骨灰盒嵌在墙壁内的丧葬方式。此外,还有如花园立体葬、欧式铜板葬、纳米葬、太空葬、视频葬等新奇异常的方式。这些新型葬式的确节地省钱,但它们过于新奇,过于脱离传统,过于超出传统中国老百姓的民族心理,其实践效果很不理想,完全超出了老百姓的接受度。牌位祭祀则完全解决了这个心理问题,它是传统的一部分,是儒家的一部分,甚至是民间生活的一部分。现在让它在城市中复兴起来,是真真切切的民族文化的复兴,同时有益于解决现实困境,何乐不为呢?

当代大陆新儒家的中坚力量

——试论郭齐勇的儒学研究成果与儒学观

陈寒鸣*

20世纪80年代中期以来，现代新儒学研究日益引起广泛关注，几有成显学之势。方克立、李锦全先生主持的“现代新儒学思想研究”被立为“七五”和“八五”期间的国家社科基金重点项目，有力推动了现代新儒学研究，为繁荣哲学社会科学提供了可供参考的样板。前人栽树，后人乘凉。三十多年来，从现代新儒学研究扩展到儒学研究，成果丰硕，学者辈出。有些学者已经成为当今学界重要的领军人物。郭齐勇就是其中一位。

郭齐勇出生于1947年，是武汉大学哲学学院及国学院的著名教授，曾任武汉大学人文学院院长、武汉大学国学院院长、孔子与儒学研究中心主任及中国哲学史学会副会长、中华孔子学会副会长等职。有《熊十力及其哲学》（中国展望出版社1985年版）、《文化学概论》（湖北人民出版社1990年版）、《熊十力思想研究》（天津人民出版社1993年版）、《钱穆评传》（与汪学群合著，百花洲文艺出版社1995年版）、《梁漱溟哲学思想》（与龚建平合著，湖北人民出版社1996年版）、《诸子学志》（与吴根友合著，上海人民出版社1998年版）、《传统道德与当代人生》（武汉大学出版社1998年版）、《郭齐勇自选集》（广西师范大学出版社1999年版）、《儒学与儒学史新论》（台湾学生书局2002年版）、《中国哲学史》（高等教育出版社2006年版）、《中国哲学智慧的探索》（中华书局2008年版）、《中国儒学之精神》（复旦大学出版社2009年版）、《中华人文精神

---

* 作者信息：陈寒鸣，天津市工会管理干部学院副教授。

的重建》(北京师范大学出版社 2011 年版)、《道不远人——郭齐勇说儒》(孔学堂书局 2014 年版)、《儒学与现代化的新探讨》(商务印书馆 2015 年版)、《现当代新儒学思潮研究》(人民出版社 2017 年版)、《中国文化精神的特质》(生活·读书·新知三联书店 2018 年版)等著作。2017 年,郭齐勇荣获“首届世界儒学研究杰出人物”,颁奖词称之为“当代大陆新儒家的中坚力量”。本文试论郭齐勇的儒学研究成果与儒学观,从中获取充足的学术养分,以期得到理论创新的丰富素材。

一

思想领域的交流互动是时代变迁的生动写照。每个时代都有相应的社会思潮。方克立先生指出:“如果以走出中世纪、实现现代化为标志来界定近现代思想,那么在‘五四’以来的中国思想史上,有三个派别为属于这一范畴,而且它们反映着当今世界发展潮流和国内阶级力量的对比,70 年来虽互有消长但都有不衰的生命力,相互之间展开了错综复杂的思想斗争,有时也有局部的一致、联盟关系。这三派就是中国的马克思主义者、自由主义的西化派和现代新儒家。”①因此,不了解、不认识中国的马克思主义者、自由主义的西化派和现代新儒家,就不可能真正了解、认识“五四”以来的中国思想。尽管现当代新儒家人数并不很多,影响力也有限,但在郭齐勇看来,“现当代新儒学思潮②是从中国文化自身的大传统中生长出来的、20 世纪中国最具有根源性的思

① 方克立:《现代新儒学与中国现代化》,引见《方克立文集》,上海:上海辞书出版社,2005 年,第 218 页。

② 原注曰:“‘新儒家;(Neo-Confucianism),用以指宋元明时期的道学或理学,最初是冯友兰为方便西方汉学界而使用的名词;卜德(Derk Bodde)译冯氏《中国哲学史》使之成为英译宋明道学或理学的专门用语。张君劢、陈荣捷、狄百瑞(Wm. Theodore de Bary)等都使用之,这一术语后又返输中土。自 20 世纪 70 年代中期以降,台湾与旅居美国的华人学者又用‘新儒家(学)’指五四新文化运动以后旨在复兴精神性的儒家或儒学的思潮、流派与学者。为区别于宋明理学,后来一般又以‘现代新儒学(家)’或‘当代新儒学(家)’指代后者。1976 年,张灏的英文论文《新儒家与当代中国的思想危机》在美国正式发表。1982 年 8 月 1 日,台北《中国论坛》杂志社在台召开‘当代新儒家与中国现代化’座谈会……一般以这一会议作为从学术上研究现当代新儒学思潮的滥觞。刘述先又区分前面说的一般的‘现代新儒学’(Contemponary New Confucianism)与‘当代新儒家’(Contemponary Neo-Confucianism),后者指熊十力至刘述先一系强调心性之学的学者。我持开放的儒学观,对现代新儒学(家)广义视之,没有这种细分。”(郭齐勇:《现当代新儒学思潮研究》,第 1 页)

想文化的流派，是在现代中国反思与批判片面的现代性（包括全盘西化或俄化）的思想流派，也是在现代中国积极吸纳西学、与西学对话，又重建传统并与传统对话的最有建设性与前瞻性的思想流派……这一思潮发扬中国传统的人文精神，既有终极性的信念信仰，又不与自然或科学相对立；坚持社会文化理想与具体理性，扬弃工具理性，开启了21世纪中国重释、重建传统与批判现代性弊症的文化走向，又延续至今，在中国思想文化界继续发挥着积极健康的作用"①，所以，他这三十多年来投入了大量精力对之进行系统深入的研究。

就其个人研究经历来说，郭齐勇通过对熊十力、梁漱溟、钱穆、杜维明等的个案研究而一步步深入、全面地展开对现当代儒学思潮的研究。他对熊十力用力最多。根据他的自述："在恩师萧萐父老师的指导下，我于1982—1984年写硕士论文与1987—1990年写博士论文期间，集中研究熊十力的哲学思想系统，从他的年谱做起，对他的所有资料及前人对他的评论进行了整理与研究，写了几本关于他的书。"（《现当代新儒学思潮研究·自序》）作为副主编，郭齐勇是九卷十巨册《熊十力全集》（湖北教育出版社2001年版）的资料主要收集、点校和整理、编纂者之一。他还先后整理点校出版了《熊十力论著集之一：新唯识论》（中华书局1985年版）、《熊十力论著集之二：体用论》（中华书局1994年版）及《熊十力学案》（见《现代新儒家学案》[上册]，中国社会科学出版社1995年版）、《现代新儒学的根基——熊十力新儒学论著辑要》（中国广播电视出版社1996年版）、《熊十力学术文化随笔》（中国青年出版社1999年版）等书，这使他对现当代儒学思潮的研究牢固建立在坚实的资料积累基础之上。实事求是，从详尽的第一手材料出发进行分析研究，而不架空立论；唯其如此，所进行的分析及得到的结论，多令人信服。如他论析"吾学贵在见体"的熊十力道："熊十力大谈生体论问题，尤其是把儒家哲学的内核——内圣之学中所探讨的心性关系问题、道德哲学问题、人的安身之命的基础和终极寄托的问题（用现在的话来说，是关于人的存在的问题），把从孔孟到程朱陆王关于这些问题的回答，加以系统化、体系化，同时又投注了自己的生活体验，投注了自己的感情和全部生命，从而在中国儒学史上第一次公开地以'本体论'的名目标志他的儒学体系。"②他揭示熊氏重建的儒学本体论的两大特点：一是以西学为参照系，循着先秦思孟学派和宋明陆王心学"尽心则知性知天"的路线而将宇宙本体

① 郭齐勇：《现当代新儒学思潮研究》，第1—2页。

② 同上书，第67页。

内化为心性本体,并对"天人合一""孔颜乐处""浑然与天地万物同体"的人生境界作了本体论(即道德形上学)的论证;二是以佛学为参照,高扬了《周易》形上学的生生不息、尊生健动的学说,并据其"体用不二""即体即用"之说,由即流行即主宰的本体开出了"翕辟成变"的宇宙论和积极用世、自强不息的人生论。在此基础上,郭齐勇指出:"创制了严整细密的哲学体系,又使用了本体论的名称,这就是'新儒家'之所以'新'、'现代儒学'之所以'现代'之处(这当然是外在的、表层的)。"①"熊十力关于世界意义和人类存在意义的终极思考,奠定了现代新儒学之道德形上学(或道德的理想主义)的基础;其重立大本、重开大用的'体用不二'的架构,成为第二代现代新儒家'保内圣,开新外王'的滥觞。"②不管学者对熊十力新儒学做怎样的价值评判,郭齐勇对熊氏新儒学思想的分析是合乎其实际并揭示出了其本质特征的。

儒学研究的方法论至关重要。不是仅仅把现当代新儒学思想家作为一个个孤立的个案来研究,而是将之置于现当代新儒学思潮之中作宏观的考察。早在 20 世纪 80 年代后半叶,方克立先生就已把现当代新儒学作为一个思想流派或社会思潮来看待,他说:"现代新儒家是产生于 21 世纪 20 年代、至今仍有生命力的,以接续儒家'道统'、复兴儒学为己任,以服膺宋明儒学(特别是儒家心性之学)为主要特征,力图以儒家学说为主体为本位,来吸纳、融合、会通西学,以寻求中国现代化道路的一个学说思想流派,也可以说是一种文化思潮。"③现代新儒学有不同的发展阶段:"中华人民共和国成立以前是它的前期发展阶段,主要代表人物有梁漱溟、张君劢、冯友兰、贺麟、熊十力等人";"50 年代以后,现代新儒家并没有断绝薪火,而是在港台地区得到了新的重要的发展,并且达到了它的鼎盛阶段。这个阶段的主要代表人物有唐君毅、牟宗三、徐复观、方东美等人";"进入 80 年代以来,现代新儒家的第二代年龄都已老化,有的已经故去,代之而起的是港台和海外的一批思想活跃的中青年学者。他们大都是唐君毅、牟宗三的学生……较为国内读者熟悉的有美国哈佛大学教授杜维明、香港中文大学教授刘述先等人。他们可以说是现代新儒家第三代的代表人物"。④ 郭齐勇从思潮角度整体把悟现当代新儒学,他认为现当代新儒学思潮形成于 1915—1927 年发生的东西文化

① 郭齐勇:《现当代新儒学思潮研究》,第 67 页。
② 同上书,第 70 页。
③ 方克立:《关于现代新儒家研究的几个问题》,引见《方克立文集》,第 188 页。
④ 《要重视对现代新儒家的研究》,引见《方克立集》,第 178—179、180、183—184 页。

问题论战与1923—1927年发生的"科学与人生观"论战期间,此为第一阶段;第二阶段发生在抗战时期与胜利之后的中国大陆;第三阶段发生在20世纪50年代至70年代的中国台湾与香港地区;第四阶段发生在20世纪70年代至90年代的海外(主要是美国),改革开放后又由一些华人学者带回中国大陆。"第一阶段可以简称为'五四'以后的新儒学(家);第二阶段可以简称为抗战时期的新儒学(家);第三阶段可以简称为港台新儒学(家);第四阶段可以简称为海外新儒学(家),改革开放后返输中国大陆。"① 他以多样性、开放性的视野来审察这一思潮,以三代四期十六位不同风格、不同学养的学者作为这一思潮的主要代表人物,即以梁漱溟、熊十力、马一浮、张君劢、冯友兰、贺麟、钱穆、方东美为第一代代表人物,以唐君毅、牟宗三、徐复观为第二代代表人物,以蔡仁厚、余英时、杜维明、刘述先、成中英为第三代代表人物;并认为现代新儒家阵营中"至少还应包括如下人物,即1949年以后在美国的陈荣捷(1905—1994),在中国台湾的陈大齐(1886—1983)、谢幼伟(1905—1976)、张其昀(1900—1985)、胡秋原(1910—2004)"②,称他们也有非常了不起的贡献。

既充分注意现当代新儒家的共性,又对他们各自的个性特征予以高度关注,同时还注意到当代新儒家阵营的分化和重组,这是郭齐勇研究现当代新儒学的一大特色。他说:"按西方学者库恩的范式理论格之,现当代新儒家当然是一个大的学术共同体,其中的学者虽所同不甚其异,但就反思现代化,强调中国文化的主体性,肯定儒学的深层价值及其现代意义来说,不失为一种思想范式。其中,梁、熊、马是一个小的共同体,他们三人的弟子相互流动,并尊梁、熊、马为三圣。熊的弟子唐、牟、徐及其弟子又是一个小的共同体,关系密切。钱穆与余英时也可以视为一个小的共同体。他们与唐、牟及其学生的哲学观念论、观念史的路数不同,走的是历史的或思想史的路数。方东美与唐、牟虽同为哲学家,路数也不同。新儒家学者的关切也有所区别。杜维明、刘述先关心儒、回、耶教的对话。杜维明重视的是儒学作为世界文化的一种精神资源对于现代人生活和西方、全球之可能发生的影响。刘述先认为,当代新儒家由道统的承担转移到学统的开拓、政统的关怀。成中英强调,应当以批判的理性而不是内在的体验为方法,在客观性的基础上建立知识而不是在主体体验的基础上印证价值,应以知识探

① 郭齐勇:《现当代新儒学思潮研究》,第11页。
② 同上书,第67页。

讨为价值判断、选择或重建之基础,而不是先肯定价值,再寻求知识手段以实现价值理想。"①"当代新儒家阵营正在分化、重组的过程中。十多年来有'新儒家'与'新儒学'之辨,有'知识'与'价值'的二分,也有'后牟宗三''后新儒学'的崛起。海峡两岸的儒家学者在互动中彼此靠拢、位移的事也多所发生。林安梧的'儒学革命'和'后新儒学',强调重视'气'论,重视客观面,回到船山学,多少受到大陆学者的影响。"②如此精微辨析,遂为我们展示了一幅波澜壮阔而又生动活泼的现当代儒学思潮的历史画卷。

疾风知劲草,板荡见忠臣。只有深切体会花果飘零的艰辛,才有矢志不渝的复兴大志。洞悉儒学遭遇困境的深层次原因,寻求儒学复兴的通衢大道,将身心性命维系在儒家事业,是郭齐勇"知行合一"的展开路径。因为他清醒地看到,"20 世纪在欧风美雨的冲刷之下,我们的民族精神、历史意识、文化情结、价值系统、终极关怀、形上睿智面临着深刻的危机。20 世纪是中国传统的文化资源在中国本土上遭到普遍的毁辱和抛弃的时期",而现当代新儒家前赴后继地不懈努力,"希冀为中国寻找回失落了的民族精神,为人类寻找回失落了的类的本性和个体的真我"③。学界同仁对此形成了广泛共识。郭齐勇的《现当代儒学思潮研究》堪称其三十余年来倾心研究现当代新儒学的结晶之作。在这部专著中,郭齐勇对梁漱溟的文化哲学思想、熊十力的本体论哲学、马一浮的心性论与六艺论、钱穆的历史文化思想、张君劢的哲学系统、冯友兰的新理学与哲学史、贺麟的理想唯心论、方东美的比较哲学、唐君毅的文化哲学、牟宗三的哲学系统、徐复观的思想史观以及杜维明的启蒙反思与文明对话、刘述先的内在超越与全球伦理、成中英的分析理性与本体诠释予以述论。他综论现当代新儒家反思现代性,反思唯科学主义,重视人类与中华民族的长久的人文精神与价值理性,其论域、问题意识或思想贡献在于:(一)跳出传统文化与现代化二元对峙的模式,并由此反省现代性,重新思考东亚精神文明与东亚现代化的关系问题;(二)在民族文化精神自觉自识的基础上,愈益强调开放性,为跨文化比较、对话和融合做了大量工作;(三)对儒学与现代民主、与自由主义的关系进行了富有建设性的探析,昭示出"就自由主义者必须具有的独立的批评能力和精神,必须具有的道德勇气、担当精神而言,就自由、理性、正义、友爱、宽容、人格独立与尊严等自由主义的基本价值而言,就民主政治所需要的公

① 郭齐勇:《现当代新儒学思潮研究》,第 17—18 页。
② 同上书,第 18 页。
③ 同上书,第 92 页。

共空间、道德社群而言,就消极自由层面的分权、制衡、监督机制和积极自由层面的道德主体而言,儒家社会与儒家学理都有可供转化和沟通的丰富资源";(四)基于对全球伦理、环境伦理、生命伦理的关切而积极阐扬儒家"为己之学"及"仁义礼智信"等核心价值观的现代意义;(五)创新性地提出儒学的宗教性与超越性及"内在超越",认为"超越的价值理想,可以通过人的修身增德而在充满人间烟火的红尘中实现。这样一种超越,的确与西学中的超越有所不同。它不需要也难得到认识论意义上的、实证主义方式的'证实',而需要的是儒者的身体力行,自证自信"。当然,郭齐勇也注意到现当代新儒学思潮,特别是唐君毅、牟宗三等有不少局限,如"唐君毅以道德理性和理想人格作为文化活动、人文世界的基础之基础、根源之根源、核心之核心、枢纽之枢纽,显然是缺乏人类文化史的根据的,也是不符合文化的发生、承传、发展的客观现实的"①;"从中西文化的根源性和内在本质上,牟宗三将二者区分为'综合的尽理之精神'和'分解的尽理之精神……牟宗三进行这种比较,意在说明'中国所以不出现逻辑数学科学之故'和'中国过去所以不出现民主政治之故,所以未出现近代化的国家政治法律之故'。这是'五四'以来直至今日大多数知识精英,包括梁漱溟以降的现代新儒家的提问方式与反省趋向。他们基于中国文化及哲学之现代化的立场,探寻中西文化、哲学会通的内在可能性,无疑有其重要的理论和现实的意义,但需要注意的是这种提问方式与反省趋向有待商榷,因为中国古代的逻辑数学科学与制度文明有自身的路数与特性,以西方主流文化来衡估,容易抹杀中华文明自成一格的发展道路的诸多至今未被人认识的方面及其特殊价值"②等。

此外,郭齐勇还敏锐地关注到"大陆新儒学(家)"。20 世纪 90 年代后半叶,方克立先生就撰文评析"大陆新儒学(家)"③。十多年前,他又提出要重视对大陆新生代新儒家所倡导的"大陆新儒学"的研究,说:"中国的现代新儒学运动,从'五四'至今已有三代人薪火相传,大体上经历了三个发展阶段。我认为以甲申(2004)年 7 月贵阳阳明精舍儒学会讲(或谓'中国文化保守主义峰会')为标志,它已进入了以蒋庆、康晓光、盛洪、陈明等人为代表的大陆新生代新儒家唱主角的阶段,或者说进入了整个现代新儒

① 郭齐勇:《现当代新儒学思潮研究》,第 249 页。

② 同上书,第 275 页。

③ 请详参方氏《评大陆新儒家推出的两本书》(原载《晋阳学刊》1996 年第 3 期)、《评大陆新儒家"复兴儒学"的纲领》(原载《晋阳学刊》1997 年第 4 期),今均收入《方克立文集》。

学运动的第四个阶段。因此我建议在继续推进对前三代新儒家思想研究之同时，还要开始重视对第四代新儒家（即大陆新生代新儒家）所倡导的‘大陆新儒学’的研究，这一研究对儒学和新儒学的未来发展可能具有更加重要的现实意义。”①不过，郭齐勇所关注的“大陆新儒学（家）”与方氏有别，故其举出的“大陆新儒学（家）”的代表人物也不同于方氏所述。2017年6月，北京大学高等人文研究院、嵩阳书院联合举办了“当代儒学发展的回顾与前景”研讨会。在这次会议上，郭齐勇对“大陆新儒学（家）”或“新时期大陆的新儒学（家）”进行了重点分析，认为它在马、中、西互动的背景下产生，受当代哲学思潮影响，反映了中国大陆改革开放以后社会生活的实际问题，究其实质而言，它以儒家哲学思想的学术研究为基础，积极调动以儒学为主体的中国文化资源，促进儒学与现代社会相调适，并创造性地诠释儒学精义，推动儒学现代化与世界化。究竟哪些人符合这一条件呢？论者以为汤一介、庞朴、张立文、余敦康、蒙培元、牟钟鉴、陈来、杨国荣、郭齐勇、吴光、李存山、张祥龙、颜炳罡、景海峰、吴震、黎红雷、朱汉民、张新民、蔡方鹿、舒大刚等都是合适人选。

可以说，儒家又活跃在思想舞台了。

时移世易，感通不已。有感于“‘五四’以降，我们中国的知识分子，大多数是戴着‘西方中心论’的眼镜来看待自己的文明的。我们对于自己的历史文化精神其实还相当陌生，基本上处于‘抛却自家无尽藏，沿门托钵效贫儿’的状态。健康的‘全球化’，绝不是以一种语言，一个地域的习惯、一种思考方式，甚至一个国家、一个阶层的利益来宰制一切。各种文明、各种精神资源、各种宗教、各种知识都可能成为具有全球意义的成素。我们东方人、中国人不能失掉本己性，这绝不是煽动民族主义，而是要在精神上站立起来，积极参与文明对话”②，郭齐勇对现当代新儒家予以高度评价：“一百年来，在西化思潮席卷全球、包举宇内的时代，国人把儒学弃之如敝屣，洋人视儒学为博物馆、图书馆，当此情势下，有现当代新儒家兴焉，正视儒学为活的生命，真正能继承、解读、弘扬儒学的真精神，创造性地转化包括儒家、道家、佛教等思想资源在内的传统文

---

① 方克立：《甲申之年的文化反思·二·致郭齐勇、吴根友》，引见方氏《中国文化的综合创新之路》，北京：中国社会科学出版社，2012年，第432—433页。

② 郭齐勇：《中华人文精神及其当代意义》，原载张岂之、方克立、王俊义主编《经济全球化与中华文化走向》，香港：东方红书社，2001年5月，此处引文见郭氏《道不远人》，贵阳：孔学堂书局，2014年，第160—161页。

化，把中华文明的精华贡献给全人类，积极参与世界与中国现代文明的建构，其功甚伟！”①这不仅是对以往历史的深刻反思，而且是对儒学复兴的全面瞻望。

二

每个人都是其时代的产儿，郭齐勇当然也是这样。而卓越人物所以可贵，在于他或能够对其所处现实时代有所超越，或在经历了一定的社会时代以后能够对这时代作出深刻反思并在反思基础上提出他引领时代向前发展的思想；郭齐勇之所以引起我们的高度关注，原因即在于此。

郭齐勇经历了社会主义革命、建设和改革开放，对中华优秀传统文化、社会主义先进文化有着无比深沉的热爱。与那些盲目复古的人有所不同，郭齐勇立足当下，放眼未来，在创造性转化和创新性发展的理论探索中汲取儒学的养分。但长期以来，恩格斯在《社会主义从空想到科学的发展》所言“传统是一种巨大的阻力，是历史的惯性力，但是由于它只是消极的，所以一定要被摧毁”②的教导深刻影响着人们，似乎凡传统思想均是落后、保守的，必须予以否弃；直到“文革”结束，社会开始恢复常态后，人们才渐渐发现传统思想是智慧宝库，认识到“传统是围绕人类的不同活动领域而形成的代代相传的行事方式，是一种对社会行为具有规范作用和道德感召力的文化力量，同时也是人类在历史长河中的创造性想象的沉淀。因而一个社会不可能完全破除其传统，一切从头开始或完全代之以新的传统，而只能在旧传统的基础上对其进行创造性的改造”③，文明特别是思想文化是一个国家、一个民族的灵魂。无论哪一个国家、哪一个民族，如果不珍惜自己的思想文化，丢掉了思想文化这个灵魂，这个国家、这个民族是立不起来的。郭齐勇曾自述道：

> 和同时代的许多人一样，我的生命也有一段时间误入歧途，简单化地批判儒学与传统文化。1990 年以后，我转到同情地理解与绍述的立场，对传统文化资源特别是儒学的正视与开掘更为自觉，抓住先秦和现代两头，立志发潜德之

---

① 郭齐勇：《现当代新儒学思潮研究》，第 2 页。

② 《马克思恩格斯选集》第三卷，北京：人民出版社，1995 年，第 13 页。

③ 爱德华·希尔斯：《论传统》，上海：上海人民出版社，2009 年，第 2 页。

幽光，努力阐扬中国哲学智慧的特点与优长。我现在以守先待后、光前裕后为志业。①

泛滥百家，回归儒术，这是历史上许多大儒的学术历程。作为当代大陆新儒家的中坚力量，郭齐勇也有类似的经历。他诚恳地回顾自己的青年时代，指出："我年轻时西化倾向比较严重，后来慢慢地在前辈们的影响下体悟到，我们过去批判中国文化传统，很多东西不是实事求是的，没有体悟到博大精深的中国文化的一些真实内涵。过去我们受'文化大革命'的影响，受'五四'以来的批判思潮的影响，把现代人错误的根源都归结到中国文化的传统上，而且对中国文化传统的评论，基本上是隔膜的、不讲道理的，不是内在性的批评。后来我们才慢慢地认识到中国的传统文化特别是儒家文化的价值。"(《现当代儒学思潮研究 · 自序》)与郭齐勇同辈学人，多有与之相类的心路历程，如其同门友、苏州大学的蒋国保对自己的儒学观和儒学研究历程进行了概括，指出："儒学是我学术研究的根本方向，我的学术生命，与儒学息息相关。但对儒学，我却经历了由批判儒学到同情理解儒学再到认同儒学这一比较曲折的认同过程。"②毋庸讳言，这一代学者有着太多的相似之处，其中最为醒目的莫过于他们当中的许多人从"批孔"转向认同儒学。从某种意义上讲，他们经历了一个较为复杂的思想蜕变的过程。

作为"文革"亲历者并有过农村插队和城市企业务工经历的郭齐勇，实现这种"思想蜕变"的契因是他和其研究对象熊十力的思想逐渐发生了共鸣。他在系统、深入地研究后，满含深情地讲道："熊十力来自民间，来自穷乡僻壤和社会的最下层，亲身体验了 20 世纪中国人民所遭逢的种种灾难，无穷无尽的动荡和痛苦，从列强的肢解、军阀的混战、日寇的蹂躏、内战的厮杀直到死于'文革'。民间疾苦，笔底波澜。他的人生，他的哲学，他所呼唤并实践的安身立命之道，正是对黑暗卑琐的现实的抗议和对人类理想境界的追求。"③正是熊氏的精神感召，使他逐渐地回归传统，认同儒学。郭齐勇把"守先待后"作为自己工作与生活中心，为了从精神上埋下儒学复兴、传统文化复兴的种子，在培养学生时，有意识地通过博士论文选题以促进海外新儒学对大陆新儒学进

① 郭齐勇：《道不远人 · 导读》，第 2 页。

② 蒋国保：《化士学为民学 · 自序》，贵阳：孔学堂书局，2015 年。

③ 郭齐勇：《现当代新儒学思潮研究》，第 93 页。

行“反哺”,同时也借以推动大陆新儒学的复苏,故其对学生在为人方面的要求远远重于为学、重于理论方面的探求。

当然,并不是所有人都实现了回归传统的“思想蜕变”,不少人还是以全面、彻底反传统的惯性思维来表述他们的思想主张。郭齐勇直面这种状况,态度鲜明地予以回应。20 世纪 80 年代,当政论片《河殇》掀起了一股反传统的热浪时,他在《长江日报》发表了《半是挽歌,半是谤文——评〈河殇〉的文化观》,明确批评《河殇》有全盘否定传统文化的倾向。90 年代,他在《华中师范大学学报》上同邓晓芒展开了关于“新批判主义”与“新保守主义”的论战,指出我们早就应该打破单线进化论的思维框架,打破对西方现代化模式的迷信,超越前进后退、古今、中西、进步保守的二元对峙,肯定古今之别不等于中西之异,允许不同价值系统的共存互尊;又在《评所谓“新批判主义”》中通过其对西方现代化道路与西方思想家学术研究的比较后说:“我不知道有没有思想大家(例如康德、黑格尔)是可以不到文化母体中去寻找思想资粮的,也不知道天下有没有一个现代化是可以不从自己的文化母体中寻求现实生活的资粮的。我只知道西方人无比尊重、珍惜自己的文化母体,决无任何的轻蔑、贱视、毁辱、鄙夷。”进入 21 世纪,他因见邓晓芒等人认为儒家以家庭私德凌驾于社会公德之上,是社会缺乏公德的深层文化根源,甚至直斥儒家亲情伦理是现实腐败的根源。这种论调有悖于事实,亟须受到有力回击。然而许多人碍于情面,慑于圈子,不敢予以澄清,不愿消除误解。郭齐勇直道而行,深刻剖析邓晓芒的思想误区,指出儒家正视天理人情,儒家伦理不脱离具体性和历史性,但具有永恒的价值,并与同道一起与之展开论辩,先后发表了几十篇文章,出版了多部论文集。2017 年的致“首届世界儒学研究杰出人物”颁奖词称他“组织‘儒家伦理争鸣’,拨乱反正,正本清源”。此为不刊之论!

发现错误,的确不易;纠正错误,却是更难。涉及重大理论问题的争论,郭齐勇立场鲜明,挺身而出,直击历史虚无主义和文化虚无主义的要害,为现代读者准确把握中华优秀传统文化创造了有利条件。

回归传统,自然要揭扬中国文化精神,掘发其固有价值。“中华民族作为一个延续 5000 余年的伟大民族,必定有一个在历史上起主导作用的基本精神,这个基本精神就是这个民族延续发展的思想、基础和内在动力。”①如何评估这精神? 有论者谓:“所谓

① 张岱年、姜广辉:《中国文化传统简论》,杭州:浙江人民出版社,1989 年,第 54 页。

中国文化的基本精神，就是中华民族特定价值系统、思维方式、社会心理以及审美情趣等方面内在特质的基本风貌。因此，它既有光辉灿烂、催人奋进的一面，又有沉滞抑郁、激人图变的一面。优异的一面中蕴含着消极的因素，令人愤激的一面中包孕着值得宽慰、可以向另一面转化的潜在质素。”①学者们对中国文化精神作了种种归纳，如以刚健有为、和与中、崇德利用、天人协调为“中国传统文化的基本精神之所在”，以“尊祖宗、重人伦、崇道德、尚礼仪”来概括中国传统文化的基本精神，以人文主义为中国文化的精神，等等。而在郭齐勇看来，“中国文化精神”首先是一个特殊的概念，是中华民族不同于世界上其他民族、中国文化不同于其他文化的特质之所在；其次，它又是个历史性的概念，就其本质而言乃是中华民族自轴心文明时代以来形成的中国文化的核心要素；最后，它还是一个时代性的概念，我们今天所要强调的中国文化精神应该是中国文化在现代性背景下能够彰显出来的特别具有活力的主要内容。基于这三层限定，他说“‘中国文化精神’实际上就是中华民族的‘文化基因’。这一概念涵盖了中华民族文化相对于世界上其他族群的不同的、差异性的内容与特征，也涵盖了能够得到不断延续的中国文化的主要内容与特征，同时还表达了现代语境下中国人的诉求与对现代性的回应”②，或通过中西比较，或基于其现代性的问题意识而从自然生机、普遍和谐、创造精神、秩序建构、德性修养、具体理性、知行合一七个方面对“中国文化精神”作了精当阐析，指出：

> 长期以来，在西方，一元外在超越的上帝、纯粹精神是宇宙的创造者。人与神、心与物、此岸与彼岸、身体与心灵、价值与事实、理性与情感，乃至如不动的创物者与被它创造的生动活泼的世界，统统被打成两橛。然而中国哲学的宇宙论是生成论而不是构成论，他们认为，世界不是宰制性的建构，而是各种主体的参与。中国哲学的主流是自然生机主义的，没有凌驾于世界之上的造物主。中国哲学是气的哲学而不是原子论的哲学，气的哲学昭示的是连续性的存在，变动不居，大化流行，生机无限。宇宙绝非孤立、静止或机械排列的，而是创进不息、常生常化。由此，人类赖以生存的宇宙是一个无限的宇宙、普遍联系的宇宙，其包举万有，统摄万象。对宇宙创化流行的信念，实际上也正是对人创造能

① 李宗桂：《中国文化概论》，广州：中山大学出版社，1988年，第345页。

② 郭齐勇：《现当代新儒学思潮研究》，第466页。

力的信念。①

中国人有着天、地、人、物、我之间的相互感通、整体和谐、动态圆融的观念与智慧。中华民族长期的生存体验形成了我们对于宇宙世界的独特的觉识与“观法”和特殊的信仰与信念，即打破了天道与性命之间的隔阂，打破了人与超自然、人与自然、人与他人、人与内在自我的隔膜，肯定彼此的对话、包容、相依相待、相成相济。与这种宇宙观念相联系的是宽容、平和的心态，有弹性的、动态统一式的中庸平衡的方法论……“天人合一”体现了中国哲学中存有的连续和有机的整体……中国人有着对天、天地精神的信仰及对天命的敬畏，并提升自己的境界以“与天地精神相往来”。这种精神上的契合与颖悟，足以使人产生一种个人道德价值的崇高感。由此对天下万物、有情众生之内在价值，油然而生出博大的同情心，进而洞见天地同根，万物一体。儒家立己立人、成己成物、博施济众、仁民爱物之仁心，道家万物与我为一、天籁齐物之宽容，佛家普度众生、悲悯天下之情怀，都是这种精神的结晶。②

中国人在观念上形成了“和而不同”“协合万邦”“天下一家”的文化理想，既重视各民族、族群及其文化、宗教的分别性、独特性，又重视和合性、统一性。在人与人的关系问题上，善于化解与超越分别与对立，主张仁爱、和平、和为贵与协调性，有民胞物与的理想，厚德载物，兼容并包，爱好和平，不穷兵黩武，反对以力服人，主张“远人不服，则修文德以来之”。③

中国文化是“尊生”“重生”、创造日新的文化，所崇拜的“生”即创造性本身。④ ……世界自身的永恒运动、创新、变化、发展，自我更新，自我否定，日生日成，日新其德，革故鼎新，除旧布新，是中国文化的主调……中国文化凸显了积极有为、自强不息的精神……无数的仁人志士奋发前行，不屈服恶劣的环境、势力与外来侵略者的凌辱压迫，正是这种刚使坚毅的精神使然。⑤

中国人以仁义为最高价值，崇尚君子人格，肯定“三军可夺帅也，匹夫不可夺志也”，“富贵不能淫，贫贱不能移，威武不能屈”的大丈夫精神，弘扬至大至刚的正

① 郭齐勇：《现当代新儒学思潮研究》，第 467 页。
② 同上书，第 467—468 页。
③ 同上书，第 468—469 页。
④ 同上书，第 469 页。
⑤ 同上书，第 470 页。

> 气,舍我其谁的抱负,乃至“不识一个字,亦须还我堂堂的做个人”,强调人人都有内在的价值与不随波逐流的独立意志,以“知其不可而为之”的气概,守正不阿,气节凛然,甚至杀身成仁,舍生取义。①
>
> 中国人特重教育,强调教育公平,即“有教无类”,这为达到“政治公平”起了一定的作用。中国社会等级间的流动较快,这是文官政治的基础。儒家强调知识分子在社会政治中的指导作用,甚至提出士大夫与皇帝共治天下的主张。儒家有其言责,批判与主动建言,为广开言路而抗争。传统民本主义主张“民为邦本,本固邦宁”,“天视自我民视,天听自我民听”,“民之所欲,天必从之”,“人无于水监,当于民监”,“民为贵,社稷次之,君为轻”。民本主义肯定人民是主体;保民、养民、教民是人君的最大职务。②

凡此妙义,无法尽引。读者悉心品味,即可钩沉索隐,覃思熟虑,重新激起对民族文化传统精神的自信。诚如郭齐勇所说:“近代以来,强加给中国文化的很多似是而非的东西,需要我们拨乱反正,正本清源。一些人对中国人的国民性中的负面特性或所谓‘丑陋的中国人’等的揭露,有些过头,伤害了我们的民族性。尔虞我诈,内斗内耗,我们曾经出现过一些诸如此类的丑恶现象(其实西方也有),但人们往往会把账算在国民性上,或要中国文化、儒家文化承担责任。对于这些问题,我们要予以正确认识。我们要把中华民族文化的真髓,养育、凝聚老百姓的真诚的理念,作为中华民族这样一个多民族国家的族群认同、文化认同与伦理共识的仁爱思想、浩然正气、正道直行、人格修养等内容,大大地弘扬出来。我们要把这些百姓日用而不知的,在民间留存的孝悌忠信、礼义廉耻等道德资源充分地加以开掘,加以保护、拓展。”③这实际是固本培元,护持并充养中华民族的精神元气。

近来,郭齐勇又从儒家忧乐观角度对中国文化精神进行创造性诠释,在他看来,“作为个人,忧而不失其乐,不忘其乐,苦中作乐;乐而不忘其忧,乐中有忧,处顺境不盲目自傲、得意忘形、居功自恃,处逆境要有信念,刚毅坚卓,看到光明。作为国家治理者,时刻不忘安危、存亡、治乱的互动,形势好时要想到形势不好时,形势不好时要想到

---

① 郭齐勇:《现当代新儒学思潮研究》,第471页。

② 同上书,第473页。

③ 郭齐勇:《中国文化精神的特质》,第15页。

形势好时,谨慎乐观,不骄不躁……总之,应以家国天下的情怀,自强不息,厚德载物,积极乐观地生活与工作,居安思危,忧乐圆融,乐天知命!"①确实,中国人的生活方式、社会习俗、人文信仰与文化心理,中国文化的精神特质,与世界上其他民族有许多不同,这是我们的民族对人类文明做出的贡献,也是我们的文化优势。对此,我们要有坚定的自信。所谓文化自信,就是一个国家、一个民族对自身拥有的生存方式和文化精神、价值体系的自觉肯定,是对自身文化生命力、创造力和影响力的信念。有无文化自信,关乎民族精神状态和社会精神风貌。丧失了对民族文化传统的自信,妄自菲薄,是注定毫无出息的。

善于继承,才善于创新;只有基于民族历史文化的深厚土壤,从延续民族文化血脉中提出体现当下时代精神和适应现实社会生产生活实践需求的思想,才有价值意义。毋庸置疑,"没有全面真正的继承,就不可能有创新。哲学的创新不仅要有厚重的历史感,具备深厚的理论功底,也要有时代精神,具有深刻的问题意识。创新固然是因应时代的挑战而生,但创新绝非无源之水、无本之木,它一定是对传统批判性的继承"②。郭齐勇据此认识而对儒学传统作了诸多创新性的诠释和发挥,这使其以回归、认同传统为基本特质的儒学思想又充溢着时代精神气息。如他从建构现代民主的"王道"政治角度创新性诠释和发挥儒家一贯强调的"修己安人"的传统,认为孔子所说的"修己以敬""修己以安人""修己以安百姓"包含着对政府、治政者与士人的要求,推广开来,涉及社会精英修身律己与建功立业的关系,此即《庄子·天下》篇所谓"内圣外王"。但现代人过于强调"内圣"与"外王"二者之间的区隔,这不符合孔子儒学的传统。儒家肯定的治政者、士人的心性修养("内圣")与治国平天下("外王")的一致性仍有其意义与价值。儒家的"仁""恕"理念与民主政治的基本预设是相契合的。先秦儒家政治哲学的两个关键词是"王道"与"仁政",它们本身就寓有评价、褒贬,相对应并批判着与之截然相反的"霸道"和"霸政"。孔、孟王道政治的核心内涵是人民的经济权、教育权,还包含着言论权在内的政治权的保障与伸张,从"养民""安民"到"教民"再到"民贵君轻",有其自身的逻辑。现在我们主张重开"王道",即创造性地转化王道仁政。这首先须坚持"民为邦本",无论何时何地以人民为政治的主体,肯定人民高于或

---

① 郭齐勇:《忧患意识与乐感文化》,《光明日报》2018 年 4 月 22 日第 6 版。

② 郭齐勇:《现当代新儒学思潮研究》,第 267 页。

重于政府及其领导人，日益扩大民权与社会空间，肯定思想自由与社会自治；其次，须坚持“天下为公”，加强多元一体的族群融合和“以德服人”的国际关系；还须坚持最高的政治正义的追求，又需反对盲目自大、反对民粹主义，提倡宽容大度、富而好礼，尊重他人，重建仁爱、宽恕的健康心态。①

又如，郭齐勇对马克思主义与儒学的相关性作了令人信服的阐析，指出近现代中国睁眼看世界并鼓动学习西方的人，包括推动马克思主义传入中国的先驱、中国共产党人的前辈，都是积极入世进取，主张与时俱进、变化日新，是关切国事民瘼、向往大同世界等儒家情结最深的人。他们的思想与行为方式，乃至杀身成仁、舍生取义的献身精神，无一不是儒家式的。不仅《礼记·礼运篇》的“大同”理想是马克思主义引入中国的“文化铺垫”，而且在马克思主义中国化的过程中，儒学传统中的“天下兴亡，匹夫有责”的担当意识、济世救民的情怀、天下为公的理想、百折不挠的毅力、舍生取义的品格、自强不息的意识、力行实践的精神、辩证中和的智慧都渗透其间。而在理论上，儒家的民本主义传统、大同理想的传统、内圣外王传统、知行合一传统、实践理性传统、唯物论传统、辩证法传统等在马克思主义中国化的过程中都起过作用。“马克思主义与中国的革命、建设的具体实际相结合，包含了与积淀在社会与民众中的儒家文化的结合。”②甚至中华人民共和国的制度建构，同儒家社会的建构亦有难分难舍的关系。至于发展经济、改善民生、国富民强、务实求新、富民小康等思想，更与儒家经典所强调的治国平天下的根本大法具有深刻的一致性和承续性。总之，“无论是早期中国共产主义者的社会正义观与社会理想，还是我们当下建设中国特色社会主义、构建和谐社会的伟大实践，儒家的仁爱、民本、民富、平正、养老、恤孤、济赈、大同、民贵君经、兼善天下、和而不同、食货、德治主张、入世情怀等等，都是其铺垫、背景与积极的思想资源”③；可见，马克思主义的中国化是在儒家文化的土壤上进行的。“没有儒家文化就不可能有马克思主义的传入与中国化。所谓‘中国化’，在一定意义上就是马克思主义的儒家化。”④因此，“当代马克思主义与儒学，合则两美，离则两伤”⑤。马克思主义植根于中

---

① 参看郭齐勇《修己安人与重开王道》，2018 年 1 月 29 日在腾讯公司所做的讲座，该讲座回放视频见 http://v.qq.com/x/search/? q=修己安人与重开王道 &stag=&smart box-ab=。

② 郭齐勇：《儒学与马克思主义中国化及中国现代化》，《马克思主义与现实》2009 年第 6 期。

③ 同上。

④ 同上。

⑤ 同上。

华优秀传统文化，本立道生，枝繁叶茂，硕果累累。这既是马克思主义中国化的题中之意，又是文化自信的重要组成部分。

人的自由而全面的发展是我们持之以恒的追求。近代以来，发明和应用科技，创造了人类前所未有的物质文明，特别是20世纪高科技的发展，更牵动了社会生产力的迅速提高，人类的物质文明已达到了空前的水平。然而，与此同时存在的负面效应则是，人类正面临着极大的全球性危机，如人口膨胀、粮食短缺、环境污染、资源匮乏、能源枯竭，以及部分地区的贫困、暴力、战争、核威胁、恐怖活 动…… 地球遭到破坏，人与人、人与自然的矛盾尖锐化，这一切严重威胁着人类的生存和发展。面临危机，人们在反思中认识到，在工业时代，由于“利”的驱动，以及“人类中心主义”的影响，人类对自然界的粗暴掠夺，一部分人对另一部分人的残酷剥削，人类使自己陷入危机。如何走出困境而迈向21世纪？始创于20世纪中叶的生态伦理学，便是直接针对现代化的生产和科学技术的发展严重破坏生态平衡而提出的。“最早以科学形态提出生态伦理学思想”的是法国哲学家、诺贝尔和平奖获得者施韦兹(Albert Schweizer)，其著作《文明的哲学：文化与伦理学》(1923)提出了“尊重生命的伦理学”：生命是大自然的伟大创造，“生命本身是神圣的”，人类对一切生命都要给予极大的尊重；应以“崇拜生命”作为伦理的核心和基本原则：“保护、完善和发展生命”，应是“人类与自然的准则”和“善”的观念的重要内容，“善就是保护生命和发展生命，恶就是毁灭生命和妨害生命”。郭齐勇则以王阳明“天地万物一体”为重心，对儒学传统作出创新性诠释和发挥，指出：“阳明的‘天地万物一体’的思想来自先秦与宋代儒家，尤其是张载、程颢。阳明的贡献，尤其强调天地万物都在良知、灵明等精神性的一体之中，都具有良知、灵明。这个意义上，人类并不高于山川动植；山川鸟兽草木瓦石等类也自有其精神、价值。阳明重视人与万物一体同源的体悟。如此，人才可能对万物都保持深切的仁爱、关怀，把天地万物看作是与自己的生命密切相连的。在这种价值来源的共识上，儒家生态伦理可以建立‘范围天地之化而不过，曲成万物而不遗’的生命共同体，将宇宙生态系统真正视为人与万物之共生、共存的生命家园。”①而人类在这生命共同体中取用万物，乃“良知上的自然的条理”；此即儒家的“差等之爱”，就是说，亲亲、仁民、爱物是有差别的。从“理一分殊”的视角来看，“天地万物一体之仁”对应于“理一”，“差等之爱”对应于“分殊”，二者浑然一体，承载着生生之德。郭齐勇对儒学传统所作的这样一些创新性诠释

---

① 郭齐勇：《王阳明的生命关怀与生态智慧》，《深圳大学学报》2018年第1期。

和发挥是有意义的，是他落实习近平总书记提出的“使中华民族最基本的文化基因与当代文化相适应、与现代社会相协调”①而做的努力。

《春秋》贵亲亲。郭齐勇心系人伦，推演亲亲之恩，为儒家伦理在现代社会赢得尊重做出有益探索。他有赤子之心，有见于“我们的刑法沿用了革命法思维，不许人们亲亲相隐，人为地让嫌疑人的家属陷入了两难困境，伤害了作为人类社会基石的亲情伦理”②，认为“‘亲亲相隐’是儒家针对两难伦理困境苦心孤诣寻求到的解决之道，在护持人类社会的伦理基础的同时，尽可能彰显了社会公正，并在历史中起到了保护私领域、反对国家强权的重要作用”③，因而呼吁“要修改现行刑法、民法等有关条文，接上容隐制的传统与现代人权观念，保障公民的亲情权与容隐权”④。他又起草并通过其同事、全国人大代表彭富春教授提交了以恢复容隐制为内容的全国人民代表大会代表提案。在众多有识之士的共同努力下，2011 年，全国人民代表大会常务委员会审议通过《中华人民共和国刑法》（修正案），免除了强迫被告人近亲属出庭作证的义务，这在一定程度上说明“亲亲互隐”精神在《中华人民共和国刑法》（修正案）中得到相应体现。此外，郭齐勇认为“当下信用品性的危机，表明当代中国的国民缺少了中华民族主体性的真正具有约束力的信仰系统和价值体系，缺少了伦理共识、文化认同、终极关怀，缺少了敬畏之心与定盘针。这也拷问着我们教条式的政治与道德教育的有效性。要凝聚人心，解决中国问题，少不了儒家文化的调剂”⑤。他在《百年儒学感言》中更力呼：“近年来所暴露的各种社会问题，贫富悬殊太大，社会不公；为官者官风不正，官德不在，吏治不清，贪污腐化；在民间，唯利是图，没有信仰，人欲横流，还有暴民意识……这些问题的解决的确需要中华人文，特别是儒家核心价值的创造性转化和大本大源的重建。”“二十多年来，中国发展太快，GDP 挂帅，为此付出的代价太大：生态的代价、道德的代价……不知还要几代人的努力才能补偏救弊。人文价值与道德理性的重建，中华民族核心价值系统之主体性的重建，应取代民族主义而成为新百年的主轴！”⑥

道不远人，人能弘道。郭齐勇贯通古今，体察民艰，为我们彰显了“天地之间一个

---

① 《习近平谈治国理政》，北京：外文出版社，2014 年，第 161 页。

② 郭齐勇：《道不远人·导读》，第 4 页。

③ 同上。

④ 同上书，第 5 页。

⑤ 郭齐勇：《儒学与马克思主义中国化及中国现代化》，《马克思主义与现实》2009 年第 6 期。

⑥ 郭齐勇：《道不远人》，第 26 页。

读书人”的社会责任。弘道之人，犹如水镜，与之交游，能萌生“披云雾，睹青天”的切身感受。郭齐勇就是弘道之人。微斯人，吾谁与归？

三

我们已经进入为实现“中国梦”而奋斗的新时代。在实现中华民族伟大复兴的征程中，我们矢志不渝促进中华优秀传统文化的创造性转化和创新性发展。在5000多年文明发展进程中，中华民族创造了博大精深的灿烂文化；今天复兴中华民族文化，则将是中华民族为人类做出的新的伟大贡献。这是中国人民、中华民族的价值体认和价值追求。儒学是中华传统文化的主干，或者说是中华传统文化的核心。因此，复兴儒学便成为复兴中华民族文化的题中应有之义。怎样复兴儒学？郭齐勇特别强调“民间儒学”的建设。他指出：

> 民间儒学是儒学灵根自植、重返社会人间的文化思想形态。自汉代至民国，儒学本来就是活在民间社会，起着指导、凝聚人心作用的精神价值。历史上儒学的形态既有上层社会的经典注疏传统等研究性的层面，又有把经典中的精神与经验转化为治国平天下的外王制度与管理方略的层面，更有将其中的精神信念与价值体系通过各种方式教化民众，转化成“百姓日用而不知”的行为方式的层面。民间儒学是活生生地在老百姓的生活中起作用的儒学的精神价值。①

儒学既蕴含着整个中华民族的文化价值与文化精神，又具有平民化与草根性的特点。这是很有意义的观点。以劳动者为主体的普通民众将大多数时间投入到创造物质财富的活动中，在各自的工作场地奋发努力，辛勤劳作，基本上没有机会进行全面系统的理论研究，更不必说翻阅卷帙浩繁的经典著作，但他们一般都自觉不自觉地受到儒家文化观念的影响。“越是社会底层的老百姓，越是拥有儒家的基本价值。这是民间儒学的基础。”②郭齐勇说，儒学绝非文化精英的专属品，“在我们的老百姓中，包括不识字或文化水平不高的像我的祖父母、父母亲那样的人，包括‘文革’后期，1968年至

① 郭齐勇：《民间儒学的新开展》，《深圳大学学报(人文社会科学版)》2013年第2期。
② 同上。

1970年我在湖北天门县杨场公社插队落户时周围的农民老乡，我当工人时到两湖、浙江几家大工厂培训两年间遇到的一些工人师傅，我们的小学、中学、大学的老师们，所有这些人以不言之教与言教影响其子弟与周围人的精神的东西，主流的价值仍然是友善、友爱、孝慈、正直、良心、为人着想、堂堂正正地做人做事"①。"普通平凡的老百姓，例如蹬三轮捐钱给贫困生的白芳礼老人，奋不顾身救学生的最美女教师张丽莉，道德模范吴天祥，防治艾滋病的专家桂希恩，信义兄弟孙水林、孙东林，以及一些青年志愿者朋友，仍然继承并实践着中华文明的精华，以一颗仁爱之心，诚朴信实，时时处处为他人着想，爱利他人，服务社会。"②如果与自视居于人上的所谓"精英"们相比——像政治生活领域贪腐的"老虎""苍蝇"，经济生活领域唯利是图的不法奸商，文化生活领域那些缺失道德和良知、伤风败俗的学者文人，那么，我们完全可以说，郭齐勇所举述的这些普通百姓真正具有儒家君子人格，承载着儒学的精神价值。

郭齐勇认为民间儒学"在文化身份的认同、维系世道人心，乃至社会制度层面的改革等方面，在今天的中国文化的建设中，大有用武之地。我们儒家学者不仅要努力与官、学、商界打交道，以儒家正道指引官、学、商界，还要眼中有民，努力到民间去，弘扬儒学，把会议儒学、书本儒学转化为民间儒学、生命儒学"③。"儒学的生命力仍在民间。儒学本来就具有平民性格，是民间学术。几千年来，它代表着社会的良知，担当着社会的道义，以道统，即以其'领导精神'，制约、指导着政统与治统，其依托或挂搭处则是民间自由讲学。"④所以，郭齐勇特别强调"民间儒学"的建设。蒋国保亦有"化士学为民学"的主张，认为儒家要改变立场即由重"士"转向重"民"，改变观念即由不能容忍世俗价值转向重视现代民众的世俗要求，改变导向即由专注正面指导人生转向积极关注人生的负面，从而使儒学为现代民众安身立命提供精神支柱。这些都是很有意义的重要思想。确实，只有突破儒家士大夫的传统之见及现代知识分子主体意识的限制，将儒学发展成为适应于当下普通百姓生活日用的平民儒学，才能有力推动儒学的现代转换。这就要求当代儒者必须脱下不合时宜的长衫，深入现实的社会生产生活实践，用自己的身心去真切体认普通民众的利益意愿，并从其心声出发来提出我们的思

---

① 郭齐勇：《时机与意义：国家的兴盛与国学的复兴》，《中国社会科学内刊》2007年第1期。

② 郭齐勇：《民间儒学的新开展》，《深圳大学学报(人文社会科学版)》2013年第2期。

③ 同上。

④ 郭齐勇：《中国儒学之精神》，上海：复旦大学出版社，2009年，第95页。

想主张并进而创构起基于现实社会生活,以现实的底层普通民众(尤其是劳工阶层)利益为出发点和落脚点的新型儒学理论体系。唯有这种新型儒学理论体系的形成与发展,才能真正有力促成儒学的复兴。

郭齐勇不是迂腐书生,而是敢于担当道义、开启风气的儒者。他投身于中华民族伟大复兴的历史进程,与时偕行,著书立说,改良世道人心,为新时代青年树立可供效仿的榜样;他尊道励耘,嘉惠学林,谡谡如劲松下风,是当之无愧的"当代大陆新儒家的中坚力量"。

理雅各之《孟子》译介及其影响

——兼论中西人性论之会通与歧出

韩振华*

至19世纪40年代,英、法、德三种语言中都有了《孟子》译本,但经过时间的淘洗,它们仍无法称得上是各自语言中的经典译本。真正经典的译本,是通过汉籍欧译的三位大师级翻译家英国新教传教士理雅各(James Legge, 1815—1897)、法国耶稣会士顾赛芬(Séraphin Couvreur, 1835—1919)和德国新教传教士卫礼贤(Richard Wilhelm, 1873—1930)之手完成的。限于题旨,笔者在本文中主要介绍理雅各对《孟子》的解读及其引发的争论及影响。

一、理雅各《孟子》译本概说

跟马礼逊(Robert Morrison, 1782—1834)一样,理雅各也是伦敦布道会(London Missionary Society)传教士。相比于"传教士"身份,理雅各更为世人所知的其实是"中国古代典籍的翻译者"这一身份。由他翻译的多卷本"中国经典",至今仍被许多西方汉学家和读者视为标准译本之一。杰出的翻译成就为他在专业学术领域赢得了巨大的肯定——他成为西方汉学界最高学术奖"儒莲奖"(Prix Stanislas Julien)的首位获奖者(1875),并在返回英国后担任牛津大学第一任汉学教授直至去世(1876—1897)。

---

* 韩振华,文学博士,哲学博士后,北京外国语大学中国语言文学学院副教授。
基金项目:本文系北京市社会科学基金一般项目(16ZXB006)之阶段性研究成果。

理雅各翻译儒家经典,仍然服务于传教的目的。不过,这位“朝觐东方”①的新教传教士主张,儒学与东方宗教中的无神论(如佛教)和泛神论(如婆罗门教)并不相同,它跟基督教之间并非敌对关系。要让西人深入地了解在中国影响既深且巨的儒学思想,则必须从翻译开始。理雅各长年在香港译书,其间曾从一些中国人那里得到过译事上的帮助(如王韬[1828—1897]、黄胜[1827—1902]等),后在英国鸦片商人若瑟·渣甸(Joseph Jardine)及罗伯特·渣甸(Robert Jardine)的资助下出版“中国经典”系列。

理雅各所译《孟子》初版于1861年②,之后又有多个不同版本。1870年纽约重排本③书前有编者“导论”④,借用理雅各的话介绍孟子生平,以及东汉赵岐(约108—201)对《孟子》的编排、注释,南宋朱熹《四书章句集注》对孟子的注解,以及明初钱唐(1314—1394)对孟子地位的捍卫;讨论赵岐较多,似有较多同情。“导论”称孟子是一个“共和主义者”(Republican),但在引述《孟子·尽心下》第14章“民为贵,……君为轻”时,误将理雅各“the sovereign the lightest”末词印成“highest”,语意遂为“民为贵,君最高”(页XII),差可引人发噱。此版未附中文原文,亦无注释,但书后有完整的术语及主题索引。

1875年出版的《孟子其人其书》⑤是一个普及性读本,书前有长篇(共121页)“绪论”(Prolegomena),详述《孟子》其书的历代诠释与地位升降、孟子其人及思想,并与杨朱、墨子、荀子、韩愈等人展开比较。此版仍未附中文原文,但有详细注释及术语、主题索引。理雅各对孟子多有推崇,他认为,孟子完全可以跟他的同时代人柏拉图(Plato,约前427—前347)、亚里士多德(Aristotle,约前384—前322)、芝诺(Zeno,约前490—前425)、伊壁鸠鲁(Epicurus,约前341—前270)、狄摩西尼(Demosthenes,前384—前322)平起平坐,而不必妄自菲薄(“绪论”第16页)。他对

① 吉瑞德(Norman J. Girardot):《朝觐东方——理雅各评传》,段怀清、周俐玲译,桂林:广西师范大学出版社,2011年。

② James Legge tr.: The Chinese Classics, Vol. 2 *Works of Mencius*, Hong Kong, London: Trübner & Co., 1861; Reprinted in 1875.

③ James Legge tr.: The Chinese Classics, New York: Hurd and Houghton, 1870; Reprinted in 1875, 1883.

④ 理雅各此时尚未完成1875年后附于通行译本前的长篇“绪论”,故此“导论”应不是理雅各本人所作;但“导论”中编者引用的某些理雅各句子,却可在“绪论”见到,此点堪疑。

⑤ James Legge tr.: *The Life and Works of Mencius*, Philadelphia: J. B. Lippincott and Co., 1875.

孟子的正面评价集中表现在“绪论”第 43 页：

然而，当我们不打算从孟子那里找寻新的真理时，他天性中的特异面却比他的老师（按，指孔子）更引人注目，在他身上有股“英气”。而且他还是一位辩论大师；当他不“好辩”（他曾解释说自己不好辩）而不得不辩时，他确实表现出辩论大师的风采。我们情不自禁地欣赏他在推理过程中的精巧微妙之处。比起孔子，我们对孟子更多同情，他离我们更近。他并不是那样令人望而生畏，而是更让人钦佩赞叹。圣人们的教诲传到孟子这里，便从他的心灵中浸染上他的色彩；而这些教诲正是因为赋予了孟子的特色，才在今天的智识阶层和读者那里获得广泛的笃信。

当然，理雅各亦十分强调《孟子》与基督教教义之间的冲突之处，特别是孟子的“性善”论与基督教正统的“原罪”说①之间的对立尤难弥合。针对这个难题，理雅各借道 18 世纪英国著名神学家巴特勒（Joseph Butler, 1692—1752）主教②的道德主体理论，通过强调其与《孟子》之同，就可以实现为《孟子》辩护的目的了。③ 理雅各的这种做法，自然有其特殊情境之下的实际考虑，但细绎其用心，却跟早期来华耶稣会士的“适应”路线若合符节。

当然，理雅各对孟子亦有较多非议，主要表现于：

（1）孟子自称为“师”（人师、帝王师），但缺乏“灵魂的谦卑”（“绪论”第 52 页），而“缺乏谦卑自然就伴随着缺乏同情心；他的说教是生硬的”（“绪论”第 71 页）。基督教认为人人都有为恶的倾向（原罪），就此而言，神圣全善的基督是无法企及的，人与上帝之间的距离如何夸大都不为过。然而，孟子却对人的“原罪”毫无认识。孟子为尧、舜、

① 基督教思想史上亦有关于人性善恶的激烈辩论，但占据正统的是“原罪”说。参看张庆熊《基督教和儒家思想传统中的人性问题再思》，收录于张庆熊《道、生命与责任》第四章，上海：上海三联书店，2009 年。

② 巴特勒是英国圣公会（Church of England）神学家，护教论者。其《罗尔斯教堂的十五场布道》（*Fifteen Sermons Preached at Rolls Chapel*, 1726）的前三场布道围绕人性问题而展开，宣示人为道德主体（moral agent）之观念。

③ 下文会涉及此话题。另，潘琳博士的《孟子与巴特勒：从中英近代思想史看理雅各对“性善论”的再诠释》（载《国际汉学》第二十二辑，2012 年第 1 期）亦措意于这个问题，并有一些精细讨论，可参看。

孔子建构了一幅完美无比的形象,但是,孔子自称七十岁方能做到“从心所欲不逾矩”(《论语·为政》第4章),这本身就推翻了孟子关于孔子的完美想象。孟子认为“人皆可以为尧舜”,这在理雅各看来也是言过其实,强不能以为能。总之,孟子“关于上帝言之甚少”,整部《孟子》中也没有对上帝表现出“自然的虔敬”,“其理想的人性中并没有包含对上帝的义务”(“绪论”第71页)。

(2) 在政治事务上,孟子跟孔子一样,对除中国之外的其他伟大而独立发展的民族缺乏认识,他的华夷思想给现在的中国统治者和普通人以很坏的影响,使得他们狂傲自大,自以为优越于外国人。理雅各小心地为殖民者的行为辩护:“他们(按,指基督教国家)不想征服中国的领土,尽管他们攻击并打破了中国人的防御工事。”他认为,对于新兴起的一代懂得平视并学习西方的中国思想家而言,“孟子将作为一个研究对象而非指导原则”(“绪论”第76页)。

(3) 孟子不应该激烈地攻击墨子,并将墨子和杨朱视为同类。理雅各认为,墨子是中国古代最高贵的人之一,其“兼爱”思想立基正确,其缺憾仅在于——墨子以众人皆有的利己考虑为权宜之计来论证“兼爱”的价值,这易授人以柄。孟子攻击墨子,使墨子“体无完肤”,“这只是在他(按,指孟子)和我们之间制造障碍”;孟子这样做,也违背了孔子“己所不欲,勿施于人”的金律。理雅各认为,儒墨之间的差别并没有孟子所攻击的那么大;他引用韩愈(768—824)《读墨子》,来说明孔、墨相用的道理。理雅各扬墨贬孟,当然并非仅仅出于学术的客观性考虑;个中关键在于,墨子的“兼爱”思想跟基督教所宣扬的“爱”(上帝的慈爱,以及对上帝的敬爱)若合符节。当然,理雅各也没有忘记特别指出:“跟中国圣哲的心灵所能意识到的相比,(基督教)‘爱’的范围是多么宽广!”(“绪论”第119—120页)

这篇“绪论”虽有文字及时间记述等错误(估计有部分错误是手民误植),但其博赡与细致,却远非之前译者及同时代其他译者之能及。至于理雅各的译文,因为追求形、神兼备,要在英语中复制汉语的某些句式,所以直译偏多,译文中增加的词和短语皆以斜体标出。这种处理方式好处在于可以带给英文读者一些汉语表达方式上的“生料”,增加其直感;缺点也很明显,即使得译文太过僵直,可读性降低。但1875年《爱丁堡评论》(*Edinburgh Review*)上的一篇书评认为,比起之前理雅各翻译的《论语》,《孟子》的译文“让人更满意,包含很多精彩之处”;“很明显,比起孔子来,我们这位饱学的博士

（按，指理雅各）对孟子有更多偏爱”。[①] 英国汉学家韦利（Arthur Waley, 1889—1966）曾从理雅各翻译的《孟子》中找出108处误译，并指出，之所以有这么多误译，部分原因是理雅各过于倚重朱熹而忽视了赵岐的注释。[②] 而美国汉学家倪德卫（David S. Nivison, 1923—2014）认为，理雅各译文给很多读者的印象是“老式而笨拙的”，“不过在很大程度上这源自一种非凡的认真——译者拒绝掩饰文本中那些难以确定含义之处。所以理雅各的笨拙实际上是一种美德”[③]。国内学者近年对理雅各的“中国经典”翻译也有不少研究成果，但往往只从翻译学中的信息及功能等值性角度评骘译文优劣，虽有参考价值，但多数论著难免琐碎，亦有吹毛求疵之嫌。

理雅各的“中国经典”译本甫一出版，便广为传播，迅速成为英语世界的标准译本。其较早影响所及者，如1867年美国长老会（Presbyterian）传教士露密士（Augustus Ward Loomis, 1816—1891）出版的《孔子与中国经典：中国文献读本》[④]，其介绍《孟子》的部分（第158—263页）分五个方面摘引《孟子》（分别是：论统治、形而上学与道德学说、圣贤理想、伦常礼仪、其余种种），依据的便是理雅各的译本。1939年罗伯特·O. 巴卢（Robert O. Ballou）等人所编的《世界圣典》[⑤]，第428页至463页从七个方面摘译了《孟子》，编者自称所选《孟子》的译文出自Charles A. Wong的“四书”英译，后者“在中国出

① 《爱丁堡书评》，142：289（1875年7月），第66页。作者不详。此文篇幅较长（第65—86页），文笔活泼，多参照欧洲古今哲人。文中说，与欧洲人对孟子的陌生形成对照的是，“考虑到孟子哲学在中国土地上产生了两千多年的巨大影响，我们确信，他的有些理论对于理解中国人的特性和中国制度是至为关键的。他就统治术阐述的格言至今仍然是绝对权威的，这可从宗教、政治以及商业等各个领域中看出来”（第65页）。其中引用了威廉姆森博士（Dr. Williamson）《北中国游记》（*Journeys in North China*）中对邹县孟子墓及塑像的描写：“塑像中的人中等身材，矮胖敦实，一副急切地去做什么的模样；脸圆扑扑的，薄嘴唇紧闭着，鼻子大而扁。雕像塑造出这样一个人：深思而果决，心直口快，富有经验，然而却身处失望与悲伤之中。”（第74页）

② Arthur Waley: Notes on *Mencius*, in *Asia Major* 1(1949), pp. 99—108。后来，韦利这篇纠错文章成为多佛平装（Dover Paperback）1970年版理雅各“中国经典”中孟子卷以及香港大学1960年版、台北南天书局（SMC）1991年版的卷前说明或附录。

③ David S. Nivison: *The Ways of Confucianism: Investigations in Chinese Philosophy*, Chicago: Open Court, 1996, p. 177.

④ Augustus W. Loomis: *Confucius and the Chinese Classics*, *or*, *Readings in Chinese Literature*, San Francisco: A. Roman & Company, 1867.

⑤ Robert O. Ballou, Friedrich Spiegelberg & Horace L. Fries ed.: *The Bible of the World*, New York: Viking Press, 1939.

版,但没有标明出版社和出版日期”(第1358、1382页)。不过,正如倪德卫所指出的,它们实际上取自理雅各1861年的译本,因此应为理氏所译。① 而其他直接或间接引述理雅各译文及“绪论”内容的论著更是难以计数。

二、求同与辩异:宗教比较视域

理雅各在中国度过的岁月,正好是鸦片战争(或西人所谓“第一次英中战争”“通商战争”)之后中西不断摩擦、冲突的年代。与两百多年前耶稣会士来华时的情境相比,此时的传教事务已得到《中英南京条约》(1842)、《中英天津条约》(1858)、《中法天津条约》(1858)、《中法北京条约》(1860)等不平等条约的制度性保护。但是,传教士的角色本身并没有太大的变化,而故事的情节也依稀可以看到“利玛窦们”的行止与身影。

耶稣会士在中国的传教始终伴随着“礼仪之争”的鼓噪,争论的核心之一便是“God”的译名问题。历史行进到19世纪中叶,这一问题因为《圣经》中译的契机再次成为聚讼纷纭的话题。1667年12月至1668年1月,在华耶稣会士曾就适应政策的正当性召开过著名的“广州会议”;时隔近两百年后,1843年8月末到9月初,英美来华新教传教士在香港讨论马礼逊、米怜(William Milne, 1785—1822)《圣经》译本的修订及筹备翻译《圣经》“委办本”(Delegates' Version)的会议,“God”译名问题重起争端。1847年7月,旧版本修订工作一开始,这一问题便成为严重的分歧点,并演变为旷日持久的译名之争。这次论争的双方代表人物,一为理雅各,一为美国圣公会(Episcopal Church of USA)主教文惠廉(William Jones Boone, 1811—1864);前者主张将“God”译为“上帝”,后者则主张译为“神”。汉语学界关于这场争论已有一些研究②,本文不敢掠美,况且对这场争论做详细介绍也超出本文的题旨。笔者想强调的是,“译名之争”实际上是“礼仪之争”的延续;“礼仪之争”是欧洲大陆天主教各修会的雾里看“华”,“译名之争”则主要是英美新教教会的一次“温故知新”。然而,不同的是,19世纪中期经济、政

---

① David S. Nivison: *The Ways of Confucianism: Investigations in Chinese Philosophy*, Chicago: Open Court, 1996, p. 178.

② 可参考龚道运《理雅各与基督教至高神译名之争》,收录于其《近世基督教和儒教的接触》一书,上海:上海人民出版社,2009年。

治利益对西人了解中国文化、历史、宗教之热情的推动力远远超过“礼仪之争”风起云涌的17世纪。其重要表现即是，从19世纪后期到20世纪初，西人撰写了大量以介绍中国全貌（尤其以儒教、道教为中心）、探讨中西宗教之别为主要内容，并试图从宗教差异分析中西发展路径差异的著作。而借由这次充满经济/政治功利色彩的“中国热”（Sinomania），孟子这位所谓“中央王国”（Middle Kingdom）的儒家“亚圣”得以快速地进入西方大众的视野。

当然，这一时期西人的中国论述并不一定都沾染上殖民气息，有些论者于中国在政治、军事上处于巨大劣势时，仍能对中国表现出难得的敬意与同情。举一个例子，美国宗教学者塞缪尔·约翰逊（Samuel Johnson，1822—1882）所著《东方宗教及其与普世宗教的关系：中国》①，虽以儒莲和理雅各译本为基础来绍述孟子，但针对理雅各对孟子的批评，作者却时有驳议，认为孟子之仁爱、墨子之兼爱其实跟基督教所宣扬的博爱无等级高下之分，“中国伦理道德的推动力可能跟《圣经》对教众的启示力量一样深刻，它们都是对（人类）基本权利的敬畏”（第661页）。

三、19世纪末传教士激辩孟子人性论的渊源与实质

与17、18世纪的耶稣会士相比，19世纪欧洲新教传教士的《孟子》译介展现出更具学理性的面向。尽管他们的主要目的仍是传播宗教，但是，他们在讨论儒学与《孟子》时达到的深切程度，却初步具有了比较宗教学、比较哲学或比较伦理学的理论水平。像花之安的孟子研究能贯彻“政治经济学”的关注视角，以及像理雅各这样的新教传教士，在返回欧洲后能够在欧洲现代大学中获得专业教席，本身也说明其论著之学术性得到了较广泛的承认。他们讨论过的一些比较宗教学、哲学、伦理学问题，之后能成为学院派汉学的关切对象，由此亦可得到说明。

前文曾提到19世纪中下叶理雅各和文惠廉围绕译名问题发生的论争，实际上，与此同时，在来华传教士中还发生了一次围绕儒家人性论（尤其是孟子的人性论）而展开

① 原题为 *Oriental Religions and Their Relation to Universal Religion: China*, Boston: Houghton, Osgood and Co.; Cambridge: the Riverside Press, 1878。注意，作者塞缪尔·约翰逊是美国比较宗教学者（另著有关于印度和波斯宗教的两部书），并不是那位以机智文风著称的18世纪英国作家“约翰逊博士”（1709—1784）。是书第637—664页论述孟子较详。

的辩论，而理雅各依然是这一场辩论的主角。关于这场辩论，国内学者胡卫青已在《中西人性论的冲突：近代来华传教士与孟子性善论》①一文中有过考辨，不过，胡文就事论事，缺乏对论辩中涉及问题的历史渊源流变的考察。笔者愿就这个问题作一些补充。

辩论的缘起，我们上文已经提到过：理雅各"绪论"第二部分"孟子及其思想"在讨论孟子"性善"思想时，将其与巴特勒主教的人性观进行比较，认为二者相同，所以，"巴特勒当然不必为他倡导的观点而感恩于孟子，不过，我觉得孟子却使得巴特勒的观点不再是'发现'"；"遍观希腊、罗马，没有一个思想家如孟子这般断言'性善'并给出全面而庄严的阐明，以至于我们（在西方）无以援引"（"绪论"第64页）。就此而论，"在孟子的人性学说中，我找不到与《圣经》相抵触的内容，也没有什么内容会有碍传教士将福音播至中国人心中。当然，孟子学说无法囊括人的所有义务，但它只是有缺陷，而非不正确"（"绪论"第66—67页）。理雅各反复引证巴特勒和孟子的言论，大谈特谈二者之一致；不仅在《孟子》译本"绪论"中，理雅各还在为1877年上海传教士大会提交的论文《儒耶比较》（*Confucianism in relation to Christianity*）和1880年出版的《中国儒道二教——兼与基督教相比较》（*The Religions of China: Confucianism and Taoism described and compared with Christianity*）一书中反复申明此意。

理雅各的这一论断显然激起了其他传教士的反感，其中反对最厉害的当属比理雅各年轻26岁的美国公理会（American Board of Commissioners for Foreign Missions）传教士谢卫楼（D. Z. Sheffield, 1841—1913）。跟理雅各会通中西的尝试针锋相对，谢氏主张，"基督教来到中国，不是为了要成为儒教的补充，而是要取而代之。其构架不需要儒教的任何辅助——无论将儒教作为基督教的基础也好，还是将其作为基督教的点缀也罢"；他经过细致比较后认为，"儒教关于人之本性的看法在根本上跟基督教相冲突"，而理雅各想要沟通二者，其实就如同把蜂蜜和毒药搅拌在一起，尽管毒药因之味道甘美，但这并没有抵消毒药之毒性，"真理跟谬误搅在一起，尽管谬误因之可被理解，但这并不能消弭谬误对心灵的邪恶影响"②。

---

① 《复旦学报（社会科学版）》2000年第3期。

② 谢卫楼：A Discussion on the Confucian Doctrine Concerning Man's Nature at Birth, in *The Chinese Recorder and Missionary Journal*, Vol. IX（Jan. - Feb., 1878）, p. 23—24。

这场辩论涉及的问题很多。细绎各方文本,我们可以发现:

其一,巴特勒在其关于人性的三次布道演讲中,将"良知"(conscience)置于人性系统三层次的最顶层,力证德性乃循人性之本;当他这样做时,虽然有时会把良知视为上帝之声音,但他断言良知之至上性、普遍性和可靠性时却从不依赖神学之权威,相反,他坚信良知之作为世俗知识的自主性。巴特勒做出这种论断,针对的显然是霍布斯(Thomas Hobbes, 1588—1679)的所谓自我中心主义(或利己主义)观念。如果我们把霍布斯比作孟子时代的杨朱,那么,巴特勒所扮演的显然就是孟子的角色。就此而言,理雅各强调孟子和巴特勒的相似性,显然不为无由。

其二,谢卫楼批评理雅各,并非胶着于孟子与巴特勒的同异问题,而是直指理雅各忽视了孟子性善论的可能后果,即强调性善而不及原罪,并且"人皆可以为尧舜"(《孟子·告子下》第2章),也就否定了上帝恩典的必要性,基督教也就成了多余的了。故而,谢卫楼转而强调启示宗教的首要性,张基督而黜孟子。站在护教立场上,谢卫楼此论也颇有理。

其三,巴特勒的思想倾向是借助具有某些世俗特性的自然神论(或理神论,Deism)的思维逻辑来为启示宗教辩护,企图将弥漫于自然神论者身上的"启示"与"自然"之间的对立消弭、清除干净,虽然其最终关切仍是启示宗教,想要证明自然神论需要启示真理来赋予其正当性,但其论证方法却将自然神论的思维方式一般化了,后者反而构成了对前者的冲击与排挤。其结果,一方面如巴特勒所期望,是自然神论的衰落,另一方面则始料未及,是启示宗教在巴特勒的"类比"中也受到冲击。在当时以及巴特勒身后,巴特勒的观点也成了基督教学者中聚讼纷纭的对象。

其四,众所周知,中国古代有大量思想家论述过人性善恶问题,但这个问题远不是中国思想的独特运思对象。在欧洲思想内部,关于人性之辩论也是古已有之,"并且正是因为对人的自由意志和道德完善的能力持不同的看法,所以才引起基督教历史上激烈的神学之争、教派分裂、宗教改革运动乃至近代人本主义的兴起"①;孟子谈"良心""良能""良知",而欧洲思想史上也有关于"良心"(希腊语 synendesis;拉丁文 conscientia;法语和英语 conscience;德语 Gewissen)的讨论,如斯多噶学派、使徒保罗

① 张庆熊:《基督教和儒家思想传统中的人性问题再思》,收录于其《道、生命与责任》第四章。

(Paul,3—67)、阿奎那、巴特勒、康德(Immanuel Kant, 1724—1804)都对此有过一些论述。① 人性问题实为中西思想之间相逢、会通同时又隔膜、歧出的关键论域,从欧洲宗教思想史的脉络来看,来华传教士围绕孟子人性论而展开的这场争论其实只是欧洲思想界围绕巴特勒自然神论而进行的辩论之余绪而已。反思传教士们的这场争论,自然可以睹见中西思想之间的共通与差异之处。

最后,理雅各认为,"他(按,指孟子)所谈之人性乃其理想(ideal)样态,而非其实然样态;我们研究一下就会确信,那是人性的应然状态(it ought to be),而非其本然状态(it is made to become)"("绪论"第58页);人性善是说人有向善之趋向(tendency)。而谢卫楼对理雅各的非议集中表现在——通过引述朱熹等理学家的诠释,谢氏认定孟子之性善论并非就人性之应然状态而论,而是就人性之实然状态而论:"所有文本和诠释都说明,人性被视为内在而固有的、本质意义上的善好(inherently and essentially good)。"②这样,孟子之"性善"就被定格为亚里士多德"essence"意义上的"本质之善"。为说明理雅各的《孟子》译文受到理氏本人先见的左右,谢氏还拈出理氏两处关键译文的错误,以正视听。为了突显二者理解的差异之处,笔者在此另外补充了刘殿爵先生《孟子》英译本中的相关翻译。

(1)《孟子·告子上》第6章:乃若其情,则可以为善矣,乃所谓善也。

理译:From the feeling proper to it, [we see] that it is constituted for the practice of what is good. This is what I mean by saying that [the nature] is good. (*The Life and Works of Mencius*,费城1875年版,第311页)

谢译:As to its emotions, it may be regarded as good. This is what I mean by saying that the nature is good. (A Discussion on the Confucian Doctrine Concerning Man's Nature at Birth,第17页)

刘译:As far as what is genuinely in him is concerned, a man is capable of becoming good. That is what I mean by good. (*Mencius*, 企鹅图书,1970年版,第163页)

(2)《孟子·告子上》第2章:人性之善也,犹水之就下也。人无有不善,水无有不下。

---

① 关于这一问题的简明介绍,可参考耿宁(Iso Kern):《欧洲哲学中的良心观念》,孙和平译,孙周兴校,《浙江大学学报(社会科学版)》1997年第4期。

② 谢卫楼:A Discussion on the Confucian Doctrine Concerning Man's Nature at Birth,p. 18。

理译：The [tendency of] man's nature to goodness is like the [tendency of] water to flow downwards. There are none but have [this tendency to] goodness, [just as] water flows downwards.（*The Life and Works of Mencius*，费城1875年版，第307页）

谢译：The goodness of man's nature is like the flowing down of water; there is no man who is not good, there is no water that does not flow down.（A Discussion on the Confucian Doctrine Concerning Man's Nature at Birth，第19、22页）

刘译：Human nature is good just as water seeks low ground. There is no man who is not good; there is no water that does not flow downwards.（*Mencius*，企鹅图书，1970年版，第163页）

在第一个例子中，可以看出（且不管理、谢二人对"情"字的错误理解），理雅各认为人"性"之构成就是为了（for）践履善；而谢卫楼则认为"情"为"性"之外显，"情"善则"性"必然在本质上是善的。两人对第二个例子的理解更见分歧，理雅各认为"性善"只是"性"之趋向（tendency），而谢卫楼则直认"善"为"性"之本质。如果认定人性在本质上是善的，那么这就排他性地说明人性在本质上不可能包含恶的因素，这也就说明，孟子的性善说在根本上无法共容于基督教的原罪说和堕落说。很明显，谢卫楼对理雅各之批评，正是基督教正统思想对于可能的异端思想倾向的排斥。

回到汉语语境，古代中国思想家一般不太会胶着于孟子"性善"论的应然/实然问题，谢卫楼的"本质"说和理雅各之"趋向"说大可在体、用的名义下统而一之；将实然和应然统作一处谈，或以应然议实然，或以实然证应然，更是民族思维中的惯有定势。倘若强调二者之别，倒反而易被视为管窥蠡测而不能做到"极高明而道中庸"。但是，在受基督教文化影响的思想语境中，这一问题却充分显露出重要性，而且，西人就孟子人性论的争论并没有随着西方汉学从传教士汉学转变到专业汉学就尘埃落定。历史仿佛是一个轮回，100多年以后，当时代发展到20世纪90年代，英语世界围绕孟子的人性论再次爆发了一次争论；尽管论辩双方操持的理论话语迥异于昔，但他们论辩的焦点竟与百年前的这场争论惊人地相似！但这毕竟是后话，此处不表。①

---

① 详细论述，可参考拙文《从宗教辩难到哲学论争——西方汉学界围绕孟子"性善"说的两场论战》，《中山大学学报（社会科学版）》2012年第6期。

近十余年来的熊十力哲学研究综述

鲍文欣*

关于熊十力哲学研究已有两篇综述，分别是20世纪80年代郭齐勇的《数十年间国内外熊学研究动态综述》[①]和2004年秦平的《近20年熊十力哲学研究综述》[②]。2004年至今的十余年间，熊十力哲学研究持续进展，原有的讨论得到深入与细化，出现了一些新的焦点。本文试对近十余年来国内的熊氏哲学研究状况作一梳理，以期为研究者提供便利，并借此观察近十余年近现代中国哲学研究的新趋势。

文献方面，在2001年湖北教育出版社《熊十力全集》出版后，陆续又有各种熊氏著作单行本选集问世。规模较大者，如中国人民大学出版社"熊十力别集"，上海书店"十力丛书"，岳麓书社"民国学术文化名著丛书"收有熊氏著作7种6册。另有一些单册文选，不再一一列举。与卷帙繁重的《熊十力全集》相比，这些分册出版的单行本"更能亲近读者"[③]，有望进一步推进熊十力思想的研究与普及。集外文献收集略有进展。[④]

---

* 作者信息：鲍文欣，哲学博士，上海社会科学院哲学研究所助理研究员。
基金项目：教育部人文社会科学基地重大项目"通过-超过：古今中西之争视域下的冯契哲学研究"(16JJD720005)；上海市社科基金青年项目"现代中国思想中的'恶'"(17EZX002)。

① 郭齐勇：《数十年间国内外熊学研究动态综述》，《熊十力及其哲学》，北京：中国展望出版社，1985年，第118—144页。

② 秦平：《近20年熊十力哲学研究综述》，《哲学动态》2004年第12期。

③ 万承厚：《跋：记父亲熊十力》，见熊十力著、刘海滨编《熊十力论学书札》，上海：上海书店出版社，2009年。

④ 赵建永：《从新见信札看谢幼伟与熊十力的学术交往》，《云梦学刊》2019年第2期；熊十力著、赵建永校：《熊十力致北大校长诸公函》，《云梦学刊》2016第4期。

对外翻译成为熊氏文献工作中新的生长点。2004年已有日本学者吾妻重二译注的日文本《新唯识论》①,最新的重要成果则是澳大利亚学者梅约翰(John Makeham)于2015年出版的英文本《新唯识论》②。

下面,本文将介绍近十余年来熊十力哲学研究中的重点问题和最新动向。

一、熊十力哲学的传统渊源与发展历程

(一)传统渊源

熊十力哲学中的传统儒佛思想渊源是历来研究中的重点。其中,关于熊氏哲学与佛学的关系,学界已经达成的基本共识是,“新唯识论”在精神气质和思想路数等方面均不同于佛教唯识学,而“接近于真如系统,即中国化的佛学宗派台、贤、禅宗”③。近十余年的研究大体延续此思路,而增加了切入的角度并拓宽了理解的视野。一些学者从学术史着眼,梳理了熊氏对欧阳竟无体用论的误读、太虚对《新唯识论》文言文和语体文本批评之异同、印顺与熊氏围绕《新唯识论》的辩难、熊氏与王恩洋等人围绕《新唯识论》与《成唯识论》之关系展开的论辩和熊氏与“种子说”之间的关系等问题④;另一些学者则紧扣熊氏思想发展的主题,就熊氏对唯识学中的“性-相”“四缘论”等基本论题的创造性诠释作了深入探析。⑤ 陈芷烨、徐孙铭指出,吕澂、印顺虽站在佛教内部的不同立场批评《新唯识论》,却得出了大致相似的结论,这显示了现代新佛家和现代新儒家之间的重大分歧⑥;袁政吸收日本“批判佛教”(Critical Buddhism)的成果,指出“新

① 熊十力:《新唯识论》,吾妻重二译注,吹田:关西大学东西学术研究所,2004年。

② Xiong, Shili, *New Treatise on the Uniqueness of Consciousness*, John Makeham trans., Yale University Press, 2015.

③ 郭齐勇:《熊十力哲学研究》,北京:人民出版社,2011年,第128页。

④ 黄敏:《熊十力对佛教体用义的批判与误解》,《宗教学研究》2012年第4期;罗同兵:《太虚对熊十力〈新唯识论〉的批评》,《宗教学研究》2005年第4期;陈芷烨、徐孙铭:《印顺批判熊十力〈新唯识论〉之深层分析》,《宗教学研究》2008年第3期;陆沉:《论〈新唯识论〉与〈成唯识论〉》,《中国哲学史》2007年第3期;沈庭:《熊十力对“种子说”的批判及其对佛教心性本体论的扬弃》,《武汉大学学报(人文科学版)》2014年第2期。

⑤ 吴学国:《体用与性相——略论熊十力哲学对佛教唯识学的继承与改造》,《南京社会科学》2004年第2期;李祥俊:《从“现象因果”到“体用不二”——对熊十力唯识学“四缘论”创造性诠释之辨析》,《哲学研究》2012年第4期。

⑥ 陈芷烨、徐孙铭:《印顺批判熊十力〈新唯识论〉之深层分析》,《宗教学研究》2008年第3期。

唯识论”属于“基体说”(dhatu-vada,或译为“界论”),是一种与佛教“缘起”思想正相反对的一元论(generative monism)图式。① 孟令兵的博士论文《圆融无碍的生生之美——论熊十力的佛学思想及其诗性精神》,从熊氏哲学与华严宗、瑜伽行派晚期因明学认识论之关系等角度,对熊氏佛学思想进行了颇有新意的梳理。② 上述研究大大增加了“近代复兴的唯识学再次转向了‘真心’派的儒家传统以及中国化的佛学传统”③这一论断的厚度。

熊十力哲学的儒学渊源主要有易学、阳明学和船山学。阳明学方面,张庆熊在一系列文章中细致分疏了熊十力在“致良知”“格物”等大问题上对阳明及其后学的解读与批评,指出熊十力对王阳明“致良知”说的发展,主要是在理论上较为融贯和细致地说明了“心体”“意念”“良知”和“功夫”等关键概念之间的关系;在“致良知”与“格物”之关系的问题上,熊氏通过区分“本体”与“自体”,在阳明的“致知”与朱子的“格物”之间作了有效的调和,体现了新儒家的理论新高度。④ 刘梁剑从哲学话语创生的视角出发,指出熊十力哲学话语创生的根基在于阳明学,而熊氏从阳明学中获得的最重要洞见,是将西方学术中的“philosophy”改造为富有中国传统特色的“本体之学”,从而将“哲学”理解为“体证我与万物为一之本然状态的本体之学”。⑤

船山学方面,方红姣认为熊十力指船山“乾坤并建”说为“二元论”是一种误读,这一误读发生的原因,是双方站在心学和气学的不同立场,对“体”“太极”“并建”等关键概念都有不同的理解。方文进而指出,林安梧等人转向对船山“乾坤并建”说的肯定,

① 袁政:《“基体说”:熊十力新儒家“本心”论思想探究——兼与大乘佛教思想比较》,《孔子研究》2015年第3期。

② 孟令兵:《圆融无碍的生生之美——论熊十力的佛学思想及其诗性精神》,复旦大学博士论文,2004年。另参见孟令兵《论熊十力哲学体系中的华严宗思想特征》,《中华文化论坛》2004年第3期。

③ 沈庭:《熊十力对“种子说”的批判及其对佛教心性本体论的扬弃》,《武汉大学学报(人文科学版)》2014年第2期。

④ 张庆熊:《熊十力对王阳明“四句教”的解读和批评》,《广西大学学报(哲学社会科学版)》2015年第2期;张庆熊:《从对“致知在格物”的不同诠释看新儒学的问题意识:从朱熹和王阳明到熊十力》,《社会科学》2015年第11期。

⑤ 刘梁剑:《本体的开显和哲学话语的创生:熊十力阳明学的一个面向》,《贵阳学院学报(社会科学版)》2016年第5期。

这显示了“后新儒家”走出道德形上学、回归生活世界的趋向。①

易学方面，蔡家和指出，熊十力对各家思想的摄受和其哲学体系的建构都以其易学为核心，可以说有一个“易学体系”②。郭丽娟的博士论文《熊十力“乾元”易学思想探析》以“乾元”为中心，对熊十力的易学思想进行了较全面的梳理。③ 车轩、刘正平探讨了熊氏在《乾坤衍》中的“乾坤一元”论④，周山先生则从尊重经典原义的角度，指出《乾坤衍》对《乾》《坤》卦的解读存在重大失误。⑤ 郭胜坡考察了熊氏易学中的体用论和修养工夫论，揭示了其易学中“以体摄用”的基本哲学路向。⑥ 贡华南认为，佛学“缘生说”中的“相”是纯粹形式、无实质的形式，而《易》中之“象”则是有生命意味、有实质的形式。由“相”到“象”的过渡，体现了熊氏由佛归儒的思想趋向。贡文继而指出，熊氏虽然在晚年重视“象”，但始终无法正视传统哲学中“象”“数”“理”的联系，这使得他的本体“难以成为可逻辑获致的存在”，同时也对他最终无法作出《量论》有深远影响。⑦

（二）历时性研究

近十余年熊氏哲学研究的一个新特点，是注重其思想发展、体系建构的过程，它介于原有的体系性研究与学术评传之间，较之体系性研究更关注时代人物的具体性，较之评传则更强调对理论构建的深度剖析。如李祥俊的《熊十力思想体系建构历程研究》围绕“新唯识论”“量论”、外王学和学术观，对熊氏思想发展进行了颇为精详的分疏，虽然在一些细节问题上可能存有争议，但仍不失为近十余年来熊十力思想研究中的一部力作。⑧ 同时，也出现了一批结合熊氏的生命历程来研讨其思想发展的论文。郭美华通过分析《〈庸言〉札记》和《心书》，考察了辛亥革命后熊十力的哲学反思与生命转向，挑明了其中隐含的悖论：熊氏转向哲学思考与哲学创作的动因，是

---

① 方红姣：《熊十力对船山乾坤并建说的异议——兼论“后新儒学”对现代新儒学的批评》，《求是学刊》2015 年第 6 期。

② 蔡家和：《熊十力易学体系之建构》，《周易研究》2018 年第 2 期。

③ 郭丽娟：《熊十力“乾元”易学思想探析》，山东大学博士论文，2009 年。

④ 车轩、刘正平：《熊十力“乾坤一元”论探微》，《宗教学研究》2008 年第 4 期。

⑤ 周山：《熊十力〈乾坤衍〉辨正》，《学术月刊》2018 年第 12 期。

⑥ 郭胜坡：《论熊十力易学的基本哲学路向》，《周易研究》2009 年第 5 期。

⑦ 贡华南：《从“相”到“象”——熊十力哲学的易学归向》，《周易研究》2007 年第 1 期。

⑧ 李祥俊：《熊十力思想体系构建历程研究》，北京：北京师范大学出版社，2013 年。

在于寻找辛亥革命中失落的真实的精神性本质，其代价却是哲学与革命的分离以及哲人的隐遁。① 李清良、郭胜男等学者在一系列文章中进行了细密的考辨，指出马一浮对《尊闻录》的异议及其对《新唯识论》成稿有重大影响：“从非现成性本体论转向现成性本体论”；通过对《唯识论》撰作时间的考辨，指出熊十力早期思想发展的轨迹应为《唯识学概论》（第一、第二种）→《唯识论》→《尊闻录》→《新唯识论》；考察了《十力语要》的成书过程。② 杨勇通过《唯识学概论》（丙寅本）、《唯识论》和《新唯识论》（文言本）的对读，指出三种著作间对儒家思想吸收逐渐增多、其体用思想逐渐完善的趋势。③ 牛军沿着从“举体成用”到“摄体归用”的线索，分析了熊十力后期思想的变化。④

另有一类研究关注熊十力的生平细节，涉及其思想发展的史实基础，亦在此略述如下。

林家虎、刘依平就熊十力的生年展开了争鸣。⑤ 赵建永梳理了熊十力与汤用彤的学术交往历程。⑥ 景海峰梳理了熊十力与马一浮的交往历程，指出，二人之间既存在着学术交流与思想援助，也存在着观点对立和激烈的交锋，展示了儒学现代化过程中的复杂情形。⑦

---

① 郭美华：《熊十力在辛亥革命后的哲学反思——以〈《庸言》札记〉和〈心书〉为中心》，《杭州师范大学学报（社会科学版）》2012 年第 4 期。类似主题的另有胡治洪著《辛亥革命与熊十力的哲学创构》，《深圳大学学报（人文社会科学版）》2012 年第 3 期。

② 李清良、许扬男：《马一浮对熊十力〈尊闻录〉之异议及其影响》，《北京大学学报（哲学社会科学版）》2009 年第 2 期；李清良：《马一浮对熊十力〈新唯识论〉中〈明心〉章之影响》，《湖南大学学报（社会科学版）》2009 年第 5 期；李清良：《马一浮对熊十力〈新唯识论〉前半部之影响》，《湖南师范大学社会科学学报》2009 年第 6 期；李清良、郭胜男：《熊十力〈唯识论〉撰作时间考辨》，《中国文化研究》2009 年第 2 期；李清良：《熊十力〈增订十力语要缘起〉辨正——〈十力语要〉成书过程略考》，《湖南大学学报（社会科学版）》2014 年第 5 期。

③ 杨勇：《论熊十力早期“体用”论的变进与完善——以与〈新唯识论〉为中心的比较之探讨》，《学术探索》2009 年第 5 期。

④ 牛军：《从“举体成用”到“摄体归用”——熊十力后期思想研究》，《福建论坛（人文社会科学版）》2013 年第 6 期。

⑤ 林家虎：《熊十力生年考辨》，《孔子研究》2016 年第 3 期；刘依平：《熊十力生年再考——兼与〈熊十力生年考辨〉一文商榷》，《孔子研究》2016 年第 4 期。

⑥ 赵建永：《道通为一：汤用彤与熊十力的学术交往及思想旨归》，《湖北社会科学》2010 年第 10 期。

⑦ 景海峰：《熊十力与马一浮的思想交流与学问异同》，《深圳大学学报（人文社会科学版）》2013 年第 5 期。

二、“境论”与“量论”

熊十力的“境论”与“量论”是历来研究中的重镇。在原有研究的基础上，近十余年来研究的特点是，从“性”“心”“理”“良知”等多个角度对熊氏的本体论进行了多方位的研讨，特别在其本体论与现代价值之间的接洽问题上有所创见，对熊氏的体用关系论有侧重于批评的探讨，方法论的探讨成为新的生长点。

（一）本体论

本体论是“境论”的核心。郭美华的《熊十力本体论哲学研究》以“本体论”为主题，以主观与客观、普遍与特殊之关系为线索，深入考察了熊十力哲学的演化，是近十年来熊氏哲学研究中具有深度的专著。① 另外，熊十力的“本体”有“性”“心”“理”“良知”等多层次的内涵，学者们从不同角度出发，对其本体论进行了多方位的探讨。张立文将熊十力的哲学界定为“新心体学”，并通过“体用不二”的框架对熊氏哲学进行了总体上的系统梳理。② 程志华抓住从“物”到“本心”再到“乾元”的思想线索，阐释了其本体论构建的逻辑过程。③ 李承贵从熊十力“儒学开出新外王”的思想意图出发考察了熊氏对“理”的诠释，他指出，熊十力认为“理”有三种本体之性：实有、至足、创生，这与三种外王领域的价值：科学、民主和权宜构成了内在的推演关系。④ 袁宏禹整理和梳理了熊十力的性善说，指出熊氏有体上言善、用上言善的不同层次以及以遮诠言善和表诠言善的不同方式。⑤ 曾海龙借助“良知是呈现”的话头，梳理了“良知”的“实”“本体”“即本体即工夫”“生命”等意涵。⑥

熊氏本体论研究中的一种新趋向，是更为强调其本体论创构与现代价值之间的接

---

① 郭美华：《熊十力本体论哲学研究》，成都：巴蜀书社，2004 年。

② 张立文：《熊十力的新心体学》，《江汉论坛》2013 年第 2 期。

③ 程志华：《由“物”到“本心”再到“乾元”——熊十力关于本体之建构》，《华南师范大学学报（社会科学版）》2013 年第 1 期。

④ 李承贵：《儒学的传承与开新——以熊十力释“理”为例》，《中山大学学报（社会科学版）》2011 年第 2 期。

⑤ 袁宏禹：《读〈新唯识论〉——试论熊十力“性善”义》，《孔子研究》2009 年第 5 期。

⑥ 曾海龙：《“良知是呈现”如何可能》，《安徽大学学报（哲学社会科学版）》2017 年第 3 期。

洽。郭清香指出,树立道德主体的能动性和创新性,是熊氏哲学的重要意图,她并从本体恒转的本体依据、刹那生灭的本体论论证、生生不息的价值赋予、自愿自由的道德蕴含等角度,梳理了熊十力实现这一意图的理论路径。① 王中江则站在近代中国进化论之兴起的高度,指出了熊氏的本体-宇宙论作为"本心"进化论的面向。②

(二)体用关系

体用关系论是熊十力"境论"中的重要内容,学界对此研究较多,需单独叙述。吕伟的博士论文《体用之间——熊十力体用哲学研究》以体用关系论为线索,对熊十力哲学进行了系统梳理。③ 刘俊哲分析了道德本体的本心、仁、诚、良知等不同含义,并指出道德体用之间不仅是本体现象不二、天人不二,还包括理欲不二、性情不二以及道器不二、成己成物不二等,对熊氏的体用关系论的多元面向有较全面的总结。④ 杨孝青、刘仲林考察了熊氏体用不二论中蕴含的现代创造观。⑤ 林丹从"中道思维"的角度,考察了熊氏体用论的传统思想资源。⑥ 另有学者对熊氏的体用论持批判态度,如聂民玉指出,熊氏的体用不二论主要存在三点困难:立"体"与立"用"两不足,"体"开"用"的动力缺乏,"体"与"用"区分不稳定。⑦ 彭荣认为,熊氏的体用观有较强的接引西方文化的意图,而对传统体用观的复杂结构继承不足,这造成了中道精神的失落和佛教成佛与儒家成仁意涵的双重流失。⑧

(三)量论和方法论

张睿明对自有熊十力研究以来至2011年的"量论"研究做了综述,并区分了"量论"研究中的三种思路:一是从体用不二出发,认为"境论"与"量论"相互包含;二是从本体与现象之别、性智和量智之别出发,认为重在阐述性智的"境论"与重在阐述量智

---

① 郭清香:《论熊十力哲学中道德主体的创新性》,《齐鲁学刊》2003年第1期。
② 王中江:《熊十力的"本心"进化论》,《天津社会科学》2011年第2期。
③ 吕伟:《体用之间——熊十力体用哲学研究》,南开大学博士论文,2010年。
④ 刘俊哲:《熊十力道德体用观的多元探析》,《哲学研究》2008年第7期。
⑤ 杨孝青、刘仲林:《论熊十力"体用不二"的创造观》,《学术界》2014年第8期。
⑥ 林丹:《"体用不二"与"中道思维"——熊十力"体用"论的发生学考察》,《江苏社会科学》2011年第2期。
⑦ 聂民玉:《对熊十力哲学思想之内核"体用不二"的批导》,《东岳论丛》,2013年第1期。
⑧ 彭荣:《熊十力体用观检正》,《船山学刊》2016年第2期。

的“量论”并不互相包含；三是从不同的思想资源对熊氏的“量论”思想做了阐发。① 李祥俊认为，熊十力已经形成了实质性的量论体系，它包括三方面的内容：“证悟本体的性智，以性智统摄量智的明体达用，以涵养工夫实现本心呈现的即用见体。”②徐冰认为，《新唯识论》中对量智的定位，存在着作为性智之资具与为习心所挟持之间的两难，这一困境是熊氏《量论》未作的内在原因。③ 曾昭式指出，熊十力对“量论”的界定存在变化。在早期的《因明大梳删注》中，他较为准确地把握了陈那新因明理论中对现量和比量的对顶，但在此后的《新唯识论》《原儒》等著作中，“量论”转变为中国古代哲学的知识论，包括“涵养性智”的证量和“辨物正辞”“穷神知化”的比量。④

熊氏哲学研究中的一个新动向是对于“方法论”兴趣的增长。郭齐勇先生就已经将“量论”界定为“对于‘本体’的一种体证或契悟的方法论”⑤，但显然“方法论”范畴较之作为“知识论或认识论”的“量论”要更为宽泛。“方法论”的话题不仅可以容纳“量论”，还可以容纳“哲学创作方法论”这类更具反思性的内容；同时，相对宽泛的“方法论”也有利于引入比较的视野。现有的熊十力方法论研究大致可以分为两类，第一类是哲学创作的方法论，第二类是与传统哲学密切联系的修养方法论。在第一类中，聂民玉认为，熊十力哲学是究体之学，其方法论围绕着“体”来展开，具体而言，“‘体认’是究‘体’之方法，‘遮诠’是表达‘本体’之方法，‘譬喻’是阐释‘本体’之方法”⑥。包佳道、陈永杰从近代中国哲学方法论变革的角度，指出熊十力哲学方法的特点在于直觉与理智的并行不悖。⑦ 在第二类中，王晓洁认为，熊十力的修养工夫论主要表现为对本心的认知与保任，具体而言，包括“自识本心、保任本心、断染起净、格物致知”四个

---

① 张睿明：《熊十力“量论”思想研究综述》，《武汉大学学报(人文科学版)》2011 年第 5 期。

② 李祥俊：《性智、量智与涵养——熊十力量论的思想内涵与理论推衍》，《杭州师范大学学报(社会科学版)》2013 年第 3 期。

③ 徐冰：《从〈新唯识论〉量智说的内在困境看熊十力量论之未作》，《天津社会科学》2014 年第 5 期。

④ 曾昭式：《因明与熊十力的新儒学体系》，《中国哲学史》2019 年第 2 期。

⑤ 郭齐勇：《熊十力哲学研究》，第 77 页。

⑥ 聂民玉：《熊十力哲学方法论刍议》，《江苏师范大学学报(哲学社会科学版)》2013 年第 1 期。

⑦ 包佳道、陈永杰：《直觉与理智的不悖并行——熊十力的哲学方法论考察》，《理论月刊》2015 年第 1 期；陈永杰：《熊十力的哲学方法论考察》，《理论探讨》2009 年第 5 期。

方面。[①] 相较于"量论"研究,熊氏哲学方法论的研究尚欠全面与深入,但随着学界对哲学方法论反思的兴趣增长以及对现代中国哲学特性之追问的继续展开,有理由认为方法论问题是熊氏哲学研究中一个具有潜力的生长点。

三、外王学

近十余年来熊十力哲学研究中最大的变化,也许是其"外王学"成为研究的焦点。这一领域尤其因为像刘小枫这样学者的加入而具备了深度,但尚未取得在熊氏研究的传统重点"内圣学"那样的成绩。不过,随着中国哲学史研究中经学范式的扩展和文化意识中对"文化自信"的追寻,相信对熊氏"外王学"的关注仍将持续下去。

在对熊氏外王学的综览层面,刘康提醒我们应重视熊十力的外王学研究,他比较了熊氏外王学与马克思主义的异同,并以张光直的"连续与破裂"为线索,试图为"中国为何未能开展出民主"提供一种解释。[②] 李祥俊通过对《读经示要》和《原儒》的细读,梳理了熊氏外王学的建构历程,并指出从《读经示要》到《原儒》,熊氏在诠释方法上愈加主观,且在思想内容上更多空想,可以说在这两本著作之间存在着熊氏外王学发展的一次"裂变"。[③] 林家虎指出,熊氏的"内圣外王"论是传统儒家内圣外王论的现代重建,同时也是现代新儒学内圣外王思想文化纲领的理论原型,但这一纲领的实际建树有限,未来儒学的发展应有方向性的转变,其关键则是回归生活世界。[④]

(一)政治哲学

政治哲学是熊氏外王学的主要内容,也是当今对其外王学研究中的关注重点。高

---

① 王晓洁:《熊十力修养工夫论探析》,《船山学刊》2010 年第 2 期。

② 刘康:《待之以无待,悠悠任天常——熊十力晚年"外王学"的启示》,《深圳大学学报(人文社会科学版)》2014 年第 2 期。

③ 李祥俊:《儒家外王学体系的现代建构——熊十力〈读经示要〉"群经治道九义"阐微》,《人文杂志》2011 年第 2 期;《〈原儒〉的裂变——熊十力晚年外王学体系新建构探析》,《孔子研究》2012 年第 1 期。

④ 林家虎:《熊十力的"内圣外王"思想述论——兼论现代新儒家"开出说"的理论困境与未来走向》,《学术界》2017 年第 1 期。

秀昌以反独裁、倡民主为线索,对熊氏的政治哲学进行了系统梳理。① 另有学者从"民主""大同""革命""自由"②等角度对熊氏政治哲学进行了多维度的探讨。李祥俊指出,在熊氏政治哲学中存在着"差异"与"平等"的张力,前者是传统儒家外王学的核心精神,后者是现代社会政治的基本诉求,两者构成了熊氏政治哲学的内在矛盾与演进动力。③ 王进对熊氏政治哲学进行了较严厉的批评,他认为,熊十力以现代启蒙思想释读古典作品,不仅导致了解释上的困难,曲解了古典作品的原意,错失了古典思想的价值,沦为一种主义的宣传,违背了哲学的反思和批判精神。④ 刘小枫通过对《论六经》和《正韩》的细读,分析了有道与极权、心体与自由、圣人与独裁等"内圣"与"外王"之间的复杂关联,并指出熊氏的理想社会设想是一种可被称为"天人共和国"的乌托邦。⑤

(二)历史哲学

熊氏外王学研究中的一个新动向是"历史哲学"研究。在其博士论文《熊十力历史哲学思想研究》中,林家虎对熊氏的历史本质观、历史动力观、历史进化观等观点进行了系统梳理。⑥ 他指出,目前对熊十力乃至现代新儒家的历史哲学研究依然"十分薄弱",有待进一步拓展。⑦ 从比较的视野出发,曾海龙指出,康有为把"大同"理解为一种乌托邦理想,而熊十力则更倾向于将之视为一种现实的运动,两者之间体现了保存

---

① 高秀昌:《晚年熊十力先生的"外王论"》,《天津社会科学》2006年第6期。

② 刘清平:《儒家倡导的是天下为公还是天下为家——兼论晚年熊十力对孔孟的批判》,《探索与争鸣》2013年第11期;牛军:《熊十力儒家民主思想研究》,《河北师范大学学报(哲学社会科学版)》2016年7月;张轩:《浅析熊十力的"大同"理想——以〈原儒〉和〈读经示要〉为例》,《船山学刊》2013年第4期;周展安:《"革命儒学"的政治构想及其哲学基础——以熊十力〈乾坤衍〉为中心》,《开放时代》2019年第3期;徐建勇:《论熊十力的自由观》,《船山学刊》2012年第4期。

③ 李祥俊:《差异存在与平等诉求——熊十力外王学的内在矛盾与演进历程》,《齐鲁学刊》2013年第2期。

④ 王进:《"小儒"之"用心":熊十力〈礼运篇〉研究——与刘清平教授商榷》,《学术界》2014年第12期。

⑤ 刘小枫:《共和与经纶——熊十力〈论六经〉〈正韩〉辨正》,北京:生活·读书·新知三联书店,2012年。

⑥ 林家虎:《熊十力历史哲学思想研究》,安徽大学博士论文,2011年。

⑦ 林家虎:《熊十力思想的历史哲学向度与研究回顾》,《孔子研究》2013年第6期。

自身文明和追求大同理想之间的张力。① 笔者认为,顺应当前国内思想界重建历史叙事的潮流,并站在近代中国哲学变革的高度引入比较哲学的视野,历史哲学有可能成为熊氏外王学研究中一个新的生长点。

(三) 科学观

近十余年来出现了数种对熊氏科学观的专题研究。牛军认为,熊十力以易道为根荄移植西方科学的方案,显示了熊氏中西文化融合的总体策略,但这一策略面临着无待与无待、自律与他律等如何调和的理论困境。② 程志华依据科学成立的三个条件——知识主体、现象界客观存在、现象界有规律可循——为线索,对熊十力的科学观进行了系统梳理。③ 贡华南从近代科学观变迁的角度,指出熊十力试图从存在论的高度理解科学知识的定位与限度,超越了此前胡适等人将科学知识视为唯一知识的态度,显示了近代中国哲学对科学本性之认识的推进。④

四、比较研究

比较研究是近十余年来熊氏哲学研究中的又一焦点。它可被区分为中西比较与"中中"比较。中西比较的兴起有着寻找中国哲学身份认同的深层动力,"中中"比较则显示了近现代中国哲学研究,尤其是现代新儒家研究的细化与深入。

(一) 中西比较与中国哲学的身份认同

在中西比较研究中,第一类是对熊十力本人的中西文化、哲学比较思想的研究。牛军指出,熊十力认为中国文化是"性"上立基,西方文化是"欲"上立基,并试图通过"以性摄欲"的方式来融合中西文化。⑤ 郭淑新认为,熊十力在《明心篇》中构建"智识

---

① 曾海龙:《大同是理想还是现实运动?——基于熊十力与康有为的立场》,《云南大学学报(社会科学版)》2019年第3期。

② 牛军:《熊十力的科学观》,《船山学刊》2010年第4期。

③ 程志华:《科学源出哲学——熊十力论科学何以可能》,《广西社会科学》2012年第10期。

④ 贡华南:《试论熊十力、牟宗三的科学观》,《孔子研究》2004年第1期。

⑤ 牛军:《"返本开新"之途的断裂处——熊十力中西文化比较思想研究》,《河北师范大学学报(哲学社会科学版)》2010年第4期。

合一”论,体现了熊氏立足于本民族哲学传统又力图借鉴他民族哲学智慧的努力,彰显了他的“世界哲学”意识。① 马亚雄指出,熊十力会通中西的理论架构严格来说是“体用不二”,而非传统所认为的“中体西用”。② 李蜀人认为,通过对熊氏形而上学的分析,可以发现中国形而上学不同于西方哲学的特色:“形而上与形而下不是截然对立的两个方面,而是可以相互贯通。”③第二类在一些具体的哲学论题上,比较熊十力与某个西方哲学家的异同。如郑辟瑞借用胡塞尔现象学中静态现象学与发生现象学的区分,细致辨析了熊十力哲学中“习心”“习气”和“本心”的复杂层次④,陈志伟则比较了熊十力与莱布尼茨在对恶之解说中的异同。⑤ 第三类研究从中西比较出发,进而探讨中国哲学身份认同的问题。如张汝伦认为,熊十力是近代第一个真正把“什么是哲学”作为重大问题来思考的中国哲学家,熊氏并在将哲学问题视为人类普遍问题的前提下,对中西哲学异同做了较精到的分析。张汝伦借由熊氏的案例进而指出,中国哲学要成为未来世界哲学的重要组成,就“必须对今天人类面临的共同问题,提出自己独特的哲学思考”⑥。

(二) 同时代学者的横向研究与熊门内部比较

在“现代新儒家”和“新心学”⑦内部对熊氏思想进行的比较研究,在近十余年来更趋细致。高秀昌指出,梁漱溟、熊十力、冯友兰早期政治思想的共同特点是: 以民本接

---

① 郭淑新:《熊十力“智识合一”论探析》,《安徽师范大学学报(人文社会科学版)》2009 年第 5 期。

② 马亚雄:《“体用不二”抑或“中体西用”——熊十力中西会通的思想理路及间架结构析论》,《人文杂志》2019 年第 6 期。

③ 李蜀人:《从形而上的本体到形而下的宇宙人生——熊十力的形而上学思想研究》,《哲学研究》2010 年第 11 期。

④ 郑辟瑞:《熊十力“心”学的两个向度——对熊十力思想的静态现象学与发生现象学解读》,《现代哲学》2015 年第 4 期。

⑤ 陈志伟:《恶是怎么来的? ——从莱布尼茨的神正论和熊十力的“大用流行”来看》,张庆熊、徐以骅主编:《基督教学术》(第十六辑),上海: 上海三联书店,2017 年,第 98—107 页。

⑥ 张汝伦:《察异以求会通——熊十力与西方哲学》,《文史哲》2009 年第 4 期;《现代中国哲学之身份认同和自我批判——以熊十力为个案的研究》,《人文杂志》2009 年第 4 期。

⑦ 陈鹏、黄义华:《现代新心学的开端——以梁漱溟、熊十力、贺麟为中心》,《中国哲学史》2019 年第 3 期。

纳民主,高扬道德理性,破私德而立公德,以哲学或道德代宗教,都相信中国文化救世界。① 王汝华从"观变"的视角比较了梁漱溟、熊十力、马一浮的易学思想,认为"一践履笃实,一规模宏大、一义理精纯"②。袁宏禹从对西学、佛学和儒学之取舍的角度,比较研究了熊十力和梁漱溟的人性思想。③ 李维武从"心"-"理"关系的角度把握熊十力、冯友兰、贺麟之前的关系,认为三者间呈现出"心"-"理"-"心即理"的哲学展开运动。④

张学智和张庆熊均通过分析《十力语要》中熊牟关于"致知疑难"的论辩来考察两者的思想同异。两位学者在对两者思想成就的评价上有差异,张学智认为牟宗三在"整个哲学成就上超过乃师";张庆熊则认为熊氏的体用论能"顺畅地阐明人的道德实践的场境、过程和意义",而牟宗三的两层存有论则在"具体的生活实践领域中会碰到问题",暗含了某种批评。⑤ 与张庆熊的倾向类似,韩强、邵秋艳比较了熊十力"断染成净"说与牟宗三"良知坎陷"说,指出前者在理论上较为圆融,后者则存在较大争议,原因是牟氏未能完全继承乃师"体用相即"的方法。⑥ 杨泽波则从"十力学派"之发展的角度,认为牟宗三在拓展儒家心学义理和存在论建构这两个方面对熊十力思想有重大推进。⑦ 谭凯、陈先初比较了熊十力、徐复观的知识分子论,指出两者的共同特点是道德批评优先,由此带来学术问题道德化和道德评判主观化的问题。⑧

另有学者从地域的角度进行比较研究。如李维武考察了来自鄂东之地的熊十力、

① 高秀昌:《梁漱溟、熊十力、冯友兰早期政治思想特点论析》,《中州学刊》2015 年第 10 期。

② 王汝华:《"知变化之道者"的三种视角——由梁漱溟、熊十力、马一浮的易学观点切入》,《孔子研究》2014 年第 5 期。

③ 袁宏禹:《试比较熊十力与梁漱溟的人性思想》,《东南大学学报(哲学社会科学版)》2009 年第 S1 期。

④ 李维武:《心理之间:本体的主体性与本体的理想性——以熊十力、冯友兰、贺麟为中心》,《社会科学战线》2018 年第 2 期。

⑤ 张学智:《熊十力与牟宗三关于〈大学〉释义的辩争——以〈读经示要〉为中心》,《北京大学学报(哲学社会科学版)》2005 年第 6 期。张庆熊:《从"致知疑难"的求解看牟宗三与熊十力的异同》,《学术月刊》2016 年第 6 期。

⑥ 韩强、邵秋艳:《熊十力"断染成净"说与牟宗三"良知坎陷"说的比较》,《清华大学学报(哲学社会科学版)》2011 年第 3 期。

⑦ 杨泽波:《从"十力学派"的视角看牟宗三儒学思想的贡献》,《社会科学研究》2015 年第 2 期。

⑧ 谭凯、陈先初:《熊十力、徐复观知识分子道德批判之平议》,《伦理学研究》2012 年第 3 期。

徐复观、胡秋原，指出三者开出了20世纪心学开展的三种形态：本体论建构、消解形而上学、史学与哲学相结合。①

综上所述，近十余年来的熊十力哲学研究，在文献资源上更为多样，并出现了高质量的外文译著；在传统焦点如熊氏思想的儒佛渊源、"境论"、"量论"等问题上有进一步的细化与推进；与近年来国内近现代哲学研究中对历史具体性、方法论反思和文化自信等问题的重视相应，出现了一些新路径和新焦点，如历时性研究、比较研究和方法论、外王学等。而其中的不足之处，首先是熊氏著作的外文译著目前还未引起国内研究者的普遍兴趣，就中国哲学作品的对外翻译这一有意义的问题仍缺少讨论。其次，新路径、新焦点的出现反映了熊十力哲学研究中的时代敏感性，其中一个重要趋势是从"内圣"向"外王"的转移。在此种转移中，对熊氏在外王学领域之失误的反思得以凸显，这对当代儒学发展确认自身任务的边界具有重大意义，但目前仍然缺少足够厚重的研究。从总体上看，在旧的哲学史范式下经典迭出的阶段过后，近十余年是熊氏哲学研究新的积累阶段，而由于这个积累阶段的丰富性，我们有理由期待新经典会伴随着时代思潮的转进而出现。笔者见识有限，以上所述，必定挂一漏万，期待方家指正！

---

① 李维武：《20世纪心学开展的三种形态——以来自鄂东之地的熊十力、徐复观、胡秋原为中心》，《中山大学学报（社会科学版）》2013年第1期。

编者的话

《东方哲学》之创办,有日出东方、光被四表之志,亦有立足本土、海纳百川之意。刊物旨在发扬中国传统哲学与文化思想,兼容中西、求同存异,以求思想之撞击与充廓。本书前身为《哲学与宗教》(创办于 2007 年,共出八辑,第九辑改名为《东方哲学》),已出十二辑,现推出第十三辑。敝刊常年征稿,有关经子之论释,中国哲学史各个时期的思想文献、问题与人物,中外哲学与思想比较之研究,以及原创思想和观点争鸣,乃至围绕话题组稿形成有分量的主题专栏,等等,均受欢迎。一经录用,本刊即奉薄酬,并赠当期刊物,以求友声。

本书常年投稿邮箱: dongfangzhexue@ yeah. net

来稿格式: 标题请用三号字,宋体;作者姓名用小四号字,宋体;正文用五号字,宋体;注释请用页下脚注小五号,宋体,请选择每页重新自动编号;并请在文章首页作者姓名右上角脚注 *,注释简单作者信息: ×××,×××单位教授/博士。

来稿采用与否,将会在六个月内通知作者。

《东方哲学》编辑部